双牌年鉴

SHUANG PAI **2017** NIAN JIAN

中共双牌县委　双牌县人民政府　主办
双牌县党史与地方志征集编纂办公室　编

方志出版社
Publishing House of Local Records

图书在版编目（CIP）数据

双牌年鉴．2017/双牌县党史与地方志征集编纂办公室编．
—北京：方志出版社，2018.2
ISBN 978-7-5144-2979-4

Ⅰ.①双… Ⅱ.①双… Ⅲ.①双牌县—2017—年鉴
Ⅳ.①Z526.44

中国版本图书馆 CIP 数据核字（2018）第 037993 号

双牌年鉴（2017）

编　　者：双牌县党史与地方志征集编纂办公室
责任编辑：刘　珊
出 版 人：冀祥德
出 版 者：方志出版社
地址　北京市朝阳区潘家园东里 9 号（国家方志馆 4 层）
邮编　100021
网址　http://www.fzph.org
发　　行：方志出版社发行中心
电话（010）67110500
经　　销：各地新华书店
印　　刷：衡阳顺地印务有限公司
开　　本：889×1194　1/16
印　　张：20.75
字　　数：529 千
版　　次：2018 年 3 月第 1 版　2018 年 3 月第 1 次印刷
印　　数：1~400 册

ISBN 978-7-5144-2979-4　　**定价**：200.00 元

《双牌年鉴》编纂委员会

《双牌年鉴》编辑部

《双牌年鉴》编辑说明

一、《双牌年鉴》以马克思列宁主义、毛泽东思想、邓小平理论、“三个代表”重要思想、科学发展观、习近平新时代中国特色社会主义思想为指导，辩证唯物主义和历史唯物主义的主场、观点和方法，全面记载2016年度全县各部门、各行业等方面的主要工作、重大事件，收录若干文献和资料，反映双牌经济建设和社会发展以及改革开放的新成就、新经验。所载的资料客观、翔实，是社会各界了解双牌的百科全书。

二、本卷采用分类编辑法，设类目、分目、条目三个层次。部类设置的原则是以事分类。用字体、字号设计区别不同层次；条目中的一级标题用黑体加【】号表示。

三、本卷资料由各单位撰稿人提供，并由供稿单位负责人审核，年鉴编辑部编辑人员加工整理再反馈原单位核对，最后由年鉴编委会定稿。统计资料由统计部门提供，气象水文资料由气象局和水文局提供。有些数据由于统计口径不同等原因，与统计部门公布的数据不尽一致，请读者在查阅和引用时注意。

四、本卷所录省、市驻双牌单位和市县管理干部以2016年12月31日在职者为准，原则上只列行政职务，无行政职务，则列党内职务。

目　录

特　载

大　事　记

双 牌 概 况

中共双牌县委员会

双牌县人民代表大会常务委员会

双牌县人民政府

军 事

法 治

综合经济与管理

农 业 经 济

工　　业

商业·贸易

国土环保·城建城管

交通·通信

财税·金融

教　　育

文化·体育·卫生

社会管理与服务

镇乡场概况

人 物

主要统计资料

文 件 选 编

特　　载

凝心聚力　持续发力
为全面建设活力迸发的自信双牌而努力奋斗

——在2016年县委经济工作会议上的讲话

（2016年2月4日）

这次会议的主要任务是，认真贯彻落实党的十八届五中全会，中央、省市委经济工作会议和省市“两会”精神，回顾总结过去一年的工作，安排部署今年的工作，表彰一批先进单位和先进个人，动员全县人民凝心聚力，持续发力，为全面建设活力迸发的自信双牌而努力奋斗。下面，根据县委常委会的研究决定，我讲四个方面的意见。

一、客观总结，汲取力量，坚定加快发展信心

2015年，面对经济下行压力持续加大的不利形势，在市委、市政府的坚强领导下，我们始终保持战略定力，沉着应对，精准施策，坚持以全面建成小康社会为总揽，紧扣“五大重点”，聚力“四大突破”，做实“八大工程”，各项工作强力推进，全县呈现出“发展瓶颈逐项破解、发展态势稳中有升、发展活力加速释放、发展成果全民共享、发展保障得到增强”的良好局面，城乡面貌正在发生深刻变化，干部群众的自信心、自豪感显著增强，实现了“十二五”的完美收官。2015年，全县地方生产总值、固定资产投资、规模工业增加值、社会消费品零售总额分别完成50亿元、66.6亿元、13.1亿元、10.3亿元，分别同比增长9.1%、17.4%、12.1%、11.6%，城乡居民可支配收入分别达到19568元、6724元，分别同比增长8.4%、10.1%，财政总收入4.1亿元，同比增长17.2%，主要经济指标圆满完成预定目标任务。总结一年的工作，最让我们欣慰和自豪的：一是绩效考核取得历史突破，主要经济指标和综合绩效考核全市排位稳居全市中游，分别位居第七名和第六名，特别是绩效考核历史性进入了全市表彰名单，创造了近年来最好的成绩；二是全面小康获得省级大奖，荣获2015年全省全面建成小康社会精准扶贫类的“扶贫实绩综合优秀”县区，奖励资金300万元，创我县获得的省级奖励资金之最；三是上争外引再创历史新高，争取各类项目、补助资金13.24亿元，较2014年增长26%；即将建设的总投资10亿元的

光伏发电项目是近年来我县成功引进投资最大的一个招商项目，将为我县建设能源重地和调整产业格局掀开新的篇章；四是综合治理再获省级殊荣，荣获全省综治工作先进县，继续保持“全省平安县”称号，民调工作排全市第二名，全省第十三名。五是基层党建得到广泛好评，基层党建工作软硬件都得到大力改善，在省里交叉检查中获得省检查组和市委组织部的充分肯定，县委书记在市里的基层党建述职评议中排位前进四位，基层党建民调排全市前三；六是文明创建取得明显进步，文明指数测评全市综合排位第四名，比2014年提升四位。

1. 八大工程全线铺开，综合实力显著增强。一是重大基础设施建设卓有成效。投资4.7亿元的207国道改造双牌大山段经过三年的日夜奋战正式通车，投资1.6亿元的双牌至零陵段一级公路建设全面复工；投资2000余万元的新塘上公路建成投用，195个行政村全部实现通畅，广大山区群众出行条件大为改善，“看到屋走到哭”的历史正在得到改写；农村安全饮水、河东防洪堤、“四水治理”、病险水库除险加固等重点水利工程有序推进；投资4.5亿元的倪家洞风电场全面启动建设，麻江、五星岭风电场成功列入国家“十二五”核准计划，我县清洁能源大县地位指日可待。二是百亿工业园区建设有序实施。“135”工程进展顺利，全年建成标准厂房12.4万平方米，超额完成市定任务。新引进规模工业企业8家，小微企业15家，新入统规模企业6家。创新创业产业园获批“湖南省中小微企业创业创新基地”。键特科技成功申报中国驰名商标，填补了我县国家级驰名商标的空白。全县规模工业增加值、固定资产投资、工业技改投资增速均跃居全市前四，实现了新跨越。三是县城三年提质扩容如火如荼。以创建国家级生态示范县、国家森林城市、省级文明县城等“三城同创”为抓手，全面铺开了总投资达6亿元的县城提质改造工程，县城主干道“白改黑”基本完成，集中实施了紫金南路、兴隆街等主干道改造，有序推进林峰东路、阳明南路等断头路建设，启动了永水风光带、河东沿江风光带、双牌大道附属设施建设等重大城建项目，县城面貌日新月异，城市功能日臻完善。四是特色农林产业提质增效。粮食生产稳中有增，“绿色双牌”建设卓有成效，森林资源蓄积量增速位居全省第一。全年完成土地流转51.1万亩，土地流转率达到31.7%，提前一年完成市定任务。原尚仁里乡永州绿润蔬菜标准园成功创建湖南省特色产业园（蔬菜）省级示范园，百香果、葡萄等5个农产品获国家农业部“三品一标”认证。2015年新增新型农业经营主体128家，打鼓坪乡桃花坳野生茶叶专业合作社获批省级示范社。五是旅游开发建设再创佳绩。完成了全县旅游业发展总体规划修编。阳明山国家级生态旅游示范区和海峡两岸交流基地正式挂牌，第九届阳明山“和”文化节成功举办，阳明山旅游综合开发、龙洞生态旅游文化产业园、茶林镇旅游名镇建设加紧推进。我县初步建成全市第一家智慧旅游平台，成功入选全国十佳生态休闲旅游城市，桐子坳景区成功创建国家AAA级景区，柳子湖生态农庄获评国家五星级乡村旅游区点。六是精准扶贫工程全面推进。县委九届五次全会审议通过了《中共双牌县委关于加快推进精准扶贫开发工作的决议》，出台了《双牌县推进精准扶贫工作实施方案》，推动制定“1+X+部门”系列文件，精准高效的扶贫开发体系加快完善。扎实开展“一进二访”活动，“五个一批”扶贫举措落地生根，72个重点贫困村实现了驻村帮扶全覆盖，3000余名党员干部主动结对贫困对象，吹响了精准识贫、精准扶贫、精准脱贫的攻坚号角。全年共投入财政扶贫资金4100万元，减少贫困人口9930人，贫困发生率下降程度在全省48个三类县中排名第一。七是国字、省字号品牌创建再获突破。在去年成功争取多项国家级和省级政策“帽子”的基础上，今年又成功争取到国家生态保护与建设示范区、大中型水库移民避险解困搬迁国家试点县、第三轮全省特色县域经济文化旅游产业重点县、全省农村环境综合整治整县推进项目县、革命老根据地等重大政策项目，政策“洼地”效应加快释放。获评全省教育信息化试点县、省级“诗词之乡”、全省“综合减灾示范社区”、乡镇区划调整工作先进县，县人武部被省军区表彰为全面建设先进单位，五里牌塘基上村入选中国传统村落，麻园里村荣获全国计生协会村级先进单位，田洞里村获评“湖南省美丽乡村建设示范村”。八是全面小康社会建设加力加速。全年民生支出达8.9亿元，占全县总支出的73.81%。社保“五险”稳步推进，基金征缴超额完成年度任务，城乡低保、五保供养水平全面提标。成功对接阿里巴巴农村淘宝项目，发展农村淘宝村级服务站点30家，首家本土网上超市“2919商城”正式上线，网络创业拉开帷幕。义务教育阶段中小学全部建成合格学校，乡镇公办幼儿园和教师周转房等项目大步推进，阳明学校主体工程基本完成。公立医院和基本药物制度改革顺利实施。群众文体活动丰富多彩，一批文艺作品在省市获奖。

2. 四大突破取得实效，经济活力加速释放。一是策划规划更为科学。2015年，全县共策划包装大小项目200余个，完成了双牌县原生态农副产品冷链物流、双牌县易地扶贫搬迁集中安置区工程等17个项目的前期工作。以重大项目策划为核心高标准编制了“十三五”规划纲要，共策划重大项目186个，其中进入市规划“笼子”的重大项目48个，进入省规划“笼子”的重大项目12个，为我县下一轮快速发展积蓄了蓬勃动力。二是要素保障更加有力。在用地保障上，共完成征地1500余亩，规划调整用地面积达3000亩，为重点项目建设留足了空间。在资金保障上，全年向上申报项目370余个，争取各类项目、补助资金共13.24亿元，较2014年增加2.74亿元，增长26%，特别是财力性转移支付取得较大突破，年增量达到5870万元，其中进基数增加4477万元，增量创历史新高。财政融资取得佳绩，成立了农林担保有限责任公司，鑫泉市政开发有限公司融资3000万元，积极争取政府债券2.54亿元，争取易地扶贫搬迁专项融资贷款7.8亿元。三是招商机制更显务实。综合采用主题招商、产业招商、以商招商等形式，千方百计“推出去”“引进来”，全年新引进项目25个，实际到位内资11.45亿元（含续建），实际到位外资2640万美元，均超额完成年度预定任务。引进了总投资3亿元的交通设施产业园、总投资9000万元的桐子坳旅游综合开发、总投资8000万元的体育辅装材料、总投资7000万元的聚醚胺等一批大项目、好项目；另外，由深圳市科陆能源服务有限公司总投资10亿元的光伏发电项目已签订框架性协议，公司拟在我县理家坪及打鼓坪一带选址建设总装机容量100兆瓦并网地面光伏电站，该项目占地总面积约3500亩，计划2016年7月前开工建设。四是环境优化更趋深入。全面推行“一站式”“代办制”服务，行政审批事项办理再提速30%；继续深入开展“工业企业服务年”“县级领导联系重点项目”活动，贴心为项目、企业解决各类难题200余项，得到了广大项目业主的广泛好评；荣获全国法治县创建活动先进单位、全省法治县、全省综治工作先进县、全省平安县、全省禁毒工作先进县称号。

3. 改革创新纵深推进，发展动力充分彰显。认真贯彻落实省市委安排部署的各项改革，协同走好“永州路径”。行政管理体制改革取得明显成效，我县成为全市行政审批制度改革试点县区，“四单”管理制度基本确立，政府机构改革有序开展，商事制度改革深度发力，不动产登记改革正式启动。农村产权制度改革释放红利，土地确权登记完成了一、二次公示，县、乡、村三级农村土地流转服务平台基本建成。社会治理机制改革力度加大，网格管理中心正式成立，城市社区“一委一会三站”组织体系初步建成。国有林场改革通过省级验收，乡镇区划调整完成了并乡改革。自主探索走出新路，我县“惠林通”林权抵押贷款模式、村级财务管理创新经验先后被省市推介。

4. 党的建设全面加强，干事合力有效提升。一是基层党建工作有新突破。新建和改建村级活动场所 62 个，村、社区运转经费大幅提高。加强基层党员干部教育培训，对 294 名基层党组织书记进行了集中轮训，对 6480 余党员进行了冬春训。创办党建示范点 40 个，62 个村级活动场所建设、22 个软弱涣散党组织实行联乡县级领导挂点。扎实开展“三严三实”专题教育和“一进二访”活动，创造性提出和深入推行“树根”工作法，国家、省市各类刊物 20 余次对我县党建工作经验做法进行宣传推介。二是宣传思想文化工作有新成效。加强县委中心组学习，邀请省、市专家教授举办大型讲座 7 场。以创建省级文明县城为契机，深入开展“道德模范评选”“社会主义核心价值观教育”“道德讲堂”“寻找最美家庭”等系列活动，广泛开展文明单位创建活动，精神文明建设迈上新台阶。“双牌发布”微信平台获得全国政务类第八名，全省政务类第三名，成为新媒体对外宣传的主平台。舆情引导正确有力，一年来未出现重特大网络舆情事件。县人社局连续两年被评为全省仅两家的全国劳动保障新闻宣传工作先进单位。三是反腐倡廉工作有新举措。认真落实“两个责任”，着力深化纪检体制改革，切实加强廉政教育，查处了一批违法乱纪的人和事，经历了省委巡视第七组为期一个多月的巡视，党风政风得到了进一步净化和加强。四是民主政治建设有新局面。大力支持人大、政府、政协依法履职，务实工作；党管武装、统战工作全面加强；工会、共青团、妇联、工商联、科协、残联、文联等群团工作和老龄老干工作有力提升，全县凝心聚力、团结共事的氛围更加浓厚。

在充分肯定成绩的同时，我们也要清醒地看到存在的问题和不足，如经济总量不大、产业结构不优的问题仍然存在，重点项目推进不均衡，主体税源建设不稳固的问题依然突出，在接受省委巡视组巡视期间，大量的信访问题层出不穷发人深思，有些干部的执行力和政治素养还有待加强，改革创新能力不足、引领发展办法不多、攻坚克难决心不大等现象还不同程度存在，等等。对于这些，我们一定要高度重视，带着问题导向和责任意识在今后的工作中切实加以解决。

二、科学研判，把握大势，谋划赶超崛起宏图

2016 年，是“十三五”的开局之年，是县、乡两级班子的换届之年，也是加快推进精准扶贫、全面建成小康社会的关键之年。当前，国内外经济形势复杂多变，经济发展的不确定性因素增加，国家宏观调控的政策有所微调，既给我县 2016 年工作带来了一些困难和挑战，但也蕴藏着一些机遇和利好。

讲挑战，主要是我国经济增速换档、结构调整阵痛、动能转换困难这些因素相互交织，有效供给不足和有效需求乏力的现象同时并存，有些领域和行业下行的趋势尚未见底，经济复苏的步伐有所放缓，这给我县企业的生存和发展带来了一些影响。另外，随着融资政策的不断缩紧、结构性减税政策的全面铺开、地方债务的严格控制，给我县的财政运转又增加了一些隐性和显性的困难。

论机遇，首先我们要看到国家层面大环境还是好的，具体来说就是“三个没有变”，一是我国经济发展基本面向好的趋势没有变，二是新常态的特征没有变，速度有序换档、动力快速转换、结构深度调整；三是中央稳增长的决心没有变，宏观政策要稳、产业政策要准、微观政策要活、改革政策要实、社会政策要托底的总体思路会释放出更多的发展红利。特别是国家要大力加强精准扶贫工作，必将带来基础设施的大投入和农村地区的大发展，这对省级贫困县的我县来说无疑是一次加快发展、赶超崛起的巨大机遇；其次要看到省市层面积极因素

比较多，全省经济潜力大、韧性强、回旋余地大，为应对一些局部性、行业性风险奠定了较为厚实的物质和技术基础，形成了较强的适应能力和调整能力；全市经济继续高歌猛进，主要经济指标在全省位次前移，多数指标增速居全省第一方阵，将有力地带动和辐射我县经济的快速增长，特别是市里再次明确提出将我县融入潇湘城市群整体推进，形成横向错位发展、纵向分工协作的城市发展格局，对我县的新型城镇化、特色产业化、区域差异化发展都有强力的推动作用；再次要看到我县蓄势待发的后劲比较足，近两年我县争取了国家生态保护与建设示范区、国家主体功能区、第三轮全省特色县域经济文化旅游产业重点县、省革命老根据地等国家和省级重大政策“帽子”二十余项之多，启动了207国道零陵至双牌一级路改造、阳明山旅游综合开发、倪家洞风电开发等一大批重点项目，引进了高速公路波形护栏、年产1万吨聚醚胺等一大批重点企业，等等，随着这些重大政策和项目的先后启动和推进，我县厚积薄发的后发优势将得到集中释放，在全市乃至全省迎头赶上甚至赶超崛起就不再是一个梦想，双牌即将发出最为铿锵有力的时代“最强音”！

综上所述，机遇远远大于挑战，动力远远强过阻力，只要我们坚定信心，乘势而上，按下“快进键”，跑出“加速度”，就一定能在2016年干出更加辉煌的业绩，向组织和群众交上更为圆满的答卷！

2016年全县经济工作的总体要求是：认真贯彻党的十八大和十八届三中、四中、五中全会及中央、省市委经济工作会议精神，坚持以全面建成小康社会和精准扶贫为总揽，协调推进“四个全面”战略布局，努力践行创新、协调、绿色、开放、共享五大发展理念，以开放引进为总抓手，向改革创新要动力，突出精准扶贫、新型工业、宜居城市、生态旅游、现代农业五大重点，实现策划规划、招商机制、要素保障、环境优化四大突破，努力创建全省百亿工业园区、全国最美滨水县城、全国生态休闲度假旅游目的地，为开创“十三五”良好开局、全面建设活力迸发的自信双牌而努力奋斗！

经济发展的主要目标是：地区生产总值增长9.5%，固定资产投资增长17%，规模工业增加值增长12%，社会消费品零售总额增长13%，财政总收入增长15%，城镇居民人均可支配收入增长9%以上，农村居民人均可支配收入增长11%以上，全面小康实现程度提升3个百分点，精准脱贫5700人以上，全面完成环境保护、资源节约、安全生产等约束性指标。

完成既定目标，必须遵循四大原则：

1. 要始终保持战略定力，围绕目标一年接着一年干。“千磨万击还坚劲，任尔东西南北风”。对于看准的事、选准的路就要坚定的走下去，不为一时波动而改变初衷，不因面临困难就改变方向。要牢固树立“功成不必在我，建功必须有我”的执政理念，保持耐力和恒力，围绕目标一年一年抓下去，不达目的誓不罢休，不完成任务绝不收兵。

2. 要始终秉承开放思维，推动观念一茬接着一茬转。要树立融合思维，改变条块分割、各自为战的传统思维方式，打破地域、部门、行业、产业之间的界限，通过融合在更广阔的领域破解既定范围无法解决的问题。要树立“互联网+”思维，借力“互联网+”的创新引领作用，渗透、改造和颠覆传统模式，促使资源要素的充分流动和自由组合。要树立起跑线思维，全面解放思想，实施错位发展，瞄准优势领域和同一起跑线上的工作用力发力、创先争优，跻身第一阵营。

3. 要始终充满工作自信，瞄准瓶颈一个接着一个破。信心比黄金更重要，做事有信心，事情就成功了一半。干部有信心，就有勇气、有能力、有办法，把该办的事办好，把想办的事办好。几年来我们干成了一些以前想干都没有干成的事，增强了底气，树立了信心，也破解了交通、城建、园区建设的一些瓶颈。但还远远不够，双牌要想有大发展，就必须坚持问题导向，瞄准影响发展的重大瓶颈一项一项找出对策，拿出办法予以破解。

4. 要始终恪守务实作风，聚焦实事一件接着一件抓。千招万招，不抓落实就是空招。双牌发展有了好的思路、好的举措，关键就是要抓落实。落实得怎么样就意味着发展得怎么样，全县上下，尤其是党员干部要始终恪守务实作风，讲实话、谋实事、求实效，不喊空口号，不做虚架子，把所有的精力、物力和智力都投入到一件件看得见、摸得着、群众感受得到的实事上去，积小胜为大胜，最终实现全面赶超。

三、增强定力、精准发力，深度推进既定部署

实践证明两年来的发展思路符合上级的精神，切合发展的规律，契合双牌的实际，必须一以贯之，深入实施。

1. 实施重大基础设施建设工程。围绕“十三五”规划，在交通、水利、能源等领域积极推进一批重大基础设施建设项目，进一步夯实城乡发展基础。一要持之以恒抓好交通基础设施建设。要争分夺秒、抢抓时间加快207国道改造，确保207国道双牌至零陵段年底试通车；力争S350西蔡线出境公路改造立项开工，打通我县西出广西的跨省通道；继续完善农村路网建设，让农村群众出行更加方便。二要一如既往加强水利基础设施建设。加快我县小农水重点县项目建设，切实提高农业抗灾减灾能力和农业综合生产能力；突出抓好“四水治理”潇水双牌段的治理工程，实施好全县其他小支流的治理和保护，将水利建设的重心由建设型向保护型转变。三要坚持不懈地抓好能源基础设施建设。积极推进风力开发，加快倪家洞风电场建设，争取五星岭、麻江风电场完成全部前期工作并于年内开工建设。尽快完成光伏发电项目前期工作，力争7月份动工建设，早日把我县打造成重要能源基地。

2. 实施百亿工业园区推进工程。要着力提升工业的引擎作用，大力实施工业发展“三年行动”计划。一要加强园区建设。按照“工业新城、城市新区”的要求和“三大功能区、三大产业园”的功能分区加快推进园区基础设施和配套设施建设，力争储备土地1000亩；积极推进“135”工程，全年新增标准厂房10万平方米以上，引进驻园龙头企业5家以上。二要做大现有企业。加快乐福地和塑料机械项目建设，确保年内竣工投产。着力扶持发展以南岭民爆为龙头的化工产业，力争形成相互配套、功能互补的产业链条。引导现有的金蕊实业等三家医药企业整合优势资源做大做强，扶持引导恒康农林科技在双牌建立食品药品加工厂。全年入统规模企业5家。积极推进本土企业上市直接融资。三要注重科技创新。改造提升冶炼化工、竹木加工产业，鼓励企业进行优化重组；加快凯丰活性炭公司“高效颗粒活性炭研发基地”建设，争取早出效益；着力协助乐福地、仕诚塑料机械申报湖南战略性新兴企业。

3. 实施县城三年提质扩容工程。按照“全国最美滨水县城”的目标定位和“一城三区”的总体框架，加快城市扩容提质步伐。一要坚持规划引领。重点启动并做好县城总规和城北新区规划修编工作，进一步完善和推动县城老城区和城东新区控规的实施，加快推进新区扩容、老区提质战略；编制好功能片区和单位片区的修建性规划，完善城市功能；编制好住房、给排水、燃气等专业规划，切实增强城市保障。二要坚持项目带动。继续按照一街一景致、一路一特色的要求完成全部主干道提质改造，加快推进双牌大道、永水风光带（永水路）等市政项目，着力抓好3号片区、5号片区等一批城市综合体建设，启动一批次干道和背街小巷改造；精心包装好河东新区、城北葡萄园区、火车站商贸区等一批重大项目，积极招商引资，确保高水平开发。三要坚持管理创优。加快环卫

设施和停车场建设；积极探索推行城区主街道及背街小巷清扫保洁权市场化运作机制，加大市容市貌综合整治力度；充分利用现代信息手段，推进城市管理体制、机制创新，努力构建政府监督指挥、部门协调运作、市民广泛参与的城市管理格局。

4. 实施特色农林产业振兴工程。立足地域特点，面向市场需求，大力发展规模化、集约化、效益化为特征的现代农业。一要全力建好产业基地。按照“机耕路网连通、水利设施完善、农机配置完备、加工销售一体”的模式加快建设2万亩现代农业优质稻综合产业园；力争将原尚仁里乡的蔬菜省级示范园打造成国家级蔬菜标准园和粤港“菜园子”；加快建设泷泊镇避雨栽培葡萄、永江永之源有机茶、打鼓坪东魁杨梅等八大特色产业基地。二要主动深化农村改革。深化农村产权制度改革，确保6月底前完成土地确权颁证任务，年底前全面完成县、乡（镇）、村三级农地利用规划编制；完善土地流转平台，争取全县土地流转55万亩以上，流转率35%以上。大力培育新型农业经营主体，重点抓好1个省级示范社建设，新发展农民专业合作社15家以上，力争市级农业产业化龙头企业达到20家以上，省级2家以上。三要积极发展农村电商。集电商购物、智慧旅游、休闲娱乐于一体的“电商一条街”年内要完成建设，全县农村淘宝村级服务站点力争发展到90家；逐步建立完善农产品质量溯源体系，着力开展“三品一标”农产品认证，加快放心农资下乡、特色农产品进城步伐；积极引进电商高端技术人才，大力培育本地电商人才和本地优势电商。

5. 实施特色旅游强县建设工程。要以全面实施全省特色县域经济文化旅游产业重点县项目为抓手，努力掀起新一轮旅游开发热潮。一要完善规划体系。加快完成《全县旅游总体规划》修编后的控规和《阳明山旅游总体规划》下的控规，公开招聘高水平的旅游规划设计公司编制紫金山和日月湖旅游区总规和控规，并要严肃规划权威，任何旅游开发项目都要遵守规划的要求，规划未出，寸土不动。二要加快景区建设。加快推进以县城为中心，以阳明山、紫金山为两翼的三大旅游景区建设，县城旅游区要以打造国家慢城为目标，重点加快日月湖国家湿地公园和永山公园开发，打造山水相连的高品位、高品质的城市后花园。阳明山旅游区要以创建国家旅游度假区为目标，启动海峡海岸交流中心场馆建设和大黄江源景区开发，加快推进阳明溪谷综合体国际大酒店、疗养中心等建设，着力打造万和湖大型综合性景区，完善万和湖游客集散中转站建设，修建大黄江源探险游步道。紫金山旅游区要以龙洞文化艺术产业园为核心，加快二期工程进度，建设集生态观光农业、农耕文化创意、文化艺术旅游为一体的新兴旅游区。同时，要继续加强和完善全县总体智慧旅游平台建设，真正实现“一个手机畅游双牌”的目的。三要抓好招商引资。2016年全县旅游开发的重中之重就是要抓好招商引资，并力争有大的突破，除了争取早日引进投资5亿元的阳明山索道、大黄江源开发、低空飞行旅游项目，投资3000万元的吉江漂流等项目，还要力争引进战略投资商尽早启动日月湖国家湿地公园的保护性开发。

6. 实施精准扶贫工程。按照县委九届五次全会的部署要求，完善顶层设计，强化工作举措，全面打响扶贫攻坚战。一要落实责任抓扶贫。加快出台全县精准扶贫“1+X”方案体系，落实好各级各部门精准扶贫工作责任，全面构建全体动员、全员参与的大扶贫工作格局。各乡镇年初与县委、政府签订责任状，确认脱贫人数，领取脱贫任务，年末要进行精准扶贫工作述职，并单独进行奖优罚劣。二要突出重点抓扶贫。要严格按照中央发展一批、搬迁一批、兜底一批、救助一批、补偿一批“五个一批”的布局协调推进精准扶贫，重点放在产业扶贫和搬迁扶贫上。要以特色产业为切入点，按照“四跟四走”的模式，因地制宜、因户施策，积极发展“一乡一品、一片一特”富民产业，力争72个贫困重点村都有一个主打产业。要针对我县贫困山区的实情，整合扶贫、移民、国土、水利、农业综合开发等部门资金和资源，作好搬迁扶贫这篇大文章。三要多措并举抓扶贫。要综合采用社会扶贫、旅游扶贫、电商扶贫、智力扶贫、金融扶贫等多种方式推进精准扶贫工作，每一项扶贫方式都要拿出实实在在的工作举措，有分管县级领导、牵头单位、责任单位，有全年计划、工作举措和推进办法等。2016年全县减少贫困人口5700人以上，2017年要实现整县脱贫摘帽。

7. 实施国字、省字号品牌创建工程。要强化创先争优意识，继续把品牌创建作为推动工作的重要抓手，抢占政策机遇制高点，打造双牌发展新名片。要大力争取政策帽子，全力创建“国家级生态文明示范县”“省级文明城市”，积极跟进国家绿色能源示范县、全省药材发展重点县等政策的争取工作，努力创建更多国家级、省级农业、林业、生态、旅游、商贸、文化、建设等基地、园区、景区、示范区。着力巩固国家生态保护与建设示范区、国家级生态旅游示范区、大中型水库移民避险解困搬迁国家试点县、海峡两岸交流基地等创建工作成果，积极衍生孵化更多的具体项目，争取更多的真金白银，努力把品牌优势转化为发展优势。

8. 实施全面小康加速工程。要坚持以全面建成小康社会为引领，努力改善民计民生，提升人民群众的幸福指数，建设公平普惠的社会绿洲。一要提升民生保障。继续坚持就业优先，实现新增城镇就业3600人，新增农村劳动力转移4400人。强化“五险”保障，完成城镇医保和农村医保的合并统一工作。推进低保救济、社会救助工作，加快儿童福利院和老年养护院项目建设进度。二要发展民生事业。继续坚持教育优先，积极推进智慧教育；要优化县城学校布局，启动义务阶段学校标准化建设、高中学校提质改造工程，实施好职业教育攻坚行动计划；加大教师人事制度改革，实施乡村教师补贴、教师定期体检、全员轮训等制度，不断提升全县教育质量。要以卫生计生机构合并为契机，注重整合资源，增强基层服务功能，加快中医院整体搬迁和突发公共卫生应急处置中心项目建设。着力推进文化强县战略，继续推进国保“岁园楼古建筑群”的维修工作，完成县体育馆改扩建工程，争取启动河东文体公园立项和建设，丰富城乡群众文体生活。三要改善民生条件。继续坚持生态优先，大力实施农村环境污染治理三年行动计划，全面完成农村环境综合整治整县推进项目和国家级生态功能示范区创建工作。继续推进新农村建设，抓好15个新农村示范村建设，着力推进五里牌“全省新农村建设城乡统筹试点镇”和理家坪乡坦田村、平福头乡冲头村美丽乡村建设，力争1个村跻身全省新农村建设示范村行列。

在推进八大工程的过程中，一是要做好策划规划。紧紧围绕国家、省市的决策部署和“十三五”规划，精心包装项目、积极对接项目、主动储备项目，特别是要做好项目的前期基础性工作，在项目正式启动前，把项目的可行性报告、能评、环评、用地预审、整体规划全部完成。县发改委要牵头成立前期办，指导全县各部门根据轻重缓急，聘请有资质的专家学者开展好30个重大项目的前期工作，全年力争到位各类项目资金22.8亿元。二是要健全要素保障。要继续清理闲置土地，对于批而未供土地、低效利用土地一律收回。同时，加快园区征地步伐，确保全年新增储备土地1000亩以上；要打造和包装一批PPP模式的大项目好项目，用好用活社会资本。推动企业加强现代财务管理，破解企业融资瓶颈。继续抓好惠林通等金融产品，加快推进林权、土地承包经营权抵押贷款，稳步推进农民住房财产权抵押试点；要创新人才引进机制，特别是对我县稀缺的技术人才要开出优惠条件、创造优良环境吸引他们，同时通过集中培训、脱产学习等方式加强对现有人才的培养。三是要加强招商引资。要力促项目落地，对正在洽谈、双方都有意向的招商项目要明确专人联系，全程跟踪、盯死看牢；要充分利用各种人脉资源、商会平台、产业链条，突出抓好以商招商、以乡招商、商会招商、产业链招商，继续抓好小分队招商，拓宽招商领域，优化招商服务。力争全年实际利用外资3000万美元，到位内资11亿元人民币以上。四是要创优投资环境。结合行政审批制度改革，进一步精简审批事项，改进审批方式，压缩办理时限，实现审批再提速，服务再提质，效率再提高。要落实好中央、省、市鼓励支持企业发展的各种政策，深化商事制度改革，确保“先照后证”“三证合一”“一照一码”制度得到全面落实。

四、强化党建，凝聚人心，提供坚强有力保障

做好2016年的各项工作，关键在党，落实在人。全县各级党组织和广大党员干部，必须进一步增强大局意识、责任意识、党性意识，不断提高领导经济工作的能力和水平，为推动我县经济社会快速发展提供坚强有力的保障。

1. 营造良好的政治生态。习近平总书记曾说过，“自然生态要山清水秀，政治生态更要山清水秀”。良好的政治生态，可以内聚人心、外树形象。一要守规矩。没有规矩不成方圆，党员干部要将守规立矩永远挺在前面。守规矩就是要坚守党性，时时刻刻忠诚于党，爱党、忧党、兴党、护党，在思想上政治上行动上与党中央保持一致，在任何情况下都要做到政治信仰不变、政治立场不移、政治方向不偏；守规矩就是要遵守党规，时时处处都要用一名共产党员的标准严格要求自己，党的政策坚决执行、党的安排坚决服从、党的制度坚决遵守，不放任随行，不特立独行，不胡作乱行；守规矩就是要恪守党纪，明确底线，守住红线，筑牢防线，不越雷池半步，永葆共产党人清正廉洁的本色。二要讲团结。人心齐、泰山移。实践证明，无论是领导班子还是党员队伍，只有搞好团结，才能出凝聚力、出战斗力；才能出智慧、出成绩；才能出干部、出人才；才能有健康成长的沃土，有成就事业的舞台。双牌的干部来自五湖四海，为了双牌共同的事业，就应该学会包容，学会理解，学会尊敬，多干有利于团结的事，多讲有利于团结的话，在全县形成心齐气顺、风正劲足的局面。对那些恶意告状、散布谣言、破坏团结、影响双牌发展大局和整体形象的要严肃查处，绝不姑息。三要重法治。法治是维护经济和社会秩序的重要保障。各级党员干部特别是领导干部要带头依法办事，带头依法行政，自觉用法治文化武装干部头脑，用法治思维谋划发展思路，用法治手段破解发展难题，用法治方式规范社会治理，做“知法、懂法、守法、护法”的表率和楷模。

2. 锻造过硬的干部队伍。干部队伍是党的执政骨干，是推进党的事业的中坚力量。双牌事业的兴旺发达，说到底还是需要建立一支政治坚定、能力过硬、作风优良、奋发有为、敢打硬仗的优秀干部队伍。一要抓好换届工作。今年县乡党委、人大、政府、政协同步换届，这是对我们党员干部政治纪律和工作能力的一次重大考验。要严肃换届纪律，按照省市对于换届工作的各项部署一项一项抓落实，坚决杜绝买官卖官、跑官要官、拉票贿选、带病提拔等现象，对于换届过程中出现的违纪案情要一查到底，从重处理；要端正用人导向，严格按照《干部选拔任用工作条例》和我县制定的组织用人制度，把那些业绩突出、作风过硬、敢于担当、群众认可、清正廉洁的优秀干部选出来、用起来，绝不能让“会哭的多吃奶、会哄的受青睐、会跑的有市场”，而要让想干事的有机会、能干事的有舞台、干成事的有位子，充分激发干部队伍活力，在全县营造干事创业的浓厚氛围。同时，要抓好并村改革，确保在规定时间完成任务。二要提升执行能力。针对新常态下干部队伍“能力恐慌”“知识恐慌”等突出问题，

要着力抓好“执行力+”等专题培训，2016年要以县委组织部牵头，对换届后的县直单位和乡镇场党政正职进行“执行力+经济学、管理学、党的理论学”培训，对农口系统进行“执行力+精准扶贫、美丽乡村、农村电商”培训，对所有村支两委进行“执行力+基层党建、新型农业技术、互联网”培训，不断提升全县广大干部破解难题、推动发展的能力和水平。三要倡导担当精神。当前双牌的发展已到了爬坡过坎、攻坚克难的关键时刻，很多工作都会面临一些“老大难”问题和“硬骨头”，没有一种敢于担当的精神、没有一种舍我其谁的勇气、没有一种无私奉献的品质是很难推进工作、打开局面的。随着当前工作环境、工作政策出现了一定变化，“干得越多错得越多”“贡献越大风险越大”等消极观点在我县干部队伍中有所滋生蔓延，但作为一名党员干部特别是领导干部绝不能被这些歪理所蛊惑，只要是为了双牌的发展、为了双牌的事业、为了双牌的大局，不违背党纪国法，不谋求个人私利，县委政府都会做大家工作的坚强后盾，希望大家放心、放胆、放手去开展工作。

3. 坚守正确的意识形态。“意识形态工作是党的一项极端重要的工作”，越是在经济体制深刻变革、社会结构深刻变动、利益格局深刻调整、思想观念深刻变化的新时期，越是需要用宣传思想和意识形态工作凝聚人心、增进共识。一要强化思想理论宣讲。把学习宣传贯彻十八届五中全会重要讲话精神作为全县思想理论建设的重要任务来抓，重点发挥微宣讲平台优势，深入农村、社区、学校进行集中宣讲。深入推进党委（党组）中心组学习制度化规范化建设，不断加强学习型党组织建设，定期邀请一些省市知名的专家学者来我县宣讲、传授、解读各种重要政策和重大会议精神，确保党的最新理论成果第一时间在我县干部心中落地生根。二要强化精神文明建设。围绕传播和弘扬社会主义核心价值观体系，狠抓公民思想道德建设、群众性精神文明创建、农村精神文明创建、社会志愿服务和未成年人思想道德教育，组织好第四届双牌县道德模范、第二届“美德少年”“最美家庭”“推荐身边好人”等评选活动，开展好“文明餐桌、文明劝导、文明交通、文明礼仪”四大行动，“道德讲堂”要覆盖到全县60%以上的单位，争取早日创建省级文明县城，全年力争创建省级文明单位2个，市级文明单位6个。三要强化宣传舆论引导。完善双牌新闻网、双牌政府网、“双牌发布”、双牌手机报等各类媒体建设，力争办出特色、办出新意、办出品牌，积极对外宣传双牌全面建成小康社会、全面深化改革、五大重点、四大突破、八大工程等工作中涌现出来的好经验、好典型和新成就，打响双牌的名号，树立双牌的形象；加强舆论引导工作，特别是要把网上舆论工作作为当前意识形态工作的重中之重来抓，通过加强各单位的新闻通讯员、新闻发言人、网评员、舆情信息员培训，及时发布最新的舆情信息，主动引导正确的舆论方向，发出同一个“双牌声音”。

4. 打造坚强的战斗堡垒。“抓好党建是最大的政绩”，各级各部门必须对基层党建工作从高认识、从严要求、从细入手，不断增强党组织的凝聚力和战斗力。一要抓投入，加强基层保障。认真落实运转经费正常增长机制，逐步提高村社干部各项待遇。按照“五专”“四有”的要求，高标准设立乡镇党建工作站。继续推动村级组织活动场所高质量全覆盖、社区综合服务用房和乡镇机关危房改造及“五小”设施建设，完善便民服务中心（站）服务功能。加快发展村级集体经济，将其作为考核驻村帮扶工作和乡镇基层党建工作的硬指标。二要抓基础，提升规范管理。“四大家”党员县级领导要带头创办基层党建工作示范点，重点联系软弱涣散党组织、村集体经济空壳村。全面推行农村“一三五”模式，推动基层服务性党组织建设。加强社区“一体三化”建设，构筑全方位社会管理服务网络。严格执行“三会一课”、民主评议党员、“四议两公开”制度。三要抓创新，注重品牌打造。增强创新意识，丰富活动载体，深入开展“基层大走访、群众大座谈、矛盾大化解、作风大转变”活动，进一步深化拓展“树根”工作法成果。设立党建工作创新奖，通过抓创新、创特色、推典型，着力打造一批具有双牌特色的党建品牌。积极开展“先进乡镇党委”“优秀村社党支部书记”和“先进党务工作者”等评比活动，营造“学先进、争先进、赶先进”的浓厚氛围。

5. 净化清廉的党风政风。“民心是最大的政治，正义是最强的力量”，要以党风廉政建设巩固双牌发展的成果，赢得双牌群众的认可。一要狠抓责任落实。要落实好各级党委的主体责任和纪委的监督责任，各级党委（党组）要责无旁贷地当好党风廉政建设的领导者、执行者、推动者，主要负责人要积极履行好“第一责任人”的职责，确保主体责任落实横向到边、纵向到底。各级纪检监察机构要义不容辞地履行监督责任，把握运用监督执纪“四种形态”，改进和加强纪律审查工作。二要狠抓监督防腐。大力加强预防腐败体系建设，不断深化政务公开和党务公开，全面推行村级财务管理八项规定和系列规章制度，积极探索党内监督、民主监督、社会监督、舆论监督的新形式和新方法，确保领导干部的权力行使到哪里，各项监督就延伸到哪里。三要狠抓制度建设。进一步健全领导干部个人重大事项报告、述职述廉、民主评议、谈话诫勉和经济责任审计制度，围绕土地出让、产权交易、项目审批、资金管理、工程招标、人员招考等重点领域、重点环节、重点问题健全规章制度，加强专项整治，以制度管好人、管好事、管好钱。

双牌的事业大有希望，双牌的明天前景动人！全县上下一定要按照县委的决策部署，咬紧目标、务实进取、凝心聚力、持续发力，为实现“十三五”开门红，全面建设活力迸发的自信双牌而努力奋斗！

政府工作报告

——2016年11月28日在双牌县第十二届人民代表大会第一次会议上的讲话

一、过去四年工作回顾

2012年以来，面对复杂多变的发展形势和艰巨繁重的改革发展稳定任务，在上级党委政府和县委的正确领导下，在县人大、县政协的监督支持下，县政府紧紧依靠全县人民，立足双牌实际，主动适应经济发展新常态，开拓创新、锐意进取，抢抓各项政策机遇，战胜各种严峻挑战，走出了一条具有双牌特色的发展之路，基本实现了县十一届人民代表大会确定的目标任务，在全市年终综合绩效考核中一举摆脱长期靠后局面，上升至2014年的第七名、2015年的第六名，提升了双牌形象，彰显了双牌自信。为全面建设活力迸发自信双牌，确保全面建成小康社会奠定了坚实基础。

——四年来，综合实力持续增强，奋发赶超迈开新步伐。实现了经济总量、人均均量和运行质量“三量齐升”。经济总量先后跨越40亿、50亿两大台阶，年均增长9.4%。固定资产投资、规模工业增加值、社会消费品零售总额达到66.6亿元、13.1亿元、10.3亿元，年均分别增长25.4%、12%、19.8%。财政总收入达到4.11亿元，年均增长6.8%。三次产业结构比从2011年的33.7：42.9：23.4调整成为28.8：43.2：28。全县单位GDP能耗下降35.9%。城乡居民人均可支配收入分别达到19568元和6724元，是2011年的1.2倍和1.6倍，年均分别增长4.8%和12%。

——四年来，产业发展持续壮大，全面进步形成新态势。现代农业雏形初显。共发展中药材、高山野生茶等各类农林基地5万亩，竹鼠等特种养殖异军突起，生猪、牛羊、家禽、特色生态养殖、名优河鱼养殖五大产业带初步形成。新增各类农产品加工企业和各类专业合作社等新型主体214家，金蕊实业成为我县首家农业产业化省级龙头企业。全县农业机械总动力增加4万千瓦，达到22.7万千瓦。建立健全了农产品质量防伪溯源体系。“三品一标”农产品认证达到14个，国家无公害认证农产品达到13个。先后获批全国平安农机示范县、全省科学储粮工作先进县、机插秧示范县。新型工业提质增效。双牌工业园成功创建省级工业集中区。规模工业企业达到45家，比2011年增加15家。仕诚塑料机械、华长源等标志性企业先后落户双牌，华茂生物等5家企业被认定为战略性新兴产业企业、凯丰活性碳等4家企业被认定为省级“专精特新”示范企业，“南岭”商标被认定为中国驰名商标，新增省级著名商标4个、省级名牌产品1个。2015年工业税收占全县总税收的比例达到42.58%，较2011年提高3.6个百分点。旅游三产蓬勃发展。建成了全市第一家智慧旅游平台。阳明山获批海峡两岸交流基地，成功创建国家AAAA级景区、国家生态旅游示范区，“和”文化品牌唱响全国；茶林镇成为全省特色旅游名镇，桐子坳村成功创建全省特色旅游名村、国家AAA级景区。2015年，全县共接待游客373万人次，实现旅游综合收入17.9亿元，分别是2011年的4.3倍和5.9倍，成为“全国十佳生态休闲旅游城市”，被评为全省旅游产业发展十佳县。新发展冷链企业1家、物流企业

10家、快递20家，阿里巴巴、苏宁易购、农商通、京东等4家大型电商进驻我县，“农村淘宝”县级中心正式运营，村级服务站点发展到30家。成功创建市级金融安全区。全县人均住房使用面积提前达到小康指标。

——四年来，改革开放持续推进，发展活力实现新增强。改革取得新进展。农村产权制度改革深入推进，县乡村三级土地流转服务站全覆盖，新增土地流转面积23万亩，总面积达到51.12万亩，占应流转面积的31.75%。县农村信用社成功改制为农商银行，“惠林通”林权抵押贷款模式在全省推广。国有林场改革稳步开展。乡镇区划调整顺利收官，合并乡镇3个、减少行政村81个。城乡网格化管理深入推进。城建投实体化运作全面启动，工业园开启封闭式运行模式，“先照后证”“三证合一”“一照一码”“五证合一”、全面“营改增”、不动产登记改革先后实施，创新创业活力得以激发，新增市场主体3个。上争取得新成效。先后跻身国家主体功能区试点示范县、全国农业综合开发县、全国小农水建设重点县、全国地质灾害防治重点县、国家森林资源可持续发展重点县、国家木材战略储备县、海峡两岸交流基地、革命老区县、省特色县域经济文化旅游产业重点县、省旅游强县、省农村环境综合整治整县项目推进县、省现代农业综合产业园、省竹产业开发重点县、省第二批大中型水库移民避险解困国家试点县等行列，累计到位各类补助资金50.45亿元，其中财力性转移支付资金8.85亿元。置换政府债券3.55亿元。四年共争取政策性银行融资5.18亿元。开放实现新突破。外贸进出口实现“零”的突破。成功引进千山药业，对接上市公司实现突破。广东省湖南双牌商会成立，在发达地区建立双牌招商“飞地”、构建招商大平台实现突破。开启与太平洋建设集团合作，对接引进世界500强企业实现突破。共引进内资项目128个，合同利用、实际到位内资分别达到132.6亿元和82.8亿元；引进外资项目5个、实际到位外资1.77亿美元。四年累计完成外贸进出口3542万美元。

——四年来，发展平台持续优化，全面升级取得新成效。基础大改善。永蓝高速双牌段正式通车，双牌进入“高速时代”。累计完成交通基础设施投入13.8亿元，二广高速连接线竣工通车，207国道改造全线启动，双牌大山段率先通车。建成农村公路339公里、招呼站67个、改造危桥30座，成为全市第一批行政村通畅率达100%县区。累计投入水利建设资金1.2亿元，完成各类水利工程1.6万余处，减少农田受灾面积3.8万亩，减少和免除直接经济损失1.21亿元。双牌电站完成1.5万千瓦机组扩容，倪家洞、麻江、五星岭风电场启动建设，县城及乡镇所在地全部实现光纤入户，4G网络县城全覆盖、乡镇覆盖率达到82%。农村增活力。大力实施“美丽乡村”“农村清洁工程”和“点亮乡村”工程，全县100%乡镇政府所在地、85%的行政村完成环境综合整治，农村生活垃圾无害化处理率达到95%，沼气、太阳能等农村清洁能源推广有力，被评为全省农村能源工作先进县，桐子坳等10个村成为市级重点示范村，泷泊镇良村、五里牌镇田洞里村成功创建“湖南省美丽乡村建设示范村”。城镇展新颜。《双牌县土地利用总体规划（2006—2020年）（2016年修订版）》成功获批。中心城区建设强力推进，城镇化率达到41.5%。县城提质改造工程全面开启，“三纵六横”城市主干道改造接近扫尾，绿化、亮化深入推进，沿江风光带等一批重大城建项目建成，污水、生活垃圾处理等配套设施日趋完善。城市公交正式开通，结束我县无公交的历史。集镇建设步伐加快，“省级生态文明示范乡镇”全覆盖，8个乡镇创建“国家级生态文明示范乡镇”通过省级验收等待复查命名，五里牌镇成为全国重点镇，何家洞镇成为湖南省文明镇、省级边界口子镇，江村镇成为省级特色镇，江村、茶林、麻江入选全市品质活力乡镇。

——四年来，民生事业持续进步，社会和谐开启新局面。始终坚持发展成果群众共享，四年民本民生领域总支出38.73亿元，占全部财政总支出的72.03%。脱贫攻坚成效明显。累计减少贫困人口1.2万人，贫困发生率下降到10.4%以下。获省“扶贫实绩综合考核优秀奖”。金滩村成为湖南省脱贫攻坚示范村。白水岭、桐子坳、访尧、坦田、上梧江、吉江、阳明山成为全国乡村旅游扶贫重点村。社会保障得到加强。共新增城镇就业1.78万人次，农村劳动力转移就业达6.99万人次，帮助下岗失业人员再就业6800人次，零就业家庭动态援助率100%。白水岭荣获全省创新创业带动就业示范村。人社部门审核政策对象、财政部门审核贴息资金、金融部门审核信贷发放“三方联审”的贴息创业贷款模式在全国进行推广。新增廉租房758套、公租房3231套，实施各类棚户区改造6055户，完成农村危房改造6491户。解决5.48万人的饮水安全问题。“五项保险”基本实现城乡全覆盖。城乡低保、五保供养、大病救助等各项保障有力，成为国家养老机构“公建民营”改革试点县和全省慈善工作先进县。人居环境日益优化。积极推进大气污染防治、湘江防治第一个“三年行动计划”、湘江重金属污染治理、重点水源区保护工作，严厉打击河道采砂行为，争取到日月湖国家湿地公园建设，全县森林资源蓄积总量增加60万立方米，达到551万立方米。教育事业优先发展。完成26所合格学校、8所乡镇公办中心幼儿园、3所村级公办幼儿园建设，引进优质民营学校获得突破，湘一·阳明学校开始招生。我县成为全市唯一通过全省现代教育实验县、“三通”工程奖补县、全省教育信息化试点县验收的县区，被评为湖南省教育信息化示范县。科技创新成果涌现。全县共申请专利461件，专利授权167件。被列为湖南省可持续发展实验区和中南林业科技大学的“科技成果转化示范基地”，获全国科技进步考核合格县、全省知识产权先进县荣誉。文化事业亮点纷呈。“两馆一站”全面免费开放，“农家书屋”100%行政村覆盖，付家湾村农家书屋成为“全国示范农家书屋”，我县文化馆被评为国家级文化馆，新增国家级重点文物保护单位1个、省级文物保护单位3个，塘基上村、坦田村入选中国传统村落名录，坦田村成为国家历史文化名村，访尧村、大河江村入选省级历史文化名村。卫计服务奋力争先。县级公立医院改革启动，完成13所乡镇卫生院标准化建设和53所村卫生室建设，1839人次享受到新农合补偿、总金额895万元，全面实施药品零利率使用，门诊、住院药品费用分别下降15.26%、17.47%。全县人口自然增长率控制在3.49‰以内，人口计生工作连续3年获得省里先进。社会大局保持稳定。矛盾纠纷调节机制和社会治安防控体系不断完善，社会治安综合治理多次荣获省市先进，连续8年保持全省平安县称号，多年保持“无毒害”“无传销”县区称号。没有发生食品安全事故和较大以上安全生产事故。此外，国防动员、人民防空工作取得新的成绩，驻双武警和民兵预备役部队为地方发展作出新贡献。工青妇等组织作用充分发挥，审计、移民、史志、对台、气象、档案、老龄、民族宗教、残联等工作有了新的进步和发展。

——四年来，自身建设持续加强，施政能力获得新提升。坚持依法行政。认真执行县人大及其常委会的决议、决定，自觉接受县人大及其常委会的法律监督、工作监督以及县政协的民主监督，广泛听取社会各界意见建议。四年共办理人大代表议案、建议264件，政协委员提案253件、大会发言44件，答复率100%，代表委员总体满意。法治创建深入开展，先后荣获全国“六五”普法中期先进县、“全国法治县创建活动先进单位”和“全省基层法治示范县”，盘家洞村成为全国民主法治示范村，冲头村、新干桥村成为全省民主法治示范村。大力简政放权。减少机构21个，消化超配领导干部101名、超编单位31个、超编人员192人。及时取消、承接省市相关审批事项，县本级行政审批保留 264 项、精简率 32.66%。建立 12345 公共服务热线平台，推动"两集中、两进驻"改革，着力实施"三清单一目录"管理，全面铺开一站式服务和全程代办制，办结时限整体提速 65%。恪守廉洁从政。全面落实党风廉政建设责任制，强化"一岗双责"，积极推进惩防体系建设，扎实开展党的群众路线教育实践活动、"三严三实"专题教育和"两学一做"学习教育，坚决反对"四风"，不断改进作风。全面推行干部实绩管理和执行力考核，政府执行力、公信力不断增强。

这些成绩的取得，是上级坚强领导和县委统揽全局、协调各方的结果，是广大干群凝心聚力、顽强拼搏、开拓奋进的结果，凝聚着各位人大代表、政协委员的心血和汗水，离不开历届班子打下的良好基础，离不开离退休老干部、人民团体和社会各界的大力支持和帮助。在此，我谨代表县人民政府，向为双牌发展作出贡献的各界人士，表示衷心的感谢并致以崇高的敬意！

成绩来之不易，经验弥足珍贵。在今后的工作中，必须要进一步保持和发扬。

第一，要坚持科学谋划，完善发展思路。四年来，我们主动适应经济发展新常态，立足县情县况，按照县委确定的发展战略，准确研判形势、把准自身定位，科学谋划发展，实现了改革、发展和稳定的统筹协调，最大限度地激发了县域优势，最大程度地补齐了发展短板，实现了又好又快发展。

第二，要坚持开拓进取，创新发展举措。四年来，面对新常态下错综复杂的新问题、新情况，我们破除思维定势、工作惯性和路径依赖，用改革的思路、创新的举措，抓住了一切可以抓住的机遇、破除了一切可以破除的难题，取得了一个又一个的胜利，极大地提升了发展信心。

第三，要坚持团结干事，坚定发展担当。四年来，在县委的坚强领导下，在县人大、政协的监督支持下，全县上下紧紧拧成一股绳，思想同心、目标同向、行动同步、执行同力，紧盯发展蓝图，坚持问题导向，以强烈的责任感和事业心，共思谋划、共同奋斗、共解难题，以钉钉子的精神一抓到底，将一些不可能变成了可能，开创了迈步赶超的新局面。

第四，要坚持执政为民，凝聚发展合力。四年来，我们始终坚持把人民群众对美好生活的向往作为奋斗目标，财政投入、工作力量向民生倾斜，投入之大、成效之显著前所未有，群众获得感显著提升，焕发了群众参与全县经济社会建设的热情，凝聚起了攻坚克难的磅礴力量。

我们也清醒地看到，经济社会发展中还存在一些不容忽视的问题，突出表现在：一是思想不够解放，小富即安、不富也安思想普遍存在；二是经济总量依然偏少，产业规模较小，工业支柱不强，主体财源不多，财政收支压力较大；三是基础设施仍然有待完善，土地、资金、人才等要素制约依然比较突出，发展基础仍待进一步夯实；四是农民增收渠道有待拓宽，精准扶贫仍需攻坚，民生任务仍然艰巨，涉及群众利益的许多问题亟待解决；五是政府职能转变仍不够到位，少数部门不作为、慢作为、乱作为现象依然存在，工作作风、行政效能有待持续提高。对此，我们将进一步增强忧患意识和责任意识，采取强力措施，切实加以解决。

二、今后五年工作的总体要求和奋斗目标

新一届政府任期的五年，是我县全面建成小康社会的决胜时期。这一时期，困难与希望并存，挑战与机遇同在。总体来说，希望大于困难、机遇多于挑战。当前，世界经济在深度调整中曲折复苏，但我国经济长期向好的基本面没有改变，仍处于重要的战略机遇期。国家"四个全面"战略布局和"一带一路"、长江经济带的重大部署，全省"一带一部"战略、湘南承

接产业转移示范区建设，全市区域性铁路枢纽城市、“四个三”工作战略的强力推进，一系列稳增长、促改革、调结构、惠民生措施的持续发力，尤其是精准扶贫的全面强力推进，各项重大战略与政策红利叠加，有利于我们从更高的层次、更广的范围获取发展所需各项积极要素，培育我县发展新动力。同时，我县发展基础不断夯实、发展结构日趋优化、发展活力加速释放、发展动能厚积薄发，全县上下风清气顺、凝心聚力、人心思进，因势而谋、顺势而为、乘势而上，谱写发展新篇章的机遇已经到来！

立足新起点，面对新常态，我们的思路更加清晰。今后五年，全县经济社会发展总体要求是：高举中国特色社会主义伟大旗帜，以邓小平理论、“三个代表”重要思想、科学发展观为指导，认真贯彻党的十八大和十八届三中、四中、五中、六中全会和习近平总书记系列重要讲话精神，协调推进“四个全面”战略布局，努力践行创新、协调、绿色、开放、共享五大发展理念，坚持以全面建成小康社会为引领，以开放引进为总抓手，向改革创新要动力，突出精准扶贫、新型工业、宜居城市、生态旅游、现代农业五大重点，实现策划规划、招商机制、要素保障、环境优化四大突破，努力创建全省百亿工业园区、全国最美滨水县城、全国生态休闲度假旅游目的地，为全面建设活力迸发的自信双牌而奋力拼搏！

根据这一思路，今后五年我们要达到的目标是：到2020年，全县地方生产总值达到76亿元，年均增长9%；财政总收入突破7.05亿元，年均增长10%；全社会固定资产投资年均增长19%；社会消费品零售总额超过16亿元，年均增长14%；规模工业增加值达到21亿元，年均增长12%；城乡居民人均可支配收入分别达到30500元、11000元，年均分别增长9%和10%。

——提前建成全面小康社会。经济持续健康发展，发展方式转变取得重大突破。民主政治更加成熟，法治政府建设卓有成效，司法公信力得到增强。人民生活水平显著提高，基本公共服务共建共享迈上新台阶。生态文明全面进步。2019年全面建成小康社会。

——脱贫攻坚取得决定性胜利。贫困地区基础设施全面改善，扶贫产业发展壮大、与贫困群众利益连接体系进一步健全。就业、医疗和救助等基本公共服务接近全县平均水平，稳定实现农村贫困人口不愁吃、不愁穿，义务教育、基本医疗和住房安全有保障。到2017年，全县建档立卡的贫困对象全部脱贫，67个贫困村退出贫困村行列，摘掉省贫困县帽子。

——初步建成全域旅游强县。旅游基础设施、配套服务体系逐步完善，旅游品牌影响显著扩大，层次丰富、特色鲜明的旅游产品体系加快构建，精品景点景区打造成效显著，全县AAAAA级旅游景区达到1个以上、AAAA级旅游景区达到2个以上，到2020年旅游收入占GDP的比重达到20%以上。创建省全域旅游示范县，成为全国著名的生态休闲度假旅游目的地和养生福地。

——加快建设全国最美滨水县城。大力推进以人民为中心的新型城镇化，加快国际慢城创建，将县城建设成为潇湘城市群的重要支撑点、辐射带动全县城乡的战略据点，实现城乡发展的统筹推进，城市与经济社会建设的广泛融合，打造本地人为之自豪、外地人为之向往的全国最美滨水县城。到2020年，城镇化率达到45%。

——成功创建省级文明县城。基础配套得到加强，城市的承载能力、集聚能力和辐射能力显著提高。经济建设、政治建设、文化建设、社会建设和生态文明建设协调推进。社会主义核心价值体系深入人心，公民文明素质和社会文明程度有大的提升。县城活力迸发，市民自豪感和自信心进一步增强。2020年前成功创建省级文明县城。

要想实现上述目标，就必须要牢固树立并努力践行创新、协调、绿色、开放、共享五大发展理念，用新理念引领新常态、谋求新发展、创造新辉煌。

1. 始终坚持创新发展，在转换发展动能上寻求新突破。牢牢把握经济新常态，大力推进供给侧结构性改革，鼓励支持大众创业、万众创新，加快实施创新驱动发展战略，实现互联网与经济社会融合发展，加快产业转型升级步伐，提升发展水平。全面深化改革，构建有利于创新发展的新机制，让发展活力充分释放，发展动能加快转换。

2. 始终坚持协调发展，在构筑发展格局上寻求新突破。牢牢把握我县发展总体布局，正确处理三大产业、城市与农村、人与自然、经济发展与社会事业发展之间的关系，通过积极引导、统筹推进，逐渐形成经济结构优化、城乡统筹、社会事业进步、资源环境可承载的协调发展新格局。

3. 始终坚持绿色发展，在增强发展能力上寻求新突破。充分发挥国家重点生态功能区引领作用，加强生态环境保护和修复治理，实施最严格的水资源管理制度，坚持科学节约集约用地，加快现有高耗能、高污染产业的退出和转型升级，坚守资源消耗上线、环境质量底线、生态保护和耕地红线，增强发展的可持续性。

4. 始终坚持开放发展，在提升开放水平上寻求新突破。全面深化与"长江经济带"、泛珠三角、东盟等区域的交流与合作。不断深化合作层次与水平，坚持引进资金、引进管理、引进技术、引进人才并举，积极发展外向型企业，更多地利用外部资源为县内发展服务。

5. 始终坚持共享发展，在增加人民福祉上寻求新突破。坚持发展为了人民、发展依靠人民、发展成果由人民共享。从解决人民最关心最直接最现实的利益问题入手，促进教育、医疗、文化、养老、就业、住房等公共资源均衡配置、协调发展。

各位代表！全面建设活力迸发的自信双牌，确保如期建成全面小康社会，就是要通过在"五大重点"上不断取得新进步，在"四大突破"上不断创造新辉煌，在"五大发展理念"上不断探索新实践来实现。我们必须要以创新的理念来加快转变思维定势、不断增强发展自信、始终保持战略定力，在全新的历史起点上、在更广阔的发展舞台上，以改革的动力、产业的活力、城市的魅力做笔，来描绘双牌的宏伟画卷，以文化的传承、环境的秀美、人民的幸福为彩，来渲染双牌赶超跨越的崛起梦！

三、着力推动经济赶超跨越

（一）聚焦精准扶贫，加快发展步伐。

脱贫攻坚已进入决胜阶段，必须要立下愚公移山志，咬定目标、苦干实干，打赢这场攻坚战。整合资源扩投入。充分整合各类涉农资金，积极运用包括扶贫小额信贷在内的各项金融扶贫政策，通过购买服务、政企合作、贷款贴息等方式，增加拓宽金融资本、民间资本、社会资本进入扶贫项目的方式和渠道，鼓励贫困群众自筹资金自我帮扶，为脱贫攻坚提供强大的资金后盾支持。五年投入资金 50 亿元以上。突出重点抓攻坚。抓好六大扶贫产业，鼓励、支持贫困群众因地制宜，根据自身条件发展生态旅游、休闲农业、民俗体验等特色项目，加快农村电商发展。着力推进水、电、路、讯、网等基础设施配套完善，统筹抓好教育、医疗、养老、低保、五保供养、村集体经济发展等事项落实，尽快改变贫困地区基础条件和公共服务配套落后状况，完成 6580 名贫困群众易地扶贫搬迁，全面提升贫困区域、贫困群众自我发展能力。抓好融合促发展。切实把握扶贫政策文件精髓，用好用活，充分释放政策含金量，使脱贫攻坚与我县的产业发展、城乡建设、社会事业建设等各个方面有机充分融合，更好地激发扶贫政策的放大效应，实现经济社会发展、脱贫攻坚与全面小康的同步推进。

（二）着力改革创新，激发制度红利

深入推进供给侧结构性改革。千方百计

“去产能”。落实好负面清单，停止审批过剩行业新增项目，加快淘汰落后产能，推动华瑞科技、双星焊剂、合丰冶炼、鸿达冶炼等4家冶炼企业整合升级，加快永盛化工、九星化工等企业搬迁改造步伐，精准妥善处置“僵尸企业”，全力支持中小企业创业创新和新兴产业发展壮大。不遗余力“去库存”。合理控制房地产开发规模，加大棚户区、城中村改造货币化安置力度，大力扶持农民进城购房及改善性购房，推动住房公积金扩面、提高贷款额度，支持房地产开发企业利用存量土地依法变更规划，发展旅游、养老、创业基地等地产项目。想方设法“去杠杆”。尽可能争取更多的政府债务置换指标，广泛运用PPP模式开展项目建设直接融资，进一步加强对民间借贷的监管和非法集资的打击力度，坚决守住不发生系统区域性风险底线。全力以赴“降成本”。坚决落实中央、省里以及市里出台的降成本政策，降低不合理的制度成本、交易成本和各类收费。竭尽全力“补短板”。补齐精准扶贫、新型工业化、基础设施和民生事业等短板。稳步推进重点领域改革。稳步深入推进商事制度改革、供销社综合改革、公车改革、事业单位分类改革。全面完成农村土地确权登记颁证工作，积极开展以村集体经济股份制为主要内容的农村集体经济组织产权制度和农村宅基地入市改革，充分激发农村发展活力。深化水资源管理体制机制、水利投融资机制、水利工程建设和管理体制、基层水利服务体系、水价等五项改革，落实水利改革六大体系。深化财税体制改革，清理规范税收优惠政策，积极推进消费税、环境保护税和房地产税改革，加强预算平衡和执行管理，配合做好上下级事权与支出责任划分工作，构建“六位一体”监管新机制。大力推进创新驱动。实施“互联网+”工程，大力拓展互联网与经济社会各领域融合的广度和深度，充分发挥创业孵化基地、创业示范园作用，加大创业培训、小额贴息贷款和社保补贴等政策扶持力度，构建“双创”工作新格局。完善科技创新服务体系，加快以生产力促进中心、科技开发中心等为主的公共创新服务平台建设和以研发设计、企业孵化器等为主的创新创业服务平台建设，全面构建科技创新服务体系。创新工作机制体制，大力实施以奖代投、以奖代补等激励措施，提升工作激情与效果。

（三）主攻项目建设，夯实发展载体

项目前期提质。学精吃透国家和省“十三五”规划，及时把握最新政策，加强与国内省内智库和知名中介机构合作，全面推行重点项目联席会议制度，使项目的前期策划、立项审批、招商引资、征地拆迁、项目建设各个环节无缝对接，不断提高项目策划规划的水平与质量。项目建设提速。要大引项目。进一步压实招商责任，完善招商奖惩机制，充分发挥海峡两岸交流基地、广东双牌商会、工商联的平台作用，积极抓好对台招商、以商招商，开展产业集群招商、优势资源招商、网络招商、小分队招商等招商活动，大力对接优质大型国企央企民企，更多引进一批大项目好项目。要大干项目。全面落实“十三五”规划既定的186个项目、总投资835亿的任务。竣工投用双零一级公路、S350霞灯至蔡里口二级公路、打理公路、茶阳公路，突出抓好衡道高速双牌段、潇水二桥、500公里农村公路提质改造、潇水河双牌段综合治理等防洪工程、灌区及配套、小型河道治理及排涝和小型农田水利、农村安全饮水工程建设，力争湘桂运河建设项目，加快电网改造升级，实现4G基站、光网宽带全覆盖，进一步完善交通、水利、能源、信息网络体系。项目环境提优。牢固树立发展环境也是生产力的理念，营造“亲商、爱商、护商”的人文环境。简化规范审批程序，依法使用行政处罚权，坚决问责“不作为、乱作为”等歪风邪气，兑现“投资商不与政府部门见面”和“围墙内的事企业做主、围墙外的事政府部门包干”的承诺，着力构建廉洁、务实、高效的政务环境，打造

"双牌服务"金字招牌。依法严厉打击"三强三堵"等不法行为，大力营造公平有序的法制环境。尽快出台全县统一的招商政策，营造灵活宽松的政策环境。要素保障加强。做实做强政府投融资平台，抢抓当前这个重要的发展战略机遇期，全面融合政银、政企关系，破解资金瓶颈。加大依法拆迁力度，加快用地报批，做好棚改、"僵尸企业"清理土地、已批闲置土地收储，科学节约集约用地。加强政策引导，规范企业用工行为，做好协调服务，增强劳动力到本地企业务工意愿。

（四）狠抓产业升级，提升内生活力

坚持传统优势产业转型与加快新兴产业发展并重，推动产业高端化、集群化发展，不断提升发展的质量与效益。加快推进新型工业。不断优化发展环境。进一步完善园区基础配套，理顺管理体制，优化政务服务，强化要素保障，提升园区承载能力，规范入园执法行为，打造百亿工业园区。继续深入开展"工业企业服务年"活动，健全企业服务体系，帮助企业解决生产经营难题。改造提升传统产业。采取更加精准的措施，鼓励、支持、帮助南岭、双牌电站做大做强。推动现有企业开展"两化融合"，加大技改力度，实施工业技改项目100个，完成投资70亿元。立足绿色资源优势，依靠现有竹木加工产业基础，加快实施高档家具和装饰材料、绿色食品加工等项目，建设竹木精深加工产品一条街，将农林精深加工产业发展成为年产值超过30亿元的产业集群。到2020年，全县工业总产值、规模工业总产值分别突破170亿元和140亿元，工业对经济增长的贡献率超过40%。大力发展新兴产业。积极对接"中国制造2025"，2016年底前建成"135"工程，推动乐福地、仕诚塑料机械等项目尽快投产，加快清洁能源、活性碳产品开发、电子信息、中草药提取与加工、电子烟花等项目建设，推动产业向价值链高端提升。打造生物医药、清洁能源、先进装备制造等三个产值超过30亿元以及电子信息、精细化工两个产值超过15亿元共五个新兴产业集群。省级著名商标和名牌产品达到10个以上。积极推进高效农业。坚持以市场为导向，以效益为中心，调整优化农业产业结构，提高农业效益。继续稳定粮食生产。每年田地深松2万亩以上。全县粮食种植面积保持在23万亩以上，总产7.5万吨以上。大力发展产业化经营。培植壮大药材、茶叶、马铃薯、果蔬等主导产业，建好"五大园区八大基地"，扶持发展种植大户、家庭农场、农民合作社等新型农业经营主体，加快"一村一品"建设，扶持壮大现有加工企业，大力引进有实力、有品牌的农业生产和农副产品精深加工龙头企业，构建更加高效的"企业+基地+农户"农业产业化体系，到2020年农业产业化组织带动农户面积要达到70%以上，推动产业增效、农民增收。创建农业特色品牌。推行农业标准化生产，积极开展"三品一标"农产品认证和农产品商标注册工作，力争建设3个绿色农产品生产基地、10个农业标准化基地，争创1个国家级、5个省级品牌农产品，打造"双牌虎爪姜"地理标志农产品品牌，完成"三品一标"农产品认证20个以上。2018年前成功创建国家级出口食品农产品质量安全示范区。构建农业社会化服务体系。拓展良种种苗培育、测土配方施肥等农业生产性服务领域，实施集中育秧、仓储物流等农业社会化服务支持工程，搭建区域性农业社会化服务综合平台，积极抓好政府购买农业公益性服务机制创新试点工作。突出发展现代服务业。强力推进旅游业。抢抓"景点旅游"向"全域旅游"转变机遇，拓展旅游产业内涵，增强其带动力，使旅游业成为推动区域经济社会发展的新引擎。打造全域旅游亮点。在全省率先创建国际慢城，围绕县城、大阳明山、日月湖和紫金山四大旅游产业聚集区，进一步加强白水岭、桐子坳、大黄江源、龙洞文化艺术产业园等精品景点景区培育，完善县城游客集散中心、旅游公路、阳明客运站、旅游专用码头等设施配套，全面完成文化旅游产业重点县项目建设并通过省级验收，提升生态、“和”文化、海峡两岸交流基地三大核心品牌的知名度与美誉度，将阳明山创建成国家AAAAA级旅游景区、桐子坳和龙洞文化产业园创建国家AAAA级旅游景区。深入实施“全域旅游+”战略。大力推进“全域旅游+产业”，推动旅游业与工业、农业两大产业以及与文化、体育、科教、康养等行业的深度融合，打造一批跨界融合项目，规划开发一批跨界融合的旅游产品，形成旅游与其他产业发展的叠加效应，加快区域经济转型升级步伐。大力推进“全域旅游+城市”，以国际慢城创建为契机，加快河东新区开发步伐，将其打造成集现代新城、活力新区、特色新街、优美新居为一体的高品质新城，推动全县新型城镇化。大力推进“全域旅游+乡村”，建设好永连公路、日月湖和紫金山三条乡村旅游走廊，充分借鉴国际慢城建设理念，将全域旅游自身的美学、文化、观赏等元素融入在综合交通、公共服务、基础设施、生态环境建设等多个方面，打造“村村是景点、全域是景区”的旅游大格局。积极发展健康和养老服务业。建好健康养生产业观光园，依托阳明山、紫金山积极发展康体养生产业，完善县、乡镇（局）、村养老服务平台体系。加快发展现代金融产业。争设农业发展银行，成立村镇银行和中小企业融资担保公司，完善多元化金融服务体系。建立健全保险、再保险体系，以农村种养业为重点的“三农”保险取得突破性进展。到2020年全县存贷款余额分别达到41亿元、47亿元以上，创建省级金融安全区。加速商贸流通业集聚发展。建好双牌物流配送中心，将双牌建设成为永州中心城市南北物流通道重要节点。大力培育电子商务发展，培育孵化本土优势电商，加快农村淘宝等电商店面布点。

（五）突出城市引领，增强发展动力

突出精准规划。综合考虑我县全国最美滨水县城定位、文化特色、建设管理等多重因素，在确保“六线”刚性的同时，又要保证一定弹性，给未来留下足够的空间和余地。加快“一城三区”系列规划的修编和实施，2016年乡镇总体规划、2017年行政村村庄规划全覆盖。突出精巧建设。抓好老城区、城北新区提质，开发河东新区，落实建设、勘查设计、施工、监理、监管等五方主体安全责任，切实抓好城市综合管廊、公交站场等项目建设，坚决依法依规回收自来水公司，统筹医院、学校、文体设施、停车场和商贸市场、公厕、垃圾中转站等公共服务设施的均衡配置。三年内全面完成城区和城乡结合部全部的城中村和棚户区改造。突出精细管理。按照创建省级文明县城的要求，加大拆违控违力度，大力推进城区环境综合整治，深入推进殡葬制度改革，力争早日建成公墓区和殡仪馆，坚决整治好“摇摇车”载客行为，实行垃圾、污水处理厂社会化经营，探索城区环卫购买社会服务模式，不断提升城市管理水平，增强县城的品质活力，让老百姓有更多获得感。突出精心布局。顺应群众期盼，加快全国最美滨水县城、国际慢城和省级文明县城的创建，增强县城的辐射能力，以县中心城区为核心，双零一级公路、二广连接线、S350线、潇水河道和207国道为辐射轴，构建“一核四轴”全域旅游发展新格局，实现县城与永州市中心城区、大阳明山旅游产业聚集区、日月湖旅游产业聚集区、紫金山旅游产业聚集区无缝对接。以县城至阳明山为东轴（二广连接线），带动沿线的茶林、麻江、五星岭、阳明山建设发展，辐射零陵、祁阳、宁远；以县城至江村为南轴（潇水河道、207国道水陆两条主通道），带动沿线的打鼓坪、塘底、上梧江、江村、理家坪建设发展，辐射道县、江华、江永；以县城至何家洞为西轴（S350线），带动何家洞建设发展，辐射广西；以县城至五里牌为北轴（双零一级公路），带动五里牌的建设发展，辐射零陵、冷水滩、东安，积极推动我县对外开放对接，并将全域旅游的触手，深入全县的每一个村，让每一个普通群众都能参与全域旅游产业，享受全域旅游带来的好处，凝聚发展新动力。

四、全面加强社会建设

（一）推进文化兴县，建设活力迸发品质家园

坚定文化自信，打造文化品牌，建设文化先进县，为活力迸发自信双牌提供精神支撑。传承发扬传统文化。深入发掘民俗文化、民族民间文艺资源，做好资源的保护、传承、发展、开发与利用。抓好“岁圆楼古建筑群”、省级文物保护单位以及国家与省历史文化名村的保护和利用。积极推动山区土纸造纸工艺、上梧江瑶族婚庆仪式等申报省级和国家级非物质文化遗产。打造双牌文化标志，将其融入城乡建设、注入物质产品，不断提高双牌文化的知名度和美誉度。大力发展文化产业。依托各旅游景区景点，深刻挖掘佛教节日、民俗习惯、传统节庆、传统农林耕作的文化内涵，提炼形成一批演艺精品，展现双牌风情，增强游客的体验感。要结合农副产品精深加工、绿色食品、食宿服务等产业，推出具有双牌文化特色的工艺品、宗教民俗用品、日常用品、特色农副产品、特色食品等旅游产品，满足游客多层次的消费需求。要积极寻求与影视媒体的合作，争取将我县景区景点作为电影、电视的外拍基地，丰富其文化内涵，提升知名度和美誉度。扶持本土文化企业壮大发展。全面繁荣文化事业。投资5.4亿元，实现乡镇、社区和行政村公共体育健身设施、文化基层网点100%覆盖，打造国家一级图书馆，推动河东文体中心、群众文化演艺中心、美术馆、文化站和农家书屋建设，全面完成“村村响、户户通”工程，推进城乡文化一体化发展和农村公共文化服务体系建设。大力丰富群众文体活动，推出一批展示时代风貌、体现双牌精神的文化精品。

（二）推进教育强县，谱写百年树人华丽篇章

采取形式多样而又行之有效的教育，培育德才兼备、大局观念强、富有激情的专业人才，为双牌的赶超跨越提供最坚实的智力支撑。着眼长远抓基础教育。孩子是双牌的未来，必须要保证每一个孩子都要受到公平优质的基础教育。到2020年，公办幼儿园要实现乡镇全覆盖，90%的幼儿园、100%的中小学建成标准学校，残疾儿童义务教育入学率达到100%。深入推进素质教育，积极实施“三名工程”，实施学位攻坚、消除大班额现象，基本实现教育信息化，创建省级示范幼儿园1所以上、市级重点学校2所以上、省级民办骨干校1所以上。紧贴产业抓职业教育。紧盯我县现代农业的方向、工业六大主导产业、旅游三产的发展，积极开展多种形式的农民职业教育和培训，加强“一户一产业工人”培养工程、创业培训、企业职工培训，积极利用职业技术学校，培养一批我县急需的新型农民、产业工人，提升企业、产业的竞争力和效益。对于一些我县急需又暂时无法培养的高端人才，要大胆引进，通过在岗位上、在工作实践中的言传身教，带动储备一批专业人才，从长远解决好某些特殊岗位人才稀缺、产业发展受阻难题。树立典型抓激励教育。要以实绩论英雄，树立一批在企业管理、行政事业、专业技术岗位上作出突出实绩的典型，引导、激励人们立足岗位讲奉献、做贡献，凝聚起推动双牌发展强大的精神力量。立足家庭抓社会教育。积极推进“道德讲坛”建设，大力弘扬社会主义核心价值观，倡导传统美德、职业道德和社会公德，融入村规民约、团体章程和行业规定，在全社会树立昂扬向上、崇德向善的社会风尚，形成爱岗敬业、诚实守信的浓厚氛围，使恪守职责、爱护双牌发展成为所有人的自觉行动，营造独一无二的发展软环境，培育形成独特的竞争优势，确保我县能够在激烈的发展竞争中抢得先机。

（三）推进生态立县，拓宽绿色环保发展路径

将绿水青山就是金山银山的发展理念融合于经济社会发展的各方面和全过程，开创生态文明新时代，创建国家生态文明示范县。严格保护生态环境。以国家重点生态功能区为抓手，继续落实湘江保护和治理“一号重点工程”，加快环境保护林功能区、自然保护区、潇水水源涵养林功能区和日月湖湿地公园建设，争创紫金山国家森林公园，全面提升自然生态系统的多样性、稳定性和生态服务功能。坚持城乡环境治理并重，实施好潇水双牌段水污染防治、水源保护、重金属污染综合治理项目。坚决依法打击乱捕、乱猎、乱采行为。加快美丽乡村建设，突出农业生产面源污染治理，积极推进农业清洁生产、规模化养殖场综合治理、农村环境综合整治和村庄的绿化美化，建成市级美丽乡村示范村50个，每年建成1个以上省级美丽乡村示范村。大力发展绿色产业。大力发展碳汇经济、森林康养、生态旅游、林下经济等产业，积极推动节能减排，实现能源资源节约和综合利用，构建绿色工业经济循环产业链，加快倪家洞风电场、麻江五星岭风电场建设，发展光伏发电，开发生物质能源，创建国家绿色能源示范县。积极建设生态文化。强化生态环保思维，牢固树立生态红线观念，倡导勤俭节约、绿色低碳、文明健康的生活方式，建立健全生态文明建设的体制机制，将生态环保变成自觉行动，为子孙后代留下天蓝、地绿、水净的美好家园。

（四）推进民生惠县，实现共建共享全面小康

始终抓住人民最关心最直接最现实的利益问题，抓住最需关心的人群，一件事情接着一件事情办、一年接着一年干，锲而不舍向前走，不断增强广大群众的获得感。加强社会保障。加快建立城乡一体化的社会保障体系，大力实施“全民参保登记计划”，稳步提高各类社会保险待遇水平。完善社会救助体系，关心关爱弱势群体和困难群众的生产生活，加大对农村空巢老人、留守妇女和儿童的关爱力度，全面落实政府基本公共服务清单、发展普惠型公共社会福利体系，抓好综合防灾减灾救灾和养老服务工作。提高全民健康水平。完成县中医医院整体搬迁，建好疾病预防控制中心、突发公共卫生应急处理中心，加快推进县级公立医院综合改革，破除公立医院逐利机制，实施乡村基本药物制度，着力构建便捷利民的分级诊疗服务体系，加快社区卫生服务机构和村卫生室建设，建成覆盖城乡的基层医疗服务网络。全面落实计生基本国策，促进人口长期均衡发展。广泛开展全民健身运动，培育阳明山山地自行车比赛、海峡两岸围棋邀请赛等赛事品牌和体育市场。扩大就业创业。大力实施大学生就业促进计划和创业引领计划，统筹农村转移劳动力、城乡就业困难人员和退役军人就业，全县新增就业2万人次以上。创新社会治理。大力推行“网格化”管理，抓好“七五”普法教育。重拳打击“黄赌毒”“两抢一盗”等违法犯罪行为，保持对违法犯罪专项打击整治的高压态势，永葆“治安绿洲”这块金字招牌。认真落实《信访工作责任制实施办法》，畅通群众诉求渠道，依法处理非法上访行为，确保社会和谐稳定。加快推进信用体系建设，健全守信激励和失信惩戒机制。切实按照“党政同责、一岗双责、失职追责”的要求，严格落实属地管理责任、部门监管责任和企业主体责任，做到责任落实到位、监管覆盖到位、制度执行到位、隐患整改到位、应急防范到位，坚决遏制较大以上安全事故发生。加强市场监督管理，确保群众“舌尖上的安全”。

五、加强政府自身建设

（一）建设法治政府

坚持“法无授权不可为、法定职责必须为”，严格按照法定权限和程序行使权力、履行职责。认真贯彻县委决策部署，坚决执行人大及其常委会的决议决定，自觉接受人大及其常委会的法律监督、工作监督和政协民主监督，

定期向人大、政协报告工作，认真办理人大代表建议和政协提案。广泛听取民主党派、工商联、无党派人士和人民团体意见，自觉接受社会监督、舆论监督。依法科学民主决策，完善重大决策合法性审查和风险评估机制。严格规范公正文明执法。切实提高运用法治思维、法治方式来推动发展、化解矛盾和维护稳定能力。加强法制宣传教育，推进全民普法守法，营造法律红线不可逾越、法律底线不可触碰的浓厚氛围。

（二）建设创新政府

彻底改变害怕风险、不想担当、小富即满、得过且过的保守思维定势，只要法律法规和政策许可，只要有利于工作，只要有利于人民，就要放手大胆去做，敢于打破一些阻碍工作、影响发展、损害群众利益的旧条条、旧框框。要将工作中创新的、被实践证明了行之有效的东西以制度的形式固定下来，推广开来，应用起来，真正做到固化于制、内化于心、细化于事，避免少走弯路，提高工作效能，不断增强推动发展、化解矛盾、维护稳定的能力和水平。要探索建立容错机制，只要是出于公事、出于公心，即使犯了非原则性错误，也能够得到包容和纠错的机会。

（三）建设服务政府

坚持"民之所望，政之所向"，把工作重点转移到促进经济发展、加强公共管理、提供优质服务、营造良好环境上来，不断完善公共服务政策体系，提高公共服务质量。牢固树立所有部门都是服务部门，所有岗位都是服务岗位的服务型政府理念，通过机构改革和作风建设，坚决纠正部门和行业不正之风，增强各级干部为人民服务的自觉性、主动性，切实做到在感情上贴近群众，思想上尊重群众，行动上深入群众，诚诚恳恳听民意、实实在在帮民富、兢兢业业保民安，全心全意为人民谋利益。

（四）建设廉洁政府

严守党的纪律和规矩，贯彻好《中国共产党廉洁自律准则》《中国共产党纪律处分条例》《中国共产党党内监督条例（试行）》《中国共产党问责条例》等规定，严格落实党风廉政建设主体责任和监督责任。深入推进行政决策公开、执行公开、管理公开、服务公开和结果公开，让人民群众更好地了解政府、支持政府、监督政府。充分发挥行政监察、财政监管和审计监督的作用，突出重点领域、关键环节、重要岗位和重大资金权力运行的监管，把权力关进制度笼子。以"踏石留印、抓铁有痕"的决心，切实解决群众身边的不正之风，坚持无禁区、全覆盖、零容忍，有贪必肃、有腐必反，营造不敢腐、不能腐、不想腐的浓厚氛围，让廉洁成为每一个政府工作人员的自觉行动，做到干部清正、政府清廉、政风清明。

各位代表，宏图已经绘就，道路就在脚下，未来就在我们自己手中！让我们紧密地团结在以习近平同志为核心的党中央周围，在县委的坚强领导下，团结带领全县人民，以更加饱满的热情，更加激昂的斗志，更加务实的作风，凝心聚力、奋发图强，为全面建成惠及全民的小康社会，谱写双牌人民美好生活新篇章而努力奋斗！

附《政府工作报告》相关名词解释：

1. 智慧旅游平台，指利用云计算、物联网等新技术，通过移动互联网，打造集旅游资源、旅游活动、旅游周边等情况于一体的旅游服务平台，游客借助便携的终端上网设备，既可实时看到这些信息，能及时安排和调整工作与旅游计划。

2. 先照后证，指先向工商部门申请办理营业执照，再到许可审批部门办理许可审批手续。

3. "三证合一""五证合一"，三证合一指营业执照、组织机构代码证和税务登记证三证合一；五证合一指营业执照、组织机构代码证、税务登记证、社会保险登记证和统计登记证"五证合一。

4. 一照一码，指通过“一口受理、并联审批、信息共享、结果互认”，将由三个部门（工商、质检、税务）分别核发不同证照，改为由一个部门核发加载法人和其他组织统一社会信用代码的营业执照。

5. 营改增，指以前缴纳营业税的应税项目改成缴纳增值税。

6. “1+X+部门”，指以全县精准扶贫工作实施方案为中心，辅以扶贫考核、产业发展、社会力量参与、兜底保障等各方面精准扶贫方案和发改、财政、经信、交通、民政等各部门扶贫方案。

7. “三通”工程，指通水、通电、通路。

8. 两馆一站，指文化馆、图书馆及乡镇文化站。

9. 两集中、两到位，指一个行政机关的审批事项向一个科室集中、行政审批科室向政务服务中心集中，保障进驻政务中心的审批人员和事项到位、审批权限到位。

10. 三清单一目录，指权力清单、责任清单、外商投资准入负面清单及省政府核准的投资项目目录。

11. 一岗双责，指一个单位的领导干部应当对本单位的业务工作和党风廉政建设负双重责任。

12. “三严三实”“两学一做”，三严三实指严以修身、严以用权、严以律己，谋事要实、创业要实、做人要实；两学一做指学党章党规、学系列讲话，做合格党员。

13. 四个全面，指全面建成小康社会、全面深化改革、全面依法治国、全面从严治党。

14. “一带一路”，指“丝绸之路经济带”和“21世纪海上丝绸之路”。

15. “一带一部”，指东部沿海地区和中西部地区过渡带、长沙开发经济带和沿海开放经济带结合部。

16. 一核一群一带一圈，一核是指加快推进零、冷两区一体化，尽快做大做强中心城市；一群是指加快祁阳、东安、双牌与中心城市的融城步伐，全力打造富有生机、充满活力的潇湘城市群；一带是指突出宁远、新田、蓝山发展，建设二广经济增长带；一圈是指以道县、江华、江永为支点，发挥农业、生态、旅游和民俗文化优势，在市域西南部培训形成生态经济圈。

17. 长江经济带，指中国新一轮改革开放转型实施新区域开放开发战略，涵盖上海、江苏、湖南、贵州等11个省市。

18. “泛珠三角”，指沿珠江流域的广东、福建、广西、海南等9个省（区），加上香港和澳门两个特别行政区在内的11个地区。

19. 东盟，指东南亚国家联盟。

20. 去产能，指为了解决产品供过于求而引起产品恶性竞争的不利局面，寻求对生产设备及产品进行转型和升级的方法。

21. 僵尸企业，指已停产、半停产、连年亏损、资不抵债，主要靠政府补贴和银行续贷维持经营的企业。

22. 去库存，指化解房地产库存。

23. 去杠杆，指以较少的本金获取高收益。

24. ppp模式，指公共私营合作制。

25. 水利改革六大体系，指建立防洪减灾保障体系、农田水利基础保障体系、水生态环境保障体系、水资源安全保障体系、水能利用保障体系、机制保障体系。

26. “六位一体”，指即绩效评价、资产管理、投资评审、财政监督、政府采购和国库集中支付为一体。

27. “互联网+”，指利用信息通信技术以及互联网平台，让互联网与传统行业进行深度融合，创造新的发展生态。

28. 双创，指大众创业，万众创新。

29. S350，指双牌至何家洞新建公路项目。

30. 中国制造2025，指中国政府实施制造强国战略第一个十年的行动纲领。

31. “135”工程，指全省提出的创新创业园区发展战略，从2015年开始，用两年的建设

100 个产业园区、3000 万平方米标准厂房、引进 5000 个创新创业企业。

32. 两化融合，指信息化和工业化高层次的深度结合。

33. 五大园区八大基地，指优质稻综合产业园、蔬菜省级示范园、生态农业文化艺术休闲产业园、生态茶叶标准园、有机马铃薯产业园和泷泊镇避雨栽培葡萄、商务间云台山生态茶、打鼓坪东魁杨梅、上梧江无公害虎爪姜、阳明山高山雪莲果、永江深山猕猴桃、平福头香芋、打鼓坪塔山野生茶等特色产业基地

34. 三品一标，指无公害农产品、绿色食品、有机农产品和农产品地理标志。

35. 国际慢城，指在意大利小城市布拉提出的建立一种新的城市模式，需要达到人口总数应该不超过 5 万人、汽车在城市街道行驶速度不得超过 20km/h 等指标，以直观形式主义倡导“慢生活”理念。

36. 三农，指农村、农业和农民。

37. O2O 网购体验店，指顾客能在体验店里感受商品，但实际上不能买，可以现场下单或回家网上下单。一样的质量，快速的物流，却能够获得更低价格。

38. 潇湘城市群“半小时经济圈”，指永州将基本构建以冷水滩、零陵为主中心，以祁阳、东安、双牌为支撑，北五县实现半小时城市互通。

39. 一城三区，指老城区，城北开发区，河东新区。

40. “三名工程”，指名校，名校长，名老师。

41. “三边”绿化，指通道视线内荒山绿化、城郊绿化和沿江绿化。

42. 网格化管理，指根据属地管理、地理布局、现状管理等原则，将管辖地域划分成若干网格状的单元，并对每一网格实施动态、全方位管理，是一种数字化管理模式。

43. 三强三堵，指强揽工程、强装强卸、强行阻工和堵桥、堵路、堵门。

44. “黄赌毒”，指卖淫嫖娼，贩卖或者传播黄色信息、赌博、买卖或吸食毒品的违法犯罪现象。

45. “两抢一盗”，指抢劫、抢夺、盗窃。

双牌县人民代表大会常务委员会工作报告

——2016年11月在双牌县第十二届人大一次会议上的讲话

一、十一届以来主要工作回顾

十一届以来，县人大常委会在县委的坚强领导和上级人大常委会的正确指导下，高举中国特色社会主义伟大旗帜，全面贯彻党的十八大和十八届三中、四中、五中全会精神，深入贯彻习近平总书记系列重要讲话精神，始终把坚持党的领导、充分发扬民主、严格依法办事有机结合起来，解放思想，锐意创新，团结奋进，扎实履职，圆满完成了县十一届人民代表大会历次会议确定的各项工作任务，为全面建设小康双牌做出了积极贡献。

（一）围绕中心，服务大局，着力推动双牌发展

县人大常委会始终自觉坚持正确的政治方向，坚持在党的领导下开展人大工作，坚持把党委的决策部署贯穿于人大工作各个方面，按照县委确定的发展目标来制定工作要点和开展工作，充分发挥人大作为地方国家权力机关的职能优势和组织优势，凝聚全县人民智慧，形成共谋发展的强大合力，推动双牌经济社会又好又快发展。

认真履行法定职权，确保县委决策顺利落实。县人大常委会紧扣发展大局，有效行使重大事项决定权，依照法定程序适时作出决定、决议，通过法定程序把县委的重大决策部署转变为全县人民的共同意志，确保县委各项决策部署顺利落实。十一届以来，县人大常委会共召开常委会议36次、主任会议51次，先后对乡镇区划调整、207国道一级公路建设、日月湖湿地公园更名、易地扶贫搬迁集中安置项目建设、历史文化名村保护、县树县花的确定等14个事关全县发展大局的问题进行了审议，并做出了相关决议、决定，有效推动了县委重大决策部署的顺利实施。坚持党管干部原则，将组织意图和人大常委会依法任免有机统一起来，按照法定程序正确行使任免权，确保干部任免工作组织满意、群众满意。十一届以来，县人大常委会共依法任免县人民政府副县长9人次，任免政府工作部门主要负责人61人次，任命法官13人、人民陪审员42人，任命检察官7人，任免其他人事事项79人次，为贯彻县委决策部署、推动全县经济社会发展提供了坚强的组织人才保障。

积极参与中心工作，助推经济社会快速发展。县人大常委会以对双牌发展高度负责的态度，主动投身经济建设主战场，积极参与和服务全县中心工作，自觉当好全县经济社会发展的参与者和推动者。招商引资方面，县人大常委会领导牵头的清洁能源招商组先后与西班牙歌美飒、华润集团和澧水公司签订风电开发合同3个，总投资约25亿元，总装机容量28万千瓦，目前正在分步实施中。重点项目方面，县人大常委会领导主抓或协抓的五里牌电站后续建设，二广高速双红连接线建设，207国道双牌至道县段改造，新塘上公路及配套设施建设，国家绿色能源示范县建设，龙洞文化艺术产业园、中心医院建设和中医院搬迁项目，突发公共卫生事件应急处理中心建设等重点项目均顺利竣工或取得了明显成效。精准扶贫方面，县人大

办及人大机关以改善帮扶村生产生活条件为重点，以帮助贫困农户脱贫致富为目标，组建机关扶贫工作队入驻联系村开展帮扶工作，帮助群众解决生产生活中的实际困难。县人大办联系点上梧江乡蒋家田村现已顺利实施了人畜饮水、村级活动中心建设、通村公路硬化、易地扶贫搬迁、灌溉水渠建设、环境卫生整治、光伏发电等工程，得到了当地群众的一致好评。信访维稳方面，县人大常委会不断完善信访工作机制，针对不同的信访事项，分别采取上门督办、发函督办、会议督办等方式，加大信访案件督办力度，十一届以来共受理人民群众来信来访481件次、610余人次，做到了事事有回音、件件有回复，有效地维护了群众合法权益，促进了社会的和谐稳定。

充分发挥职能优势，营造双牌发展有利环境。县人大常委会准确把握全县发展的重点、难点问题，充分发挥自身优势，积极联系在双的省、市人大代表，向省、市人民代表大会提出有利于双牌经济社会发展的建议，为我县获得政策支持、项目支撑、资金扶持及破解发展难题创造有利条件。十一届以来，在双的省、市人大代表累计向省、市人代会提出建议案47件，均得到了省、市有关部门的答复，取得了明显成效。其中，2013年向省十二届人大二次会议提出的《关于解决二广高速至双牌县城连续项目建设缺口资金的建议》，为我县争取到每公里追加50万元的国省补助，共计增加补助资金1433万元，有效缓解了二广高速连接线建设资金缺口的问题；提出的《关于提高生态公益林补偿标准的建议》，使全省的国家级、省级公益林补助标准比过去每亩增加了2元，全县林农普遍受益；2015年向省十二届人大四次会议提出的《关于加大对永州山区地带地质灾害防治支持力度的建议》被列为重点督办建议案，省人大常委会副主任陈君文亲自带队到永州对该建议进行调研，省委常委、常务副省长陈肇雄对该建议专门组织召开了建议办理座谈会。该建议案共为永州市争取到地质灾害防治项目资金1.3亿元，其中双牌获得项目资金3000万元，有效促进了全市和我县的山区地带地质灾害防治工作。

（二）突出重点，力求实效，全面履行监督职责

人大监督是法律所赋、职责所在、人民所盼。县人大常委会紧紧围绕全县工作大局和人民群众普遍关注的热点难点问题，改进监督方式，加大监督力度，推动“一府两院”依法行政、公正司法，维护人民群众的合法权益。

围绕县委决策开展监督。将县委“突出五大重点、实现四大突破、实施八大工程”战略部署的落实情况作为监督工作重点，先后组织人大代表对全县的工业、农业、林业、城建、环保、教育、医疗卫生、生态旅游、精准扶贫、优化环境、创文创卫创森等工作进行了视察、检查或调研，累计听取工作汇报106场次，提出改进工作的建议、批评和意见400余条，并对县人社局、县民政局、县住建局、县公安局、县经信委、县教育局等10个单位进行了工作审议及审议后整改跟踪监督，有力地推动了政府及其职能部门的工作，保障了县委决策部署的贯彻落实。

围绕民生问题开展监督。坚持以人为本、民生为先，以“环保世纪行”“农产品质量安全行”“三湘农民健康行”“民族团结进步行”活动为载体，切实加强对政府及相关职能部门的监督，推动民本民生问题的解决和落实。在“环保世纪行”活动中，组织县人大代表对污水处理厂、垃圾处理场、紫金供水公司等单位开展了专题视察，对日月湖湿地公园建设与保护、殡葬管理与改革开展了专题询问，并就相关环境问题提出了40余条整改意见。在“农产品质量安全行”活动中，督促政府及相关部门切实抓好县、乡、村质量安全检测三级监管体系建设，全县建立农产品检测网点30个，农残检测合格率达到99.88%，未发生一起重大农产品质

量安全事件。在“三湘农民健康行”活动中，督促卫生行政主管部门全面落实民生保障的各项政策，确保基本药物制度的落实和基本公共卫生服务均等化。在“民族团结进步行”活动中，督促政府加大对少数民族地区的投入，进一步夯实少数民族地区发展基础，促进民族地区经济社会加快发展。2015年，县政府投入2000多万元用于上梧江瑶族乡公路、桥梁、集镇、人畜饮水、产业等六个重大的民生民本基础设施建设，瑶乡面貌发生了翻天覆地的变化。

围绕财政预算开展监督。在全市率先推行政府全口径预算，规范预算审查，严格预算执行，确保预算审查监督的严肃性、规范性和有效性。坚持定期听取审议财政决算、预算执行情况和其他财政收支情况的报告，听取审议财政预算执行和其他财政收支的审计工作报告，对审计发现的问题和审议过程中提出的意见、建议，要求县政府和县财政部门采取切实措施加以整改落实，县人大常委会跟踪问效，促使财政管理更加规范。及时听取和审议县人民政府关于政府投资项目的融资议案，依法做出相关决定、决议，要求县人民政府公开透明、专款专用、科学规划、合理安排，县财政、审计相关职能部门实行专项管理、专项审计、全过程监督，并及时将资金使用管理情况向人大常委会报告。十一届以来，县人大常委会共审查批准县人民政府融资议案18个，融资金额达30余亿元，有效监督和支持政府工作。

围绕法律实施开展监督。认真开展执法检查，十一届以来，县人大常委会先后对《中华人民共和国水污染防治法》《中华人民共和国大气污染防治法》《中华人民共和国道路交通安全法》《中华人民共和国食品安全法》《中华人民共和国城乡规划法》《中华人民共和国环境保护法》等9部法律法规的贯彻实施情况开展执法检查，对检查和审议中发现的问题，及时将审议意见向县人民政府及相关部门进行交办，并督促有关部门及时整改到位，确保法律法规的权威性和严肃性。积极配合立法调研，先后配合省、市人大常委会开展了《中华人民共和国老年人权益保障法》《中华人民共和国旅游法》等法律的执法检查和《移民条例》《乡镇财政管理条例》等法规的执法调研。扎实做好规范性文件备案审查，先后对政府96件规范性文件进行了备案审查，保证法律、政策的统一性和严肃性。

围绕司法公正开展监督。县人大常委会坚持以维护社会稳定为目标，不断加强对法检“两院”工作的监督，督促“两院”依法履职，不断提高司法公信力，维护社会的公平正义。坚持定期听取审议“两院”工作报告，并围绕人民群众高度关注的执行难、监所监督等问题，专门听取“两院”的专题工作汇报，促使“两院”不断提高执法水平。创新开展“司法公正双牌行”活动，广泛开展形式多样、内容丰富的法制宣传，精心组织“12·4”宪法宣传日活动，免费为群众发放法律读本5000余份；突出涉法涉诉信访案件的监督处理和个别影响较大案件的监督，支持县人民法院开展“雷霆集中执行”行动，行动期间共受理各类执行案件278件，执结205件；支持县人民检察院实施检务公开、预防职务犯罪和预防青少年犯罪活动，推动惩治和预防腐败体系的健全，保障经济社会健康发展。

围绕任后履职开展监督。依法加强对常委会任命人员的任后监督，定期对常委会任命的23个政府组成部门主要负责人进行履职考核，集中听取政府23个组成部门的年度工作报告，对政府组成部门主要负责人工作表现进行测评表决，并将测评结果在县电视台和新闻网进行公示。加强对法官、检察官的履职考核，近年来先后对县人民法院法官、县人民检察院检察官进行2批次46人次的履职考核，依法免去1名违纪法官的职务。通过履职考核，进一步增强常委会任命人员的责任感、使命感，在省、市、县民调中得到好评。

（三）健全机制，强化措施，认真做好代表工作

县人大常委会高度重视代表工作，尊重代表主体地位，支持代表依法行使职权，不断创新和完善代表工作机制，提高服务水平，较好地发挥了代表在推动双牌科学发展、促进社会和谐中的积极作用。

完善机制，提高建议办理质量。代表提出议案及建议、批评和意见，是代表履行职务的重要形式。县人大常委会坚持把代表议案建议办理作为发挥代表作用的重点工作，为把此项工作抓实抓好，一方面加强指导，坚持和完善常委会人员联系代表制度、代表联系选民制度，扎实做好调查研究这一基础工作，提高代表所提议案和建议的质量；另一方面加强督办，创新实施了“一线办理工作法”，提高议案处理和建议办理的质量，努力使代表议案建议转化为促进科学发展的成果。县十一届人大一次会议以来，县人大常委会共督促政府及相关工作部门办理代表议案1件，建议、批评和意见264件，其中重点督办件23件，解决了一批事关百姓利益的问题，办成了一批群众急盼的实事，如江村镇仙人吊桥至水运客运码头的公路于2013年完成硬化；茶林学校滑坡治理工程于2015年顺利竣工；新塘上公路于2015年完成硬化；原平福头乡5000人集镇供水工程于2016年3月顺利完工等等，代表、群众对办理情况普遍表示满意。

拓展平台，丰富闭会期间活动。进一步丰富代表在闭会期间的活动，有计划地组织代表参与各种调查视察活动、列席相关会议，拓宽代表履职途径，丰富代表履职内容。十一届以来，县人大常委会先后组织人大代表对二广高速双红连接线建设、尚江公路单江水库段建设、日月湖湿地公园建设与保护、207国道改造等重点工程项目开展视察9次，督促检查11次，并围绕“生态文明”建设课题赴郴州桂东考察，形成专题报告，供县委、政府领导参阅。组织人大代表列席县人大常委会、县政府常务会议154人次，参加常委会工作视察调研165人次，列席检委会、审委会和临案听审207人次，参加检察院协检员、公安局协警招考监督、价格听证会等48人次，进一步拓宽了代表知情知政的渠道。

强化措施，提升联系服务水平。建立健全代表“双联”工作制度，出台了《双牌县人大常委会组成人员联系县人大代表的意见》《双牌县人大代表联系原选区和人民群众的意见》，县人大常委会领导定期带领委员、常委会工作机构深入到各自联系的乡镇走访联系代表、联系选民，进一步密切常委会组成人员与代表之间、代表与人民群众之间的感情。不断加强以代表工作室为主的阵地建设，按照有组织、有制度、有场所、有设施、有资料、有实效的“六有”标准推动代表工作室规范发展，为代表履职创造有力条件。高度重视代表培训工作，通过发放学习资料和以会代训等形式，对县人大代表进行全面培训，提升代表履职能力。加强对乡镇人大工作的指导，帮助乡镇人大协调解决工作中的困难，推动乡镇人大工作顺利开展，形成县乡人大工作协同发展的良好局面。

精心指导，依法推进换届工作。今年是县、乡两级人大同步换届之年，县人大常委会根据省、市、县委的安排部署，认真制定了换届选举工作方案，确定了选举日，培训了全县选举工作骨干，并组建了换届工作指导组，加强对换届选举工作的督促指导，确保了县乡两级人大换届选举工作顺利推进。截至10月底，全县应选县人大代表162名，实际选举产生154名，占应选代表总数的95.05%；应选乡镇人大代表555名，实际选举533名，占应选代表总数的96.04%；全县选民投票率达95%；10个乡镇顺利召开了人民代表大会。我县的换届选举工作依法有序，整体平稳，能严格按照上级确定的时间节点推进，并在全市率先完成县乡人大代表选举任务，得到了市人大常委会领导的充分肯定。

（四）与时俱进，务实创新，切实加强自身建设

十一届以来，县人大常委会始终把自身建设摆在突出位置，围绕内强素质、外树形象、增强活力、提升水平的总体目标，切实加强自身建设，不断提高队伍的凝聚力、战斗力、执行力。

扎实开展专题教育活动。根据中央、省、市、县委统一安排部署，县人大常委会党组先后扎实开展了党的群众路线教育实践活动、“三严三实”专题教育、“两学一做”学习教育，切实履行从严治党责任，坚持规定动作不走样、自选动作创特色，认真组织实施各环节活动，把贯彻落实中央“八项规定”、反“四风”和省、市、县委关于改进工作作风的相关规定贯穿始终，机关党员干部工作作风进一步好转，工作效率进一步提升，机关风清气正、和谐奋进，代表、群众反响良好。

全面加强理论法规学习。县人大常委会高度重视政治理论和法律法规学习，坚持中心组学习制度和轮流讲课、会前学法等制度，定期邀请专家学者讲座，全面学习中国特色社会主义理论，学习党的十八大和十八届三中、四中、五中全会精神，学习习近平总书记系列重要讲话精神，学习人民代表大会制度与时俱进的新政策、新要求，学习新修订的《中华人民共和国地方各级人民代表大会和地方各级人民政府组织法》《中华人民共和国各级人民代表大会常务委员会监督法》等法律法规，不断提升党员干部的政治理论和学法用法水平；不定期组织常委会组成人员、机关干部“走出去”，赴北京、上海高等学府和省、市委党校学习，通过高层次学习平台，进一步加深了常委会组成人员、机关干部对政策法律和新形势、新常态的理解把握，拓宽了工作视野，提高了工作水平。

不断强化机关建设管理。坚持用制度管人管事、按规矩办事，先后修订完善了县人大常委会议事规则、组成人员守则、人事任免办法、预算审查监督操作规程等7项工作制度和机关财务管理、公车管理、公务接待、绩效考核等多项管理制度，机关各项工作及内部管理高效运转，规范有序。进一步加强基础设施建设，机关办公条件得到明显改善。建立了机关道德讲坛和文化走廊，积极开展丰富多彩的文体活动，营造积极向上、文明健康的工作氛围。近年来，县人大办年终绩效考核、计划生育、招商引资、工业企业服务、文明创建、民调等工作多次受到县委、县政府表彰。

切实抓好舆论宣传工作。县人大常委会准确把握人大宣传工作重点，不断改进和创新宣传方式，努力提高宣传质量，营造良好的舆论氛围。主动邀请群众代表和新闻媒体参与视察调研、工作审议、专题询问等工作，对常委会的履职方式、重大决定、主要工作等通过新闻媒体向全社会公开，扩大人民群众知情知政范围。及时归纳总结有益探索和成功经验并向上推介，十一届以来累计向中央和省、市、县新闻媒体报送新闻稿件、经验材料90余篇。全国人大常委会办公厅《联络动态》2016年第20期专门介绍了我县开展专题询问的做法，《开展专题询问，守护碧水蓝天》《建言兴交通，天堑变通途》等一批典型经验被省、市人大采用并推介。注重与时俱进抓宣传工作，“双牌人大之声”微信公众平台于2015年6月正式上线，已累计发布人大工作信息100余条，极大地提高了我县人大工作的影响力。

县十一届人大常委会工作成绩的取得，是中共双牌县委坚强领导的结果，是上级人大常委会正确指导的结果，是常委会组成人员、全体人大代表和人大工作者共同努力的结果，是县“一府两院”和全县人民大力支持配合的结果。在此，我谨代表县人大常委会表示衷心的感谢和崇高的敬意！

回顾十一届人大常委会的工作，我们深刻体会到：做好新形势下人大工作，必须坚持正确的政治方向，坚持党的领导，围绕中心，服务

大局，自觉把人大工作放到全县经济社会发展大局中来谋划，使人大工作更好地与中心工作合拍，与党委同向，与政府同步，与人民同心；必须坚持把维护人民群众的根本利益作为人大各项工作的出发点和落脚点，积极倾听群众呼声，了解群众疾苦，帮助群众解决实际困难和问题，使人大工作更好地反映人民意愿，赢得人民群众的真心支持；必须尊重代表的主体地位，发挥代表的主体作用，有效地组织代表开展活动，努力为代表履职提供优质服务和保障，使人大工作保持生机与活力；必须牢固树立宪法法律至上的观念，严格依法履行职责，确保人大各项工作依法、规范、有序进行；必须始终坚持解放思想，积极创新工作方式，不断完善人大工作机制、制度，努力提高人大工作水平。

在总结成绩的同时，我们也清醒地认识到，县人大常委会的工作与宪法和法律赋予的职责相比，与党和人民群众的期望相比，还存在着一定的差距和不足，主要表现在：服务大局、推动双牌科学发展方面还需加强；监督方式有待进一步改进，监督的实效性有待进一步提升；组织代表活动还需规范和完善，代表培训、代表建议案的督办还有待加强；常委会履职能力、机关干部综合素质仍需进一步提升等等。这些问题，我们将在今后的工作中认真研究，着力加以解决。

二、今后五年的工作打算

今后五年，是我县全面完成“十三五”规划的关键时期，是全面建成小康社会的决胜阶段。县人大常委会今后五年工作的指导思想是：高举中国特色社会主义伟大旗帜，深入贯彻党的十八大和十八届三中、四中、五中、六中全会精神，全面贯彻习近平总书记系列重要讲话精神，紧紧围绕县第十次党代会确定的宏伟目标，认真履行宪法和法律赋予的职责，围绕中心，服务大局，监督和支持好“一府两院”的工作，不断提高常委会工作民主化、法制化、科学化水平，为全面建设活力迸发的自信双牌，确保如期全面建成小康社会而奋力拼搏！

（一）坚持党的领导，更好地服务双牌发展。将坚持党的领导贯穿于人大工作的始终，自觉把人大各项工作置于县委的领导之下，正确处理好坚持党的领导和依法做好人大工作的关系，切实维护县委的核心地位，确保党委意图与人民意愿的有机统一。从双牌经济社会发展大局去思考和谋划人大工作，积极参与县委中心工作，全力支持政府重大事务。认真行使重大事项决定权，围绕县委关于改革发展稳定的重大决策部署和关系人民群众切身利益的重大事项，依法适时作出决议、决定，推动县委决策部署落到实处。认真行使人事任免权，坚持党管干部和人大依法任免干部的有机统一，为双牌经济社会发展提供智力和人才支撑。

（二）强化监督工作，更好地促进依法行政。按照监督法的要求，结合新时期的人大工作特点，修改和完善监督工作相关制度，提升监督工作的规范性和实效性。依法做好预算监督，督促和支持审计部门依法严格审计预算执行和其他财政收支情况；加强对全县经济运行情况，特别是重大项目落实情况的监督，充分发挥对经济工作的宏观监督作用；加强专项工作的监督，选择事关全县改革发展稳定大局、人民群众切身利益和社会普遍关注的重大问题，有计划地听取县人民政府、县人民法院和县人民检察院的专项工作报告，推动“一府两院”依法行政、公正司法。把人大监督与审计监督、舆论监督、群众监督结合起来，提高人大监督工作的实效。

（三）增强服务意识，更好地发挥代表作用。认真抓好代表培训工作，使每一名人大代表知晓人大制度，熟悉人大工作，增强代表工作的实效。切实保障代表的知情权，创造条件，广搭平台，进一步拓宽人大代表的知情知政范围。不断创新代表活动的内容和形式，充分调动代表履职行权的积极性和主动性，增强代表活动的灵活性和实效性。加强指导，提高代表议案和书面意见的提出质量，做到符合职权范围，符合法定要求。切实抓好代表建议案的督办工作，发挥各工作委员会在督办工作中的作用，督促相关部门切实提高代表议案和建议的办理质量，做到认真办理，如期答复，狠抓落实，取得实效。

（四）加强自身建设，更好地树立人大形象。认真学习贯彻党的十八届六中全会精神，切实加强和规范新形势下党内政治生活，强化党内监督，落实全面从严治党新要求。深入推进“两学一做”学习教育，加大学习型机关建设力度，加强县人大常委会组成人员的政治理论、法律法规和业务知识学习，提高常委会的整体素质和依法履职能力。认真研究人大工作遇到的新情况、新问题，进一步加强县人大常委会的工作机制创新和制度建设，完善议事程序，推进人大常委会工作的制度化、规范化和程序化，形成职责明确，规范有序，务实高效的运行机制。加强对乡镇人大工作指导，密切上下联系，注重工作联动，提高全县人大工作整体水平。

各位代表，站在新的历史起点上，我们为昨天的成绩倍感自豪，对明天的发展信心百倍。我们坚信，县人大常委会一定能够不辱使命、不负众望，不断开创我县人大工作新局面。让我们在中共双牌县委的坚强领导下，团结一心，奋力拼搏，励精图治，开拓创新，扎实推进社会主义民主政治建设，为全面建成小康双牌做出新的更大的贡献！

中国人民政治协商会议
双牌县第八届委员会常务委员会工作报告

——在政协双牌县第九届委员会第一次会议上的讲话

（2016 年 11 月 27 日）

八届政协工作回顾

政协双牌县第八届委员会自 2012 年 9 月换届以来，在中共双牌县委的正确领导下，在县人民政府及政协各参加单位的大力支持下，自觉维护核心，竭力服务中心，广泛凝聚人心，不断加强自身建设，各项工作均取得了较好成效，得到了县委、县政府和社会各界的一致好评。四年多来，我们高举中国特色的社会主义伟大旗帜，深入学习贯彻党的十八大和十八届三中、四中、五中、六中全会以及习近平总书记系列重要讲话精神，紧紧围绕县委工作大局，广泛团结各人民团体和各族各界人士，认真履行政治协商、民主监督、参政议政职能，带领全县各政协组织和全体政协委员，发挥自身优势，在服务大局中主动融入，在推动科学发展中体现作为，在建设民主政治中彰显价值，为推动全县经济社会又好又快发展和打造活力迸发的自信双牌贡献了智慧和力量。

一、推进协商民主，政治协商有成效

协商民主是我国社会主义民主的重要形式，并作为民主政治制度写进了党的十八大报告。工作中，我们注重发挥政协在协商民主中的主渠道作用，紧紧围绕县委中心工作，针对经济和社会发展过程中的重大问题，加强民主协商，使我县的政治协商工作更加规范有效。

1. 完善制度，政治协商更加有序。县政协认真落实深化改革工作任务，贯彻《中共中央关于加强社会主义协商民主建设的意见》精神，制定出台了《政协双牌县委员会关于政治协商、民主监督、参政议政的规定（试行）》，并以县委文件印发，进一步明确了政协工作定位，明晰了履职内容，丰富了履职形式，成为县政协组织和委员履职的工作指南。同时，按照规范化、程序化、制度化的要求，进一步完善了委员管理、民主评议、专题协商等规章制度，形成了全体会议协商、常委会议协商、主席会议协商、专委会协商等多层次的协商机制，政协履职更加有序，协商渠道更加畅通，基本做到了“三在前，三在后”，即对重大决策主动协商或征求意见在党委决策之前、人大通过之前、政府实施之前，制定经济社会发展规划先协商后决策、重要人事安排及人民生活中的重大问题先协商后决定、出台重大政策先协商后定案。

2. 搭建平台，协商形式更加丰富。八届政协期间，我们除了组织好全体会议、常委会议、主席会议协商外，还根据政协的优势和特点组织了形式多样，内容丰富的协商活动。2015 年开始，县政协建立了“双月协商”制度，每年就一些重大问题进行深入调研，开展重点协商。先后就全域旅游、“和”文化建设、县城提质、工业园区、河东开发等开展了专题协商。发挥政协专委会和界别优势，结合自身工作职能，先后就禁止非法捕鱼、山林纠纷调处等 10 多项

工作开展对口协商和界别协商。我们还建立了工作网站、委员QQ群和微信群，开展网络议政，让委员建言献策不再受时间和空间的限制和约束。特别是成功开通了“远程协商”平台，并于今年9月27日第一次以远程协商的形式，组织省、市驻双委员和部分县政协委员在线参加了十一届省政协第十九次常委会议。

3. 突出重点，协商效果更加明显。围绕县委提出的“五大”工作重点和群众普遍关心关注的热点难点问题，我们精心选题，先后就“十三五”规划、精准扶贫和撤乡并镇方案等10多个重大问题进行了重点协商，均收到了较好效果。在协商“十三五”规划时，委员就指导思想、工作措施及具体项目提出了30多条意见建议，其中大部分在最后的规划文本中得到了体现。联合县人大就精准扶贫工作开展了专题调研，形成了一个主题五个专题调研报告，为县委、政府决策、完善全县的精准扶贫工作方案发挥了重要作用。在协商撤乡并镇工作时对主管部门初步方案提出了一些建设性的意见，为最后在全县上下统一思想，形成共识产生了良好的影响。针对委员提出的将银杏树和杜鹃花作为县树县花的建议，我们结合森林城市创建工作与相关部门对口协商，开展形式多样的评选活动，最后正式确定采纳了委员的建议。

二、围绕民本民生，民主监督有力度

民主监督是人民政协的一项重要职能。县政协始终突出发展主题，不断拓展监督渠道，创新监督方式，做到在监督中参与服务、在服务中强化监督，让政协的民主监督有力度，有效果。

1. 组织委员开展视察。委员视察是政协实施民主监督的重要形式。八届政协期间，我们组织委员就207国道改造、百亿工业园区建设和阳明山开发等重大工程，以及保障房建设、中心医院、自来水、阳明学校等涉及民本民生的重点项目开展视察10多次。视察工作以推进度、督质量、促效益为主要目的，注重问题导向和实际效果，既“点赞”，又“吐槽”；既提“金点子”，又提批评意见。视察工业园区时，指出了部分项目推进缓慢等问题，并提出了“135”工程建设要坚持效益优先原则等系列建议。视察县城三年提质扩容工程时，提出的要合理规划工期、加快项目推进和加强规划执法等建议得到了住建部门的认同和采纳。

2. 民主评议部门工作。从2015年开始，我们把民主评议作为政协履行民主监督职能的一个新抓手，先后对原县食品药品监督局、县城管局开展了民主评议，通过听取汇报、召开座谈会、走访执法和服务对象、发放调查问卷等多种形式收集意见、发现问题，并要求评议对象对照问题进行自查自纠，抓好整改落实。政协民主评议对加强我县食品药品监管力度和提高城市行政管理执法水平起到了很好的促进作用。

3. 依章听取情况通报。有针对性地听取政府及有关部门的工作情况通报是政协知情明政的基本方法。每年在按惯例听取县政府经济工作情况、财政预算情况、发展与改革情况、审计工作、法院工作、检察院工作等情况通报的同时，先后有针对性地听取了人社、民政、国土、基层医疗卫生等10多个部门工作情况通报，了解部门工作进展情况，提出意见建议。如在听取财税工作情况通报时，委员提出的调整双牌水电站企业所得税计税方式的建议，为我县每年增加税收1000余万元；提出的要加强专项资金管理、科学安排工作经费和既要鼓励上争外引又要保护好干部等建议，财政部门认为委员的意见有高度、很中肯，积极采纳了委员们的建议。

4. 积极反映社情民意。主动深入基层掌握真实情况，广泛收集民意反映群众呼声，这是政协参政议政和民主监督的基础性工作。四年多来，我们共征集整理并向上级政协和县委、政府报送社情民意信息近300条，较好地发挥了政协的桥梁纽带作用。如关于依法整顿超限超载和自来水取水点周边环境需要治理等40多条建议信息，引起了县委、县政府领导的重视，并专门批示要求相关部门落实到位，取得了实效；关于加快潇湘城市群建设和切实加强农村公路安全管理等30多条建议信息被市政协采用；关于重视药品采购面临的新问题等10多篇社情民意信息被省政协采用。特别是我们针对粮食直补过程中存在的问题和建议，上报到了全国政协，引起了国家的重视。2015年，我县政协的社情民意信息工作荣获全市第一名。

三、紧扣第一要务，参政议政有作为

我们把参政议政作为人民政协履行职能的重要形式，将“务实落实、助力给力”作为履职重点，围绕中心、服务大局，把握政协的独特优势，找准工作方位，助推科学发展，不断提高政协参政议政的实效。

1. 抓好提案工作参政议政。提案工作是政协全局性的工作。我们狠抓提案征集、审查、立案、交办、督办、反馈、跟踪等各个环节，注重念好“征、交、督”三字经，有效发挥提案的整体作用。八届政协共收到提案305件，合并后实际提案273件，经审查立案252件，建议不予立案的提案21件，立案率为92%。其中：政治建设方面37件，经济建设方面53件，文化建设方面38件，社会建设方面79件，生态文明建设方面45件。提案涉及面广，几乎涵盖了全县经济社会发展的每个领域。一是念好“征集经”。每年全会召开前，向委员印发提案征集函，并协助委员精心撰写提案，委员提案逐步实现了由数量型向质量型转变。同时，主动协助省、市政协委员做好提案撰写工作，每年组织他们开展专门调研。对提案选题，我们注意站在双牌的角度，立足省、市的高度，进行认真讨论和研究，四年来省驻双政协委员共提交提案17件，市驻双政协委员共提交提案58件。为了加快双牌至广西的出境跨省公路建设，在双省政协委员先后两次向省政协提交了专门提案，引起了省里的高度重视，目前该项目已经完成了各项审批和前期工作，即将全面动工；针对我县委员提出的尽快完善生态保护补偿机制和提高生态公益林补偿标准的建议，省政协在全省组织了专题调研，并向省委、省政府和国家有关部委提出了建议；在双市政协委员提出的“关于以龙洞文化艺术园和周家大院为两极打造贤水河旅游经济带的建议”列入了市“十三五”规划。二是念好“交办经”。对每个提案，均先后经提案审查委员会、主席会、政协常委会进行审查，对决定立案的提案分别提出办理责任分解意见，再及时与县政府沟通对接，召开提案交办会。三是念好“督办经”。对重点提案和建议采取主席督办、县领导领办、专委会协办及跟踪督办、办后“回头看”等措施，以文件形式明确督办领导、承办单位、协助督办委室和督办时间。县委督查室和政府督查室也对提案进行大力度的督查、督办，保证了办理时效和质量。如委员提出《改造后龙山，发展休闲业》的提案后，我们采取主席督办、现场视察、大会发言等办法，多管齐下，持续跟踪督办，经过各方多年的努力，终于将“后龙山”由杉木用材林变成了生态公益林，由造林基地变成了“永山公园”，实现了华丽转身。

2. 打造大会发言参政议政。大会发言是委员参政议政的重要形式和渠道，也是八届政协的亮点工作。为精心打造委员大会发言，在全会召开前三个月就开始部署大会发言工作，要求各界别精心遴选报送选题，组织委员撰写发言稿，大会秘书处统筹修改把关，政协班子成员都参与其中。四年多来，共组织大会发言材料44篇，其中口头发言18人（次），书面发言26人（次）。由于准备充分，大部分大会发言质量较高，具有较强的前瞻性和可操作性，受到与会人员的充分认可。每次全会上，县委苏书记都对委员大会发言给予高度肯定，并批示要求相关分管领导、相关部门要高度重视，认真研究，充分运用。《让双牌县城更加彰显文化品位》的发言，县地名委员会、县住建局、县文广新局等部门积极响应，在街道命名、项目建设和文化工程等方面更加注重地方文化的融入和结合，县城的文化塑造迈开新步。《让自信成为双牌的新常态》《关于建设泷泊·国际慢城的建议》和《关于将日月湖打造成高品质垂钓基地的建议》等多个大会发言，或是引起了社会上的广泛共鸣，或已由县委、政府决策实施，或已转化成为现实成果，均收到良好的效果。大会发言已经成为委员们参政议政的“百家讲坛”。

3. 开展课题调研参政议政。针对那些县委政府重视、涉及面广、对全县经济社会影响较大的问题，我们利用政协人才密集的优势，组织课题组开展专题调研。四年来，我们精选“最美滨水县城建设”“生态旅游产业发展”“美丽乡村建设”“农村集体土地流转”“职业技术教育”等十多个课题开展了调研，并且都形成了调研报告送县委、政府及相关部门参考。这些调研报告大都言之有据、论之成理、对之有策，对于拓展县委、政府决策的思路，提升科学民主决策水平产生了积极影响。多篇调研成果在省、市政协相关报刊上刊载，《关于双牌县大众创业，万众创新的调研报告》等4篇调研文章受到市政协表彰。

4. 投身中心工作参政议政。协助争取政策性帽子。牵头组织编写双牌县革命老区和阳明山海峡两岸交流基地等项目申报资料，为双牌县成功获批革命老区县和阳明山获批“海峡两岸交流基地”发挥基础性作用。主动服务重点项目。积极参与重点项目大攻坚，政协领导联系分管的龙洞文化艺术园、小水电建设、紫金南路改造等12个项目，大部分项目均推进顺利，一些项目已经竣工。积极参与工业企业服务年活动。政协机关跟踪服务的凯丰活性炭环保科技有限公司发展良好，其新研发的颗粒活性炭已投入生产，公司先后获批湖南省“专精特新”示范企业、“著名商标”等荣誉称号，成为永州市“农业产业化龙头企业”。全力攻坚精准扶贫工作。县政协领导联系的八个扶贫村精准扶贫工作来势良好，预计可以如期完成脱贫目标。县政协办与卫计委共同联系的何家洞镇槐树脚村，投入了近100万元的基础设施建设资金，完善了村级道路、安全饮水、村活动中心等基础设施建设，组织村民创办了农业专业合作社，大力开展产业扶贫，共种植金槐500亩，茶叶600多亩。积极开展招商引资。成功引进了龙洞产业艺术园、金山水生态农业观光旅游和云竹天堂村等项目。主动引导委员在乡创业。以“引老乡，回故乡、建家乡”为主题，积极开展招商引资活动，刘晓鸿委员投资建设的5号片区城市综合体将成为我县的一座标志性建筑，贺耀陆委员投资1.5亿元建设了华长源高速公路波形护栏项目已经建成投产。

四、把握两大主题，团结民主有活力

团结和民主是政协工作的两大主题。我们一直致力于巩固和发展最广泛的爱国统一战线，为共同推进双牌经济社会大发展汇集智慧，凝聚力量。

1. 广泛团结各界人士。我们发挥人民政协“大团结大联合”的组织特点，号召各团体、各民族、各阶层和社会各界人士，都要牢固树立“我与双牌共命运，我与双牌共发展”的思想，自觉维护核心、全力服务中心、从而形成团结奋斗的共同思想基础。以纪念人民政协成立65周年等活动为契机，组织社会各界人士召开了座谈会，先后10多次组织委员赴双牌驻广州、深圳、杭州等地商会看望委员，联系客商，请他们为双牌经济发展提建议，出点子。

2. 加强对外联谊交流。加强工作经验交流。先后组织部分政协委员专程赴广西阳朔、贵州荔波、广东梅县等省内外20多个县区政协就民俗旅游发展、美丽乡村、国际慢城建设经验等进行考察，加强了与兄弟县区政协的交流和学习。先后接待了来自重庆、贵州安龙、云南普洱等30多批（次）省内外政协组织的来访。通过走访交流，拓展了委员视野，提升了参政能力。加强文化艺术交流。组织广大政协委员发挥各自特长，用镜头记录双牌的发展，用文字讴歌火热的生活，用音乐激发人们的情感。先后组织各类笔会、采风等活动20多次，组织书画、摄影展3次，先后有20多人次的书法、摄影、音乐和美术作品在全国和省、市获奖。先后接待了澳大利亚、意大利的艺术家和国内40多个艺术团队来我县开展艺术交流活动，为促进我县文化事业的发展、提高双牌知名度和美誉度作出了应有的贡献。

3. 积极化解矛盾纠纷。政协领导积极参与全县的接访处访，完成信访案件包案化解和稳控工作。对来政协机关的信访人员热情接待，耐心细致做好解释工作，主动联系、协调相关部门及时处理，努力消除矛盾隐患。何家洞镇奉家村因为林权流转引发的集体上访情况十分复杂，问题比较严重，政协领导多次组织相关职能部门及时处置，维护了社会和谐稳定。

4. 关心关爱弱势群体。开展关爱帮扶活动。组织委员与县明德小学（二小）的贫困学生结对，开展了以“关爱留守儿童，关注祖国花朵”为主题的关爱留守儿童爱心结对活动，与30多名留守儿童建立了帮扶关系，共捐赠了价值1.2万元的衣服和文具。开展政协委员“三个一”扶贫活动。为助力扶贫攻坚，组织县政协委员和省、市驻双委员开展“三个一”扶贫行动，要求每位委员资助一名贫困家庭在校学生完成学业、结对一个贫困家庭增加收入、帮助贫困家庭一名成员解决就业。共有80多名委员与贫困家庭结成“对子”。

5. 存史资政团结育人。积极挖掘、抢救、保护地方文化资料，征集、整理、出版《双牌地名考》和《双牌民俗考》两本文史资料，共计约40万字。同时还对八届政协委员提出的重点提案、大会发言、调研报告等进行整理，编撰出版二期《建言双牌》供县委、政府决策参考。

五、完善制度机制，自身建设有形象

1. 加强政治理论学习。我们立足“学习型政协”建设，加强政治理论学习，建立和完善了政协的学习制度，将每周一上午作为政协机关集体学习的固定时间，学习理论、学习党内法规、学习习总书记系列重要讲话，加深了委员对党内法规和习总书记治国理政思想的认识和理解。认真开展专题教育，按照县委要求，开展了“党的群众路线教育实践活动”“三严三实”和“两学一做”等系列主题教育，增强了各级政协组织和委员的“政治意识、大局意识、核心意识、看齐意识”，形成了讲政治、守纪律、懂规矩的良好风气。强化委员履职培训，每年在政协全会期间，邀请专家来双牌分别就“如何当好政协委员”“新常态下如何发展县域经济”“全面实施依法治国战略”“供给则改革”等课题对委员进行了培训，提升了委员履职水平。

2. 建立完善规章制度。八届政协期间，制定出台了《双牌县政协委员履职管理办法》《关于贯彻落实〈中共湖南省委政治协商规程（试行）〉的实施意见》《关于委员、常委参加政协会议、活动的暂行办法》等系列文件，全面规范委员履职行为。建立健全了《县政协机关财务管理制度》《县政协机关公务接待制度》《县政协机关车辆管理制度》等多项规章制度，进一步强化了对机关人员车辆使用、物品采购、公务接待的监督管理，促进了政协机关的规范化、制度化建设，进一步转变了工作作风。

3. 改善机关工作条件。今年，在县委、政府的关心支持下，对办公楼进行修缮改造，对办公楼周边进行了绿化美化，添置了部分硬件设施，建设“远程协商”系统，办公环境和条件大为改观。

4. 发挥委员主体作用。组织委员开展“五个一”活动，要求每名委员每年至少撰写一个提案、撰写一篇社情民意信息、参加一次视察调研活动、办一件好事实事、撰写一篇理论文章或调研报告，提升委员履职积极性。在委员当中开展了争先创优活动，激发委员履职活力。八届政协期间，先后有48人次被评为“优秀政协委员”，40人次评为“政协学习之星”，共表彰优秀提案46个，优秀大会发言24篇，优秀调研报告（理论文章）20篇，优秀社情民意信息88篇，政协好新闻60条。广大政协委员爱岗敬业、默默奉献，在各自的岗位上发挥带头作用，委员中先后有200多人次受到县委、政府或上级主管部门表彰，获得社会广泛的认可。

各位委员，各位同志，县八届政协取得的成绩，是县委正确领导的结果，是县人民政府及相关部门大力支持的结果，是政协各参加单位和全体委员共同努力的结果。在此，我谨代表政协双牌县第八届委员会常务委员会，向长期以来关心、重视、支持双牌县政协工作的各位领导、各位同志、各界人士表示衷心的感谢！向县政协第八届委员会所有忠实履职的委员表示崇高的敬意！

在肯定成绩的同时，我们也应清醒地看到，我们的工作与中央、省、市、县委的要求还有较大的差距，与新形势下人民政协承担的任务和责任相比，我们的工作还存在许多亟待加强和改进的地方。主要是：政治协商的内容和形式比较单一，民主监督的方式方法创新不足，参政议政的实效还有待增强，委员主体作用有待进一步发挥，对新时期政协工作的新任务、新情况、新问题研究不够，办法不多。对此，我们将认真研究，并在以后的工作中不断加以改进。

八届政协工作体会

回顾总结八届县政协走过的历程，我们对如何做好新时期的政协工作，特别是对县级政协如何履职、如何发挥政治协商、民主监督、参政议政作用，我们有一些深切的体会。

一是坚持党的领导，是做好政协工作的根本保证。中国共产党是我国社会主义事业的领导核心。人民政协必须在党委统揽全局、协调各方的格局中把好方向，发挥作用。我们在实践中体会到：“政协姓政，政协协政”。政协姓政，就是要讲政治，讲大局，把握好政治方向；政协协政，就是要协助党委执好政，协助政府行好政，协助委员和各界人士参好政。在履职过程中，县政协每年的工作要点均提请县委讨论审定，每项重点工作都向县委请示汇报，对县委的决策部署都坚定不移地贯彻落实，坚决维护县委权威和核心地位。县委常委会对政协工作十分重视，多次专题研究政协工作，重大问题及时与政协协商，重要情况及时向政协通报。县委主要领导多次给政协出题目、交任务，委托政协开展重大课题调研，并亲自帮助解决政协的实际困难，关心委员和政协干部成长。县委对政协的充分信任是我们工作前进的不竭动力。

二是坚持围绕中心服务大局，是政协履好职的基本原则。只有把履职同服务经济社会发展大局结合起来，在工作中找准定位，把握好“度”，做到“献策不决策，参政不行政”，政协组织和政协委员才能在推进政治、经济、文化等各项建设中彰显新的作为。八届政协始终把促进双牌科学发展作为政协履职第一要务，工作中，始终坚持“党委谋什么，政协就议什么；政府忙什么，政协就帮什么；群众盼什么，政协就提什么”。通过几年来的不懈努力，县政协的工作得到县委的充分肯定，得到了县政府及相关部门的大力支持，也得到人民群众的广泛赞誉。

三是坚持团结和民主，是人民政协工作的永恒主题。团结和民主，是社会和谐稳定的基础，改革发展的力量源泉。团结增强凝聚力，民主增强认同感，两者互相依存，相互支撑。县政协坚持把团结民主贯穿于政协工作的全过程，团结一切可以团结的力量，调动一切积极因素，从而营造了团结民主、宽松和谐、奋发向上、生动活泼，心往一处想，劲往一处使的良好氛围。

四是坚持政协委员的主体地位，是做好政协工作的关键所在。委员是政协工作的主体，也是政协的优势所在，政协职能的发挥主要通过政协委员的活动来体现。县政协注重提高委员素质、注重完善相关制度、注重开辟各种渠道，从而使委员的主体作用进一步发挥，参政议政实效更加明显。

五是坚持与时俱进开拓创新，是政协工作保持勃勃生机的动力源泉。创新是民族进步的灵魂，是国家兴旺发达的动力，也是政协工作常做常新、不断前进的活力之源。县政协在履行职能中，致力于探索新的形式、寻求新的载体、推出新的举措，从而使政协工作在创新中得到了发展和提升。

今后五年工作建议

今后五年，是我县全面实施“十三五”规划的关键时期，是全面建成小康社会的决胜阶段，是深入推进改革开放的重要关口，也是加快发展的黄金时期。面对双牌发展的新形势、新任务，新一届政协工作的总体思路是：高举中国特色社会主义伟大旗帜，认真学习贯彻党的十八大和十八届三中、四中、五中、六中全会以及习近平总书记系列重要讲话精神，紧紧围绕县第十次党代会提出的今后五年发展的总目标、总任务，以促进科学发展为第一要务，牢牢把握团结民主两大主题，扎实履行“政治协商、民主监督、参政议政”三大职能，切实发挥“协调各方、汇聚力量、建言献策、服务大局”四大作用，努力建设“聚智、亲民、和谐、效能、活力”五个政协，为打造活力迸发的自信双牌做出新的更大的贡献。

一、围绕发展主题，打造聚智政协。“发展是硬道理。”县第十次党代会进一步提出了“突出精准扶贫、新型工业、宜居城市、生态旅游、现代农业五大重点，实现策划规划、招商机制、要素保障、环境优化四大突破”的总体工作思路，并提出了努力创建全省百亿工业园区、全国最美滨水县城、全国生态休闲度假旅游目的地等系列奋斗目标，号召全县人民要为全面建设活力迸发的自信双牌，确保如期建成全面小康社会而奋力拼搏！这是我县今后几年经济社会发展的总纲领，也是县政协工作的总要求。我们必须紧紧围绕县委工作思路，把政协的各项工作与县委、县政府的中心工作紧密联系起来，发挥“人才库”“智囊团”的作用，精心组织好经济社会发展重大问题的协商讨论，加强对具有宏观性、前瞻性问题的调查研究，实行同步服务与超前献策相结合、专题性建议与综合性研究相结合，组织开展“聚智谋发展”系列活动，把加快发展、争先发展、科学发展作为议政建言的重点内容，努力把县政协打造成群贤汇萃的“忠议堂”和“众议堂”。

二、聚焦热点难点，打造亲民政协。关注民本民生，积极为民履职，是人民政协的履职要求，也是人民群众的普遍期待。要坚持以人为本、关注民生、维护民利，坚持以群众呼声为第一信号、以群众利益为第一追求、以群众满意为第一标准，把政协履职的重点聚焦在群众普遍关注的热点，党委、政府工作的难点，和经济社会发展的盲点，学会用群众视角“把脉”，用群众观点“会诊”，用群众方法“开方”，把实现好、维护好、发展好最广大人民的利益作为政协工作的根本出发点和落脚点，努力打造亲民政协。一要“察民情”。组织委员深入村组社区了解民生情况，寻找和发现问题，掌握第一手资料，从根源上探究问题的深层次原因，有针对性地提出对策和建议。二要“汇民意”。积极了解群众的所思、所想、所忧、所盼，积极反映群众的利益诉求，做好群众社情民意的忠实代言人。同时对侵害群众利益、危害群众健康、威胁群众安全的问题加大民主监督力度，维护公平正义。三要“解民忧”。要把加快山区脱贫致富作为已任，有针对性地加强调研协商工作，主动发力，助推精准扶贫和全面小康社会建设的如期实现。积极开展访贫问苦、捐资助学、结对帮扶等活动，关心群众疾苦，为群众做一些看得见、摸得着的实事、好事。

三、突出团结民主，打造和谐政协。在中国共产党领导下实行团结和民主，是人民政协性质的集中体现。人民政协作为最广泛的爱国统一战线组织，是大团结、大联合的象征。我们要更好地发挥政协组织广泛代表性和政治上最大包容性的优势，要把团结和民主两大主题贯穿于政协一切工作的始终，把一切可以团结的力量团结起来，把一切可以调动的积极因素调动起来，切实加强同各民主党派、工商联、人民团体和社会各界的联系，努力营造民主协商、平等议事的浓厚氛围。要通过加强团结，凝聚人心，有效地创造更加宽松和谐的民主氛围，增进各族各界的共识；要通过发扬民主，集中智慧，有效地增进共同政治基础上的大团结、大联合，汇聚促进发展的合力。要认真做好社会各个阶层特别是新的社会阶层和社会群体的团结工作，加强与港澳台同胞、海外侨胞、民族宗教界人士的联系，积极开展县内外联谊工作。要积极主动征集整理和抢救挖掘我县具有地方特色的文史资料，进一步发挥文史资料存史资政和团结育人作用。

四、完善工作机制，打造效能政协。一是全面依规履职。全面贯彻《中共中央关于加强社会主义协商民主建设的意见》和《政协双牌县委员会关于政治协商、民主监督、参政议政的规定（试行）》精神，坚持在县委的领导下履行政治协商、民主监督、参政议政职能，推进协商民主广泛多层制度化发展。二是进一步做好“双月协商”工作。每两个月至少举行一次政治协商座谈会。座谈会前要精心选题，并采取专题调研、专题视察、民主评议、实地考察等方式全方位地了解相关工作，掌握真实情况。必要时将邀请县委、县政府领导同志及有关部门负责同志与政协委员、相关领域专家学者等不同方面人员座谈交流、听取意见和建议。协商成果要通过政协参阅件、建议案、提案等方式报送有关领导和相关部门，促使协商成果落地。三是出台政协提案和大会发言办理协商实施办法。要规范提案和大会发言的立案、交办、经办、督办、反馈、评议、总结等程序，全面做好办理前、办理中、办理后全过程的跟踪问效。四是进一步加强机关制度建设。要进一步建立完善政协机关各项规章制度，实现制度化管理，努力转变工作作风。同时，要加强机关自身建设，努力创建“文明单位”。

五、积极探索创新，打造活力政协。要用发展的视角审视政协工作，不断丰富政协工作内容，创新工作方式方法，活跃政协工作氛围，打造活力政协。一是试行开展委员特约监督。有重点地对一些涉及民本民生的重要部门，按照专业特长与部门职能相对应的原则，委派一批高素质的政协委员担任行风监督员，实行特约监督。要全面规范特约监督员的产生程序、工作内容、监督方式、管理服务等制度，落实好知情、沟通、反馈、问效等环节，确保特约监督员工作程序规范、职责明确、监督到位。二是创新建立提案办理网络平台。将提案内容和办理情况在网上公布，并实行网上评议，加强提案办理信息公开和反馈工作，以增强办理结果的透明度，提高委员的满意度。三是探索对大会发言办理情况开展民主测评。组织大会发言办理情况民主测评大会，由承办单位汇报办理落实情况，再由政协常委和大会发言人进行投票测评，将测评结果向社会公开，对满意的建议县委、政府给予表彰奖励，对不满意的，建议给予责成限时办理落实。四是完善委员履职考评奖惩机制。对每位委员每年的履职情况建档立卡，一年一考评，奖优罚劣。同时开展优秀提案、优秀大会发言、优秀调研报告、优秀社情民意信息等系列评选活动，并建立相应的奖励机制，进一步调动广大委员建言献策的积极性和创造性，为我县的改革、发展、稳定贡献智慧。

各位委员，各位同志，“潮平两岸阔，风正一帆悬”。回顾过去，我们为八届县政协的工作感到欣慰和自豪；展望未来，我们对九届政协的愿景充满信心和期待。让我们在中共双牌县委的领导下，不忘初心，牢记使命、扎实履职、开拓创新，为早日全面建成小康双牌而努力奋斗！

大 事 记

1月

1月4日，永州市旅游景区质量等级评定委员会下发《关于对申报国家AAA级旅游景区的批复》，同意批准双牌县桐子坳为国家AAA级旅游景区。

1月7日，全县首批农村淘宝合伙人启航培训班在电信局三楼会议室开班，27位农村淘宝“合伙人”参加培训。县政府副县长熊爱华出席开班仪式并讲话，团县委主要负责人、县人社局和电商办公室相关人员参加开班仪式。

1月8日，双牌县委深入学习宣传贯彻中共十八届五中全会精神专题报告会在县委会议室举行。县委书记苏小康，县委副书记、县长魏和胜等所有在职在家的县级领导，县直及省市驻双牌单位党政主要负责人和乡镇场党委书记参加宣讲报告会。

1月11日，双牌县被评为2015年度全省综治工作先进县市区（排永州市县区第二位），再次获全省“平安县市区”称号（排永州市县区第一位），全年综治民调成绩排全省13名，居永州市县区第二位。

1月12日，国家林业局森林公安局政委焦德发、政治处处长耿淑芬一行到双牌慰问因公牺牲的县森林公安局民警刘福盛家属，并送去慰问金10万元，县委书记苏小康陪同慰问。

1月14日，市文明委考评组一行到双牌县检查指导精神文明建设工作。县委常委、县委办主任、县委宣传部部长张少宣，副县长熊爱华，县副处级干部何彩玲陪同检查汇报。考评组一行先后到县教育局、林峰社区、财政局、城管局和双牌二中等抽检单位察看现场、查阅资料、调查问卷，随后在常委会议室听取汇报。

1月18日，在常委会议室召开“回顾2015·展望2016”主题座谈会。县委副书记、县长魏和胜，县委常委、常务副县长刘红安，县委常委、县委办主任、县委宣传部部长张少宣以及相关部门负责人出席会议。

1月19日，县委书记苏小康在常委会议室主持召开县委常委2016年第一次会议，县委常委，县人大、政协主要负责人，县委副调研员、正副处级干部，“两办两室”、县委督查室负责人参加会议。

是日，市人社局党组副书记、副局长文俊学及考核组一行到双牌县检查指导年终集中考核工作，检查组一行通过深入项目建设现场、企业，查看资料台账、召开座谈会等形式对双牌县2015年的绩效评估、六件惠民实事和重点民生实事，新型工业化和工业园区经济、1511重点投资计划、开放型经济、新型城镇，农业农村工作、党管武装等工作进行集中考核。

1月22日，县十一届人大常委会第二十八次会议召开。听取和审议通过县十一届人大常委会主任会议关于召开县十一届人大五次会议的议案；听取和审议通过有关人事事项；听取各询问调查组关于日月湖湿地公园建设和保护专题询问后续整改交办事项落实回访情况汇报。

是日，县民政局按照县委、县政府的安排部署，调配大米 5 万公斤、棉被 2000 余床、现金 200 余万元等生活物资分发至各个乡镇，由乡镇统一分配为各个辖区内的困难群众进行发放，确保灾害一旦发生，能够及时向受灾群众提供御寒保暖衣被等生活物资。

1 月 23 日，随着冷空气转移，雨雪降临永州地区，双牌县境内 G207 国道、S216 永连公路发生路面结冰现象，过往行车发生因结冰造成事故，县公路部门紧急调运、撒盐和除冰，确保过往车辆安全通行。

1 月 26 日，市委常委、永州军分区政委张恒洲带领市直相关部门深入双牌县检查春运期间安全生产工作。县委书记苏小康、县领导李长于、周华及相关部门负责人陪同。

是日，2016 年全县春运动员大会召开，县委常委、副县长李长于以及相关部门负责人出席会议。

1 月 27 日，市委常委、市委宣传部部长石艳萍深入双牌走访慰问困难户、道德模范及劳动模范代表。石艳萍一行在副县长付康成及相关部门负责人陪同下分别走访慰问五里牌镇中心敬老院老人，五里牌镇困难户蒋其界、奉顺民、唐运明，省劳动模范陈靖文、何化茂，市道德模范盘木清、唐艳等，并为困难户送上米、面、油等慰问品和慰问金。

1 月 28 日，双牌县人民法院党组成员、副院长唐晓轩担任审判长在第四审判庭内正式开庭审理一起父子间的赠与合同纠纷案件。是双牌法院推进院领导回归审判台，直接参与办案各个环节，依法行使审判权，履行审判职责的又一实践。

1 月 29 日，2015 年优化经济环境暨机关效能建设工作“满意不满意单位”和“满意不满意窗口”测评大会在县礼堂召开。县领导苏小康、魏和胜、李瑛、唐彦、刘红安、李长于、秦小国、刘洁、张少宣出席会议并在主席台就座。会议由县委书记苏小康主持。

是日，全县乡镇、管理局党委书记履行基层党建工作责任述职评议会在县委会议室召开。

1 月 30 日，为方便乡镇及边远山区群众办理摩托车年检、摩托车驾驶证等车管业务，双牌县公安局交警大队积极谋划、以“便民、利民、为民”为宗旨，组织开展“流动车管所”进农村车驾管服务活动。

2 月

2 月 1 日，省人大常委会副主任谢勇深入双牌县走访慰问困难残疾家庭、劳模和困难职工。市领导高建华，杨海河，县领导苏小康、魏和胜、唐冬华、张少宣、邓明义等及市、县相关部门负责人陪同。

是日，县委书记苏小康主持召开县委常委会 2016 年第二次会议，专题研究县委九届六次全会、县委经济工作会议以及春节走访相关工作，听取 2015 年综合目标管理及单项考核、春节安全生产及春运工作等情况汇报。

2 月 3 日，中共双牌县第九届委员会第六次全体（扩大）会议在县委会议室召开，县委书记苏小康作全会报告。县领导魏和胜、李瑛、刘红安、李长于、李群辉、秦小国、刘洁、张少宣、周华出席会议。

是日，县委书记苏小康在春节前夕走访慰问部分退休老干部，为他们送去党和政府的关怀及新春祝福并向他们致以节日的问候。县委常委、县委办主任、县委宣传部部长张少宣及县委办、县老干局相关负责人陪同走访。

是日，县委书记苏小康，县委副书记、县长魏和胜一行走访慰问县人武部、武警中队、消防大队官兵，向他们致以节日的问候，并送上慰问金。李瑛、刘红安、秦小国、刘洁、张少宣、周华、向胜、付康成、廖劲松等领导参加走访慰问。

2 月 4 日，双牌县委经济工作会议在县礼堂召开，会议的主要任务是，贯彻落实中共十八届五中全会，中央、省市委经济工作会议和省市“两会”精神，回顾总结 2015 年的工作，安排部署2016年的工作，表彰一批先进单位和先进个人。县委书记苏小康作题为《凝心聚力持续发力为全面建设活力迸发的自信双牌而努力奋斗》的报告。专题部署综治维稳、人口计生、招商引资、跑项争资工作。会议由县委书记苏小康主持。县领导魏和胜、李瑛、唐冬华、唐彦、刘红安、李长于、李群辉、秦小国、刘洁、张少宣、周华在主席台就座。

2月5日，县委书记苏小康带领相关部门负责人对春节期间安全生产、交通、卫生等工作进行检查。县领导李瑛、李长于、张少宣、周新华、付康成、廖劲松陪同。

2月14日，新年上班第一天，县委书记苏小康到县委宣传部网信办看望问候双牌发布小编们，县委常委、县委办主任、县委宣传部部长张少宣及宣传部相关负责人陪同。

2月17日，双牌县"春风行动"暨"回乡创业在家就业"大型招聘会在县城文化广场拉开帷幕。现场30多家本地企业提供涵盖金融、餐饮、地产等众多行业，岗位工种包括企业高管、文员、技术员、普工等。

2月18日，县委常委、副县长李长于带领相关部门负责人深入G207国道重点交通建设施工现场督查指导项目进度、节后复工情况、人员机械进场、质量安全管理、施工进度计划安排等情况，详细了解项目的进展情况和项目在推进过程中遇到的难题。县领导陶思荣、唐俊及相关部门负责人陪同。

2月24日，全省推进领导干部能上能下视频培训会议召开，省委常委、省委组织部部长郭开朗出席会议并在讲话中提出工作要求。县委常委、组织部部长、统战部部长秦小国，组织部全体干部及县直单位分管组织人事工作的负责人在双牌分会场参加会议。

2月26日，召开妇联系统工作暨迎"三八"表彰会议。县领导秦小国、张少宣出席会议，副县长熊爱华主持会议。

2月29日，全县公安工作暨反腐倡廉工作会议在县礼堂召开。县委书记苏小康，县委副书记李瑛，县人大常委会副主任邓明义，副县长、县公安局局长廖劲松、县政协副主席蒋昌智出席会议。

3月

3月1日，县委书记苏小康带领相关部门负责人深入茶林镇老院子村调研指导美丽乡村建设并组织召开了座谈会共同商讨发展方案。县领导魏和胜、李瑛、张少宣、姜国文、周新华、熊爱华陪同调研。苏小康一行在老院子村，沿途察看村里环境卫生、河道整治、村容村貌整治、产业发展等情况，并听取情况汇报。

是日，倪家洞风电场进场道路建设动员大会在县人大会议室召开，县领导唐冬华、吕保和，县发改委、县公路局、县国土局、县林业局等有关部门负责人，泷泊镇、何家洞两镇主要负责人，澧水公司相关人员等40余人参加会议。

3月4日，政协双牌县第八届委员会第五次会议在县礼堂开幕。政协双牌县第八届四次会议应出席委员127人，因事请假10人，实到政协委员117人。出席开幕式并在主席台前排就坐的领导有：苏小康、魏和胜、李瑛，唐冬华、唐彦、蒋建辉、田春玲、陶思荣、蒋昌智、钟建红、文治广。会议由县政协副主席蒋建辉主持。

3月5日，双牌县第十一届人民代表大会第五次会议在县礼堂开幕。苏小康、唐冬华、魏和胜、李瑛、唐彦、袁小爱、邓美英、邓明义、吕保和、姜国文、奉朝曾、周丽、盘先瑞在主席台前排就坐。县委副书记、县长魏和胜代表县人民政府向大会作政府工作报告。县委常委、常务副县长刘红安作双牌县第十三个五年规划纲要说明。

3月8日，为庆祝"三八"国际妇女节106周年，弘扬雷锋精神，倡导志愿服务和绿色环保理念。县妇联结合全县省级文明县城创建工作，在全县范围内开展“建设美丽家园，巾帼在行动”大型环保行活动。县人大常委会副主任邓美英、县政协副主席田春玲出席活动。

是日，全县建制村合并工作推进会在县委会议室召开。县政府副县长付康成主持会议，县委常委、县委组织部部长、县委统战部部长秦小国出席会议并讲话。秦小国强调建制村合并工作政策性强，参会人员要按照实施方案，坚持“五个不变”原则，认真宣讲好政策；要学习、理解、吃透合并方案，严格执行既定方案；各乡镇合并工作组要明确责任和分工，集中时间、集中精力，确保在10日前完成工作任务。

3月10日，湖南省自驾游协会会长、北纬国际传媒董事长杨国林一行来双牌县考察自驾游项目合作事宜。县委书记苏小康接见洽谈，县委常委、县委办主任、县委宣传部部长张少宣、县人大常委会副主任吕保和及县旅游局、阳明山管理局负责人出席陪同。

3月15日，县委书记苏小康主持召开县委常委会2016年第六次（扩大）会议，县委常委，县人大、政协主要负责人，四大家在职县级领导，县委调研员、正副处级干部；“两办两室”、县委督查室负责人参加会议。

是日，农村淘宝双牌县运营中心在双牌县青龙洞景区旁举行开业仪式，市商务和粮食局副局长刘大平，市电子商务科副科长叶扬潇，县领导苏小康、魏和胜、唐冬华、唐彦、刘红安、李长于、蒋爱先出席开业仪式。县委副书记、县长魏和胜主持开业仪式。仪式上，市商务和粮食局副局长刘大平宣布阿里村淘双牌县运营中心正式启动，县委常委、常务副县长刘红安宣布阿里村淘双牌优秀合伙人名单，阿里巴巴集团湖南区域运营经理代磊，阿里村淘双牌合伙人代表陈顺兰分别作表态发言。

3月25日，省委巡视组巡视整改工作推进会召开。县委书记苏小康及在家的县委常委和人大、政协主要负责人、31个整改项目牵头负责人和责任负责人；县直各单位、省市驻双各单位主要负责人和各乡镇场党委书记，各整改项目责任人和县整改办工作人员参加会议。会议由县委副书记李瑛主持。

3月26日，广东省湖南双牌商会成立大会在深圳举行。永州市老年科协主席、永州市委原正厅级干部蒋吉秀，县领导苏小康、魏和胜、李瑛、唐冬华、唐彦、刘红安、邓美英、蒋建辉、陶思荣等出席大会。广东省民政厅、省社会组织管理局，永州市及各县区在粤办事机构负责人，兄弟商会会长、秘书长、双牌在粤政要、知名人士和优秀企业家代表参加大会。蒋吉秀宣布首届广东省双牌商会理事会、监事会选举结果，双牌县委书记苏小康给新当选的会长贺耀陆授牌，县委副书记、县长魏和胜给新当选的监事长蒋莉授牌。会上，还为获得特别贡献奖、金质奖和银质奖的人员颁牌，并为新入会的副会长颁牌。

3月26日，全县选拔“三类人员”进乡镇领导班子笔试在双牌二中举行。笔试重点测试与农村工作相关基本知识，有82名考生参加角逐。其中，乡镇事业单位相关人员36人，村支书、村主任26人，大学生村干部20人。

3月30日，双牌县人力资源和社会保障局在县文化广场举行以“走进社会保卡”为主题的“12333全国统一咨询日”宣传活动。“12333全国统一咨询日”活动由人力资源和社会保障部2012年发起，每年的3月30日举办政策咨询活动，“12333”是全国统一的人力资源和社会保障热线咨询电话，主要承担人力资源、劳动、社会保险方面的政策法规及业务咨询、受理投诉举报等。

3月31日，全县安全生产工作暨“监管执法年”活动动员大会召开。会议主要任务是贯彻落实中央、省市安全生产工作会议精神，回顾2015年安全生产工作，认清当前面临的形势，安排部署2016年安全生产工作。县委副书记李瑛，县委常委、常务副县长刘红安出席会议。

4月

4月5日，在县委常委会议室召开全县乡镇（管理局）党委书记基层党建座谈会，专门研究如何选优配强村党支部书记、加强基层党建工作的相关问题。县委书记苏小康主持会议，县领导李瑛、秦小国、张少宣以及各乡镇（管理局）党委书记参加会议。全县12个乡镇（管理局）党委书记逐一发言。大家围绕目前各乡镇（管理局）村级基层党组织建设和选优配强村党支部书记谈问题、提建议。

4月6日，全县非公有制经济代表人士综合评价工作会议在县政府会议室召开。县委常委、县委组织部部长、县委统战部部长秦小国，县政协副主席、工商联主席陶思荣出席会议。会议介绍非公有制经济代表人士综合评价工作的具体操作程序，并就如何填写非公有制经济代表人士信息登记表进行讲解。

4月8日，召开全县农业农村精准扶贫推进暨组织宣传综治民调工作会议，传达中央、省、市农业农村、精准扶贫、组织党建、宣传文化思想、综治民调工作会议精神，回顾总结2015年的主要工作，安排部署相关重点工作。苏小康、魏和胜、李瑛、唐冬华、唐彦、李长于、李群辉、秦小国、刘洁、张少宣、周华等领导出席会议，会议由县委副书记、县长魏和胜主持。县委副书记李瑛作全县农业农村精准扶贫工作报告，县委常委、组织部部长、统战部部长秦小国作全县组织工作报告，县委常委、政法委书记刘洁作全县综治民调工作报告，县委常委、县委办主任、宣传部部长张少宣作全县宣传文化思想工作报告，各乡镇场党委书记、县直及省市驻双单位主要负责人向县委书记苏小康递交党建工作责任状，各乡镇场长向县长魏和胜递交农业农村工作责任状。

4月21日，县十一届人大常委会第三十次会议召开，进行有关人事任免，审议相关报告。县人大常委会主任唐冬华，副主任袁小爱、邓美英、邓明义、吕保和、姜国文出席会议。县委副书记、县长魏和胜，副县长付康成，县人民法院院长黄文德应邀列席。会议先后审议通过县十一届人大常委会主任会议关于提请决定任免王长义等人职务议案，县人民政府关于提请决定任免唐潇等人职务议案，县人民法院院长关于提请任免唐浩等人职务议案。会议对新任命的一批人员颁发任命书，所有新任人员在五星红旗下进行庄严宣誓。

4月22日，双牌县“环保世纪行、农产品质量安全行、三湘农民健康行、民族团结进步行”2015年总结暨2016年启动会议在县人大常委会会议室召开。县委常委、副县长李长于，县人大常委会副主任袁小爱、邓美英、邓明义、吕保和、姜国文参加会议。

4月23日，由湖南省教育厅、湖南师范大学牵头，湖南师范大学附属中学与永州市双牌二中双方正式签署对口帮扶协议，宣布两校合作共建帷幕正式拉开。湖南省教育厅党组成员、工委委员、副厅长王建华，湖南师范大学校长蒋洪新，市政府副市长刘尤碧，湖南师范大学附属中学校长谢永红，永州市教育局局长蒋俊林，县领导苏小康、魏和胜、李瑛、张少宣、吕保和、熊爱华、蒋建辉出席签约、揭牌仪式。

4月25日，2016年全县一季度工业经济运行分析联席会议召开。会议听取一季度全县工业经济运行情况，深入剖析当前存在的主要问题，对下一步运行重点工作进行研究部署。县委常委、副县长李长于，县政协副主席、工商联主席陶思荣以及相关部门负责人出席会议。

4月26日，全县殡葬管理与改革专题询问动员会在县人大常委会会议室召开。县人大常委会主任唐冬华，副主任袁小爱、邓明义出席会议。县人大常委会主任会议组成人员，县人民政府副县长付康成、殡葬改革专题询问相关单位负责人、询问调研组人员参加会议。会议由县人大常委会副主任袁小爱主持。

4月27日，倪家洞风电场项目开工仪式在泷泊镇白沙江举行。县领导苏小康、魏和胜、李瑛、唐冬华、唐彦、刘红安、李长于、吕保和。澧水公司副总经理朱际文出席开工仪式。倪家洞风电场项目位于何家洞镇境内，由湖南澧水公司全资子公司，湖南澧水清洁能源投资有限公司控股的子公司双牌湘澧新能源有限公司投资承建。该风电场场址平均海拔为1200米，设计装机容量为50兆瓦，拟安装25台单机容量为2000千瓦的风力发电机组。工程静态投资46694.84万元，动态投资47910.92万元，计划建设工期为13个月。

4月28日，由永州市台办、永州市旅游外事侨务局、永州市林业局、永州市文体广电新闻出版局、中共双牌县委、双牌县人民政府主办，阳明山国家森林公园管理局承办，以“海峡两岸情·和美一家亲”为主题的第十届湖南·阳明山“和”文化节暨海峡两岸交流基地发展座谈会开幕式在阳明山小黄江源广场举行。国台办交流局副局长李京文，国台办交流局副调研员张志刚，省台办副主任罗爱民，省旅游局党组成员、纪检组长郭固权，省林科院副院长袁巍，台湾公园学会副秘书长杨士芳，永州市委副书记张严，市人民政府副市长罗双全，副市长张常明，双牌县委书记苏小康，县委副书记、县长魏和胜等领导出席。开幕式上，县委书记苏小康致欢迎词，县委副书记、县长魏和胜主持。永州市委副书记张严宣布第十届湖南·阳明山“和”文化节暨海峡两岸交流基地发展座谈会开幕。山东省枣庄市台儿庄海峡两岸交流基地办公室主任孔德贵、台湾公园学会副秘书长杨士芳、永州市人民政府副市长张常明分别上台发表讲话。国台办交流局、省台办、省旅游局、省林业厅及市、县领导共同上台见证海峡两岸交流基地纪念章首发式。开幕式结束后，与会领导及嘉宾共同观看“海峡两岸情·和美一家亲”文艺演出。

是日，以“海峡两岸情·和美一家亲”为主题的海峡两岸交流基地发展座谈会在双牌县阳明山举行。参会领导和嘉宾齐聚阳明山阆苑宾馆，共同探讨海峡两岸交流基地发展趋势，研讨中华“和”文化内涵，以此推动和加深海峡两岸交流与合作。国台办交流局、湖南省台办，部分海峡两岸交流基地所在地台办主任、基地负责人、台协会长及有关嘉宾出席。县领导魏和胜、李长于、李群辉、秦小国参加座谈。县委副书记、县长魏和胜致欢迎词。座谈会特邀中南大学教授，博士生导师刘立夫就国学之“和”释义阳明山之“和”。山东枣庄市台儿庄海峡两岸交流基地，广东省梅州市海峡两岸交流基地，怀化市芷江海峡两岸交流基地和双牌县阳明山海峡交流基地代表分别做经验交流报告。参会的特邀嘉宾、海峡两岸交流基地所在地嘉宾围绕基地今后交流合作发展进行自由交流发言。

4月29日，中共双牌县委农村工作办公室、双牌县农业委员会举行挂牌仪式。县委副书记李瑛，副县长蒋爱先，副处级干部张少云、唐俊，副处级职级干部林信国出席挂牌仪式并揭牌，县直农口部门主要负责人、县农业委全体干部职工参加揭牌仪式。仪式由县人民政府副处级干部张少云主持。

5月

5月2日，“微长征”徒步穿越大湘南活动到达终点站——双牌永江小学，活动还设有“企业交流、贫困捐助”环节，让“微长征”更加充实和有意义，现场募捐2.4万元助学金，给何家洞镇和永江乡共三所学校的15名贫困学生。县政协副主席蒋建辉出席活动。

5月3日，召开全县2016年第一季度经济形势分析会，会议总结回顾一季度经济工作，深入分析当前全县经济发展面临的困难和问题，安排部署下一阶段全县经济工作。县领导苏小康、魏和胜、李瑛、唐冬华、唐彦、李长于、李群辉、秦小国、张少宣等出席会议。会议由县委副书记、县长魏和胜主持。会上，发改委、财政局、工业园等单位就一季度主要经济工作情况作工作汇报；副县长就各自分管的工作情况作汇报。

5月6日，双牌县首个合并行政村廖家村举行揭牌仪式，县人大常委会副主任邓明义出席仪式，县民政局以及麻江镇等单位负责人参加仪式。廖家村是由原廖家村、蒋家村两个村调整合并成立，村部设在原廖家村活动中心，合并后下设村民小组15个，全村面积13.01平方千米，总人口1503人。揭牌仪式上，廖家村干部代表作表态发言，表示全力支持建制村合并工作，扎实为民服务，带领群众共同致富奔小康。县人大常委会副主任邓明义、麻江镇党委书记陈爱民共同为廖家村揭牌。

5月12日，双牌县委统战工作会议在县礼堂召开。会议的主要任务是，学习贯彻中央、省市委统战工作会议精神特别是习近平总书记重要讲话精神，研究部署全县统战工作。县领导苏小康、魏和胜、李瑛、唐冬华、唐彦、刘红安、李长于、李群辉、秦小国、刘洁及在家的县级领导，县直各单位、各乡镇分管统战工作的相关负责人参加会议。县委副书记、县长魏和胜主持会议。

是日，全县精准扶贫专项整治推进暨“两学一做”网格化建设工作会议在县礼堂召开。县领导苏小康、魏和胜、李瑛、唐冬华、唐彦、刘红安、李长于、李群辉、秦小国、刘洁、周华出席会议。会议由县委副书记、县长魏和胜主持。会上，县委副书记李瑛回顾总结去年全县精准扶贫工作。李瑛要求，要加强领导，压实责任，举全县之力推进精准扶贫工作；要开展联合认定，精准识别政策兜底保障对象；要解放思想，采取超常规措施，加快易地扶贫搬迁进度；要创新思路，围绕扩面增量，大力推进扶贫小额信贷；要全力做好全市精准扶贫现场会准备工作。

5月13日，政协双牌县第八届委员会第16次常委会在县政协会议室召开。县政协主席唐彦，副主席蒋建辉、田春玲、陶思荣、蒋昌智、钟建红，正处级干部刘迎春及部分政协双牌县第八届委员会常务委员参加会议。会议协商通过有关人事任免决定，协商通过县政协八届五次会议提案审查立案和政协领导督办大会发言、重点提案等事项，传达市、县关于换届选举工作相关会议精神。

5月16日，以“关爱孤残儿童让爱洒满人间”为主题的全国助残日慈善义演活动在双牌县文化广场隆重举行。活动现场共筹集到个人现金捐款8380.5元，单位捐款50000元（转账），其中双牌盛大金禧捐款28000元，这些善款将全部用于帮助14个孤残儿童家庭。

5月17日，全县林权证发放到户整改工作推进会在县委会议室召开，通报整改进度、总结整改经验、剖析问题症结，确保双牌县林权证发放到户整改工作在6月底前全面完成。县委副书记李瑛、县政府副县长蒋爱先出席会议。会议听取各乡镇场（管理局）关于林权证发放到户整改工作的进度、存在问题及下一步打算的汇报；通报全县各乡镇场（管理局）林权证发放到户情况。

5月18日，全县集中开展切割“马槽车”（改拼装车）专项行动在双红治超站正式启动。县委常委、副县长李长于出席启动仪式。启动仪式上，县公路局主要负责人宣读专项行动方案、工作要求以及人员分组名单，并将工作任务分解到部门，明确各自责任，确保全县“马槽车”专项行动顺利开展。此次专项行动分为三组，从5月18日至28日，开展集中攻坚行动，对“马槽车”（改拼装车）进行处罚、强制切割。

5月20日，2016年全县文体广新闻出版工作会议在县委会议室召开，会议回顾总结2015年的工作，安排部署2016年的工作，表彰一批先进集体和先进个人。县委常委、县委办主任、宣传部部长张少宣，副县长熊爱华出席会议。各乡镇场宣传委员、综合文化站站长或文化专干、县文体广电新闻出版局全体干部职工参加会议。县文体广新闻出版局主要负责人就全县文体广电新闻出版工作作年度工作报告。2015年，双牌县文体广电新闻出版工作深化改革，真抓实干、成效显著，亮点纷呈，圆满完成“十二五”发展规划目标，为“十三五”开局奠定坚实的基础。2015年，双牌县文化馆被评为国家一级文化馆，体育工作被评为全市目标管理考核先进单位。

5月24日，全县非公企业“两学一做”教育活动动员会在县委统战部会议室召开，县委常委、组织部部长、统战部部长秦小国出席会议并讲话。会议要求，“两学一做”活动要抓好个人自学、联系实际选学和党组织送学等活动，突出问题导向，把不合格问题找出来，把“四讲四有”标尺立起来，把先锋典型树起来，推动非公经济组织党员提振精气神、展现新作为。全县16家非公经济党组织负责人，非公党工委组成成员，统战部、工商联干部职工参加会议。

5月26日，双牌县人大代表建议和政协委员提案交办会在县政府四楼会议室召开。县领导刘红安、袁小爱、蒋昌智出席会议。县直相关单位负责人参加会议。会议总结2015年度全县人大代表建议和政协委员提案办理工作，对工作实效突出的先进单位和先进个人进行表彰。县十一届人大五次会议代表、县政协八届五次会议委员围绕如何集中交办市“两会”建议提案发言。

5月27日，双牌县委组织部开展“两学一做”学习教育动员会暨“讲政治、有信念”专题学习讨论。县委常委、组织部部长、统战部部长秦小国出席会议。会议传达和贯彻中央、省市县委开展“两学一做”学习教育会议精神，组织学习该部“两学一做”实施方案，并对组织部开展“两学一做”工作做出周密部署和精心安排。

5月30日，全县“时间过半任务过半”攻坚动员暨新型工业化网格化工作推进会在县礼堂召开。县领导苏小康、魏和胜、李瑛、唐冬华、唐彦、刘红安、李长于、李群辉、秦小国、刘洁、张少宣、周华出席会议并在主席台就坐。会议由县委副书记李瑛主持。县委副书记、县长魏和胜就“时间过半、任务过半”攻坚工作讲话。1—5月，全县完成地方生产总值（预计，下同）15.78亿元、规模工业增加值5.95亿元、固定资产投资21.4亿元、社会消费品零售总额4.94亿元、财政收入1.14亿元，同比分别增长6.5%、6.2%、18.1%、11.7%和21%。魏和胜要求，在下阶段工作要狠抓财税征管，加快推进项目建设，加强招商引资工作，建好宜居家园，突出产业发展，促进社会和谐，深入推进改革。

6月

6月1日，双牌县编办向县科协正式颁发全县首张“统一社会信用代码证书”，标志该县启动统一社会信用代码工作。即日起，全县机关、群众团体、事业单位可持“组织机构代码证”和“事业单位法人证书”等有关资料到县编办申请统一社会信用代码赋码，并换发“统一社会信用代码证书”或标有统一社会信用代码的新版“事业单位法人证书”。

6月6日，县委书记苏小康深入何家洞乡开展调研。县领导唐彦、张少宣以及县发改委、财政局、人社局、国土局、住建局、交通局等相关单位负责人陪同调研。调研中，苏小康一行实地察看了龙洞文化艺术产业园建设情况，与园区负责人进行亲切交谈，并详细了解目前项目规划建设存在的问题与困难。

6月8日，双牌县纪委举办为期一天的全县纪检监察干部业务培训班。市纪委常委胡远陵，监察室主任齐小玉，何文艺、刘颖分别就纪律审查、党风廉政建设、信访、案件审理等工作进行系统的讲解。县委常委、县纪委书记李群辉出席会议并作开班讲话。各乡镇场纪委班子，县直单位纪检组长（纪委书记）、监察室主任，县纪委监察局机关全体干部共140余人参加此次培训。

6月13日，市委常委、军分区政委张恒洲到双牌县检查主汛期重点项目建设安全生产工作时强调，安全生产事关人命，监管责任重大，各级各部门必须牢固树立安全生产工作一盘棋的思想，各负其责，各司其职，密切配合，周密部署，抓实抓好各重点领域安全生产工作。县领导苏小康、魏和胜、刘红安、张少宣、周华等以及市交通、安监、旅游、交警等职能部门相关负责人陪同检查。

6月13日—16日，双牌县平均降雨量57.7毫米，最大降雨量站点理家坪110.9毫米，日最大降雨量站点打鼓坪59.2毫米。13日下午17时，双牌水库开闸9孔泄洪，最大出库流量3770立方米每秒，潇水双牌县城段最高水位129.17米，超警戒水位0.67米。受境内强降雨和潇水行洪双重影响，全县共1.7233万人受灾，紧急转移安置人口938人，直接经济损失1713万元，其中农业受灾面积7005亩，成灾面积5250亩，绝收面积1755亩，经济损失762万元，水利设施损坏护岸14处，326米，渠道91处2600余米，机电井2眼，经济损失492万元。

6月16日，县委书记苏小康带领县水利、国土、移民等单位专题调研水务及防汛度汛工作。县领导李瑛、张少宣、周华、蒋爱先陪同调研。苏小康一行先后来到县气象局、上双村水文监测站、双牌水库调度室、原良村中学地质灾害点等地，详细了解气象水情监测、水库运行、群策群防等防汛备汛工作情况。在五里牌镇杨家码头，苏小康认真询问因水位上涨而受灾的群众生产、生活情况，并与随行相关单位负责人商讨如何解决河岸低洼地带居民汛期易受灾的问题。

6月21日，市委常委、市纪委书记杨永来到双牌专题调研纪检监察工作，听取双牌县纪检监察三项工作开展以及落实党委主体责任工作情况的专题汇报，并就如何建立健全不敢腐、不想腐、不能腐机制召开座谈会。县委书记苏小康，县委常委、县纪委书记李群辉，副县长、公安局局长廖劲松，县人民检察院检察长杨建国参加会议。杨永充分肯定双牌县纪检监察工作近年来所取得的成绩，对双牌县“三转”情况、信访举报工作、案件查办情况以及良好的政治生态给予高度评价。

6月22日，省人防办主任卜功富在市人防办主任蒋明清的陪同下，到双牌调研人防工作。县领导苏小康、刘红安、张少宣、周华陪同调研。卜功富一行实地考察河东人防地方指挥所、人防疏散基地及游客集散中心拟规划选址基地，详细了解双牌县人防机构设置、人员配备、政策法规落实、基础设施建设情况。随后，卜功富还深入芙蓉社区、双牌水电站考察人防宣传进社区工作和重点经济目标人防工作。卜功富认真听取人防发展建设中的重难点问题，并就人防建设如何服务经济建设、服务社会民生、参与城市建设提出指导性意见。

6月23日，全县“雁过拔毛”式腐败问题和“纠‘四风’、治陋习”专题整治工作第二次推进会在县礼堂召开。县委书记苏小康讲话，县委常委、纪委书记李群辉作主题报告，报告中对前期“两个专项整治”工作的开展情况进行通报，对后期工作的开展作全面的安排部署。会议由副县长蒋爱先主持。泷泊镇、县人社局代表“两个专项整治”工作抓出成效的单位做典型发言；五里牌镇、县审计局作为“两个专项整治”工作推进不理想单位，上台做表态发言。

是日，中共双牌县第九届委员会第七次全体会议在县礼堂召开。县领导苏小康、魏和胜、李瑛、刘红安、李长于、李群辉、秦小国、刘洁、张少宣、周华在主席台就坐。会议表决通过中共双牌县第九届委员会第七次全体会议关于召开中共双牌县第十次代表大会的决议。

6月24日，全县维稳工作调度会在县委政法委会议室召开，会议传达省、市维稳工作调度会精神，专题部署下段全县维稳工作。县委常委、政法委书记刘洁出席会议并讲话。会上，还采取以会代训的形式，维稳办风险评估组负责人对与会人员进行重大事项社会稳定风险评估工作业务专题辅导，对评估工作的指导思想、法律依据、评估主体、评估范围、评估内容、责任追究等方面作了讲解。

6月29日，双牌县举行庆祝建党95周年暨“两学一做”电视知识竞赛，来自全县的20个县直系统、12个乡镇场的代表队共96名选手参加比赛。县领导苏小康、李群辉、秦小国、张少宣出席比赛现场，并为获奖队颁奖。

是日，双牌县组织召开纪念建党95周年暨“七一”表彰大会，安排部署双牌县庆祝建党95周年相关工作，会上对近年来在党的建设和经济社会发展中做出突出贡献的先进集体、优秀个人进行表彰。县领导苏小康、魏和胜、刘红安、李长于、李群辉、秦小国、刘洁、张少宣、周华出席会议。

7月

7月1日，县委书记苏小康到霞灯村开展调研，走访慰问老党员。县委副书记李瑛，县委常委、县委办主任、宣传部部长张少宣以及相关部门负责人陪同调研。在霞灯村老党员邓怡龙和唐明文家中，苏小康与老人们忆往事、拉家常，详细询问他们的身体状况、生活起居和生产生活困难，并送上慰问金。他要求相关部门要时刻关心老党员的生产生活，在生活上照顾、精神上关怀，积极帮助他们解决实际困难，确保老人生活舒心、安享晚年。

7月4日，全县安全生产工作暨道路交通安全大排查大管控大整治工作会议召开，县领导魏和胜、李长于、熊爱华、付康成、蒋爱先以及相关部门负责人参加会议。会议通报全县1—6月安全生产工作情况，安排下段安全生产大排查大管控大整治工作重点，宣读《双牌县道路交通安全“大排查、大管控、大整治”行动实施方案》。

7月7日，省委组织部副部长蔡建和一行深入双牌县开展基层党建工作调研。市委常委、组织部部长吴志雄，县领导苏小康、魏和胜、李瑛、秦小国陪同调研。蔡建和一行先后深入双牌县阳明山管理局、麻江镇廖家村、泷泊镇阳明社区等地实地视察党建工作，了解基层党建建设进展，指导基层党建优化工作。

7月12日，市委常委、永州军分区政委张恒洲带领检查组到双牌县检查指导安全生产工作。县领导苏小康、魏和胜、李瑛、刘红安、张少宣、周华陪同调研。张恒洲一行深入五里牌镇政府、鸿欣达物流有限公司和双牌客运站，采取听汇报、看台账资料、查看现场等方式，认真检查安全生产情况。

是日，市督查考核组组长魏勇波一行双牌县督查三年交通大建设和半年考核工作，县领导李长于、陶思荣、钟建红、蒋升隆、唐俊以及交通、公路等相关部门负责人陪同检查。督查组一行先后深入G207国道五里牌段工农桥、双牌大道、梅石氹路改工程、永水风光带、G207国道断桥至尚仁里胡家村路段施工现场实地察看，详细了解项目的进展情况和项目在推进过程中遇到的难题。并在县政府大会议室召开2016年上半年双牌县三年交通大建设工作汇报会。

7月13日，全县农商银行不良贷款清收工作会议在县农商行5楼会议室召开，县委常委、常务副县长刘红安出席会议。县清欠小组成员，县纪委、各乡镇、人民政府相关负责人，县农商行所有人员参加会议。会议宣读《2016年双牌县原农村信用社改制不良贷款清欠工作实施意见》，通报2016年全县不良贷款清欠工作情况。农商行理事长，泷泊镇、何家洞镇相关负责人分别作表态发言。2015年全年共清收回政府土地置换不良贷款312万元，其他不良贷款51万元，合计363万元，截至2015年年底，农商行不良贷款由最初的1.14亿元缩减为8119万元（其中政府土地置换不良贷款余额为4436万元，其他不良贷款余额为3683万元）。

7月14日，市委统战部副部长吕文桂、市民宗委副主任刘志刚一行到阳明山万寿寺调研寺庙管理和建设情况，并就如何加强万寿寺管理召开座谈会。县委常委、组织部部长、统战部部长秦小国陪同调研。吕文桂一行视察万寿寺二期复建工程，参观部分殿堂，详细了解工程建设进度、安全配套设备的安装情况。座谈会上，阳明山管理局和万寿寺负责人就万寿寺的法治安全、僧团管理、财务管理和奖励机制等方面的工作进行了汇报。吕文桂听取汇报后肯定近年来万寿寺管理和建设取得的成绩。他认为，万寿寺是永州市乃至全省非常重要的一处宗教场所，信徒众多，管理单位和寺庙要形成共识，认清新形势下做好寺庙管理工作的重要性。要保持僧侣队伍的稳定，客观面对问题和不足，从细从严完善好僧团管理、财务管理等制度；管理部门和寺庙要进一步加强协商，处理好寺内外较为突出的矛盾和困难；要一如既往维持好风清气正的局面，保持住全国和谐寺观的称号。

7月18日，永州市委改革办专职副主任唐建平率调研组到双牌县调研食品药品监督管理体制改革工作，县委常委、县委办主任、宣传部部长张少宣，副县长付康成，县委副处级干部唐俊及县市场和质量监督管理局、县编办主要负责人陪同。唐建平一行通过看台账、听汇报等方式了解双牌县食品药品监督管理体制改革情况。汇报会上，县委副处级干部唐俊就双牌县县乡食品药品监督管理体制改革情况作汇报。2016年，双牌县高度重视食品药品安全工作，坚决贯彻省、市关于食品药品监督管理体制改革的部署和要求，不折不扣地将改革推进落实到位。大力推进县级食品药品监管体制改革，建立健全机构、配齐领导班子、落实监管人员。大力推进乡镇食品药品监管体制改革，明确机构设置、实行分片管理、强化工作保障。

7月19日，省政协党组成员、副主席王晓琴率省政协精准扶贫湘菜产业湘南行专题组来双牌县开展调研活动。市政协副主席，市工商联主席吕斌，县领导苏小康、唐彦、钟建红等陪同调研。王晓琴一行先后实地走访县综合大市场，五星岭特色饮食风俗，茶林镇桐子坳村特色种养白果基地及乡村旅游，阳明山特色农副产品、传统乳豆腐加工，阳明山和美山庄特色菜肴，上梧江青春村虎爪姜基地，尚仁里乡百香果种植基地以及双牌“乡村缘”特色产业加工企业等。

7月25日，市委组织部基层党建工作督查组到双牌县督查党建工作。督查组重点督查全县“两学一做”学习教育开展情况、“第一责任人”履职情况、整顿软弱涣散基层党组织情况、村（社区）干部队伍建设情况、基层基础保障情况等11个方面的工作。随机抽查50%的乡镇，每个乡镇至少抽查3个村（社区）。同时，抽查2个县直机关单位，1个非公企业，1个社会组织，2所农村中小学校和2所乡镇中心卫生院。

7月26日，市委第二巡察组对双牌县换届风气监督专项巡察工作动员会在县花鼓剧院召开。市委第二巡察组组长王硕球、副组长胡剑平等市委第二巡察组人员出席会议，县委书记苏小康主持会议并作表态发言。县四大家班子成员、县委委员、县纪委委员、县直单位主要负责人及纪检组长、各乡镇场党政主要负责人及纪委书记、县巡察工作联络办相关人员等参加会议。

7月27日，双牌县十一届人大常委会第三十二次会议召开。县人大常委会主任唐冬华，副主任袁小爱、邓美英、邓明义、吕保和、姜国文出席会议，县委常委、副县长李长于等列席会议。会议听取和审议县人民政府上半年工作情况报告；听取和审议县人民法院上半年工作情况报告；听取和审议县人民检察院上半年工作情况报告；听取和审议双牌县2016年上半年国民经济和社会发展计划执行情况报告；听取和审议县人民政府关于智慧旅游发展工作情况报告；并对日月湖湿地公园建设和保护专题询问进行测评。

7月28日，县委书记苏小康就全县重点项目进行现场办公会，县领导李瑛、唐冬华、唐彦、张少宣、周新华及县委办、县重点办、县委督查室、县政府督查室负责人全程陪同，联系项目的李长于、刘洁等县领导及相关单位负责人、项目负责人等参加现场办公。苏小康一行先后察看G207国道双牌至零陵改造段、气象局搬迁、“135”工程、双牌大道、公安局和司法局业务技术用房、梅石氹路改、永水风光带、林峰东路和阳明南路改造及城南停车场等项目，就项目建设过程中遇到的困难和问题现场进行协调解决。

是日，由中共双牌县委、双牌县人民政府主办，县委宣传部、县文体广新局、县总工会承办的“欢乐潇湘·和美永州”大型群众文艺会演双牌专场在县礼堂举行，原创化、特色化、本土化的精彩演出节目为市民奉上一场文艺饕餮大餐。苏小康、李瑛、唐冬华、唐彦、秦小国、张少宣等县领导与数百名群众共同观看演出。演出现场，18个精彩节目逐一上演，由县教育局选送的合唱《渔阳鼙鼓动起来》《沁园春·永州》拉开序幕，唢呐独奏、小品、葫芦丝+伴舞、吉他弹唱、歌舞、京剧联唱等一个个精彩节目，配以绚丽的LED背景，为观众送上一场丰富的视听文化盛宴。

是日，召开全县2016年上半年纪检监察工作总结会议，会议通报乡镇纪委履职情况专项督查结果，听取泷泊镇、江村镇、五星岭乡3个乡镇纪委书记的工作交流发言，县委常委、纪委书记李群辉就双牌县上半年党风廉政建设和反腐败工作做了总结，并研究部署安排下半年工作。

7月29日，双牌县庆八一·“廉政杯”职工健身长跑活动在县城滨江广场举行，来自县直、省市驻双牌单位的300余名选手参加长跑活动。县领导苏小康、李瑛、唐冬华、李群辉、张少宣、周华、熊爱华、向胜出席启动仪式。启动仪式由副县长熊爱华主持，县委常委、纪委书记李群辉致辞，县委书记苏小康宣布比赛开始。选手们沿“滨江广场——阳明山大厦——城北派出所——城北加油站——沿江大道——滨江广场”的路线行进，经过激烈角逐，最终来自县教育局的姜海波勇夺男子组第一名，来自县公安局的李秋萍勇夺女子组第一名。赛事分为男子组和女子组，分别取前十名予以奖励，活动极大地调动广大干部职工的积极性，全程传递着运动、健康、快乐的理念，巩固和发展军政军民团结的大好局面，充分体现全县党政机关奋发有为、廉洁从政的良好精神风貌。

8月

8月1日，双牌县委书记苏小康，县领导李瑛、唐冬华、唐彦、刘洁、张少宣、周华、付康成等看望慰问驻双牌官兵，向他们致以节日的问候和美好的祝福。苏小康一行先后来到县人武部、武警中队、消防大队，与官兵们亲切握手、互致问候，详细询问部队建设情况和部队官兵的工作生活情况，并为他们送去慰问金。

8月2日，全县领导干部大会在县花鼓剧团礼堂召开，祝平、苏小康、魏和胜、肖质彬出席会议并在主席台就坐。会上，市委组织部副处级纪检员祝平宣读省市委关于魏和胜、肖质彬的任免决定并作讲话。祝平在讲话中对近年来双牌经济社会发展取得的显著成绩给予充分肯定，对魏和胜在双牌期间的工作给予高度评价，对新到任的双牌县人民政府县长候选人肖质彬和双牌县领导班子提出殷切希望。

8月3日，双牌县易地扶贫搬迁工作会议在县委会议室召开，县委副书记李瑛出席会议。各乡镇场、县直相关单位负责人等参加会议。会议听取关于全面推进县易地扶贫搬迁工作的情况汇报，对工作中存在的问题进行分析总结，对2017年全面铺开双牌县易地扶贫搬迁前期工作进行提前谋划部署。双牌县“十三五”易地扶贫搬迁规模为6580人，其中2016年计划搬迁易地扶贫搬迁贫困人口201户766人，共设置泷泊镇大路口、麻江镇欧湾、塘底乡低水坪、上梧江乡蒋家田、泷泊镇卿家巷、五里牌镇盘大岭6个扶贫搬迁安置点，其中泷泊镇大路口安置区采取统规统建集中安置模式，其他5个安置点采取统规自建集中安置模式。

8月4日，召开全县2016年上半年经济工作形势分析会。县委书记苏小康及在职在家的县级领导，乡镇场、阳明山管理局党委书记，双牌工业园党工委书记，县政府组成部门负责人和主要经济发展部门负责人参加会议，县长候选人肖质彬主持会议。

8月6日，由双牌县文体广新局主办，县围棋协会承办，尚道国际、新祥公司协办的永州市“滨江明珠杯”第二届围棋“棋王”赛将在县天龙宾馆隆重举行。本次比赛共有围棋爱好者50余人参加，为近年来永州市规模最大、水平最高的一次围棋盛会。

8月4日至8日，由苏小康带队，一行22人赴太平洋建设集团总部、南京高淳桠溪国际慢城、山东曲阜国际慢城考察，通过参观访问、座谈交流、实地见证、走访了解、听取介绍、直接询问等方式，对国际慢城建设有一定的了解。各与会人员纷纷结合自己考察的感受和工作实际，围绕双牌县是否要建设国际慢城、为何要建设国际慢城、如何建设国际慢城等方面进行讨论。大家一致认为，双牌县交通地理位置优越、森林覆盖率高、境内旅游资源丰富、风土人情淳厚等，有充足优势建设国际慢城。

8月14日，全县领导干部大会在花鼓剧团召开，县委书记苏小康主持会议，市委组织部副部长李钢出席会议并讲话。县委委员和候补委员；县级现职领导干部、纪委副书记、乡镇党政正职和县直党委政府工作部门主要负责同志；工商联主要负责人、无党派代表人士等参加大会。根据市委安排，会议的主要议题是推荐产生两名正处级领导干部人选。

8月15日，2016年县委常委议教会议在常委会议室召开。县委常委，县人大、政协主要负责人，县委正、副处级干部；“两办两室”及教育相关部门主要负责人参加会议。会议听取2016年全县教育工作情况汇报。全县现有中小学校28所，其中普通高中1所，职业技术学校1所，义务阶段学校26所；村教学点8个，公办幼儿园8所，民办幼儿园46所。共有在职教职员工1695名，在校中小学生18520人，入园儿童6329人。

8月20日，县委书记苏小康在县委常委会议室主持召开全县乡镇场党委书记、乡镇长和县扶贫办班子成员参加的精准扶贫工作座谈会。县人民政府副县长蒋爱先、副县长候选人唐俊等出席会议。与会人员就如何推进精准扶贫工作展开热烈讨论，并着重交流如何吃透扶贫政策、如何整合帮扶资金、如何做好扶贫小额贷款、易地搬迁、产业扶贫、智力扶贫、兜底扶持等问题。

8月22日，县十一届人大

常委会召开第三十四次会议，审议关于魏和胜辞去双牌县人民政府县长职务的报告。会议决定接受魏和胜辞去双牌县人民政府县长职务。审议县人大常委会主任会议关于提请任命肖质彬为双牌县人民政府副县长的议案。审议县人大常委会主任会议关于提请决定双牌县人民政府代理县长的议案。会上县委副书记、县委提名的县长候选人肖质彬作汇报发言。按照2016年1月1日开始施行的《全国人民代表大会常务委员会关于实行宪法宣誓制度的决定》和《湖南省人大常委会实施宪法宣誓制度办法》的有关规定，肖质彬举行宪法宣誓。

8月24日，市委书记陈文浩深入双牌县调研重点项目建设，指导党委换届工作。市委常委、市委秘书长颜海林，县委书记苏小康，县领导肖质彬、张跃斌、唐冬华、唐彦、李群辉、秦小国、周新华、唐旭、唐超学、雷秀新、付康成、蒋爱先、唐俊、何彩玲、廖卫平陪同调研或参加座谈会。陈文浩一行实地察看G207国道双牌至零陵段一级公路建设项目、湘一阳明学校、湖南乐福地包装材料产业园，听取相关负责人的情况汇报。

是日，省委宣传部主办、省教育电视台承办的湖南省“好声音讲坛——‘三新’进基层”百姓微宣讲总决赛在湖南教育电视台演播室举行，代表永州市参赛的双牌县委党校教师肖芸夺得一等奖第一名，省委常委、省委宣传部部长张文雄亲自为肖芸颁奖。

是日，在县花鼓剧团礼堂召开县乡人大换届选举工作动员会。县领导张跃斌、唐冬华、唐彦、李群辉、秦小国、周华、周新华、唐旭、唐超学、雷秀新出席会议并在主席台就坐。

8月25日，双牌县2016年度贫困大学新生扶助资金暨文、理科状元奖励资金发放仪式在县教育局会议室举行。县领导张跃斌、吕保和、何彩玲、蒋建辉、莫伯良，县教育基金会常务理事单位，县直相关单位负责人，企业界红星公司、波形护栏公司负责人以及受奖受助的学生、家长参加会议。在资助金发放仪式上，县教育基金会理事长莫伯良宣布文、理科状元受奖励名单和贫困大学新生扶助名单；张跃斌分别为双牌县高考文、理科状元颁发奖学金；与会领导为贫困学生发放扶助资金；受奖受助学生代表和企业爱心人士代表在会上作发言。张跃斌在仪式上代表县委、人大、政府、政协向县文、理科状元和荣登大学殿堂的各位学子表示热烈的祝贺。

8月27日，全县安全生产工作集体谈话会议在县委会议室召开。县委书记苏小康、代县长肖质彬、县领导唐俊出席会议，县领导秦小国主持会议。各乡镇（场）党委书记、乡镇（场）长、乡镇（场）分管安全生产工作的负责人、安监站长，县直安全生产监管职能部门主要负责人，全县规模以上工业企业负责人。会议传达省、市相关会议精神，县安委办、道交委、交通局分别汇报全县安全生产工作情况、全县道路交通安全情况、交通运输“大排查、大管控、大整治”行动开展情况和下一步工作安排，部分乡镇场和监管部门负责人作表态发言。

8月29日，中国共产党双牌县第十次代表大会在县花鼓剧团礼堂召开，来自各条战线的党代表齐聚一堂，共商全县发展大计。市委派驻双牌县党委换届风气监督组领导段春平、刘颖到会指导，苏小康、肖质彬、张跃斌、李群辉、秦小国、周华、周新华、唐旭、唐超学、雷秀新、王焕金、周丽出席会议并在主席台前排就坐。县委书记苏小康作“立足新起点谋划新跨越——为全面建成小康双牌而奋力拼搏”为主题的工作报告。报告从县域经济、城乡发展、深化改革、社会民生、党的建设5个方面全面回顾总结双牌县“十二五”期间的发展历程，客观分析双牌县发展面临的形势，科学描绘今后五年的发展蓝图、奋斗目标和重点任务。苏小康在报告中指出，过去的五年，是双牌经济发展最快的五年，是城乡面貌变化最大的五年，是群众感受实惠最多的五年，也是各项事业进步最为明显的五年。面对经济下行压力加大、宏观调控政策趋紧、自然灾害来袭等不利影响，县委团结和带领全县人民，开拓创新，砥砺奋进，圆满完成中国共产党双牌县第九次代表大会提出的目标任务，在县域经济发展、民生民本建设、体制机制改革、党建等方面取得可喜的成绩。

8月31日，中国共产党双牌县第十次代表大会举行第五次全体会议，苏小康、肖质彬、张跃斌、李群辉、秦小国、周华、周新华、唐旭、唐超学、雷秀新、王焕金、周丽出席会议并在主席台前排就坐。县委书记苏小康致闭幕词。

9月

9月5日，县委书记苏小康在县委常委会议室主持召开"十三五"脱贫攻坚规划项目调度会。县领导肖质彬、张跃斌、秦小国、蒋爱先及相关部门主要负责人参加会议。会上，相关职能部门主要负责人分别就上级部门的政策和工作要求作解读和汇报。县领导张跃斌、秦小国、蒋爱先分别就脱贫攻坚规划工作提出建设性的意见和建议。县委副书记、代县长肖质彬要求，要切实加强业务学习，深刻领悟脱贫攻坚规划相关文件精神和政策要求。要努力提高脱贫攻坚规划项目申报质量，争取项目落地、资金落地、任务落实。要强化工作任务分解，各部门抓紧时间，认真研究，在规定的时间内将工作方案细则进行汇总。

9月6日，全县召开行业协会商会与行政机关脱钩工作会议。县领导张跃斌、秦小国出席会议并讲话，县领导周新华主持会议。全县各行业协会商会会长、业务主管单位负责人参加会议。会议传达全市行业协会商会与行政机关脱钩工作会议精神，通报全县的工作进展情况，并就如何推进这项工作进行详细部署。

是日，全县重点项目风险评估调度会在县政法委会议室召开。县委常委、县政法委书记周新华出席会议。会议对风险评估工作的重要性进行阐述，同时，对市里交办的11个重点项目风险评估工作如何去做，传授方法和操作流程。会上，负责11个项目的相关部门负责人分别对项目作介绍，对相关问题提出建议，并对如何做好风险评估工作讲各自的想法。

9月9日，双牌县全面建成小康社会推进会在县花鼓剧团礼堂召开。县领导苏小康、张跃斌、唐冬华、李群辉、秦小国、周新华、唐旭、唐超学、王焕金等出席会议并在主席台就坐，县直小康社会建设指标责任单位主要负责人和各乡镇党委书记参加会议。会议由县委常委、常务副县长候选人秦小国主持。会上张跃斌就全面建成小康社会做工作报告。

9月13日，双牌县人民政府与中国·太平洋建设集团在天龙宾馆举行战略合作框架协议签约仪式。这标志着经过一段时间的互动，双牌与太平洋集团在加强对接、携手奋进的历程中迈出实质性的关键一步，正式踏上共谋发展、共襄大业的合作之旅。太平洋集团副主席、第十四建设集团主席汪学平、副总裁李志华、总裁助理万妮娜，项目总经理曾洪鹰，经营总经理吴晓刚；县领导苏小康、肖质彬、张跃斌、唐冬华、唐彦、秦小国、唐超学、雷秀新、王焕金、唐俊、何彩玲、廖卫平、蒋建辉、何田昌及相关部门负责人出席签约仪式。

是日，全县召开"雁过拔毛"式腐败问题和"纠'四风'、治陋习"专项整治工作推进会，会议贯彻落实市"雁过拔毛"式腐败问题和"纠'四风'、治陋习"专项整治工作第二次推进会精神，安排部署全县下阶段"两项专项整治"工作，县领导苏小康、李群辉出席会议并讲话。县政府副县长蒋爱先主持会议。

9月17日，全市国税系统“岗位大练兵、业务大比武”竞赛结果揭晓，双牌县国税局喜获总成绩第二名及“优胜单位奖”殊荣。在受表彰的21名“岗位能手”中，县国税局占据2名，1名税务干部还将代表永州市国税局参加全省业务竞赛。

9月18日，双牌县G207国道潇水桥梅石凼段改扩建和国有林场改革社会稳定风险评估报告专家论证会在林业局会议室召开。县领导张跃斌、周新华、王焕金、陶思荣，县稳评领导小组成员、项目分管领导、专家组成员以及相关单位负责人参加会议。会议介绍G207国道潇水桥梅石凼段公路改建项目、国有林场改革情况和社会稳定风险评估情况；阳明山、打鼓坪、五星岭、泷泊镇林场负责人分别作发言；稳评办就稳评报告提请专家讨论情况说明；与会专家就稳评报告提出意见、看法和建议。

9月20日，在县政务服务大厅工商业务窗口，永州市宏远广告传媒有限公司的法定代表人接过首张“五证合一、一照一码”营业执照，标志着双牌县全面实现“五证合一、一照一码”登记制度改革。县委常委、常务副县长秦小国出席颁发仪式。

9月21日，全市重大项目建设流动现场推进会进入双牌。市委书记陈文浩带领市党政领导，各县区、市直相关部门主要负责人参加现场观摩。县委书记苏小康，县委副书记、代县长肖质彬等县领导参加现场会。陈文浩一行先后到县“135”工程项目（二）、湘一·阳明学校、G207零陵至双牌一级公路（双牌段）项目现场观摩，听取县委书记苏小康对各项目的具体介绍，并现场参观察看各项目的建设情况。苏小康指出，在市委、市政府的正确领导下，在市发改委、重点办等部门的有力指导下，全县将项目建设尤其是重大项目建设作为拉动投资、推进发展、促进和谐的重要抓手，举全县之力加以推进，呈现出投入有力、推进顺利、进度加快的良好态势。2016年双牌县列入市考核的重点项目共11个，总投资51.97亿元，年度计划投资10.67亿元，开工率100%，累计完成投资6.95亿元，占年度计划的67.03%。

9月26日，全县政法系统庆国庆首届“平安杯”男子篮球赛在县电力局开赛。县委常委、政法委书记周新华出席开幕式并致辞。周新华在致辞时希望全体参赛球员发扬“友谊第一、比赛第二”的体育精神，模范遵守比赛规则，团结协作，顽强拼搏，赛出风格、赛出水平、赛出友谊。

9月27日，由县委党校、县残疾人联合会共同举办的“2016年残疾人职业技能和实用技术培训”在县委党校开班，县委常委、政法委书记周新华出席。来自全县12个乡镇，3个社区的40多名就业年龄段残疾人参加培训，此次培训为期7天，根据学员大多来自农村，且身患轻度残疾的实际情况，县委党校和县残联除邀请专家讲授课、免费提供食宿外，还配备专门的班级辅导管理老师，精心挑选《农村经济工作会议解读》《农村牛羊养殖技术》《茶叶与马铃薯种植》《发展林下经济、拓宽致富路径》等授课内容。全县现有残疾人3400多名，经过每年定期组织40~60名残疾人适龄举办职业技能和实用技术培训，残疾人不仅拥有一技之长，思想观念也得到更新，逐步掌握农产品新的销售模式和销售渠道，在国家有利政策和相关部门支持下，进一步激发自主创业欲望，为早日脱贫致富起到良好的推动作用。

9月30日，是中华人民共和国第三个烈士纪念日。怀着无比崇敬的心情，县委、县人大、县政府、县政协班子成员及县武装部、县法院、县检察院主要负责人，县直正科级部门、中央省市驻双牌单位主要负责人，各乡镇党委书记，县一小老师和学生、烈士家属、军休人员、复退军人代表以及阳明山管理局干部职工、村主干、群众代表到阳明山红军革命烈士纪念碑前，深切缅怀革命烈士的丰功伟绩，追忆革命先烈的英雄事迹。

10月

10月12日，由市委督查室副主任廖才燮带领的市督查组到双牌县开展督查。县领导肖质彬、秦小国、王焕金、付康成、唐清才出席汇报会。汇报会听取关于省政府交办审计查出问题整改落实和前三季度稳增长情况汇报；书面听取2016年市委经济工作会议和《政府工作报告》确定的任务落实情况汇报。

是日，双牌县2016年度综治维稳工作迎检考评暨信访件集中交办工作会在县委会议室召开，会议主要任务是安排迎接省市综治、维稳及信访年度考评各项准备工作，部署全县综治、维稳及信访年终大检查有关工作。县委副书记张跃斌出席会议并讲话。县委常委、政法委书记周新华主持会议。各乡镇场（局）及综治维稳成员单位相关负责人参加会议。

是日，省出入境检验检疫局、省商务厅、省农业委等部门组成的省考核组到双牌县考核验收省级出口食品农产品质量安全示范区创建工作。县委书记苏小康作验收总结表态发言，县委副书记、代县长肖质彬作创建工作情况汇报。县领导王焕金、蒋爱先、何彩玲出席会议或陪同考查。

10月14日，全县林业工作会议在县委会议室召开，会议主要任务是安排当前的林业重点工作。县委副书记张跃斌主持会议并讲话。县领导邓美英、蒋爱先、钟建红及副处级职级干部林信国，各乡镇场、县直单位相关负责人参加会议。会议主要目的是按照省、市部署要求，做好县级公益林区划界定、森林防火、打击非法占用林地等涉林违法犯罪专项行动、森林禁伐减伐三年行动四项重点工作进行全面安排部署，确保四项工作取得理想预期成效。会议宣读、解读县级公益林区划界定等工作方案，传达国家省市的森林防火指示精神。会上，副县长蒋爱先作全县林业工作报告。

10月19日，以市发改委调研员唐早君为组长的市委巡察第三组正式进驻双牌县，开展为期6天左右的县乡换届风气监督专项集中巡察工作。

10月20日，省委宣传部副部长杨金鸢一行到双牌县调研特色文化旅游产业发展情况。市委常委、宣传部部长、副市长刘尤碧，市委宣传部副部长蒋旭军，市文体广新局局长李小星，县委副书记、代县长肖质彬，县委常委、宣传部部长唐超学，副处级职级干部魏海涌等市县领导及茶林镇主要负责人陪同调研。杨金鸢一行实地参观桐子坳村景区，听取双牌茶林桐子坳景区的基本情况介绍以及对景区开发建设情况的汇报。桐子坳景区内有上百年古银杏树200多株，每逢秋末冬初，银杏叶变黄，在阳光照耀下，树上树下一片金黄，加之林深树密，古树民居交相辉映，宛若进入“满城尽是黄金甲”的人间仙境，享有“中国银杏第一村”之美誉。先后被评为“湖南省特色旅游名村”和湖南省“记忆里的乡愁”原味乡村休闲地、“永州秋天最美的村庄”和国家AAA级旅游景区等称号，并正向国家AAAA级旅游景区和全国秀美乡村大步迈进。

10月26日，省考核组深入到双牌县桐子坳村考核美丽乡村建设。市农委分管领导及县领导肖质彬、张跃斌、秦小国、蒋爱先等陪同考核。在桐子坳村，考核组一行观看该村美丽乡村建设宣传片，听取镇、村负责人关于美丽乡村建设的基本情况、工作总体思路、工作措施及开展成效等情况汇报。考核组认为，桐子坳村美丽乡村建设创建有力、特色鲜明、效果显著。建议桐子坳村在今后的工作中妥善处理好生态环境保护与乡村旅游建设的关系，科学制定美丽乡村建设规划，并按照规划要求一步一步实施。

是日，湖南卫视《县委大院》纪录片拍摄组，从双牌大坝出发乘船前往江村镇金滩村，全程跟拍县委书记苏小康走村入户开展精准扶贫工作。湖南广播电视台精心策划筹拍的大型纪录片《县委大院》，在全国选定8个点进行拍摄，双牌是其中之一。预计2017年7月完成拍摄，于党的十九大召开前夕播出。拍摄组跟拍县委书记苏小康路上谋划金滩村精准扶贫工作，以及在金滩村走村入户开展精准扶贫工作的全过程。拍摄组将按拍摄计划对双牌进行长达半年的跟踪拍摄，动态纪录双牌县动人的精准扶贫故事和迷人的生态美景。

10月28日，市纪委督查组到双牌县督查“两项专项整治”工作开展情况。县纪委相关负责人，县“两项专项整治”工作责任单位纪检组长参加汇报会。在县委常委会议室，县委常委、纪委书记李群辉代表县委作双牌县“两项专项整治”工作情况汇报。

是日，在县花鼓剧团礼堂举行全县重点项目财税入库“攻坚大会战”暨建设工程质量大会。县领导苏小康、肖质彬、张跃斌、唐冬华、唐彦、李群辉、秦小国、周华、周新华、唐旭、唐超学、雷秀新及相关部门负责人参加会议。会议由县委副书记张跃斌主持。

11月

11月1日，湖南省第16个人防警报试鸣日，上午九点，在县二中组织举行建县以来最大规模的防空防灾应急疏散演练暨人防“小博士”防灾书刊发放活动。市人防办副主任吴国政，县领导肖质彬、唐冬华、唐彦、李群辉、周华、周新华、唐旭、唐超学、雷秀新、王焕金、付康成、蒋爱先、何彩玲、向胜、廖卫平等在主席台观摩。演练活动主要包括防空警报鸣放和人口疏散以及应对处置疏散过程中的突发状况。市、县人防办、政府应急办，县人武部应急分队、消防、人民医院，部分县直机关单位和乡镇、中小学校参加演练。

11月3日，双牌县召开省级文明（卫生）县城创建工作推进会。县领导苏小康、肖质彬、张跃斌、唐冬华、唐彦、李群辉、周华、周新华、唐旭、唐超学、雷秀新、王焕金在主席台就坐。在家在职的县级领导，各乡镇场党委书记、宣传委员、社区负责人，县直及省市驻双各单位班子成员，县委宣传部、县创文办全体工作人员参加会议。会上，县委常委、宣传部部长唐超学解读文明县城创建实施方案、责任区调整方案和文明指数测评迎检任务清单、迎检方案。县委副书记、代县长肖质彬在动员报告中要求，要进一步统一思想，明确工作目标和重点，强化工作措施。全县广大干部群众要以高度的责任感、使命感，以“不创则已，创则必成”的执着追求，卯足干劲，孜孜以求，力争2016年度文明指数测评取得优异成绩，如期实现2018年创建省级文明（卫生）县城的目标，向全县人民交一份满意的答案，为建设活力迸发的自信双牌贡献自己的力量。

11月10日，全县产业扶贫易地扶贫搬迁暨扶贫领域“雁过拔毛”式腐败问题专项整治工作推进会在县财政局会议室召开。县领导苏小康、张跃斌、唐冬华、唐彦、秦小国、周华、蒋爱先、副处级职级干部刘昌义、魏海涌、林信国参加会议，会议由县委常委、常务副县长候选人秦小国主持。县委副书记张跃斌就产业扶贫和异地扶贫搬迁工作作安排和部署，他指出：要精准发力，大力发展产业，增强扶贫“造血功能”，精准统筹，全力推进易地扶贫搬迁，圆满完成既定目标。

11月16日，湖南省扶贫办副主任张智勇到双牌县督查指导脱贫攻坚工作。市扶贫办主任段贵建，县领导肖质彬、张跃斌、李群辉、蒋爱先陪同或参加汇报会。县委副书记、代县长肖质彬主持汇报会。汇报会上，张跃斌就全县脱贫攻坚工作作简要汇报，各单位负责人就本单位扶贫工作进行汇报发言。

11月18日，双牌县麻江镇白水岭村举行“汉文化旅游特色小镇”发布仪式。县委常委、宣传部部长唐超学，副县长候选人何彩玲，县政协副主席蒋建辉出席发布仪式。双牌县麻江镇白水岭瑶族村地处阳明山国家森林公园进出口，永连公路、二广高速两旁，南至响鼓岭跟宁远接壤，北及丫髻岭与零陵毗连，是双牌县麻江镇唯一的少数民族居住地，也是游客途径阳明山景区的唯一人文景点。该村地理位置优越，交通方便，水、电、路、信等基础条件完善，街道整齐并已初具规模，旅游文化资源丰富，瑶族民俗得到较好保留；“万年轿子顶”“神奇天子山”等充满神话色彩；汉朝时属春陵候管辖（今宁远有春陵候遗址保存），流传着刘邦斩白蛇，刘秀白水起兵等历史故事。

是日，由市委改革办专职副主任匡俊杰带队的市督查组来双牌县就全面深化改革、全面小康建设工作开展督查调研。

11月22日，双牌县“荧光夜跑·点亮文明创建”活动在县沿江大道璀璨开跑。近千名青年群众组成荧光旋风席卷而来，用激情和汗水，掀起“文明城市创建”热潮。沿江大道荧光舞动，热闹非凡。千名青年群众不惧严寒，满怀激情聚集在此，他们怀揣着同一个目的：用夜跑的方式，宣扬文明行为，传播文明风尚，助力该县省级文明城市创建。

是日，在县委常委会议室召开“两个责任”情况汇报会。市监察局副局长邓群力出席会议并讲话，县领导苏小康、张跃斌、李群辉、唐旭参加会议。会上，苏小康作《双牌县委落实党风廉政建设主体责任自查报告》，李群辉作《2016年县纪委履行监督责任情况自查报告》。

11月27日，双牌县第十二届人民代表大会第一次会议主席团第一次会议在天龙宾馆4楼会议室召开。会议由县人大常委会副主任邓美英主持。县领导苏小康、肖质彬、张跃斌、唐冬华、李群辉、唐旭等主席团成员出席会议。会议推选大会主席团常务主席；通过大会执行主席分组名单（草案）；决定大会副秘书长人选；通过大会日程（草案）；报告列席人员名单；报告特邀人员名单；报告邀请在大会主席台就座人员名单；报告代表提出议案，提出质询案，提出建议、批评和意见的注意事项；审议并原则通过《选举办法》（草案），决定提交全体代表审议后提请大会通过；通过关于代表依法提名候选人截止时间的决定（草案）；唐旭作中共双牌县委关于双牌县第十二届人大常委会组成人员、县人民政府正副县长、县人民法院院长、县人民检察院检察长及出席市人代会代表候选人建议名单的说明，并作为主席团提名人选，决定交大会酝酿；审议并原则通过关于设立双牌县十二届人民代表大会法制委员会的决定（草案）和设立双牌县十二届人民代表大会财政经济委员会的决定（草案），提交各代表团审议；唐旭作关于设立双牌县十二届人民代表大会法制委员会、财政经济委员会和财政经济委员会主任委员、副主任委员、委员建议名单（草案）的说明，提交各代表团审议。

是日，政协双牌县第九届委员会第一次会议在县花鼓剧院礼堂召开。来自全县社会各界的政协委员满怀参政议政热情齐聚一堂，围绕全县改革发展稳定和群众关心的问题，以及“十三五”时期全县经济社会发展蓝图谋创新之举，建睿智之言，献务实之策。

11月29日，政协双牌县第九届委员会第一次会议圆满完成各项议程后，在花鼓剧院胜利闭幕。市委派驻双牌换届风气现场监督组组长、市预防腐败局专职副局长李四君到会指导。苏小康、肖质彬、唐彦、唐冬华、蒋建辉、田春玲、陶思荣、钟建红、陈爱民、许明出席会议并在主席台就坐。会议通过政协双牌县九届一次会议关于县政协八届常委会工作报告的决议；通过政协双牌县九届一次会议关于县政协八届提案工作报告的决议；通过政协双牌县九届一次会议政治决议；宣读政协双牌县九届一次会议给县八届政协离任委员的致敬信。

11月30日，双牌县第十二届人民代表大会第一次会议圆满完成各项议程，在花鼓剧院胜利闭幕。大会应到代表154人，实到152人，因事因病请假2人，符合法定人数。市委派驻双牌换届工作指导组组长、市委组织部副部长裴春雷，市委派驻双牌换届风气现场监督组组长、市预防腐败局专职副局长李四君到会指导。苏小康、肖质彬、唐冬华、唐彦、蒋昌智、邓美英、吕保和、张云娥、刘世春、蒋建华、廖爱云出席会议并在主席台前排就坐。大会听取县十二届人大一次会议议案审查委员会主任委员关于县十二届人大一次会议代表议案、建议、批评和意见处理结果的报告；通过关于县人民政府工作报告决议（草案）、关于县人大常委会工作报告的决议（草案）、关于县人民法院工作报告的决议（草案）、关于县人民检察院工作报告的决议（草案）；通过双牌县十二届人大一次会议关于设立县十二届人民代表大会法制委员会的决定（草案）；通过双牌县十二届人大一次会议关于设立县十二届人民代表大会财政经济委员会的决定（草案）；通过双牌县十二届人民代表大会财政经济委员会主任委员、副主任委员、委员名单（草案）。

12月

12月2日，全县网络舆情应对工作培训会议在县委会议室举行，各乡镇场宣传委员，县直单位及省市驻双单位分管领导，全县舆情信息通讯员以及县委宣传部全体人员参加培训。此次培训，邀请省互联网信息办公室网络舆情处处长彭永授课。彭永从互联网发展产生的影响、带来的严峻挑战以及如何有效应对互联网舆情这三大方面进行精彩的授课，为双牌县如何做好新形势下互联网舆情应对管理工作提供理论和实践指导。

12月5日，全县“党员挂牌亮身份，文明卫生齐创建”活动启动仪式在县滨江广场举行。县委常委、组织部部长唐旭主持启动仪式责任区并致辞，各责任区责任单位的所有党员、社区网格党员参加仪式。唐旭强调，各单位党组织要加强领导，精心组织，统筹协调，齐心共建，大力宣传，营造氛围，注重实效，强化考核，根据本单位责任区和值班安排的实际，拿出具体方案，认真组织实施“党员挂牌亮身份，文明卫生齐创建”活动。各单位党政主要负责人要负总责、做表率，深入责任区第一线带头立旗帜、佩胸章、亮身份，充分运用各种宣传手段和形式，加大宣传力度，发挥党员先锋模范作用，营造良好的社会舆论氛围，要善于挖掘活动中的先进典型、创新品牌，注意提炼总结好经验和好做法，坚决防止形式主义和走过场等现象，将活动纳入单位年终党建考核、党组织书记党建述职评议、党员干部执行力卡、党员领导干部实绩卡考核之中，让每个党员的模范形象树得起、榜样品牌打得响、引领作用显得出，真正确保活动取得实效，努力打造一个更加干净靓丽的省级文明卫生县城。

12月7日，县委常委、组织部部长唐旭主持召开老干部工作领导小组会议，13个成员单位负责人出席会议。会议传达学习中办发〔2016〕3号《关于进一步加强和改进离退休干部工作意见》和湘办发〔2016〕21号《关于进一步加强和改进离退休干部工作的实施意见》精神，听取县老干部工作情况汇报。各成员单位就《关于进一步加强和改进离退休干部工作的实施意见》《关于完善落实在职领导干部联系离退休干部职工工作制度的意见》《县委老干部工作领导小组及其成员单位工作职责》、成立县委离退休干部工委、加挂老干部活动中心牌子，与老年大学一并划入公益一类事业单位等问题进行探讨交流。

12月9日，双牌县迎省脱贫退出验收核查、实地考核和第三方评估工作动员会在县礼堂召开。县领导肖质彬、张跃斌、唐冬华、唐彦、秦小国、周新华、唐旭、唐超学、王焕金出席会议。会议组织学习《湖南省贫困退出验收细则》，讲解脱贫退出验收核查、实地考核和第三方评估工作重点及注意事项；县委副书记张跃斌对脱贫退出验收核查、实地考核和第三方评估工作安排部署。

是日，在县委会议室召开2016年食品安全状况新闻发布会。县委常委、常务副县长秦小国，县食品安全委员会成员，县委宣传部及县电视台、县新闻网、双牌发布等媒体记者参加此次新闻发布会。发布会上，秦小国代表县食品安全委员会就全县食品安全总体状况、监管工作、食品安全警示和提示以及投诉举报方法向媒体记者作通报和说明。

12月13日，县召开2016年双牌县优化经济发展环境工作座谈会。县委常委、常务副县长秦小国出席会议，市优化经济环境考核组，部分企业代表、企业主参加会议。秦小国作优化经济发展环境工作情况汇报，并代表县政府作表态发言。县优化办负责任作补充说明，与会企业代表、企业主围绕自身企业目前的发展情况、项目建设进度，并结合双牌县优化经济发展环境工作提出意见和建议。

12月14日，永州市侨联主席唐建春、副主席柏继平一行到双牌县永江侨心学校实地调研，关爱乡村学校办学条件和留守儿童成长，县委常委、统战部部长雷秀新，县侨联主席陪同。因永江学校教学楼年久失修，县委统战部、县侨联积极联络永江学校提质改造事宜，得到省、市侨联的帮助和支持。2015年，通过中国华侨公益基金会浙江省新华爱心教育基金会的联系，爱心人士刘洋、陈羡敏慷慨捐资25万元，双牌县教育局匹配其余资金，2016年成功完成永江学校进行改造提质。

12月20日，全县公务用车制度改革推进会在县花鼓剧院召开。县领导苏小康、张跃斌、唐冬华、唐彦、李群辉、秦小国、周新华、唐旭、唐超学、雷秀新、王焕金出席会议并在主席台就坐。会议由县委副书记、县长肖质彬主持。县委常委、常务副县长秦小国作公务用车制度改革工作报告。

是日，双牌县2016年述责述廉暨民主测评大会在县委会议室召开。市检查考核组组长、市委正处级纪检监察员段春平到会指导。县“四大家”领导班子成员，县法院院长、县检察院检察长，县纪委、监察局班子成员；部分县直机关、企事业单位、人民团体主要负责人；部分乡镇党委、人大、政府、政协和纪委主要负责人；部分县党代表、人大代表、政协委员、党风监督员、特邀监察员和离退休老同志代表参加会议。

12月23日，市全面小康建设考评组到双牌县检查工作。县领导苏小康、张跃斌、王焕金参加在县委常委会议室召开的汇报会。县委书记苏小康主持会议。会上，县委副书记张跃斌就双牌县全面建成小康社会推进工作情况作汇报。

是日，县委常委议军会议在县人武部会议室召开。县领导苏小康、肖质彬、张跃斌、唐冬华、唐彦、李群辉、秦小国、周华、周新华、唐超学、王焕金出席会议。会议传达湖南省委《关于支持国防和军队改革的意见》文件精神。县委常委、县人武部部长周华就武装工作、后备力量建设情况及需要解决的问题作情况汇报。

12月23日—24日，“新经济·心合作”两岸合作对接会在上海举行，县委常委、统战部部长雷秀新带领阳明山管理局、县台办相关负责人组成代表团赴上海参会，市台办领导受邀与会。为筹备好2017年第十一届阳明山“和”文化节，进一步推介双牌，加强对台交流交往，引进更多台资企业，增强外贸实力，助推经济发展，县委、县政府高度重视此次对接会。对接会上，代表团先后会见会议主办方两岸经营者俱乐部负责人和部分台商，就2017年第十一届阳明山“和”文化节的举办及对台招商进行深入的探讨，双方表示将进一步加强沟通交流，更好地促进双台两地合作共赢。同时，双牌代表团还前往浙江宁波，调研海峡两岸交流基地发展情况，并在当地台办领导的陪同下，参观考察象山县、奉化雪窦山、余姚王阳明故居等3处海峡两岸交流基地。

12月27日，市推进新型工业化考核组到双牌县进行年终考核检查。工业园管委会、科商粮和经信委负责人陪同检查。检查组听取双牌县工业园的发展情况汇报，对照考核内容逐项过细查阅相关资料。检查组对园区内的“135”创新创业产业园、乐福地包材、湘一·阳明学校等重点项目以及生活配套设施进行实地核查。通过沿线检查和考核，检查组对县园区工作给予充分肯定和好评。双牌县“135”创新创业产业园完成两年建设20万平方米标准厂房和30家小微企业入驻任务，并借助“135”平台设立广东省双牌商会，采取以乡招商、以商招商方式招引企业。乐福地包材拟投资4亿元，采用美国陶氏PacXpert软包装技术，生产销售食用与非食用品的八角袋外包装，达产后将推动中国包装行业由硬质包装逐渐走向更轻便、更环保的软包装。湘一·阳明学校是县委、县政府招商引进的一所全日制寄宿制封闭式民办学校，拟总投资1.78亿元人民币，于2016年9月正式招生开学。

12月28日，在县政府四楼会议室召开全县信访工作部署会议，县领导张跃斌、周新华、罗轩，各乡镇及相关部门负责人参加会议。会议对2016年信访工作进行总结，对当前信访工作形势进行分析，并就元旦、省市“两会”、春节及明年的信访维稳工作进行安排部署。

是日，组织召开全县农村广播“村村响”工程建设动员大会，安排部署各项具体工作任务。县委常委、宣传部部长唐超学，副县长何彩玲出席会议。“村村响”工程暨“农村应急广播村村响”，是国家推进农村思想文化建设、加强广播农村覆盖、惠民助民亲民的社会公益性事业。

12月29日，双牌县十二届人民代表大会常务委员会第一次会议在县人大会议室召开。县人大常委会主任唐冬华，县委常委、常务副县长秦小国，县人大常委会副主任蒋昌智、邓美英、吕保和、张云娥、刘世春等参加会议。会议审议通过《双牌县人民代表大会常务委员会组成人员守则（修正案）》《双牌县人民代表大会常务委员会人事任免办法（修正案）》《双牌县人民代表大会常务委员会国民经济和社会发展计划审查监督工作操作规程（修正案）》《双牌县规范性文件备案审查办法（修正案）》《双牌县人民代表大会常务委员会议事规则（修正案）》《双牌县人民代表大会常务委员会关于讨论决定重大事项的规定（修正案）》《双牌县人大常委会关于加强县本级预算审查监督工作暂行办法（草案）》《双牌县人大常委会关于建立和完善审计查出问题整改情况向县人大常委会报告机制的意见（草案）》。

是日，市委宣传部副部长周平平、市文明办主任陈水恩一行受省文明办的委托，代表市文明委对双牌县2016年申报的湖南省文明单位、文明标兵单位及永州市文明单位、文明标兵单位、文明村镇进行考评验收，并对往届的湖南省文明单位进行复查考核。下午，在县委会议室召开省市文明单位迎检汇报会。县委常委、宣传部部长唐超学，县委副处级职级干部郑石安，县委宣传部、县文明办相关负责人及受检的省、市文明单位主要负责人参加会议。会议对省、市文明单位创建情况进行简要汇报，市文明办负责人就当天上午到各文明单位的现场察看、调查问卷情况和文明单位创建有关数据统计情况进行通报，并就存在的一些实际问题进行点评。

双牌概况

自然地理

【位置面积】　双牌县位于湖南省南部，潇水中游，都庞岭北部支脉阳明山、紫金山区。地处北纬25°36′～26°10′，东经111°24′～111°59′。东界宁远县，南连道县，西邻零陵区石岩头乡、新宅里乡和广西壮族自治区全州县东山乡，北靠零陵区富家桥镇、凼底乡，东北与祁阳县接壤。省道216线（原1830线）横穿境域东北，国道207公路纵贯境域。县境最东端为阳明山国家森林公园管理局东缘的磨子行山，接祁阳；最西端为何家洞乡蔡里口西缘的大坳岭，接零陵。东西最大横距63千米。最南端为理家坪乡的车龙村潇水河中心，接道县；最北端为茶林乡北缘的分水岭，接零陵。南北最大纵距69千米。2016年，县内土地总面积1751.36平方千米。

【地势地貌】　双牌县位于南岭纬向构造带的北缘，境内从西到东为一突出的隆起带，即紫金山——阳明山穹窿。紫金山穹窿是县境构造主体，为一复式北斜，轴向北东，由一系列向斜和背斜组成。断裂构造发育，有北东向、南北向、北西向和东西向4组，以北东向为主。

双牌地貌以山地为主，丘陵、岗地、平原兼备。阳明、紫金两山对峙，山势雄伟，层峦叠嶂。山系、山脉绵延，山、坳、寨、山冲阡陌，峰壑交错，连绵千重。地势东西高，南北低，形似马鞍型。地形地貌复杂，分区纷繁。县境位于南岭山脉都庞岭北支阳明山、紫金山区。地貌结构以山地为主，兼有丘陵、岗地和平原。境内群山连绵，层峦叠嶂，阳明、紫金两大山系东西对峙，潇水峡谷贯穿中部南北敞口。最高点阳明山主峰望佛台，海拔1624.6米；最低点五里牌镇大棉铺小河口，海拔108米，相对高差1516.6米。全境山地均属南岭山脉都庞岭支脉。阳明山雄峙东北，紫金山绵亘西南，两山支脉向中部延伸成连片山区。中山面积1232.54平方千米，占山地面积的80.59%。800米以上山峰355座，其中1000米以上山峰194座。耕地沿山腰分布，形成“挂坡田”。山区溪河密布，切割强烈，地表破碎。气候、土壤、植被呈明显的垂直分布。山地小气候丰富多样，植物种类繁多，植被茂密，覆盖良好，土壤侵蚀较轻。丘陵主要分布于江村镇、理家坪乡，海拔400米以下，相对高度60米～200米，坡度15°～25°。其中，相对高度150米～200米，坡度20°～25°的高丘陵占50.81%，相对高度60米～150米，坡度15°～20°的低丘陵占49.19%。石灰岩溶蚀构造丘陵占41.94%，基岩裸露，岩溶发育，地下水丰富；砂页岩、变质岩侵蚀构造丘陵占40.80%；砂岩夹灰岩丘陵占17.26%。岗地主要分布于泷泊镇、五里牌等乡。

县境平原以溪河冲积平原为主，占91.90%，其中又分为河谷平原和溪谷平原。溶蚀残积平原占8.10%。平原地势稍有起伏，相对高度10米以下，地面坡度小于5°。耕地连片，光、热充足，土质肥沃，灌溉方便，是县内粮食和经济作物的生产基地。河谷平原分布于潇水沿岸五里牌镇及泷泊镇，总面积 18.0 平方千米，主要为具有二元结构的含沙粘土。

北部岗地、平原区位于县境北部潇水两岸，属永州盆地的南缘。包括泷泊及五里牌镇连片的岗地和平原。面积 83.34 平方千米，占县内总面积的 4.76%，地势三面环山，中部低平，为向北开口的盆地，是县内粮食和经济作物的主产区。

南部丘陵、岗地区位于县境南部潇水西岸，属道县盆地北缘。包括江村镇、理家坪乡连片的丘陵、岗地和平原，面积 84.20 平方千米，占县内总面积的 4.81%。地势三面环山，丘陵成条状纵贯中部，岗地起伏和缓，为向南开口的盆地。

中部变质岩、砂页岩中山、中低山区包括茶林—麻江溪谷平原以西，207 国道线以东，县境中部潇水两岸的连片山区，由河东三条北北东向、三条东西向山脉，河西两条北北东向山脉组成。面积 884.17 平方千米，占县内总面积的 50.48%，地势东西高，中部低，平均海拔 550 米，为杉树、山苍子、生姜的主产区。

西南部紫金山变质岩中山区包括 207 国道线以西的连片山区，面积 474.40 平方千米，占县内总面积的 27.09%。地势由西南向东北倾斜，主山脉北西向，三条支脉北北东向，组成“山”字形山地。为杉树、楠竹、五倍子的主产区。

东北部阳明山变质岩、花岗岩中山区包括国营阳明山国家森林公园及茶林、麻江两乡东部的连片山区。面积 225.25 平方千米，占县内总面积的 12.86%。山体由三条山脉呈环形构成向西收口的中山台地。地势北、东、南高，中、西部低，为楠竹、杉树、杂木、药材的主产区。

【地质构造】 双牌县地质构造主要有下列特点。

紫金山背斜，核部由上奥陶统组成，呈短轴状，南北长 35 千米，东西宽 20 千米，两翼地层倾角 20°～45°，西翼受断层破坏而不完整。五星岭—盘家洞向斜，轴线北 30°东、舒缓波状弯曲。轴部由上奥陶统构成，中部于双牌水电站附近被泥盆系地层复盖，两翼倾角 50°～80°，次级褶被发育，时而出现紧闭挤压。长 52 千米。上梧江背斜，轴向北 60°东。北东段由中奥陶统组成核部，轴面倾向北西，倾角 40°～60°，东南翼地层倒转；西南段轴部由下奥陶统组成，两翼倾角 50°～80°。延伸长 17 千米。小岱向斜，轴线微弯曲，走向北 45°东，脊线由南西向北东扬起，轴部由奥陶系上统构成，两翼倾角 50°～70°次级褶皱发育。延伸长 15 千米。此外，在紫金山穹窿中部和紫金山、阳明山两穹窿之间，各有一条明显的狭长低谷，即单江复向斜和麻江向斜。轴向南北，局部北 10°东。轴部由上泥盆统佘田桥组和锡矿山组地层组成，两翼为下泥盆统及中泥盆统跳马涧组，西翼局部因断层切割而不完整。地层倾角 10°～35°。局部挤压揉皱明显。何家洞断裂，走向北 32°东，倾向东南，倾角 50°～70°断裂穿过上奥陶统，截切下、中泥盆统，长近 30 千米。沿线挤压破碎，出现角砾岩化，糜棱岩化，石英脉及硅化，东南盘局部出现北北西向张裂面，作逆时针方向扭动。具压扭性。盘家洞断裂，沿北 28°东延伸，较平直，长 30 余千米，在平福头附近被一走向北东东向扭断裂切断。南东倾，局部北西倾，倾角 50°～85°。裂面内角砾岩广布，南东扭裂面发育；裂面上显擦痕及岩层牵引现象。具压扭性。棉花冲—尚仁里断裂，呈北 20°～35°东展布，作南东倾斜，倾角 45°，两端向北西倾斜。东南盘向北西盘逆冲，使上奥陶统复盖于中、上泥盆统之上，断距大于 4000 米。局部挤压破碎，具压扭性。单江断裂，走向北 15°东，倾向不定，倾角 55°～75°，北端挤压破碎明显。两盘的跳马涧组页岩劈理化发育，并有低序次扭裂面和一个小帚状构造出现，具压性。南段部分改造为辐射状构造。

茶林断裂，是石马街～晓睦塘压性断裂的一部分。走向北20°西，呈舒缓波状，西侧上奥陶统与东侧中、上泥盆统地层接触，东侧的棋梓桥组灰岩中方解石脉发育。断裂面有斜向和水平两组擦痕，示其东盘向北发生过水平扭动。白竹塘断裂，近东西走向，倾向南，倾角70°～80°，南盘向北逆冲，断裂带挤压破碎，具压性，长7千米。

自然资源

【土地资源】 双牌县土地总面积1751.36平方千米。其中林业用地151161.7公顷，占86.31%；农业用地11813.67公顷（水田6340.00公顷，旱土906.67公顷，田埂地埂4567.00公顷），占6.75%；工矿、居住、交通用地5078.03公顷，占2.90%；水域4857.00公顷，占2.77%；难利用地2225.33公顷，占1.27%，约呈“九山半水半分田”的格局。

【水利资源】 县内河网密布，主、干流和支流分布均匀。地表径流量大，地下水储藏丰富，水质良好。河床坡降度大，相对落差高，水能资源蕴藏量极为丰富。县境河流均属湘江支流潇水水系。河长5千米，流域面积10平方千米以上的溪河共55条，总长755千米，河网密度每平方千米0.43千米。其中，潇水干流1条，一级支流17条，二级支流32条，三级支流5条。均属山区雨源型河流，呈不规则叶脉状分布。流域内雨量充沛，植被覆盖良好，河谷深切，清水常流，水土流失较轻。县境多年平均年降水量1512.44毫米，年降水总量26.2739亿立方米，年径流深799.53毫米，年径流总量13.8903亿立方米，径流系数0.53，径流模数每平方千米79.95万立方米。水资源总量丰富。县内水能资源理论蕴藏量27.22万千瓦。其中潇水16.86万千瓦，占61.92%；各条支流10.37万千瓦，占38.08%。实际可供开发量为19.80万千瓦，占理论蕴藏量的72.74%，其中潇水干流13.64万千瓦，占68.88%；支流6.16万千瓦，占31.12%。2015年，县内已开发水能资源14.01万千瓦，占实际可供开发量的70.75%。其中潇水干流12.24万千瓦，支流1.77万千瓦，分别占干、支流可供开发量的89.73%和28.72%。

【野生动植物资源】 双牌山地辽阔，森林繁茂。野生植物215科765属1883种，县内野生植物，除常见的松、杉、樟、油、棕、漆、桐等用材林和经济林树种外，还有属国家一、二级保护的树种和珍稀的方竹、黑竹、罗汉竹。药材资源丰富，有些种类如黄连、黄精、玉竹、七叶一枝花、八角莲等，数量已经很少，有的濒临绝迹。据调查统计，县内野生植物共有215科765属1883种，分别约占湖南省植物科的88.11%，属的63.75%，种的47.02%。蕨类植物40科85属92种；裸子植物8科25属59种；被子植物167科655属1732种。其中木本植物87科263属625种。主要的科属有：杉科5属7种，松科7属19种，柏科6属17种，樟科8属42种，壳斗科6属38种，山茶科8属35种，木兰科5属14种，金缕梅科7属12种，蔷薇科20属52种，蝶形花科31属70种，芸香科9属30种，大戟科13属30种，唇形科21属43种，菊科43属86种。野生植物中，有珍稀保护植物70余种。

野生动物76科218种。县境陆栖动物亚洲象、犀牛、熊、猿、猴、梅花鹿、华南虎历史上都有分布。由于人为滥施捕猎和森林植被不断遭到破坏，栖息环境逐渐恶化，野生动物数量日趋减少，有些种类已经绝迹。如亚洲象、犀牛、熊、猿、猴、梅花鹿、华南虎等陆栖动物均已绝迹。往昔在平原丘陵区亦常见的黄鼬（黄鼠狼）、豹猫、水獭、刺猬、豪猪、狗獾（貉）、鹰、麻雀、斑鸠等已罕见。珍稀动物水鹿、毛冠鹿、苏门羚、麝、锦鸡、白鹇等，目前仅栖息阳明山一隅，数量也已经很少。2015年县内尚存水生动物7目15科57属91种，且保存着蛙鱼、白鳝、竹鱼、平胸龟、鳖、石蛙等名贵种类。哺乳动物有野猪、野牛、獐、麂、野兔、野羊、野猫、黄鼬、芦鼠、竹鼠、穿山甲等37种，其中属国家一级保护的1种、二级保护的12种、三级保护的13种、其他类11种。益鸟类有喜鹊、乌鸦、锦鸡、斑鸠、麻雀等59种，其中属国家二级保护的19种、三级保护的16种。蛇类有金环蛇、银环蛇、眼镜蛇、五步蛇、竹叶青、乌梢蛇等14种，大多数属国家二、三级保护动物。

【矿产资源】 县境地处南岭山脉，以有色、稀有金属为主的成矿带内，据初步勘察，已发现的矿种有铁、锰、钨、锡、铅、锌、铜、钼、银9种，矿（化）点16个。其中，除茶林铅梓矿和田子头钨锡矿已发现工业矿体，可小型开采外，其他矿（化）点尚属踏勘性质。其他有阳明山花岗岩，及岩体内的石英脉、伟晶岩脉硅石原料，泷泊镇以北和理家坪一带的佘田桥组灰岩和白云岩建材原料。非金属矿有花岗岩、石灰石、高岭土（瓷泥）。花岗岩分布在阳明山国家森林公园管理局、上梧江瑶族乡，石灰石分布在泷泊、五里牌、江村、理家坪、麻江、茶林等乡镇，高岭土分布在麻江镇和何家洞镇等地。各矿点，瓷泥系甚大，仅麻江镇拥有瓷泥含量1000万吨以上。其特点：色泽纯优，黏柔性好，可塑性强。1992年8月，经省陶瓷工业质量监督测试中心化验分析，每处主要元素含量相似，即AI2O3为27.74%，FO2O3为1.69%，开采价值极高，开发潜力巨大。

【旅游资源】 县内旅游资源可分为地文、水域、生物、古迹与建筑等五大类127处景观。共有旅游资源5类115处，其中前3类13种60处景观属自然旅游资源，约占总数的52.17%，后2类21种类型55处景观属人文旅游资源，约占总数的47.83%。境内有国家一级旅游景点8处，二级景点20处，三级景点46处。国家AAAA级旅游景区1个，阳明山国家森林公园拥有原始次森林、杜鹃花海、流泉飞瀑、云山雾海、奇峰怪石五大奇观，其空气负氧离子含量高达66800/立方厘米，被誉为“天然氧吧”。阳明山佛教文化源远流长，始建于宋朝的万寿寺乃七祖佛爷坐化之地，素有“名山千古仰、活佛万家朝”之盛况。2015年12月16日，茶林桐子坳批准为国家AAA级旅游景区。

行政区划

【建置沿革】 双牌1969年12月16日建县，由零（陵）、道（县）、宁（远）三县析置而成，由原潇水林区管理局演变成双牌县的建制。1963年5月，经林业部批准，零陵专区设立湖南省阳明山国营林场管理局，为省属地管事业单位，辖域分别属于专署及零陵、道县、宁远三县的11个国营林场。1963年11月，中共中央中南局第一书记陶铸等领导视察双牌水库，提出要在库区办林场，把双牌一带建为第二个江华县。1964年1月，建立双牌水库林场。1964年2月，中共零陵地委和省林业厅党组先后请示湖南省委，拟在阳明山国营林场管理局的基础上，建立一个包括国营林场、人民公社，国营、集体两种所有制并存，行政、事业合一，主要经营林业的机构。1964年5月14日，省委以湘发〔1964〕145号文批复，同意“在阳明山国营林场管理局的基础上加以扩大，建立潇水林区管理局”，隶属零陵专区。

潇水林区管理局这种体制在实施中，管理存在诸多不便，省委、省政府向国务院呈文，要求撤局建县。1969年12月16日，国务院以国发〔1969〕54号文批复，“同意设立双牌县，撤销潇水林区管理局，以原潇水林区的行政区域为双牌县的行政区域”，隶属零陵地区。1995年11月22日，国务院批准，撤销零陵地区，设立永州市，双牌县属永州市管辖。

1965年1月25日，中共零陵地委以零发〔1965〕003号文决定，划12个人民公社，9个国营林场为潇水林区管理局的行政区域，即零陵县的双牌、尚仁里、盘家洞、何家洞、何仙观、蔡里口、茶林寺、麻江8个人民公社，国营大庙头林场；道县的江村、上梧江、林家、塘底4个人民公社，国营打鼓坪、月岩、桥头林场；宁远县的国营阳明山、白云山、荒塘林场。专署直属的国营五星岭、双牌水库林场，境域总面积2486平方千米。

1969年12月16日，建立双牌县，以原潇水林区管理局的行政区域为双牌县的行政区域。1973年1月12日，零陵地区双牌水库渔场成立，隶属于零陵地区农业局。1978年2月1日下放给双牌县管理，系公社级自收自支事业单位。1978年，双牌县行政区域部分调整：何仙观人民公社、国营大庙头林场划归零陵县，国营桥头、月岩林场划归道县，荒塘、白云山林场划归宁远县；零陵县五里牌人民公社，道县理家坪人民公社和车头人民公社的双丰大队划入双牌县。行政区域调整后，县域总面积1699.57平方千米。1986年，芝山区的平福头乡划入双牌县。1991年，县内辖13乡、2镇、1个国营渔场、3个国营林场。1992年8月，建立阳明山国家森林公园管理局。1994年，撤销五里牌乡建立五里牌镇。1995年9月，蔡里口乡并入何家洞乡，林江乡并入上梧江瑶族乡，城关镇易名泷泊镇。2002年，县内辖9乡、3镇、2个国营林场、1个国家森林公园管理局。2012年9月，五星岭林场代管的11个行政村成立五星岭乡；打鼓坪林场代管的7个行政村成立打鼓坪乡。2013年9月，撤销茶林乡，建立茶林镇。2014年8月，撤销何家洞乡、麻江乡，建立何家洞镇、麻江镇。2015年10月18日，原泷泊镇、永江乡、尚仁里乡、平福头乡和五里牌镇人民洞、佑里、佑上3村合并到新的泷泊镇，将原195个村民委员会合并为114个村民委员会，县内行政区域辖5个乡（其中1个瑶族乡）、6个镇、2个国营林场、1个国家森林公园管理局，114个村民委员会，1559个村民小组，县域总面积1751.36平方千米。

【区划】 1969年12月16日建立双牌县，辖何仙观、何家洞、蔡里口、双牌、尚仁里、盘家洞、茶林寺、麻江、塘底、上梧江、林江、江村12个人民公社，五星岭、打鼓坪、阳明山、荒塘、白云山、月岩、桥头、大庙头8个国营林场，总面积2144.36平方千米，共有173个大队，861个生产队，18973户（其中农业户17845户），85040人（男45361人，女40279人），其中非农业人口3048人。是年，盘家洞、茶林寺、林家分别易名永江、茶林、林江人民公社。1970年，国营桥头林场并入国营打鼓坪林场。1972年复析出。

1976年5月24日，根据湖南省革命委员会湘革办函〔1976〕69号文，析出双牌人民公社的双牌大队，建立城关镇。1978年3月，双牌县行政区域部分调整，划出1个人民公社，5个国营林场；划进2个人民公社及1个生产大队。行政区域变动后，县内辖13个人民公社、1个镇、3个国营林场、1个国营渔场。农村有197个生产大队，1123个生产队，总人口12.03万人。1986年7月，根据湖南省民政厅湘民政字〔1986〕31号文，芝山区的平福头乡划归双牌县。1992年8月，经林业部批准，阳明山林场改置为阳明山国家森林公园管理局。1994年

5月，将五里牌乡撤销改置为五里牌镇；1995年9月，撤区并乡建镇，将原蔡里口乡并入何家洞乡；原林江乡并入上梧江瑶族乡；城关镇易名泷泊镇。2002年，县内行政区域辖9个乡（其中1个瑶族乡）、3个镇、2个国营林场、1个国家森林公园管理局，194个村民委员会，1552个村民小组，总人口17.09万人。乡：何家洞、永江、尚仁里、理家坪、上梧江（瑶族）、塘底、麻江、茶林、平福头。镇：泷泊、江村、五里牌。国营林场：五星岭、打鼓坪。国家森林公园管理局：阳明山。2015年10月18日，泷泊镇撤乡并镇后，原泷泊镇、永江乡、尚仁里乡、平福头乡和五里牌镇人民洞、佑里、佑上3村合并到新的泷泊镇，将原195个村民委员会合并为114个村民委员会，县内行政区域辖5个乡（其中1个瑶族乡）、6个镇、2个国营林场、1个国家森林公园管理局，114个村民委员会，1559个村民小组，总人口20.24万人。乡：理家坪、上梧江（瑶族）、塘底、五星岭、打鼓坪。镇：泷泊、江村、五里牌、何家洞、茶林、麻江。国营林场：五星岭、打鼓坪。国家森林公园管理局：阳明山。

人口·民族

【人口】 2016年年末，全县常住人口20.24万人，总人口中男性107778人，占53.25%；女性94622人，占46.75%。城镇化为40.1%，全年出生率10.99‰，死亡率7.5‰，人口自然增长率3.49‰。

【民族】 2016年，县内有16个民族。其中汉族193474人，占县内总人口的95.59%，瑶族8986人，占县内人口的4.4%，另有蒙古族38人，回族10人，藏族5人，维吾尔族3人，苗族31人，彝族5人，壮族26人，布依族5人，朝鲜族3人，满族10人，侗族8人，白族6人，土家族24人，傣族1人。

气　候

【气候综述】 双牌县2016年平均气温19.2℃，较历年平均偏高0.8℃。年极端最高气温39.6℃，出现在7月30日；年极端最低气温-2.8℃，出现在1月25日。全年最高气温≥35℃的高温日数有33天，7月22日—8月1日出现连续11天的轻度高温热害天气。年降水量1755.8毫米，比历年平均多345.4毫米，年降水日数（日降水≥0.1毫米）167天。年日照时数1322.8小时，比历年平均偏多6.8小时。霜的初日和终日分别是1月25日和2月17日。全年平均气温偏高，降水偏多，日照偏多。气候特点是，春季的气温偏高，夏季的降水偏多，秋季的日照偏少，冬季的气温偏高，整个汛期大体呈前涝后旱的趋势，总的来说，2016年气候总体评价为正常偏好年景。

【基本气候概况】 2016年平均气温19.2℃，较历年平均偏高0.8℃。全年各月平均气温如表（2016年各月平均气温及距平）所示，2016年全月平均气温正常。

表1 2016年双牌县各月平均气温及距平一览表　单位：℃

月份	1月	2月	3月	4月	5月	6月	7月	8月	9月	10月	11月	12月	全年
月平均	7.0	9.0	13.5	19.9	22.0	27.4	29.6	27.6	24.7	20.0	13.6	9.7	18.7
气候平均	6.3	8.4	12.1	18.1	22.6	26.0	28.5	27.6	24.0	19.0	13.6	8.3	17.9
距平	0.7	0.6	1.4	1.8	-0.6	1.4	1.1	0	0.7	1.0	0	1.4	0.8

2016年总降水量1755.8毫米，比历年平均略多345.4毫米，属于偏多年景。全年各月降水量如表（2016各月降水及距平百分率）所示，其中5月、7月、8月、9月、10月、12月降水量正常，6月偏少32.3%，1月显著偏多66.2%、2月显著偏少60.8%、3月显著偏多65.5%；4月异常偏多160.2%，11月异常偏多90.5%。

表2 **2016年双牌县各月降水及距平一览表** 单位：毫米、%

月　份	1月	2月	3月	4月	5月	6月	7月	8月	9月	10月	11月	12月
各月降水量	121.5	40.8	239.2	438.4	230.6	134.6	113.8	142.5	50.0	79.3	122.9	42.2
气候平均值	73.1	104.2	144.5	168.5	209.1	198.7	145.9	129.7	63.1	64.2	64.5	44.9
各月距平	48.4	-63.4	94.7	269.9	21.5	-64.1	-32.1	12.8	-13.1	15.1	58.4	-2.7
距平百分率	66.2	-60.8	65.5	160.2	10.3	-32.3	-22.0	9.9	-20.8	23.5	90.5	-6.0

2016年日照总时数1322.8小时，较历年平均多6.8小时。8月日照正常，1月、4月、5月、10月、11月日照偏少，其中10月偏少50%；2月、3月、6月、7月、9月、12月日照偏多，其中6月偏多41.8%。全年各月日照分布如图（2016年各月日照分布）所示。

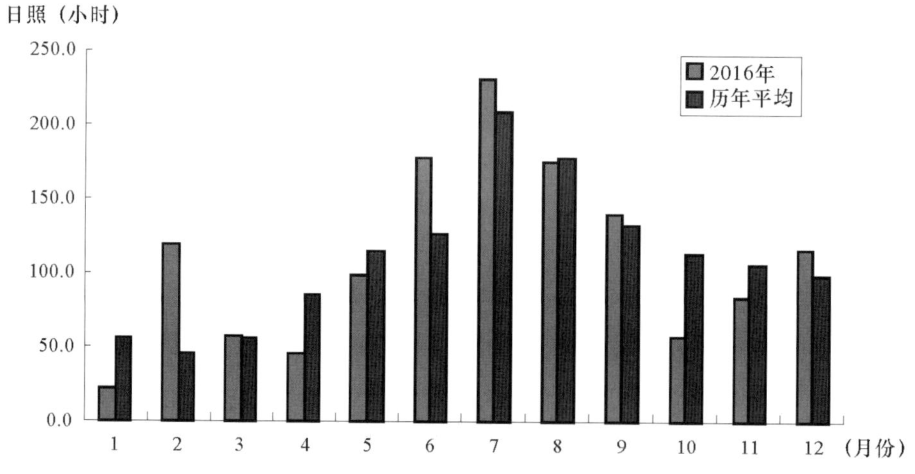

图1：2016年双牌县各月日照分布情况表

【主要气候事件】 2016年双牌先后出现洪涝、连阴雨、雷电、暴雨洪涝、短期高温干旱等灾害性天气。但灾害性天气气候事件种类较少、至灾频次较低，暴雨洪涝是年内主要灾害性天气气候事件。

洪涝 4月4日—13日，连续10天降水总量达244.0毫米，出现雨水相对集中期，并达到轻度洪涝标准，对农业产生明显不利影响。

五月低温 5月15日—19日，连续5天日平均气温≤20℃，达到五月低温的标准

连阴雨 6月11日—15日连续5天阴雨天气且无日照，出现6月连阴雨，6月30日—7月6日降水量≥0.1毫米连续7天，且过程日照平均时数≤0.1小时，出现连阴雨。

由于连续阴雨寡照，空气和土壤长期潮湿，对作物造成不利影响。

火南风 6月19日—23日，平均气温≥30℃连续5天，且14时偏南风速3级，达到了火南风标准。

高温热害 7月22日—8月1日，日最高气温≥35℃持续11天，为高温期（高温热害）；9月12日—10月17日，连续36日基本无雨，总降水量为7.4毫米，出现连旱。

5月暴雨洪涝 5月5日—8日，普降大到暴雨，局部大暴雨，平均降雨量112.1毫米，累计降雨量超200毫米站点1个：理家坪站点268.9毫米，超100毫米站点8个；双牌水库8日10时开闸8孔，下泄流量3770立方米每秒，潇水双牌县城段水位129.2米，超警戒水位0.7米。由于降雨强度大，雨量集中，致使洪灾损失十分严重，主要特点是受灾面广。全县12个乡镇有10个严重受灾，其中理家坪、打鼓坪、泷泊镇、江村等8个乡镇受灾特别严重，集镇和大部分村庄受淹。

6—8月强降水 6月13日—16日，受高空槽和低空切变线影响，我县普降暴雨。受境内强降雨和上游来水双重影响，全县共1.7233万人受灾，紧急转移安置人口938人，直接经济损失1713万元，其中农业受灾面积467公顷，成灾面积1350公顷，绝收面积1755117公顷，经济损失540万元，水利设施损坏护岸14处、326米，渠道91处、2600余米，机电井2眼，经济损失492万元。7月17日，普降中到大雨，局地暴雨，县城降雨量达63.1毫米。

11月冬汛 受高空低槽和冷空气的影响，11月份双牌县多为阴雨天气。月降水量为122.9毫米，较历年平均异常偏多91%，月降水日数19天。

国民经济与社会发展

【经济】 双牌县主要以农林业、工业、生态旅游和商贸服务业为主。2016年，全县地区生产总值53.3亿元，同比增长7.2%，其中第一产业增加值144031万元，同比增长4%；第二产业增加值215569万元，同比增长9.9%；第三产业增加值140067万元，同比增长12.4%。财政实力不断增强，全年完成财政总收入41099万元，同比增长17.24%，其中地方财政收入25948万元，同比增长27.63%。

【农业】 双牌县农业主要以农、林、牧、副、渔结合为主。2016年，全县完成农林牧渔业总产值26.9亿元，同比增长3.9%，实现农业增加值158361万元，同比增加11.5%，全年农作物播种面积400650亩；生猪出栏23.5万头，家禽出笼215.8万只，全县农副业机械化拥有量3.82万台（套），总动力23.4万千瓦，农机作业总产值3.57亿元，农机购置补贴940万元，建成“平安农机示范乡镇”1个，“平安农机示范村”2个，“平安农机户”760户。

【工业】 县内有工业企业1667家，县内有合作经营、私营、个体工业企业2287家。2016年，全县实现规模以上工业增加值15.3亿元，同比增长12.1%，规模以上工业企业产品销售率为99.9%，主营业务收入478489万元，同比增长29.3%，实现利税总额30799万元，同比增长13.4%。

【商业贸易】 2016年，全县社会消费品零售总额11.55亿元，同比增长11.6%，城镇72191万元，农村30939万元，批发和零售业91785万元，同比增长1638%，内联引资项目33个，合同利用资金2.56亿元，重大平台上签约内资项目2个，承接产业转移项目31个，新增外贸进口企业2家，全县外贸进出口792万美元，同比增长13.64%。

【城乡建设】 2016年，全县基础设施投入9.956亿元，住宅和房地产开发投入15.6亿元，公共建筑13.6万平方米，工业建筑5.3万平方米，开发房13.5万平方米，保障性建房22.9万平方米，私人建设3.9万平方米，绿地率为35.51%，县城面积由原来的4平方千米增加到10.2平方千米。2016年实施“四纵六横”路网“白改黑”改造、潇水沿江风光带建设。投入1.6亿余元资金完成老城区“四纵六横”主次干道改造提质。投资2000余万元改造背街小巷，对县城三个社区20余个背街小巷，按照路面平、管道通、道路宽、街道畅、秩序好、设施全、路灯亮、绿化齐、环境美的目标进行了改造，改造巷道路面2.8万平方米，新修路面3000平方米，排水沟300米，排污管400米，清淤1200米，人行道铺贴1800米，路灯换新300盏。

【交通通信】 县内有国道，省道，县道，乡、村道共计91条，616.7千米；其中专用道12条，125.2千米。100%的乡、镇、村通公路。境内水运有潇水航道81.5千米，常年可通航。2016年客运量202万人次，旅客周转量18131万人千米。货车298辆，其他机动车539辆，货运量31万吨，货物周转量9764万吨千米。全县通讯业务总量6393万元，移动电话用户90861户，互联网宽带用户数12435户。

【文化 教育 科技 卫生 体育】 2016年，文化送戏下乡59次，电影下乡2485场次。2016年县内有电影院、剧院各1座，观众座位1200张，公共图书馆1个，建筑面积1600平方米，藏书10万册。文化馆1个，建筑面积3600平方米。乡镇文化站15个，农家书屋195个，藏书50万册。文化艺术院团1个，从业22人。有线电视用户2.41万户，电视综合覆盖率96%。

2016年，全县有各类幼儿园48所，在园幼儿5858人，专任教师205人。小学21所，在校学生11392人，专任教师787人，适龄儿童入学率100%。初中12所，在校学生4276人，专任教师739人，初中适龄入学率100%。普通高中1所，在校学生2907人，专任教师201人。

2016年，全县建立各类科研机构5个，拥有各类科技人员2120人，其中高级职称318人，中级职称865人，初级937人。

2016年全县设公立医院2家，民营医院2家，妇幼保健和疾病预防中心各1家，乡镇卫生院17家，村卫生室131个，共配专业医卫人员534人，各类医院（点）拥有病床747张。

2016年建全县体育馆1座，标准体育场2个，运动场163个，训练房10个，健身运动中心1个，学校综合体育运动场20个（其中大型2个），农村居民健身场地17处。全县有各类体育场地195个，开展全民健身运动项目20项次。有篮球、羽毛球、乒乓球、山地自行车等体育团体10个。

重大活动

【第十届湖南·阳明山“和”文化节】 2016年4月28日，第十届湖南·阳明山“和”文化节暨海峡两岸交流基地发展座谈会在阳明山开幕。国台办交流局副局长李京文，国台办交流局副调研员张志刚，省台办副主任罗爱民，台湾公园学会副秘书长杨士芳出席。李京文、永州市委副书记张严开启海峡两岸交流基地纪念章首发式。山东省枣庄市台儿庄海峡两岸交流基地办公室主任孔德贵、台湾公园学会副秘书长杨士芳、永州市人民政府副市长张常明分别致辞。开幕式上，还举办“海峡两岸情·和美一家亲”文艺演出。在6月22日举行的2016湖南夏季乡村旅游节开幕式上，省旅游协会副会长钟永德宣布“2016湖南最佳避暑胜地”名单，永州市阳明山国家森林公园（海峡两岸交流基地）等13个旅游目的地入选。

【对台交流交往】 2016年12月23日—24日，“新经济·心合作”两岸合作对接会在上海举行，县委常委、县委统战部部长雷秀新带领阳明山管理局、县台办相关负责人组成代表团赴上海参会，市台办领导受邀与会。为筹备好2017年第十一届阳明山“和”文化节，进一步推介双牌，加强对台交流交往，引进更多台资企业，增强外贸实力，助推经济发展，县委、县政府高度重视此次对接会。对接会上，代表团先后会见会议主办方两岸经营者俱乐部负责人和部分台商，就2017年第十一届阳明山“和”文化节的举办及对台招商进行深入的探讨，双方表示将进一步加强沟通交流，更好地促进双台两地合作共赢。同时，双牌代表团还前往浙江宁波，调研海峡两岸交流基地发展情况，并在当地台办领导的陪同下，参观考察象山县、奉化雪窦山、余姚王阳明故居3处海峡两岸交流基地。

领导名录

（以2016年12月31日所在职位为准）

中共双牌县委员会

书　记　苏小康
副书记　肖质彬　张跃斌
常　委　苏小康　肖质彬
　　　　张跃斌　李群辉
　　　　秦小国　周　华
　　　　周新华　唐超学
　　　　唐　旭　雷秀新
　　　　王焕金
正处级干部　唐清才
副调研员　周安力
副处级职级干部　刘昌义　蒋启和
　　　　卿建明　魏海涌
　　　　唐志利　郑石安

双牌县人大常委会

主　任　唐冬华
副主任　蒋昌智　邓美英
　　　　吕保和　张云娥
　　　　刘世春
原副主任　袁小爱　邓明义
　　　　姜国文

双牌县人民政府

县　长　肖质彬
副县长　秦小国　付康成
　　　　蒋爱先　唐　俊
　　　　何彩玲　廖卫平
　　　　罗　轩
副调研员　蒋升隆　杨玫芳
副处级干部　张少云
副处级职级干部　王刚军　万海云
　　　　盘规元　何田昌
　　　　蒋　玮　林信国

双牌县政协

主　席　唐　彦
副主席　蒋建辉　田春玲
　　　　陶思荣　钟建红
　　　　陈爱民
正处级干部　刘迎春
副处级干部　付德盛

县人民武装部

部　长　周　华
政　委　向　胜

公检法

公安局政委　秦春林
检察院检察长　周　涛
法院院长　黄文德

县委部门管理机构

中共双牌县委党校校长　蒋渊民

县政府部门派出机构

双牌县工业集体区管理委员会主任　陈明武

双牌县直机关单位主要负责人

县纪委	书记	李群辉
县委组织部	部长	唐　旭
县委宣传部	部长	唐超学
县委办	主任	王焕金
县委统战部	部长	雷秀新
县政府办	主任	邓海斌
县编委办	主任	倪宏国
县保密局	局长	唐抗强
县直属机关党委	书记	罗　刚
县委政法委	书记	周新华

防范和处理邪教问题领导小组办公室	主任	刘汉兴
县综治办	主任	胡凤开
县史志办	主任	邹成春
县档案局	局长	周元凤
县接待科	科长	蒋艺
县信访局	局长	盘爱军
县老干局	局长	胡尚恒
县总工会	党组书记副主席	蒋建华
团县委	书记	杨军艳
县妇联	主席	黄涵
县工商联	主席	陶思荣
县侨联	主席	高才生
县残联	理事长	李剑
县科协	主席	李忠
县文联	主席	唐顺尧
县人大常委会办公室	主任	邓绍斌
县人大常委会内务司法工作委员会	主任	唐瑞才
县人大常委会财政经济工作委员会	主任	李志军
县人大常委会联工委	主任	唐云庚
县人大常委会科教文卫委	主任	蒋绣程
县政协	秘书长	许明
县政协提案委员会	主任	邓忠德
县政协文史委	主任	唐明珍
县政协经科委	主任	蒋满仙
县法制办	主任	刘江华
县人防办	主任	蒋建华
县政务中心	主任	王绍德
县发改委	主任	唐潇
县科商粮经信委	主任	李胜华
县教育局	局长	胡佐军
县公安局	局长	罗轩
县交警大队	大队长	刘志强
县监察局	局长	乐永生
县民政局	局长	蒋瑜
县司法局	局长	吴永友
县财政局	局长	龚文
县人社局	局长	刘世春
县国土资源局	局长	黄毅
县住建局	局长	唐学选
县自来水总公司	总经理	罗卫平
县交通局	局长	秦功军
县水利局	局长	胡志波
县农业委	主任	盘承辉
县林业局	局长	蒋启国
县文广新局	局长	桑显瑛
县文化执法大队	大队长	蒋卫文
县卫计委	党组书记	崔善军
	主任	尹邦忠
县审计局	局长	杨华
县环保局	局长	袁道科
县安监局	局长	李健
县食药工商局	党组书记	何晓燕
	局长	盘瑶丽
县统计局	局长	邓红艳
县农机局	局长	文治广
县经管局	局长	陶甄
县广播电视台	台长	王红梅
县农业开发办	主任	秦初开
县供销社	主任	蒋顺良
县畜牧水产局	局长	龙兴旺
县城管执法局	局长	蒋崇新
县房产局	局长	于牧青
县移民局	局长	邓石华
县城建投	主任	何晓军
县公路局	局长	陈靖文
双牌一中	校长	赵斌
双牌二中	校长	赵斌
县职业中专	校长	盘先瑞
县人民医院	院长	谭四军
县中医院	院长	张丽华
县疾控中心	主任	盘道科
县妇幼保健院	院长	龚兴美

中央、省、市驻双牌单位主要负责人

县国税局	局长	骆雄
县地税局	局长	罗卫民
县烟草局	局长	丁建冰
县气象局	局长	刘军
县邮政局	局长	于振森
电信双牌分公司	经理	林新军
县移动通信公司	经理	邹昌文
县联通公司	经理	赵海波
县电力局	局长	吴海波
县石油公司	经理	胡冰飞
县人民银行	行长	欧家宝

县工商银行	行长	成敏慎
县建设银行	行长	谢小伟
县农业银行	行长	唐晓春
县农商行	董事长	谢辉
	行长	罗朝国
县邮政银行	行长	邓建民
县新华书店	经理	唐尚元
县人寿保险公司	经理	陈小琴
县财产保险公司	经理	唐海恒
县住房公积金管理部	主任	涂志茳
县消防大队	大队长	刘胜强
县武警中队	中队长	伍军
南岭化工厂	董事长	唐志
南岭民爆	总经理	陈光正
双牌水电站	站长	杨勇

表 3　　2016 年双牌县乡镇场机构负责人一览表

单位	书记	乡镇（局、场）长	单位	书记	乡镇（局、场）长
阳明山国家森林公园管理局（副处级）	廖杰	唐顺球	塘底乡	徐铁桥	盘先明
泷泊镇	杨迪文	刘飞轮	上梧江乡	周宏春	黄拥军
五里牌镇	廖卫平	谭小峰	打鼓坪乡	周丽	潘艳超
江村镇	杨丽军	蒋文博	五星岭乡	邓国勇	蒋小玲
茶林镇	龚建华	胡孝戌	打鼓坪林场	韩永华	
何家洞镇	陈熙友	何文	五星岭林场	何娜	
麻江镇	陈爱民	魏昌龙	泷泊林场	唐振	
理家坪乡	贺勇华	蒋波			

中共双牌县委员会

【概况】 2016年，中共双牌县委辖基层党组织536个，其中党工委3个、党委20个、党总支66个、党支部450个，共有党员11193人，其中农村党员5940人、机关企事业单位党员3060人、两新组织党员170人、其他党员2023人。全年完成地区生产总值53.3亿元，同比增长7.2%；财政总收入4.74亿元，同比增长15.3%；固定资产投资72.86亿元，同比增长16.2%；城镇居民人均可支配收入21465元，同比增长9.7%；农村居民人均可支配收入7324元，同比增长8.9%；外贸进出口总额1328万美元，同比增长68.1%；社会消费品零售总额115268万元，同比增长11.8%。全年到位内资（含续建）11.9亿元、外资3000万美元，分别同比增长3.9%、13.6%。荣获湖南省全面建成小康社会推进工作先进县、全省旅游产业发展十佳县、全省“六五”普法先进县、全省电子商务精准扶贫先进县、全省平安县、全省全域旅游先锋县、全省“一县一品”特色体育项目县、全省出口食品农产品质量安全示范县等称号。

【精准扶贫加力加速】 突出精准识别，对全县27566名贫困人口按照“五个一批”进行了精确分类，建档立卡。突出产业扶贫，谋划并推进了光伏发电、种草养牛、土鸡养殖、茶叶种植、药材种植、反季马铃薯种植等六大特色产业，其中光伏发电项目实现67个贫困重点村全覆盖，将帮助每个贫困村集体经济增收4万元以上。突出金融扶贫，全年累计发放小额信贷资金1.59亿元，为省下达任务的553%，增长幅度居全省前列。突出易地扶贫搬迁，6个安置点建设完成市里下达任务。全年共有17个行政村退出贫困村行列，1391户5288人退出贫困户行列，完成省下达任务的115%。2016年，双牌县被市委、市政府授予“扶贫小额信贷先进县”，年终扶贫工作考核排全市第四位，江村镇金滩村荣获“湖南省脱贫攻坚示范村”称号。

【城乡面貌深刻改观】 城乡路网加快构筑，207国道双牌至零陵段一级公路改造工程路基全线拉通，大路口段、梅石氹段、永水路段等困扰多年的征地拆迁“肠梗阻”得以打通并加快推进，打理公路正式开工建设，S350双牌礤屋至何家洞公路项目得到省发改委立项批复，农村公路改造完成市下达任务的110%，获评全市三年交通大建设先进县区。城市提质持续发力，县城总规修改初步完成，兴隆街、紫金南路等县城主街道和黑石巷、福寿街等背街小巷改造有力推进，阳明夜市搬迁顺利完成，永山公园建设加紧推进。特色村镇建设卓有成效，江村镇、茶林镇、麻江镇跻身全市品质活力乡镇，茶林镇桐子坳村成功申报省级宜居村庄，江村镇访尧村被列入中国传统村落名录。

【新型工业有力推进】 县内两大省属国有企业保持快速发展，南岭集团和双牌水电站年产值分别同比增长18%和15.3%，均实现较高增幅。工业园区基础设施进一步完善，

"135"工程顺利完成市里下达目标任务，入驻小微企业14家。重点工业项目进展顺利，乐福地包材科技有限公司八角袋新产品生产线启动设备调试，仕诚科技有限公司进行厂房内部装修，华长源波形护栏项目二期厂房加快完工，凯丰活性炭公司"高效颗粒活性炭研发基地"建设项目进入试生产阶段。深入开展"工业企业服务年"活动，县中小企业服务平台运营绩效考核位列全省第三。全年新增入统规模企业7家，工业实缴税金同比增长13%。

【加速现代农业亮点纷呈】 全年完成各类造林4.96万亩，为市下达任务的177%，高标准完成永州植物园双牌园建设，集体林权确权发证到户率98.8%，位列全市第三，林下经济走势向上，中药材种植、花卉苗木等林下经济产值突破4亿元大关。建设恒康医药药材、绿润有机蔬菜等各类特色基地3.52万亩，完成红茶、绿茶等5个国家无公害农产品认证，上梧江云台山生态茶园获批全省现代农业特色产业园省级示范园，丰禾水稻种植专业合作社成功创建省级示范社，茶林镇桐子坳村被评为全省美丽乡村示范村，麻江镇白水岭村被评为全市美丽乡村示范村，成功创建全省出口食品农产品质量安全示范县。

【旅游开发再上台阶】 全年整合各项资金3.2亿元，强力推进第三批特色县域经济文化旅游产业重点县建设项目。成功举办第十届阳明山"和"文化旅游节，阳明山景区品质全面升级，荣获"全省文明风景旅游区"和"湖南最佳避暑胜地"。国际慢城项目正式启动，得到市委主要领导的高度重视和市委、市政府的大力支持，加紧推进规划设计等前期工作。乡村旅游风生水起，茶林镇桐子坳景区持续火爆，麻江镇白水岭"汉文化"风情小镇崭露头角。茶林镇高峰村成功引进国际性养生度假乐园项目——云竹天堂村。源味双牌"十大名特"和"十大名菜"评选活动成功举办。全县全年接待游客人数和旅游综合收入分别同比增长21.2%、25.7%。

【全面小康普惠大众】 社会保障持续增强，"大众创业万众创新"扎实推进，完成城乡医保制度合并工作，城乡低保、"五保"供养全面提标。人居条件持续改善，农村危房改造、保障性安居工程、城市棚改圆满完成市下达任务，农村自来水普及率全市第一，紫金供水公司产权和经营权回收工作取得实质性进展。教育优先得到落实，县二中挂牌成为湖南师大附中对口帮扶学校，双牌湘一·阳明学校建成并招生开学，跻身全省规范化民办学校行列，成功申报湖南省"国培计划"项目县。医疗卫生事业稳步推进，县突发公共卫生事件应急处置中心大楼和中医院整体搬迁项目主体工程基本完成，基本公共卫生服务体系逐步建立。文体事业得到加强，科普建设稳步推进，阳明社区获全国科普示范社区，县文化馆被评为国家一级文化馆，重点民生实事完成，群众获得感明显增强。巡视整改工作得到省委巡视办充分肯定，县公安局获"全国法治宣传教育先进单位"，全县综治民调排全省第十五名，位居全市第二位，社会大局更加和谐稳定。

县委常委会议

【第一次会议】 2016年1月20日，县委书记苏小康在县委常委会议室主持召开县委常委会议。会议传达学习省委书记徐守盛、省长杜家毫在省委经济工作会议和市委书记陈文浩在市委经济工作会议上的讲话精神，传达贯彻全市县区党委书记履行基层党建工作责任述职评议会、市"两会"和市创建"百岁健康市"工作现场会议精神，研究县"两会"召开有关事项等工作。县委副书记、县长魏和胜，县委副书记李瑛，县委常委李群辉、秦小国、刘洁、张少宣、周华参加会议，县人大常委会主任唐冬华，县政协主席唐彦，县人大常委会原主任唐清才，县委副调研员周安力，县委副处级干部唐俊、何彩玲，以及与议题相关的县级领导和县直部门主要负责人列席会议。会议听取有关部门的情况汇报并进行认真讨论。会议指出，省委、市委经济工作会议对 2015 年工作进行总结回顾，对 2016 年工作进行安排部署，省市两级主要领导同志的讲话精神内涵丰富、观点新颖、立意高远，对县里工作具有很强的指导性和可操作性。全县各级各部门要迅速传达学习省委、市委经济工作会议精神和主要领导讲话精神，并结合实际全力抓好贯彻落实。同意于 1 月 29 日召开全县乡镇、管理局党委书记履行基层党建工作责任述职评议考核会议，评议考核对象为乡镇区划改革调整前的 14 个乡镇和阳明山管理局党委书记。同意解决省、市调查核实和县、乡党委书记述职评议考核工作经费 8.612 万元。同意对在履行基层党建工作责任述职评议考核排前 6 名的乡镇、管理局党委书记进行奖励，奖励标准及资金来源按照 2015 年 5 月 4 日县委常委会研究的意见办理；同意表彰 16 名优秀村（社区）党支部书记，其中泷泊镇优秀村党支部书记、社区党支部书记各 1 名，其他 13 个乡镇和阳明山管理局优秀村党支部书记各 1 名。同意按省市要求在 2016 年县委常委分工中调整县委组织部部长分管工作。会议强调，全县各级各部门要迅速传达学习市“两会”精神，并结合双牌实际抓好贯彻落实；要进一步推进县人大、县政协工作创新发展，切实加强县人大、县政协队伍建设。会议同意于 2 月下旬召开全县“两会”，县人大、县政协要做好会议准备工作。同意按照县级领导联系“百岁健康村”示范村的要求抓好落实。创建“百岁健康村”工作经费由县财政按照实际需要予以保障。

【第二次会议】 2016 年 2 月 1 日，县委书记苏小康在县委常委会议室主持召开县委常委会议。会议听取 2015 年度综合目标管理考核及各单项考核工作、春节期间安全生产工作及春运工作、县污水处理厂社会化运营、网格化信息平台建设工作情况汇报，研究县委九届六次全会和县委经济工作会议方案及报告、双牌县国民经济和社会发展第十三个五年规划的建议及 2016 年经济社会发展各项指标、春节期间县级领导走访慰问等工作，通报县级领导年度考评测评情况。县委副书记、县长魏和胜，县委副书记李瑛，县委常委刘红安、李长于、李群辉、秦小国、刘洁、张少宣、周华参加会议，县人大常委会主任唐冬华，县政协主席唐彦，县人大常委会原主任唐清才，县委副调研员周安力，县委副处级干部唐俊、何彩玲，以及与议题相关的县级领导和县直部门主要负责人列席会议。会议听取有关部门的情况汇报并进行认真讨论。

会议研究并通过县委九届六次全会和县委经济工作会议方案及报告、双牌县国民经济社会发展第十三个五年规划的建议以及 2016 年经济社会发展各项指标。由县委办、县发改委牵头商有关部门根据县委常委会研究的意见修改完善。会议研究并通过《2016 年春节期间县级领导走访慰问方案》，同意县人武部走访慰问资金增加至 1 万元。会议研究并通过 2015 年度综合目标管理考核工作和社会管理综合治理、人口和计生、基层党建、党风廉政建设、招商引资、跑项争资、重点项目建设、安全生产、农业农村、信访维稳、工业企业服务年活动、省级文明县城创建，以及县级文明单位、文明村镇和双牌县第三届道德模范评选等单项工作考核评估结果。会议指出，春运和安全生产工作非常重要，事关人民群众的生命财产安全，事关全县社会大局稳定，全县上下要切实提高思想认识，全力以赴保障安全生产及春运工作。会议强调，相关责任领导和责任单位、责任人要迅速到岗到位，按照春运和安全生产工作有关要求抓好落实，特别是对超限超载、非法营运、“摇摇车”整治等重点，要全面加强隐患排查，及时进行处置；对突发事件要有预案和具体针对措施，信息要保持畅通，全力确保社会大局稳定。会议原则同意县政府常务会议研究确定的意见，请相关领导和部门按会议研究的意见迅速抓好落实。会议指出，网格化建设工作是市委、市政府安排部署的一项重要工作，必须加快推进。网格化信息平台建设要充分运用市场化手段来降低风险。会议原则通过县网格化信息平台（含智慧教育）建设方案，明确由县网格办牵头商有关部门，根据县委常委会研究意见对招标要求作进一步修改完善后，尽快抓紧抓好落实。

【第三次会议】 2016年2月14日，县委书记苏小康在县委常委会议室主持召开县委常委会议。会议研究县十一届人大五次会议、县政协八届五次会议和县纪委九届六次全会方案，安排部署2月份工作。县委副书记、县长魏和胜，县委副书记李瑛，县委常委刘红安、李长于、李群辉、秦小国、刘洁、张少宣、周华参加会议，县人大常委会主任唐冬华，县政协主席唐彦，县人大常委会原主任唐清才，县委副调研员周安力，县委副处级干部唐俊、何彩玲，以及与议题相关的县级领导和县直部门主要负责人列席会议。会议听取有关部门的情况汇报并进行了认真讨论。会议审议并通过县十一届人大五次会议、县政协八届五次会议和县纪委九届六次全会方案。会议同意解决县十一届人大五次会议经费50万元，县政协八届五次会议经费40万元，县纪委九届六次全会经费10万元；同意于3月初召开“两会”，时间与全国“两会”保持一致；同意于2月底召开县纪委九届六次全会。会议审议并通过《2016年2月份全县主要工作重要活动预安排》。

【第四次会议】 2016年2月25日，县委书记苏小康在县委常委会议室主持召开县委常委会议。会议传达《中共中央、国务院关于给予天津市委、天津市人民政府通报批评的通知》和全市乡镇领导班子换届工作会议精神，研究全县乡镇领导班子换届、建制村合并、县“两会”有关工作。县委副书记、县长魏和胜，县委副书记李瑛，县委常委刘红安、李长于、李群辉、秦小国、刘洁、张少宣、周华参加会议，县人大常委会主任唐冬华，县政协主席唐彦，县人民政府副县长，县人大常委会原主任唐清才，县委副处级干部唐俊，以及与议题相关的县级领导和县直部门主要负责人列席会议。会议强调，安全生产工作事关人民群众生命财产安全，事关经济社会发展大局，全县各级各部门务必要引起高度重视，时刻绷紧安全生产这根弦，切实把安全生产工作抓紧抓实抓细，确保全县社会大局稳定。原则同意县政府常务会议研究确定的意见。同意由各乡镇报名单、县委组织部负责组建并村工作指导组。同意2月底召开并村工作动员会，与乡镇领导班子换届工作动员会和县纪委九届六次全会一并召开。同意2月底召开全县乡镇领导班子换届工作会议；审议并通过《中共双牌县委关于印发双牌县乡镇领导班子换届工作实施方案的通知》《中共双牌县委办公室关于成立双牌县县乡领导班子换届工作领导小组的通知》《关于向乡镇派出换届工作督导组人员名单与职责》《关于向乡镇派出换届巡回督查组人员名单与职责》《中共双牌县委组织部印发关于认真做好从乡镇事业编制人员、优秀村干部、大学生村干部中择优选配乡镇领导班子成员工作方案的通知》和《中共双牌委办公室关于成立双牌县县乡领导班子换届网络舆情监控工作领导小组的通知》等文件；同意先由县财政预拨乡镇领导班子换届工作经费20万元，最后按实结算。审议并通过《政府工作报告》《人大常委会工作报告》《县政协常委会工作报告》《县人民法院工作报告》《县人民检察院工作报告》《关于双牌县2015年国民经济和社会发展计划执行情况及2016年计划草案的报告》和《关于2016年政府全口径预算（草案）》。

【第五次会议】 2016年3月8日，县委书记苏小康在县委常委会议室主持召开县委常委会议。会议传达贯彻中央、省、市精准扶贫工作会议精神，研究严肃县乡换届选举纪律暂行规定、省委巡视第七组对我县巡视反馈意见的整改方案、2015年度全面建成小康社会考评结果和小康示范村评审结果、全县重点项目考核办法、乡镇及县直单位正职执行力+培训班工作方案、中国共产党双牌县第十次党代表大会代表选举等工作，安排部署3月份工作。县委副书记、县长魏和胜，县委副书记李瑛，县委常委刘红安、李长于、李群辉、秦小国、刘洁、张少宣、周华参加会议，县人大常委会主任唐冬华，县政协主席唐彦，县副处级干部唐俊、何彩玲，以及与议题相关的县级领导和县直部门主要负责人列席会议。同意将各乡镇、县直各单位综合绩效考核分值暂时由900分增加至1200分，增加的300分全部用于精准扶贫工作考核，具体待市里考核分值出来再确定，原则上县里比重要高于市里。原则同意按上级要求将县里配套的精准扶贫资金列入县财政预算。同意由刘昌义负责专抓精准扶贫工作。同意组建小额信贷工作专门班子，由刘红安牵头。原则同意调整驻村帮扶工作方案，由县扶贫办根据县委常委会研究的意见修改完善后，按程序行文下发。原则同意《双牌县关于对违反县乡换届纪律行为问责的暂行规定（送审稿）》，由县纪委、县委组织部负责根据县委常委会意见修改完善后，以县纪委、县委组织部联合行文下发。原则同意《关于落实省委巡视第七组对双牌县巡视反馈意见的整改方案（送审稿）》。各项整改问题，明确县委分管领导为牵头领导，县政府分管领导为责任领导。由县纪委负责根据县委常委会研究的意见修改完善后，以“两办”名义发文。同意继续保留县巡视工作联络办公室，并给予经费保障。同意2015年度全面小康社会建设考评结果，对先进单位参照2014年奖励标准进行奖励；对财税三局的追责结果再进行核实，分清责任后再追责；同意2015年度全县小康示范村评审结果，每个村以奖代补1万元。原则通过《双牌县2016年度重点建设项目目标管理考核办法（送审稿）》。原则同意参照零陵区制订奖励标准，其中税收贡献奖最高不超过6万元。同意在4月份和7月份在浙江大学举行两期培训班，由县委组织部负责根据县委常委会意见修改完善方案，并做好前期联络准备工作。原则同意《关于中国共产党双牌县第十次代表大会代表选举工作的通知（送审稿）》。原则同意《2016年3月份全县主要工作重要活动预安排》。

【第六次会议】 2016年3月15日，县委书记苏小康在县委常委会议室主持召开县委常委会议。会议传达中央、省、市精准扶贫会议精神并研究我县贯彻落实意见，研究《2016年度县委经济工作会议报告和政府工作报告确定的任务分解方案》和2016年全县重点建设项目分工等工作。县委副书记、县长魏和胜，县委副书记李瑛，县委常委刘红安、李长于、刘洁、周华参加会议，县人大常委会主任唐冬华，县政协主席唐彦，县政府副县长，县人大常委会原主任唐清才，县委副处级干部唐俊、何彩玲，以及与议题相关的县级领导和县直部门主要负责人列席会议。会议审议并原则通过《2016年度县委经济工作会议报告和政府工作报告确定的任务分解方案（送审稿）》，由县委、县政府督查室负责根据常委会研究的意见修改后再按程序发文。会议审议并原则通过《2016年全县重点项目建设分工（送审稿）》，由县重点办负责根据常委会研究确定的意见修改后再按程序发文。对双牌工业集中区和阳明山管理局两个副处级单位进行专门考核，由县绩效办负责落实。

【第七次会议】 2016年4月5日，县委书记苏小康在县委常委会议室主持召开县委常委会议。会议研究《关于印发双牌县巡视整改工作责任追究办法的通知》，听取各常委3月份工作总结和4月份工作预安排。县委副书记、县长魏和胜，县委副书记李瑛，县委常委刘红安、李长于、李群辉、秦小国、刘洁、张少宣、周华参加会议，县人大常委会主任唐冬华，县副处级干部唐俊以及县直部门主要负责人列席会议。会议审议并原则通过《关于印发双牌县巡视整改工作责任追究办法的通知（送审稿）》，由县纪委、县委组织部、县监察局根据常委会研究的意见修改后再按程序发文。会议审议并通过《2016年4月份全县主要工作重要活动预安排》，由县委办负责按照会议讨论提出的意见修改完善后下发。4月份，着重抓好以下几项工作。一是抓好乡镇换届工作。这是4月份全县工作的重中之重，由县委组织部牵头，所有县委常委、联乡的县级领导要高度重视，配合把工作做好。对乡镇换届风气的整治由李群辉牵头，对出现的苗头性问题在快查快办上拿出一些举措来，促进换届风气的好转。二是抓好巡视组交办问题的整改工作。此项工作要求高，时间紧，绝大部分问题要在4月20日之前整改到位。请责任领导和责任单位务必高度重视，按要求整改到位。三是抓好民调和信访维稳工作。民调工作请李瑛加强领导，按2015年的标准和要求继续抓好落实，力争保二进一。信访维稳工作3月份做的很好，4月份有所反弹，要引起高度重视。四是做好第十届阳明山“和”文化节。按照市委和县委的统一意见，2016年的“和”文化节由县委、县政府主办，阳明山管理局承办，张少宣牵头做好前期各项准备工作，开调度会后，安排给各位领导、各责任部门的工作要全力以赴配合做好。五是抓好精准扶贫和全面小康工作。六是抓好重点项目工作。要大力推进，加强调度。207国道双牌至零陵段一级公路、梅石氹段建设由李长于同志作为工作重中之重往前推进。倪家洞风电场项目，按市里的要求做好开工典礼的各项工作，尽快推进。光伏发电项目要靠前安排进行洽谈，力争早日签约，具体工作请魏县长把关。七是抓好财税金融工作。针对国税、地税的情况，县政府要认真研究，拿出应对办法。工业园封闭运行和单独考核要认真研究，拿出具体办法。经融扶贫，每月每季度要单独考核，由刘红安牵头，加强领导。八是抓好跑项争资和招商引资工作。招商引资这块，由商务部门与市里对接，从体制机制方面拿出具体考核办法。九是抓好防汛抗旱工作。其他工作。安全生产工作一刻也不能放松，请李瑛、刘红安高度重视，专门研究、专门部署。网格化建设工作，请刘洁同志高度重视，亲自督办，严格按市里的时间节点，早安排、早部署、早落实。旅游产业的推进，由张少宣加强调度，智慧旅游平台打造要率先建立。3月份省市相继召开会议，针对省市会议安排部署的任务，4月请分管领导对会议需要落实的工作进行研究，拿出意见上报县政府常务会议和县委常委会议研究。需要召开的会议上报县委办、县政府办，由县委办、县政府办统筹，能整合的尽量整合召开。

【第八次会议】 2016年4月19日，县委书记苏小康在县委常委会议室主持召开县委常委会议。会议传达学习习近平总书记在民建工商联界委员联组会议上的重要讲话精神和在湖南代表团审议时的重要讲话精神以及全市组织部部长、统战部部长、宣传部部长会议精神并研究贯彻落实意见，听取第十届阳明山“和”文化节暨海峡两岸交流基地发展论坛活动情况汇报，研究《双牌县较大环境问题（事件）责任追究办法（试行）》《政协双牌县委员会2016年工作要点》《关于跑项争资绩效评估考核及奖励工作的若干规定》。会议还传达学习《中共中央关于郭伯雄严重违纪违法案及其教训的通报》《关于汤海涛严重违反政治纪律案件的通报》精神。县委副书记、县长魏和胜，县委常委刘红安、李长于、李群辉、秦小国、刘洁、张少宣、周华参加会议，县人大常委会主任唐冬华，县政协主席唐彦，县人大常委会原主任唐清才、县副处级干部何彩玲以及县直部门主要负责人列席会议。会议指出，习近平总书记在民建工商联界委员联组会议上的重要讲话精神和在湖南代表团审议时的重要讲话精神饱含深意，内容丰富，为今后的工作指明方向，意义重大、影响深远。会议强调，全县各级各部门要把习近平总书记对湖南提出的新要求新任务落实到具体工作中，认真领会，抓好贯彻落实。会议听取第十届阳明山“和”文化节暨海峡两岸交流基地发展论坛活动情况汇报，研究《第十届阳明山“和”文化节暨海峡两岸交流基地发展论坛活动方案（送审稿）》《第十届阳明山“和”文化节暨海峡两岸交流基地发展论坛活动组委会工作方案（送审稿）》和经费预算问题。会议强调，全县组织部门深入学习贯彻党的十八大、十八届三中、四中、五中全会和习近平总书记系列重要讲话精神，按照省、市组织部部长工作会议要求，紧紧围绕“四个全面”战略布局，牢固树立和贯彻落实创新、协调、绿色、开放、共享的发展理念，以落实全面从严治党要求为主线，坚持把握大局、突出重点，坚持聚焦主业、精准施策，坚持改革创新、狠抓落实，统筹推进领导班子、干部队伍、人才队伍、基层党组织和党员队伍建设，为建设活力迸发自信双牌提供坚强组织保障。会议原则同意《中共双牌县委组织部2016年工作要点》，由组织部门抓好落实。会议强调，全县统战部门深入学习贯彻中央、省市委决策部署、习近平总书记系列重要讲话精神和省市统战部部长会议精神，精心组织实施统一战线“凝心聚力‘十三五’行动”，切实推动多党合作事业持续发展，不断促进非公有制经济领域的“两个健康”发展。为开创全县统战工作发展新局面做出新的更大的贡献。原则同意《中共双牌县委统战部2016年工作要点》，请县委统战部抓好落实。同意5月份召开县委统战工作会议，会议所需经费由县财政按照实际需要予以保障。会议指出，2015年，全县宣传思想文化工作始终围绕全县工作大局，坚持抓阵地把导向、抓改革促发展、抓重点创亮点、抓队伍强基础，各项工作呈现出持续加强改进、不断向好向上的发展态势，为打造活力迸发自信双牌营造了良好的舆论氛围，提供坚强的思想保证。同意表彰全县宣传思想工作先进集体和先进个人，奖励标准参照以往的标准，所需经费由县财政解决。原则同意《中共双牌县委宣传部2016年宣传思想工作要点》，请县委宣传部抓好落实。原则同意《2016年双牌县委中心组理论学习安排意见》（送审稿）。会议审议《双牌县较大环境问题（事件）责任追究办法（试行）》，原则同意县政府常务会议研究的意见，以“两办”名义行文下发。会议审议并原则通过《政协双牌县委员会2016年工作要点》，以县委名义转发。会议审议《关于跑项争资绩效评估考核及奖励工作的若干规定》，原则同意县政府常务会议研究的意见。

【第九次会议】 2016年5月4日和6日，县委书记苏小康在县委常委会议室主持召开县委常委会议。会议传达学习省扶贫办领导到双牌调研和全市精准扶贫工作会议、省市旅游发展大会、全市“两学一做”学习教育工作会议、全市县区领导班子换届工作会议、全市政法工作会议、全市网格化建设工作精神并研究贯彻落实意见，听取全县美丽乡村建设工作、全县推进新型工业化工作和党风廉政建设和反腐败工作有关事项的情况汇报，审议《双牌县招商引资考核办法》《2016年5月份全县主要工作重要活动预安排》。县委副书记、县长魏和胜，县委副书记李瑛，县委常委刘红安、李长于、李群辉、秦小国、张少宣、周华参加会议，县人大常委会主任唐冬华，县政协主席唐彦，县人大常委会原主任唐清才、县政府副县长蒋爱先、县副处级干部唐俊、何彩玲以及县直部门主要负责人列席会议。原则同意2016年驻村帮扶联村领导、驻村单位调整方案。同意出台《双牌县扶贫小额信贷实施方案》，增加小额信贷风险补偿金100万元。同意县精准扶贫办公室从县直单位抽调工作人员3名。会议听取县农业委关于全县美丽乡村建设工作情况汇报，审议《双牌县美丽乡村建设考核办法（送审稿）》《关于加快推进美丽乡村建设的实施方案（送审稿）》。同意成立县美丽乡村建设领导小组，县委书记任组长、县长任第一副组长、县委副书记任常务副组长，县委常委、常务副县长，分管农业农村的副县长任副组长，县直相关单位主要负责人任成员，领导小组办公室设县农业委，盘承辉同志兼任办公室主任；原则同意《双牌县美丽乡村建设考核办法（送审稿）》《关于加快推进美丽乡村建设的实施意见（送审稿）》，由县农业委按常委会研究的意见修改完善按程序行文下发。同意解决县美丽乡村建设办公室工作经费15万元。同意解决宣传造势经费，所需经费由县财政核实后统筹安排。原则同意2016年旅游工作设想，由县旅游局按常委会研究的意见修改完善，抓好落实。同意组建旅游发展委员会，由县编办与市里衔接报批。在市里批复前，县旅游局维持现状，独立运行。同意成立县旅游工作领导小组，县委书记任组长，县长任常务副组长，县委、县人大、县政府、县政协分管领导任副组长，相关部门负责人任成员，领导小组下设办公室，县政府分管副县长兼任办公室主任，旅游部门负责人兼任办公室副主任，全面负责全县旅游发展工作。同意组建县旅游建设投资公司，负责全县景区投资开发建设和经营管理，实现景区行政管理与开发、经营权分离。可以考虑与县城市建设投资公司实行两块牌子，一套人马。同意将旅游工作纳入绩效考核范围。各部门要根据旅游规划，结合工作实际，抓好落实。原则同意将旅游发展专项基金1000万元列入财政预算，县财政每年整合专项资金3000万元以上，用于全县旅游开发建设。原则通过《关于在全县党员中开展“两学一做”学习教育实施方案》《关于成立全县“两学一做”学习教育协调小组的通知》《关于中共双牌县委常委会深入开展“两学一做”学习教育安排建议》，由县委组织部按照常委会研究的意见修改完善按程序行文下发。同意5月10日前召开全县“两学一做”学习教育工作会议，由县委组织部做好会议筹备工作。同意在2016年建党95周年大会上表彰60名优秀共产党员、60名优秀党务工作者和60个先进基层党组织。同意预拨“两学一做”学习教育工作经费25万元，学习教育结束时县财政按实结算。解决县综治办人员不足问题。请县委政法委先自我调整，其他问题再另行研究。同意按照上级要求，将维稳专项经费20万元纳入财政预算，以后不再现批工作经费。同意在全县开展“平安企业、平安学校、平安村（社区）、平安家庭”评选活动，由县委政法委拿出方案，按程序以“两办”文件下发。同意在全县11个乡镇114个行政村中确定2个示范乡镇、17个示范村和67个精准扶贫村在7月底前完成农村网格化建设任务，其他乡镇在12月底前完成建设任务。同意将农村网格化建设纳入政府绩效考评、党政“一把手”实绩工作考核、党委书记基层党建述职、执行力、“三项改革”和精准扶贫考核内容。同意县委政法委（县网格办）为农村网格化建设牵头单位，各乡镇、县扶贫办、县民政局、县委组织部以及各扶贫村后盾单位为农村网格化建设主体单位，县网格管理中心为业务指导单位。同意县网格办提出的意见。同意乡镇党委书记兼任乡镇网格管理中心主任，乡镇长兼任乡镇便民服务中心主任，乡镇分管领导兼任乡镇综治信访维稳中心主任。各村支书兼任村网格管理便民服务站主任，各村主任兼任综治信访维稳站主任。原则同意网格管理员、网格内信息员、网格信息管理员由一人兼任，工资按600元/月发放，由财政统筹解决。乡镇“三个中心”和村为民服务场所改造、装修资金由乡镇解决。“四个配备”要保证，由县网格办拿出方案，按程序报县政府采购。信息系统建设由县电子政务办牵头，各乡镇配合。完善村（社区）地名牌、房屋门牌等设施由县民政局和各乡镇负责，经费由乡镇负责解决。同意5月中旬召开全县农村网格化建设工作部署会议，与县纪委“雁过拔毛”式腐败问题和“纠‘四风’、治陋习”专项整治工作会合并召开，由县网格办做好会议筹备工作。“智慧双牌”建设项目和阳明社区服务用房二期装修工程资金按程序报批。原则通过《双牌县2016年落实党风廉政建设和反腐败工作分工意见》《双牌县“雁过拔毛”式腐败问题专项整治工作方案》《乡镇纪委书记、副书记提名考察办法（试行）》《县纪委派驻（出）纪检组组长提名考察办法（试行）》《关于对违反作风建设要求影响工作执行力行为问责的暂行规定（修改稿）》《2016年双牌县干部作风建设工作要点》，由县纪委、县作风办按常委会研究的意见修改完善以“两办”名义行文下发。原则通过《关于加强换届风气监督的实施方案》，以县纪委、县委组织部名义行文下发。同意解决“雁过拔毛”式腐败问题和“纠‘四风’、治陋习”专项整治工作经费6万元，同意县纪委监察局从相关单位抽调4人开展专项整治工作。同意5月中旬召开“雁过拔毛”式腐败问题和“纠‘四风’、治陋习”专项整治工作会议，与全县农村网格化建设工作部署会议合并召开，由县纪委做好会议筹备工作。原则通过《双牌县2016年“工业企业服务年”活动实施方案》，对得分排名前6位的工作组给予奖励，其中一等奖1个，二等奖2个，三等奖3个，奖励标准与其他单项工作持平，由刘红安把好关。原则通过《双牌县2016年乡镇场推进新型工业化目标管理考核办法》。原则同意《双牌县2015年“工业企业服务年”活动特派员管理制度》继续实施，只在特派员名单和数量上进行修改，不再行文。原则通过《双牌工业集中区2016年度绩效考核实施方案（讨论稿）》。由工业园和县绩效办按常委会研究的意见修改完善后按程序行文下发。同意对推新领导小组优秀成员单位给予表彰。同意召开全县推进新型工业化会议，由县科技商务粮食和经济信息化委员会做好会议筹备工作。

【第十次会议】 2016年6月1日，县委书记苏小康在县委常委会议室主持召开县委常委会议。会议听取县法院和县检察院工作、督查反馈机制工作、国有林场改革工作和2016年全县小康工作情况汇报，研究《关于在全县党员中加强执行力的指导意见》《“欢乐潇湘、和美双牌”群众文艺汇演方案》《“红旗颂”大型群众合唱比赛方案》《双牌县落实党风廉政建设责任制检查考核实施方案》，审议了《2016年6月份全县主要工作重要活动预安排》。县委副书记、县长魏和胜，县委副书记李瑛、县委常委刘红安、李长于、李群辉、秦小国、刘洁、张少宣、周华参加会议，县人大常委会主任唐冬华，县政协主席唐彦，县人大常委会原主任唐清才，县副处级干部唐俊、何彩玲以及县直部门主要负责人列席会议。会议指出，在党员中加强执行力建设是我市创新工作的又一重要举措，我们一定要严格按照市里的要求贯彻执行，在工作中不断加以完善。会议审议并原则通过《关于在全县党员中加强执行力的指导意见》，由县委组织部按照常委会研究的意见修改完善并抓好贯彻落实。会议听取县法院和县检察院工作情况汇报。会议审议并原则通过《“欢乐潇湘、和美双牌”群众文艺汇演》《“红旗颂”大型群众合唱比赛》方案，县财政安排每个活动专项经费 10 万元。原则上延用 2015 年的督查机制，由县委督查室在 2015 年大督查机制的基础上进一步完善。同意各单位明确一名分管督查工作的领导和一名兼职督查员，负责本单位督查工作和上级督查的联络工作。原则同意《2016 年 5—12 月县委督查工作计划》，由县委督查室按常委会研究的意见修改完善。各单位确需临时以县委名义开展的督查活动，按照“单位申报—分管县级领导同意—县委办主任审核—县委书记审定”的程序审批后，由县委督查室牵头组织开展。会议听取县林业局关于国有林场改革工作情况汇报，原则同意县政府常务会议研究的意见，由县法制办对相关内容进行审核把关。原则同意在未设立党组、纪检组的单位，群团组织和省市驻双单位纳入 2016 年党风廉政建设考核范围。为确保全县党风廉政建设和反腐败工作各项工作任务有效落实，同意在未设纪检组和暂未配备纪检员的党组（党支部），明确一名副职分管纪检监察业务工作。同意以“两办”名义行文下发《双牌县 2016 年落实党风廉政建设责任制检查考核实施方案》。原则同意县小康办提出的创先争优的目标和工作举措，个别指标需结合双牌的实情进行调整和完善。原则同意《双牌县 2016 年全面建成小康社会工作要点》，由县小康办按照常委会研究的意见修改完善按程序行文下发。同意对县 2015 年全面建成小康社会推进工作中荣获“全省扶贫实绩综合县区”表现突出人员进行奖励，奖励标准参照荣获全市全面推进小康社会先进县区的奖励标准，奖励方案由县小康办制订报县全面建成小康社会推进工作领导小组审批后实施。

【第十一次会议】 2016 年 6 月 21 日，县委书记苏小康在县委常委会议室主持召开县委常委会议。会议传达学习全市“雁过拔毛”式腐败问题和“纠‘四风’、治陋习”专项整治工作推进会精神，听取党建工作和县以下机关建立公务员职务与职级并行制度实施情况汇报，研究《中国共产党双牌县第九届委员会第七次全体会议筹备方案》《双牌县农业农村建设投资开发有限公司筹建方案》《双牌县城市建设投资有限公司转型方案》。县委副书记、县长魏和胜，县委副书记李瑛、县委常委刘红安、李长于、李群辉、秦小国、刘洁、张少宣、周华参加会议，县人大常委会主任唐冬华，县人大常委会原主任唐清才，县副处级干部唐俊、何彩玲以及县直部门主要负责人列席会议。会议传达全市“雁过拔毛”式腐败问题和“纠‘四风’、治陋习”专项整治工作推进会精神，对县开展“两项专项整治”工作存在的问题进行了分析。会议指出，全县大部分乡镇和县直单位都能按照县委县政府的安排部署和工作要求，开展“两项专项整治”动员部署和全面自查工作，但也存在少数单位思想认识不到位，宣传发动不够，责任压实不力，查找问题不力和台账资料不全等问题和不足。同意为蒋元鑫办理入编及聘用手续，安排其担任五星岭乡五星岭村专职党支部书记。同意唐林、蒋立华、何承钢分别到麻江镇廖江村、茶林镇老院子村、上梧江瑶族乡上梧江村任专职党支部书记。同意对 16 个软弱涣散村党组织和 1 个非公企业党组织实行县乡党政班子成员挂点整顿。同意成立双牌县建立县以下机关建立公务员职务与职级并行制度实施工作领导小组。县委书记苏小康，县委副书记、县长魏和胜任顾问，县委常委、县委组织部部长秦小国任组长，县委组织部、县编办、县人社局、县财政局、县监察局等部门主要负责人为成员。领导小组办公室设县人社局，张云娥任办公室主任，刘世春任办公室副主任。同意以2015年1月份的机构设置情况确定，即涉改单位人员职级晋升问题，按照"老人老办法"的原则把握，新进人员待涉改单位性质确定后，按规定进行审核。同意县财政解决5万元工作经费。会议听取县委组织部关于召开中国共产党双牌县第九届委员会第七次全体会议的情况汇报。审议并原则通过《关于召开中国共产党双牌县第十次代表大会的决议（草案）》《关于召开中国共产党双牌县第十次代表大会的决议（草案）的说明》。同意6月23日召开中国共产党双牌县第九届委员会第七次全体会议，由县委组织部做好会议各项准备工作。会议听取县城建投关于组建双牌县城市建设投资集团有限公司的情况汇报，原则同意县政府常务会议研究的意见。对资产注入、公司规范化管理以及给予优惠政策方面请政府进行研究，抓好落实。会议听取县农业委关于组建双牌县农业农村建设投资开发有限公司的情况汇报，原则同意县政府常务会议研究的意见。

【第十二次会议】 2016年7月5日，县委书记苏小康在县委常委会议室主持召开县委常委会议。会议传达学习了市委民族工作会议暨全市第六次民族团结进步表彰大会、全市党外代表人士"两学一助"学习教育会议和全市换届风气监督工作调度会暨专题培训会议精神，听取当前信访维稳工作和生态红线划定工作情况汇报，审议《2016年7月份全县主要工作重要活动预安排》。县委副书记、县长魏和胜，县委副书记李瑛，县委常委刘红安、李长于、李群辉、秦小国、刘洁、张少宣、周华参加会议，县人大常委会主任唐冬华，县政协主席唐彦，县人大常委会原主任唐清才，县副处级干部唐俊、何彩玲以及县直部门主要负责人列席会议。原则同意《全县党外代表人士开展"两学一做"学习教育工作方案》，由县委统战部抓好落实。"两学一做"所需经费县财政予以保障，今年先解决5万元工作经费。会议听取全县信访维稳工作情况汇报。同意县信访局拿出的方案，各包案领导、责任单位按照省市要求，制订化解方案，组织力量，落实责任，采取措施，确保案件得到有效化解。同意将县信访联席办全称"双牌县处理信访突出问题及群体性事件联席会议办公室"变更为"双牌县信访工作联席会议办公室"。由刘洁组织联席办对前一阶段出现的信访问题进行调查核实，对相关责任单位责任人按照相关规定严肃追责，发出通报，对恶意违规违纪违法组织串联上访的带头人予以严厉打击。会议听取生态红线划定工作情况汇报。同意成立双牌县生态保护红线划定工作领导小组，原则通过《双牌县生态保护红线划定工作意见和建议》，同意解决工作经费10万元。会议审议并通过《2016年7月份全县主要工作重要活动预安排》，由县委办负责按照会议讨论提出的意见修改完善后下发。会议传达学习全市换届风气监督工作调度会暨专题培训会议精神并研究了贯彻落实意见。

【第十三次会议】 2016年7月18日，县委书记苏小康在县委常委会议室主持召开县委常委会议。会议听取县城3号片区改造项目审计中的相关问题和全县精准扶贫工作情况汇报，研究《关于进一步加强和规范领导干部外出请示报告等10个事项的通知》。县委副书记李瑛，县委常委刘红安、李长于、李群辉、秦小国、刘洁、张少宣、周华参加会议，县人大常委会主任唐冬华，县政协主席唐彦，县副处级干部唐俊、何彩玲以及县直部门主要负责人列席会议。会议审议并原则通过《关于进一步加强和规范领导干部外出请示报告等10个事项的通知》，由县委办按常委会研究的意见修改完善以县委办名义行文下发。对第一项关于领导干部外出请示报告事项，按照《中共双牌县委办公室双牌县人民政府办公室〈关于进一步严格执行请销假制度的通知〉》（双办发〔2014〕56号）执行。原则上党政“一把手”不得同时离开本县。口头请假的经县委主要领导批准后，由所在单位办公室书面向县“两办”报备。会议听取县人社局关于县城3号片区改造项目审计中的相关情况汇报。会议认为，2014年11月11日城市重点建设项目办公会议纪要（〔2014〕第2期）关于县城3号片区城市综合体建设项目有关问题中第二条内容不符合相关规定，应进行纠正，不再执行。县城3号片区项目开发，应严格按照市场化运作。此前在项目推进过程中，县人社局代表项目指挥部与开发商签订的相关协议以及在具体落实过程中出现的问题，由项目指挥部牵头，县人社局及相关单位按照省审计组要求，认真抓好整改落实。会议听取全县精准扶贫工作情况汇报。同意增加小额信贷风险补偿金200万元。同意实施六大扶贫产业，形成产业扶贫新格局。反季马铃薯扶贫项目由李瑛牵头负责；光伏扶贫产业由唐冬华牵头负责；茶叶扶贫产业由唐彦牵头负责；芦花蛋鸡和麻鸡扶贫项目由周华牵头负责；药材扶贫产业和种草养牛扶贫项目由蒋爱先牵头负责。每个产业配备一个班子，相关部门特别是农口部门要加大力度，跟踪推进，确保完成目标任务。

【第十四次会议】 2016年8月15日，县委书记苏小康在县委常委会议室主持召开县委常委会议。会议传达全市安全生产工作集体谈话会议精神和全市基层党建工作暨“两学一做”学习教育推进会精神，听取县人大、政协换届选举相关工作、乡镇纪委上半年履职情况、卫计工作和《落实省委组织部举报反映双牌县“三类人员”选拔中有关问题的处理意见》的情况汇报。县长候选人肖质彬，县委副书记李瑛，县委常委李群辉、秦小国、刘洁、张少宣、周华参加会议，县人大常委会主任唐冬华，县政协主席唐彦，县人大常委会原主任唐清才，县政府副县长廖劲松，县副处级干部唐俊、何彩玲以及县直部门主要负责人列席会议。同意8月底召开全县安全生产工作会议，请县安监局做好会议各项准备工作。会议听取县人大、县政协党组关于县、乡两级人大换届选举工作和政协换届工作情况汇报，听取了县委统战部关于政协双牌县第九届委员会委员安排情况汇报。会议指出，县、乡人大和县政协换届选举工作，是全县政治生活中的一件大事，全县上下必须高度重视，认真负责，精心组织，依法操作，确保换届选举工作圆满完成。原则通过《双牌县县乡两级人大换届选举工作方案》《政协双牌县委员会2016年换届工作方案》《政协双牌县第九届委员会委员安排建议方案》，由县人大、县政协、县委统战部按常委会研究的意见修改完善。同意8月中下旬召开全县换届选举工作会议，请县人大做好会议各项准备工作。同意解决县人大换届选举工作经费50万元，统筹安排乡镇换届经费20万元，县政协换届选举工作经费15万元，县委组织部、县委统战部换届工作经费各10万元。同意乡镇（含3个国有林场和阳明山管理局）纪委办公办案经费由原来的1万元调整为3万元，经费由县财政解决，列入年度经费预算。会议听取全县卫生和计划生育工作情况汇报，审议并原则通过《关于加强全县基层医疗卫生服务体系建设的实施意见》。同意加大对人口计生工作落实不力的问责力度，对人口计生综治单位年终考核排名全市最后一名的取消年终综合评优评先资格，启动执行力追责。对于卫计工作中其他问题，由县卫计委牵头，相关部门认真研究，报县政府常务会议研究，需要报县委常委会研究的，再另行研究。同意《双牌县基层党建2015年县乡党委书记述职问题和2016年上半年市县督查问题整改方案》，以县委办名义行文下发。关于不断夯实基层党建基层，纳入综合服务平台建设，由县委组织部牵头，政法委、发改委配合，抓好落实。同意《双牌县开展十项基层党建工作大排查的实施方案》，由县委组织部抓好落实。同意在县委组织部增设事业机构，增加事业编制5人，由县委组织部拿出具体方案按程序报批。同意将村支部书记、村主任和其他村干部工资月标准分别提高为1121元、1009元、785元，并从2016年第三季度开始执行。由县财政予以保障。同意县财政解决全县党建系统建设及服务费15万元，解决双牌县党网联盟建设有关经费3.5万元。同意加大对乡镇党委书记、副书记和组织委员基层党建考核力度。

【第十五次会议】 2016年8月25日，县委书记苏小康在县委常委会议室主持召开县委常委会议，会议听取县第十次党代会筹备工作和“千案攻坚”行动开展情况汇报，研究《中共双牌县第十届委员会工作报告》《中共双牌县纪律检查委员会工作报告》《双牌县党委换届选举期间会风会纪监督实施方案》《中共双牌县第十次代表大会日程安排（草案）》《双牌二中托管双牌一中过渡工作方案》。县长候选人肖质彬，县委副书记候选人张跃斌，县委常委候选人李群辉、秦小国、周华、周新华、唐旭、唐超学、雷秀新、王焕金参加会议，县人大常委会主任唐冬华，县政协主席唐彦，县人大常委会原主任唐清才，以及县直相关部门负责人列席会议。会议听取县委办关于《中共双牌县第十届委员会工作报告》起草说明，审议并原则通过《中共双牌县第十届委员会工作报告》，由县委办按常委会研究的意见修改完善。同意解决《中共双牌县第十届委员会工作报告》起草工作经费2万元。会议审议并原则通过《中共双牌县第十次代表大会日程安排（草案）》，由会务组按常委会研究的意见修改完善。审议并原则通过九届八次全会关于召开中共双牌县第十次代表大会的决议（草案）。审议并原则通过《中国共产党双牌县第十次代表大会筹备工作报告》《关于党费收缴、使用和管理情况的报告》《代表资格的审查报告》。审议并原则通过《中国共产党双牌县第十次代表大会关于第九届委员会工作报告的决议（草案）》《中国共产党双牌县第十次代表大会关于第九届纪律检查委员会工作报告的决议（草案）》。审议并原则通过《中共双牌县第十次代表大会代表提案截止时间的建议》，同意大会代表提案截止时间为8月29日下午6时。会议听取县委政法委关于“千案攻坚”行动开展情况汇报，对市里交办的11件积案由县委政法委拿出具体的方案，由各位包案县级领导、责任领导和责任单位要高度重视，加大工作力度，深入解案情，确保积案按期化解办理。会议听取县二中托管县一中工作情况汇报，审议《双牌二中托管双牌一中过渡工作方案》。同意成立双牌二中全权托管双牌一中管理委员会（简称托管委员会），托管委员会主要任务和职责是深入县一中走访教师，召开座谈会，对托管工作进行调研论证，拿出具体可行的办法。县一中的工作由原一中班子履行职责，要切实做好秋季开学的各项准备工作，确保开学有条不紊进行。县一中的班子成员，特别是一中主要负责人要讲政治、讲大局，配合托管委员会开展工作。如果县一中主要负责人不能或不愿正常履职，则由托管委员会正式托管运作，县一中校级领导必须积极主动配合做好开学及今后托管工作。

【第十六次会议】 2016年9月2日，县委书记苏小康在县委常委会议室主持召开县委常委扩大会议和县委常委会议。常委扩大会议传达学习《中共中央关于辽宁拉票贿选案查处情况及其教训警示的通报》精神，常委会听取精准扶贫工作、市县乡人大代表和市县政协委员推荐提名工作、县人大及其常委会机构设置和调整情况、深入学习宣传贯彻县第十次党代会有关情况汇报，安排9月份主要工作。县委副书记、代县长肖质彬，县委副书记张跃斌，县委常委李群辉、秦小国、周新华、唐旭、唐超学、雷秀新、王焕金参加会议，县人大常委会主任唐冬华，县政协主席唐彦，县人大常委会原主任唐清才、副县长蒋爱先以及县直相关部门负责人列席会议。原则同意《双牌县2016年扶贫开发工作绩效考核任务分解表》，请牵头领导、责任单位和责任人高度重视，积极与省厅对口单位对接汇报，确保工作落实到位。同意解决“十三五”脱贫攻坚规划工作经费10万元，脱贫攻坚作战挂图和档案管理制作经费20万元。关于成立扶贫办党组，由扶贫办按程序申报，县委组织部拿出意见报县委研究。同意县扶贫办增加编制到15人，具体由县编委会研究。同意9月下旬召开全县精准扶贫工作推进会，由县扶贫工作领导小组做好会议各项准备工作。会议听取县委组织部关于市县乡人大代表和市县政协委员推荐提名工作相关情况汇报，审议并原则通过《双牌县关于市县乡人大代表、市县政协委员推荐提名工作方案》。会议听取县人大及其常委会机构设置和调整情况汇报，原则同意设立双牌县人民代表大会法制委员会、财政经济委员会，由县编办按程序上报，人员待下次研究干部时统筹考虑。会议听取县委宣传部关于在全县深入学习宣传贯彻县第十次党代会有关情况汇报，审议并原则通过《关于开展“五大主题活动”推动县第十次党代会精神贯彻落实的实施方案》，由县委宣传部按常委会研究的意见修改完善，以县委办名义行文下发，并抓好落实。

【第十七次会议】 2016年9月25日，县委书记苏小康在县委常委会议室主持召开县委常委扩大会议和县委常委会议，县委常委扩大会议传达学习杜家毫书记在全省贫困县党政正职谈心谈话会上的讲话、湘办发电〔2016〕107号文件和全市重大项目建设流动现场会精神；县委常委会议传达贯彻和全市出席省第十一次党代表大会候选人酝酿提名工作以及全市“两学一做”学习教育和基层党建重点任务推进会精神，听取县第十二届人民代表大会第一次会议有关事项、精准扶贫工作、2016年全县绩效考核工作、全县公车改革工作情况汇报，研究《双牌县建设工程五方责任主体项目负责人质量责任管理办法》《双牌县国有土地上房屋征收与补偿细则》《关于进一步加强全县征地拆迁工作的实施意见》和2016年部分重点项目领导分工调整。县委副书记、代县长肖质彬，县委副书记张跃斌，县委常委秦小国、周新华、唐旭、唐超学、王焕金参加会议，县人大常委会主任唐冬华，县政协主席唐彦，县副处级职级领导刘昌义、魏海涌、唐志利、蒋启和、郑石安，以及县直相关部门负责人列席会议。同意10月中上旬召开全县“两学一做”学习教育工作暨落实基层党建重点工作任务推进会，与全县工程建设质量大会、财税和重点项目推进会一天召开，由县委组织部做好会议各项工作。同意安排每村1万元的村级组织服务群众专项经费和每村3万元的村级办公经费，同意按照每人每年不低于1万元的标准安排第一书记的工作经费。原则通过《2016年排查的软弱涣散村、非公有经济党组织台账》《县委常委及人大政协主要领导“两学一做”学习教育联系名单》，由县委组织部按照常委会研究的意见修改完善。会议听取县人大常委会党组关于召开县第十二届人民代表大会第一次会议的请示，原则同意县第十二届人民代表大会第一次会议建议议程。原则同意《双牌县脱贫攻坚督查巡查工作办法》，由县扶贫办按常委会研究的意见修改完善，抓好落实。原则同意《双牌县乡镇和阳明山管理局脱贫攻坚考核办法》《双牌县县直和省市驻双单位扶贫开发责任制考核办法》《双牌县驻村帮扶工作队考核办法》，由县扶贫办按常委会研究的意见修改完善，按程序行文下发。关于《种草养牛“精准扶贫”项目合同书》，原则同意县政府常务会议研究的意见。会议听取全县中介服务机构备选库建设工作情况汇报，研究《双牌县建设工程五方责任主体项目负责人质量责任管理办法》《双牌县国有土地上房屋征收与补偿细则》《关于进一步加强全县征地拆迁工作的实施意见》。原则同意县政府常务会议研究的意见，请修改完善后按程序行文下发。听取县重点办关于2016年度全县重点项目联系领导调整情况汇报，请县重点办按常委会研究的意见修改完善行文下发。会议听取县绩效办和县委督查室关于2016年全县绩效考核工作和落实2016年度市级考核项目有关工作情况汇报。原则同意《2016年全县综合绩效考核方案（送审稿）》《市绩效评估指标责任分解》《阳明山管理局绩效考核实施方案（送审稿）》，由县绩效办按常委会研究的意见修改完善行文下发。同意将与市级考核相对应的23项考核事项列入县委、县政府年度考核内容。原则同意《双牌县2016年度市级考核项目争先创优工作责任分工表》，由县委督查室按常委会研究的意见修改完善以“两办”名义下发。同意县委督查办抽调工作人员3名，专门负责市级考核项目的相关牵头抓总工作。会议听取县公车改革领导小组办公室关于全县公车改革工作情况汇报，审议并原则通过《双牌县公务用车制度改革总体方案（送审稿）》《双牌县党政机关公务用车制度改革实施方案（送审搞）》，由县公车改革小组办公室研究吃透上级政策要求，修改完善后按程序上报。同意成立双牌县公车改革领导小组，负责推进全县公车改革工作。

【第十八次会议】 2016年10月9日晚上，县委书记苏小康在县委常委会议室主持召开县委常委会议，会议听取县纪委联合调查组对李耀忠有关问题调查的汇报，听取县委常委、人大政协主要领导9月份工作总结和10月份工作安排，审议《2016年10月份全县主要工作重要活动预安排》。县委副书记、代县长肖质彬，县委副书记张跃斌，县委常委李群辉、秦小国、周新华、唐旭、唐超学、雷秀新、王焕金参加会议，县人大常委会主任唐冬华，县政协主席唐彦，县人大常委会原主任唐清才，县副处级职级干部刘昌义、卿建明、魏海涌、蒋启和、郑石安以及县直相关部门负责人列席会议。会议强调，全县各级各部门特别是党员领导干部，要以此为契机，把“两学一做”活动抓实抓细，深入到党员内心，真正做一名合格党员。县委组织部对县发改委党组前一阶段的“两学一做”活动进行检查，对存在的问题必须整改到位，确保“两学一做”活动取得实效。成立重点项目前期办势在必行，项目联席会议可以征求各方意见，发挥大家的智慧，把项目策划包装好。一是打造以国际慢城为抓手，带动县里的全域旅游发展的新格局。把国际慢城的核心区域划出来，边建设边申报，全域旅游项目建设，包括基础设施建设、景点的建设、村落的建设、公园的建设列出来，分先后等级，轻重缓急分批次安排部署下去。二是抓好河东的开发建设。河东片区的开发是重中之重，与国际慢城的建设是相辅相承的。河东沿江风光带的建设，做为国际慢城的综合配套区来建设，国际慢城是金字招牌，是吸引点，其他的配套项目，包括游乐园的建设、高档别墅区的建设才是落脚点；工业是经济发展的主战场，工业园区要拓园。三是抓好重大基础设施建设。县自来水公司一定要回收，回收后要扩建，管网建设要提质改造。四是旧城提质改造项目。以国家文明、卫生城市的标准来建设改造老城区，提升城市品位。五是要抓好精准扶贫项目、工业、旅游、教育和医疗产业项目，对可行性强，有市场前景的项目政府要加大扶持力度。会议审议并通过《2016年10月份全县主要工作重要活动预安排》，由县委办负责按照会议讨论提出的意见修改完善后下发。

【第十九次会议】 2016年10月24日，县委书记苏小康在县委常委会议室主持召开县委常委会议，会议传达学习全市精准扶贫工作推进会、全市农村网格化建设现场推进会、全市统战部部长座谈会和全市美丽乡村环境整治、乡村旅游、农村秋冬生产、农村人饮工程、河道治理工作推进会精神并研究贯彻意见，听取双牌县意识形态工作和县政协委员提名工作情况汇报。县委副书记、代县长肖质彬，县委副书记张跃斌，县委常委李群辉、秦小国、周华、周新华、唐旭、唐超学、雷秀新参加会议，县人大常委会主任唐冬华，县政协主席唐彦，县副处级职级干部刘昌义、蒋启和、卿建明、魏海涌、唐志利、郑石安以及县直相关部门负责人列席会议。会议传达学习了全市美丽乡村环境整治、乡村旅游、农村秋冬生产、农村人饮工程、河道治理工作推进会精神研究贯彻落实意见。会议明确，各项工作请各分管领导抓好落实，涉及相关资金请县政府研究落实。会议指出，农村网格化建设是社会治理改革的重大突破，关系到全县百姓的民生福祉，涉及面广，工作量大，建设任务重。全县各级各部门要进一步统一思想，明确目标步骤，注重统筹协调，强化责任担当，确保各项工作有序推进。关于网格化建设经费请县政府研究拿出具体方案，以奖代补。工作人员借调原则上不能从乡镇和老师队伍中借调。同意在五里牌镇、塘底乡、泷泊镇霞灯村、五里牌镇青山村和阳明社区作为示范点，待高标准化建设完成后，作为现场参观点，在全县推广。会议指出，县委统战部要进一步抓好中央、省市委关于统一战线一系列决策部署的贯彻落实，抓好统战系统的品牌工作，凝心聚力十三五行动。要主动作为，做好精准扶贫和“一家一” “同心温暖工程”活动，推动非公经济状大发展，营造非公经济发展环境。会议指出，县委高度重视意识形态工作，把意识形态工作纳入重要议事日程，纳入党建工作责任制，纳入党的纪律监督检查范围，纳入领导班子和领导干部目标管理，与经济建设、政治建设、文化建设、社会建设、生态文明建设和党的建设紧密结合，同部署、同落实、同检查、同考核。同意成立双牌县意识形态工作领导小组。县委书记苏小康任组长，县委副书记、代县长肖质彬，县委副书记张跃斌，县委常委、宣传部部长唐超学任副组长，其他县委常委任成员，唐超学兼任办公室主任，负责指导组织协调督查和落实全县意识形态工作。原则通过《双牌县党委意识形态工作责任制实施细则》《2016年度市考核意识形态工作责任制指标任务分解表》《双牌县2016年度党委（党组）意识形态工作责任制考评细则》，由县委宣传部按常委会研究的意见修改完善按程序行文下发。会议听取县委组织部关于双牌县政协委员提名考察工作情况汇报，原则通过县委组织部提出的政协委员提名考察人选名单。

【第二十次会议】 2016年11月2日晚上，县委书记苏小康在县委常委会议室主持召开县委常委会议，会议传达学习全市反映扶贫领域涉嫌违纪问题举报督办工作会议精神并研究我县贯彻意见，听取双牌县创建省级文明（卫生）县城工作情况汇报，研究《双牌县重点项目联席会议制度》《全县重点项目暨财源建设“攻坚大会战”工作调度制度》和市五届人大代表和政协五届委员推荐建议名单。县委副书记、代县长肖质彬，县委副书记张跃斌，县委常委李群辉、周华、周新华、唐旭、唐超学、雷秀新、王焕金参加会议，县人大常委会主任唐冬华，县政协主席唐彦，县人大常委会原主任唐清才，县政府副县长付康成、蒋爱先、唐俊、何彩玲、廖卫平，县副处级职级干部刘昌义、蒋启和、卿建明、魏海涌、郑石安以及县直相关部门负责人列席会议。会议指出，扶贫领域违纪问题信访举报督办是“雁过拔毛”式腐败问题专项整治的重要内容，县纪委要主动加强与县扶贫办、县信访局等单位的联系，互通情况，共享信息，根据职责分工认真做好工作。会议强调，打赢脱贫攻坚战是全面建成小康社会的头等大事，是十分重要的政治任务。全县上下特别是纪检监察机关要牢固树立“四个意识”，加强扶贫领域党风廉政建设，做好信访举报督办工作，以严明的纪律为打赢脱贫攻坚战保驾护航。会议明确，对照“五个100%”目标的要求，由县专项整治办、县财政局牵头，组织审计、农业、扶贫、移民、经管等部门集中力量开展一次全面清查活动，重点查清2013年以来各涉农单位资金流向，项目到乡镇后资金使用情况，并建好台账。以本次省纪委、省扶贫办联合督查扶贫领域信访问题查办情况为契机，近期由县纪委牵头，组织“雁过拔毛”式专项整治办、党风政风监督室、各纪检室、信访室，对各乡镇管理局涉及扶贫领域的问题举报信访件开展清理督办，严格按省里督查模式进行，进一步加大督办力度。

会议听取县文明县城创建领导小组办公室关于省级文明（卫生）县城创建工作情况汇报。会议指出，通过省级文明县城创建工作促进城市建设管理水平，以高标准统领该项工作，今年创文明县城的主要任务是做好省市考核验收，确保在考核中取得好的成绩。原则同意《双牌县创建省级文明（卫生）县城实施方案》《双牌县创建省级文明（卫生）县城工作目标任务分解表》《双牌县创建省级文明（卫生）县城创建责任区调整方案》，由文明县城创建领导小组办公室根据常委会研究的意见修改完善按程序行文。同意11月3日下午召开省级文明（卫生）县城创建暨文明指数测评迎检工作动员会，由文明县城创建领导小组办公室做好会议各项准备工作。会议审议并原则同意《双牌县重点项目联席会议制度》《双牌县重点项目暨财源建设“攻坚大会战”工作调度制度》，由县重点项目联席办按常委会研究的意见修改完善按程序以“两办”名义行文下发。会议听取县委组织部关于出席永州市第五届人代会代表和政协第五届委员会委员候选人建议人选推荐工作情况汇报，原则同意县委组织部和县委统战部提出的市五届人大代表政协五届委员候选人推荐建议名单。

【第二十一次会议】 2016年11月11日，县委书记苏小康在县委常委会议室主持召开县委常委会议，会议听取县十二届人大一次会议和政协九届一次会议筹备情况、双牌县2016年财政预算调整情况汇报，研究《县委中心组2016年度第九次集中学习方案》和县人大常委会、政协常委会人员名单。县委副书记、代县长肖质彬，县委副书记张跃斌，县委常委秦小国、周新华、唐旭、唐超学、雷秀新、王焕金参加会议，县人大常委会主任唐冬华，县政协主席唐彦，县副处级职级干部刘昌义、蒋启和、唐志利、郑石安以及县直相关部门负责人列席会议。会议听取县十二届人大一次会议和政协九届一次会议筹备工作情况汇报，原则同意县人大和县政协的筹备工作方案。会议明确：政协九届一次会议于11月26日至29日召开，县人大十二届一次会议于11月27日至30日召开，会期4天。请县人大、县政协和县委组织部将参会人员名单及列席人员名单核实核准，做好大会各项准备工作，确保大会取得圆满成功。经费问题。按照年初人大政协两会的标准，县人大十二届一次会议安排经费50万元，政协九届一次会议安排经费40万元。会议听取县财政局关于双牌县2016年财政预算调整情况汇报，原则同意政府常务会议研究的意见，报县人大审议通过。会议审议并原则同意《县委中心组2016年度第九次集中学习方案》。会议听取县委组织部关于县人大常委会和政协常委会人员名单情况汇报，原则同意县人大常委会和政协常委会人员名单。

【第二十二次会议】 2016年12月1日，县委书记苏小康在县委常委会议室主持召开县委常委会议，会议听取2016年度县级考核项目有关工作和县科协工作情况汇报，安排部署12月份工作。县委副书记、县长肖质彬，县委常委李群辉、秦小国、周华、周新华、唐旭、唐超学参加会议，县人大常委会主任唐冬华，县人大常委会原主任唐清才，县副处级职级干部刘昌义、蒋启和、卿建明、魏海涌、唐志利、郑石安以及县直相关部门负责人列席会议。会议听取县委督查室关于2016年度县级考核项目有关工作情况汇报。会议指出，县委督查室对列入县委、县政府年度考核的与市级考核相对应的考核事项进行全面调度和深入研究，工作扎实，准备充分，工作值得肯定。考核要发挥指挥棒的作用，通过考核促进工作，请分管领导和相关责任部门高度重视，抓好工作落实，积极向省市衔接汇报。原则通过《关于明确2016年度县级考核项目的通知》，由县委督查室按照常委会研究的意见修改完善以“两办”名义行文下发。原则通过全面建成小康社会、三项优先、新型城镇化建设、安全生产、旅游产业发展、六件惠民实事与重点民生实事、党委政府重大事项督查及优化经济环境和机关效能建设、食品药品安全建设考核细则8个考核方案，按程序行文下发。会议听取县科协工作情况汇报，关于科普经费问题，同意按照省里规定将科普等公民素质建设所需经费列入县财政预算。同意成立县全民科学素质工作领导小组，由县委常委、宣传部部长唐超学任组长，县政府副县长何彩玲任副组长，相关单位负责人任成员。

【第二十三次会议】 2016年12月14日上午，县委书记苏小康在县委常委会议室主持召开县委常委会议，会议传达学习中办发〔2016〕3号和湘办发〔2016〕21号精神研究贯彻落实意见，听取全面深化改革工作、双牌县第一次归侨侨眷代表大会筹备工作和关于设立中共双牌县委非公经济组织和社会组织工作委员会办公室以及设立党组情况汇报，研究《关于进一步加强干部管理提升执行力的实施意见》。县委副书记、县长肖质彬，县委常委李群辉、周华、周新华、唐旭、唐超学、雷秀新、王焕金参加会议，县人大常委会主任唐冬华，县政协主席唐彦，县人大常委会原主任唐清才，县副处级职级干部蒋启和、卿建明、魏海涌、唐志利、郑石安以及县直相关部门负责人列席会议。会议听取县委改革办关于全面深化改革工作情况汇报，会议指出，自2014年该项工作启动以来，县委改革办在县委、县政府的高度重视下，在各部门的配合支持下，各项工作取得不错的成绩，在省市有位置，工作值得肯定。原则同意《2016年度双牌县全面深化改革工作绩效评估办法（送审稿）》《中共双牌县委关于调整县委全面深化改革领导小组的通知（送审稿）》，请按程序行文下发。原则同意《关于进一步加强和改进离退休干部工作的实施意见》《关于完善落实在职领导联系离退休干部职工工作制度的意见》，请县委老干部局按常委会研究的意见修改完善，以“两办”名义行文下发。同意成立中共双牌县离退休干部工作委员会，该委员会为县委派出机构，在县委组织部指导下开展工作，日常管理由县老干部局负责，办公室设在县委老干部局。同意在县委老干部局加挂中共双牌县离退休工作委员会牌子，在县委老干部局办公室加挂中共双牌县离退休工委办公室牌子。增加1名专职副书记领导职数。同意在老干所加挂老干部活动中心、老年大学牌子，划入公益类事业单位，同为老干部局所属事业单位，三块牌子一套人马。会议听取了县委组织部关于设立中共双牌县委非公经济组织和社会组织工作委员会办公室以及设立党组工作情况汇报。会议审议并原则通过《关于进一步加强干部管理提升执行力的实施意见》，由县委组织部对相关具体条款和相关规定进行研究完善，按程序行文下发。会议听取县侨联关于双牌县第一次归侨侨眷代表大会筹备工作情况汇报。同意12月底召开双牌县第一次归侨侨眷代表大会，原则同意《双牌县第一次归侨侨眷代表大会筹备工作方案（草案）》，由县委统战部和县侨联做好会议的各项准备工作，确保会议圆满成功。会议经费请县财政按实结算。

【第二十四次会议】 2016年12月23日，县委书记、县人武部党委第一书记苏小康在县人武部作战室主持召开县委常委议军会议，专题研究有关军事工作。县委副书记、县长肖质彬，县委副书记张跃斌，县委常委李群辉、秦小国、周华、周新华、唐超学、王焕金参加会议，县人大常委会主任唐冬华，县政协主席唐彦，县人武部政委向胜以及县委办、县政府办、县委组织部、县编办、县教育局、县民政局、县财政局、县人社局、县住建局、县人防办、县残联、“两办”督查室等相关部门负责人列席会议。会议传达学习军队改革相关工作和省委、市委议军会议主要精神，听取县武装工作和后备力量建设情况汇报。会议认为，深化国防和军队改革，是习主席治国理政强军的重要战略思想，是推进“四个全面”战略布局的重要组成部分。各级党委必须深刻认识习主席关于改革强军的重大意义和战略考量，站在实现中国梦强军梦的高度，以强烈的政治意识、大局意识、核心意识、看齐意识，坚决拥护、支持深化国防和军队改革，采取有力措施，为驻地推动党管武装和后备力量建设贡献力量。同意在2016年财政预算的基础上递增10%，2018年的工作经费是否继续递增视情况再定。原则同意将借调的5名业务骨干调入民兵武器仓库管理办公室，同意设立人武部职工工资专用账户。由县编办、财政和人社部门牵头按程序予以落实。原则同意按2016年标准继续列入财政预算。原则同意县人武部提出的意见，请县人武部按程序现批解决。今后人武部基础设施建设要按程序先报批然后建设。原则同意江波家属调入双牌县，要人尽其才，按照工作对等、专业对口的原则，尽可能安排在城区学校工作。原则同意设立县人防指挥信息保障中心（人防行政执法监察大队），由县编办和县人防办专题调研，按程序办理。

县委常委办公会议

【第一次会议】 2016年3月1日，县委书记苏小康在茶林镇政府会议室主持召开桐子坳村和老院子村美丽乡村建设及旅游发展工作现场办公会议。会议研究桐子坳村景区设施和老院子村美丽乡村建设有关工作。县委副书记、县长魏和胜，县委副书记李瑛，县委常委、县委办主任、宣传部部长张少宣，县人大常委会副主任姜国文，县人民政府副县长周新华、熊爱华，县政府办、县旅游局、县财政局、县国土资源局、县交通运输局、县林业局、县环保局、县水利局、县住建局、县扶贫办、县农办、县卫计委、县经管局、县供销联社、茶林镇及桐子坳村、老院子村等单位主要负责人和投资商参加会议。会议听取有关部门的情况汇报并进行认真讨论。会议指出，桐子坳村旅游开发和老院子村美丽乡村建设是市里作为示范点建设的两个项目，市委、市政府主要领导对此十分重视，多次对这两个示范点的建设作出指示、提出要求。因此，各有关领导和部门要高度重视，近一段时间内把主要精力放到桐子坳村旅游开发和老院子村美丽乡村建设上来，严格按照市里要求高标准规划建设好。会议指出，老院子村作为美丽乡村建设示范点，必须严格按照美丽乡村的建设要求高标准规划建设，做到干净、整洁，有乡愁感觉。要把落脚点放在引领老百姓发家致富上来，具体讲就是要发展有特色的农家乐。会议明确：打造环保型污水垃圾处理系统，争取在全市成为典型，这项工作由县环保局负责落实；农村环境整治由县农办、县环保局负责落实；河道治理由县国土资源局、县水利局负责落实；“双牌欢迎您”生态型标语以及村庄的绿化工作由县林业局负责落实；进村主干道白改黑由县交通运输局负责落实；同意将老院子村美丽乡村建设列入县重点项目，并作为县委书记新农村建设的联系点。此项目由姜国文负责主抓，李瑛、周新华加强领导，相关单位负责人为成员。

【第二次会议】 2016年4月15日，县委副书记李瑛在县委第三会议室主持召开办公会议，专题研究全县集体林权证发放到户整改工作。县委常委、县委政法委书记刘洁，县人民政府副县长蒋爱先、县林业局局长蒋启国、县信访局局长盘爱军、县公安局叶湘勇等参加会议，会议传达省林业厅副厅长柏方敏在阳明山召开的林权证发放到户整改督查工作会议讲话精神，认真听取参会单位负责人对当前林权证发放到户整改工作情况汇报，副书记李瑛对当前工作做具体安排。为落实副厅长柏方敏督查工作会议精神，进一步推进全县林权证发放到户整改工作，全县成立三个工作组：即办证发证工作组，组长李瑛，林业局等相关部门负责人为副组长，相关工作人员为成员；案件侦破维稳工作组，组长刘洁，公安局、检察院等部门负责人为副组长，相关工作人员为成员；林权纠纷调处工作组，组长蒋爱先，林业局、信访局等相关部门负责人为副组长，相关工作人员为成员。各组各司其职，务必在规定时间内完成目标任务。各个组在4月17日前按照各组的分工确定任务、明确职责、规定时限、拿出方案，确保工作落到实处。

【第三次会议】 2016年6月6日，县委书记苏小康在何家洞镇政府会议室主持召开现场办公会议，专题研究龙洞文化艺术产业园建设等工作。县政协主席唐彦，县委常委、县委办主任、宣传部部长张少宣，县发改委、县财政局、县人社局、县住建局、县国土资源局、县交通运输局、县农业委、县水利局、县林业局、县科商粮经信委、县环保局、县扶贫办、县旅游局、县公路局、何家洞镇及龙洞生态文化旅游开发有限公司等单位主要负责人或负责人参加会议。与会人员首先察看了何家洞集镇建设和龙洞文化艺术产业园建设现场，分别听取何家洞镇党委书记陈熙友关于何家洞镇工作、龙洞生态文化旅游开发有限公司董事长赵荣军关于龙洞文化艺术产业园项目建设情况汇报，并就相关问题进行了研究，形成一致意见。会议指出，何家洞镇是双牌县的大镇，也是唯一的省际边界口子镇。由于位置最为偏远，交通条件极差，基础设施薄弱，全镇经济发展相对滞后，特别是当前遇到很多困难，更需要县委、县政府和县直各部门的关心、支持。但是，何家洞镇自然资源丰富、生态环境优越、区位优势良好，有着美好的发展前景，特别是龙洞文化艺术产业园项目的落户建设，有力推动全镇生态文化旅游的发展。会议强调，何家洞镇新一届领导班子要以崭新的精神面貌，恪尽职守，严格要求，认真做好每一项工作，用心做好每一个细节，展现新的气象；要主动与各部门对接，抓好各个项目的落实，积极创先争优，抓出成效，抓出特色，抓出亮点；要充分激发干部群众干事创业的激情和信心，充分整合利用各方面资源，把握机遇，创新发展，团结带领全镇广大党员干部和人民群众，扎实抓好“三大工程”建设，努力实现各项工作目标。龙洞文化艺术产业园是很好的发展项目，具备发展乡村旅游的有利条件，虽然目前遇到一些困难，但绝不能放弃。要重新策划、规划好项目建设，认真研究具体配套项目、具体工作措施。项目建设可由政府主导，采取镇园同建、政企合作的模式，积极向上申报项目，切实把龙洞文化艺术产业园做好做实，争取2016年7月份重新投入建设，力争2017年7月份开园。该项目建设具体请唐彦主席牵头负责。何家洞镇基础差、底子薄、发展慢、困难多，县直各部门要大力支持何家洞镇建设，特别是在政策、项目、资金方面给予重点倾斜和扶持。

【第四次会议】 5月11日，县委副书记李瑛主持召开打理公路改造工程现场办公会，县委常委、纪委书记李群辉，县委常委、组织部部长、统战部部长秦小国，县政府副县长、县公安局局长廖劲松，副处级职级干部魏海涌以及县委办、县发改委、县财政局、县交通运输局、县国土资源局、县扶贫办、县移民局、县农商行等部门负责人以及打鼓坪乡、理家坪乡党委负责人参加会议。会议对打理公路改造工程的线路走向、建设标准、资金筹措、矛盾协调以及指挥调度等问题进行了研究，形成一致意见。同意成立“双牌县打理公路改造工程建设指挥部”，由县委副书记李瑛任指挥长，县政府副县长、县公安局局长廖劲松，县委副处职级干部魏海涌任副指挥长，县委办副主任熊昌明任总联络员。廖劲松负责维持施工过程中的社会秩序，魏海涌负责工程的实施和推进，熊昌明负责联络各成员，调度各方关系，落实指挥长交待的具体任务。经勘察设计，除个别路段确需改线的除外，其他路段基本在原线路基础上进行改扩建，尽可能少拆迁房屋，少占用耕地尤其是基本农田。按县道标准进行规划设计，路基宽7米，硬化路面宽6米，双向两车道。请县交通运输局尽快做好两套以上的规划设计及其预算方案，提交县政府常务会讨论通过。该工程初步概算约需1800万元，县发改委、县财政局、县交通运输局、县国土资源局、县扶贫办、县移民局、县林业局等单位分两个年度打造项目筹措资金，各单位具体筹资数额在下次办公会上予以确定。工程前期的启动资金由县财政预支提供或向县农商行贷款提供。在项目实施过程中遇到的矛盾纠纷，按行政管辖区域，分别由打鼓坪乡、理家坪乡乡村两级及打鼓坪林场负责协调化解。7月底前完成工程勘测、设计等前期工作，8月底前完成用地的审批手续，9月底前完成工程招标，10月份开工建设，力争在2016年农历年内完成全部路基工程，2017年底前工程竣工。

【第五次会议】 2016年7月13日，县委书记苏小康先后在县住建局会议室和常委会议室主持召开座谈会，专题研究建设工程质量有关问题。县委副书记李瑛，县委常委、县委办主任、宣传部部长张少宣，县人大常委会副主任袁小爱，县人民政府副县长周新华，县政协副主席蒋昌智，县委副处级干部何彩玲，县政府副处职级干部何田昌以及县委办、县政府办、县纪委、县委组织部、双牌工业园、县发改委、县财政局、县交通运输局、县国土资源局、县住建局、县水利局、县审计局、县环保局、县城管执法局、县房产局、县资源交易中心、县公路局、县评审中心、“两办两室”等部门负责人参加会议。与会领导和部门结合工作实际就建设工程质量问题谈了很好的意见和建议，形成一致意见。会议指出，建设工程质量问题事关党委政府公信力，关乎到老百姓生命安全。全县各级各部门一定要站在讲政治、讲大局的高度，深刻认识抓好建设工程质量的重大意义，树立高标准、高质量、高品质的思想，尽职尽责，对各个环节从严管理，直面问题，敢于碰硬，切实解决建设工程质量问题。当前急需要解决以下问题：对反映评审慢、评审不客观的问题，可以通过增加编制，增加专业人员或高薪聘请的方法解决。用人的权力下放到用人单位，做到权责利统一，用人单位要用好人才，管好人才，留住人才，由人社局与住建局、财政局、国土局研究，用人权下放给用人单位，同时用人单位要用好人，留住人。对反映评审不合理问题，请县财政局研究，按照市场规律办事。积极主动与市里对接，按照市场定价的标准去评审。对于一般性的项目，从勘探、规划设计到监理等环节，去市里学习，具体请县公共资源交易中心和采购办负责，今年一定要完成一批中介服务一次性招标。招标方式问题，原则上 1000 万元以上的项目采用综合评标法。关于征地拆迁问题。这是当前急需解决的问题，由周新华牵头，县国土、房产等部门对征地拆迁体制机制问题认真研究。征地拆迁的任务可下放到乡镇和项目指挥部去做，县国土资源局负责政策把关、土地测量、技术服务和合同签订等事项，由周新华同志带队到冷水滩区和永州经开区学习考察，拿出具体办法。关于五方责任落实和监管问题。由住建局负责，通过现场施工的监管，倒逼挂靠、转包，外行代替内行的问题，质监站到工程现场，监督五方主体的人是否在场。对五方责任的考核，中央省市都有具体要求，由住建部门拿出具体办法。对搞得好的给予奖励，搞得不好的列入黑名单。关于体制理顺的问题。以后政府投资的项目原则上以城建投为业主单位，具体协调工作可以成立指挥部，部门原则上不再作为业主方，可作为监管方和服务方。关于考核奖励激励问题。部门的绩效考核要把重点项目作为重中之重来抓，部门一把手执行力考核主要考核重点项目和书记、县长办公会安排的工作。请县委组织部和县人社局具体负责。请各相关部门拿出具体问题的落实办法，争取 8 月上旬县政府常务会议研究，争取 8 月底召开全县建设工程质量大会。

【第六次会议】 2016 年 7 月 28 日，县委书记苏小康在县委常委会议室主持召开办公会议，专题研究城市重点建设项目有关问题。县委副书记李瑛，县人大常委会主任唐冬华，县政协主席唐彦，县委常委、县政府副县长李长于，县委常委、县委政法委书记刘洁，县委常委、县委办主任、宣传部部长张少宣，县政府副县长周新华、廖劲松、蒋爱先，县人大常委会副主任袁小爱，县政协副主席陶思荣、钟建红，县副处级领导唐俊，副处级职级干部魏海涌，双牌工业园党工委书记廖杰，县副处级干部、泷泊镇党委书记杨迪文以及县发改委、县财政局、县人社局、县住建局、县国土资源局、县交通运输局、县公路局、县城建投、县电力公司、“两办两室”等单位主要负责人参加会议。会议听取 G207 双牌至零陵改造段、县气象局搬迁、梅石氹路改工程、县公安局业务技术用房、“135”工程、永水风光带、林峰东路和阳明南路改造、城南停车场和双牌大道等项目建设工作情况汇报，并就相关问题进行研究，形成一致意见。

【第七次会议】 2016 年 8 月 15 日，县委书记苏小康在县委常委会议室主持召开县委常委议教会议，专题研究教育工作。县长候选人肖质彬，县委副书记李瑛，县委常委李群辉、秦小国、刘洁、张少宣参加会议，县人大常委会主任唐冬华，县政协主席唐彦，县人大常委会原主任唐清才，县人大常委会副主任吕保和，县政府副县长熊爱华，县政协副主席蒋建辉，县副处级干部唐俊、何彩玲以及县教育局、县财政局、县人社局、县编办、县国土资源局、县住建局、县审计局、县发改委、县房产局、县城建投、县二中、县一中、县职业技术学校等部门主要负责人列席会议。会议听取县教育局相关工作情况汇报并进行认真讨论，关于县二中改革发展问题。会议认为，省示范性高中托管优质初中学校是市委市政府的政策要求，是加快提升县高中教学质量、协调初中发展的迫切需要，很有必要。会议原则同意县二中托管县一中。分管领导要牵头组织县教育局、县二中等相关部门对托管的具体方案进一步研究论证后，抓好落实。在托管落实之前，县一中的班子不能散，工作不能松，负责人要讲政治、讲大局，认真负责地把学校的各项工作抓好抓实。会议原则同意《双牌二中教职员工全员竞聘工作实施方案》，原则同意县二中实施教职员工全员竞聘上岗工作，并请分管领导牵头，组织教育等相关部门在8月25日前落实。同时，要做好思想工作，维护教师队伍稳定。会议认为，化解县二中历史遗留债务有利于该校轻装上阵、加快发展，县委县政府对此一直高度重视，前两年已经下大力化解部分债务。对暂没化解的债务，县审计部门要尽快拿出审计结论。县财政部门要将此作为一项重要工作，积极对接，努力盘活存量资金，搞好债务置换等工作。分管领导要尽快组织审计、财政、教育等部门和二中认真研究出台具体的化债方案，报县政府常务会议研究。会议认为，搬迁新建县第一幼儿园十分必要，且要高标准建设。会议原则同意将阳明夜市左边（原为花卉苗木基地）土地划拨用于县第一幼儿园建设，同意将现幼儿园土地资产处置所得全部返回用于新园建设，县财政对建设资金予以适当补贴。征地工作具体以县教育局为主，国土、泷泊镇等单位大力支持。分管领导要尽快牵头组织教育、国土、泷泊镇等相关单位启动征地等相关工作。原则同意《双牌县农村基层教育人才津贴实施办法（试行）》。2016年全县34所乡镇中小学、公办幼儿园老师可享受此项政策，根据交通远近、艰苦程度分成四类，发放人数以县教育局、财政局最后核定数为准（每学期根据乡村教师实际人数动态统计）。关于津贴标准和发放办法。考虑全县实际，方案按四大类分别按800元、600元、500元、300元的标准发放，每年按学期分两次发放。关于县级配套资金。根据省里的文件精神，同意配套农村基层教育人才资金151.52万元。今后按实际核算金额纳入年度财政预算。原则同意《双牌县“三名工程”奖励办法》，县财政按当年实际评选出的名额解决当年奖励资金。评选出的名师、名校、名校长要有影响力、认可度、说服力，对获得省市名师、名校、名校长的要予以重奖。同意解决2016年我县23名市级骨干教师奖励津贴11.5万元，并纳入县财政预算。关于教师借调抽调问题。教育系统内部，从现在起原则不允许抽调借调，县教育局要牵头出台文件制度，报请研究决定后按制度办事。县直单位抽调借调的，经过所在学校、教育局拟定意见，由县分管领导审批，报县委、县政府主要领导审定。现借调抽调在教育系统外单位的，除“两办”外全部清退回教育系统。鉴于教师编制超额问题尚未理清，暂不考虑从外县引进和调入教师，适当时候再予以考虑。县二中、县职中教师可从高校毕业生中引进和招考优秀紧缺教师。同意职业技术实训大楼项目建设，一定要保证建设质量。进校道路改造纳入县城背街小巷改造范围并尽快实施。教师公租房建设指标给予支持。

【第八次会议】 2016年9月22日，县委副书记张跃斌召集有关部门先后到县一小、县一中、县第一幼儿园、县明德小学、县职业技术学校进行现场办公，调度8月15日县委常委会专题议教会议定的事项，协调解决学校建设及周边环境整治工作方面有关问题。县委办、县发改委、县教育局、县公安局、县财政局、县国土资源局、县住建局、县林业局、县环保局、县房产局、县畜牧水产局、县交警大队、县城管执法局、县文化市场综合执法大队、泷泊镇等部门主要负责人和有关人员参加会议，县一中、县二中、县第一幼儿园、县明德小学、县职业技术学校负责人列席会议。会议听取县教育局及各学校有关问题的汇报和各相关部门的意见，形成一致意见。

【第九次会议】 2016年10月8日，县委书记苏小康在茶林镇政府会议室主持召开桐子坳景区建设现场办公会议。会议研究了桐子坳景区建设有关工作。县委副书记、代县长肖质彬，县委常委、宣传部部长唐超学，县委常委、县委办主任王焕金，副县长候选人何彩玲，县副处级职级干部魏海涌、万海云以及县政府办、财政、国土、交通、林业、水利、住建、城建投、旅游、茶林镇、桐子坳村等单位主要负责人参加会议。会议听取桐子坳建设机制转换及景区开发领导小组四个专项工作组情况汇报并进行认真讨论，会议明确以下事项：原则同意桐子坳景区建设运营组拟建设基础设施项目。景区门口的广场要建设好，游客中心对面的草地做为临时停车场，中转停车场要按规划建好，该硬化的要硬化，核心区的地面要修复好，进入核心景区的游道等要建设好。关于遗留问题的处理。由桐子坳建设机制转换及景区开发领导小组四个专项工作组各司其职，相互配合做好景区的建设管理和运营工作。规划问题由县住建局把桐子坳景区的总规修改完善，详规与总规要相一致，然后报县规委会研究。交接问题由万海云与开发商协商，要完善相关资料，经得起审计，经得起时间的检验，尽快移交。工程款的结算问题请县财政局列出清单统一移交到城建投，待政府和阳明公司确定付款后，优先拨付老百姓的工程款。具体工作由肖质彬县长开会研究，部署落实。关于收费和利益分成问题。原则上要求今年黄金季能够收费，在收费前必须把老百姓利益解决好，对景区的古银杏树，由茶林镇政府负责与老百姓谈妥，把村里的问题和老百姓的利益处理好。如果和老百姓未达成协议，则今年仍不能收费，以免引发群体性事件。关于运营管理问题。由彩玲牵头，海涌主抓，海斌协助，研究制订相关制度和规定，将《桐子坳景区旅游黄金季运营工作方案》修改完善，按程度行文下发并抓好落实。相关人员近期要把主要精力放在桐子坳景区建设和黄金季的运营上来，充分调动老百姓的积极性，让老百姓参与进来，共同把桐子坳景区运营管理好。

【第十次会议】 2016年12月14日，县委书记苏小康在五里牌镇政府会议主持召开现场办公会，专题研究双牌森林土鸡繁育基地建设有关问题。县委副书记、县长肖质彬，县委常委、县人武部部长周华，县委常委、县委办主任王焕金，县人民政府副县长、五里牌镇党委书记廖卫平，县国土资源局、县林业局、县环保局、县国资委、五里牌镇和红福田村等单位主要负责人参加会议。与会领导和部门负责人实地察看五里牌镇原苗圃基地，详细了解建立土鸡繁育基地、养殖基地的优势以及存在的困难和问题，形成一致意见。原则同意成立双牌县森林土鸡繁育基地建设指挥部，由县委常委、县人武部部长周华任指挥长，县政府副县长、五里牌镇党委书记廖卫平任副指挥长，县财政局、县国土资源局、县林业局、县环保局、县扶贫办、县畜牧水产局、五里牌镇等相关部门负责人为成员。指挥部成立后，负责全力推进该项工作。各负其职，解决问题。各职能部门对云浩公司繁育基地项目建设、生产管理、办理各类手续方面要大力支持，实行全程代办制。能享受的优惠政策和各类补助各部门要给予充分支持。林地的审批请县林业局负责；环评请环保局负责落实；五里牌镇要加强协调配合，处理各类矛盾纠纷，优化经济发展环境。加强协作，密切配合。县政府与云浩公司要签订战略合作协议，公司要全力推进工作，包括可研、规划设计等等，尽快建设，力争早日建成投产。县政府要做好引导和推广，力争把双牌森林土鸡品牌做大做强，实现品牌化和规范化。

【第十一次会议】 2016年12月16日，县委书记苏小康在县教育局小会议室主持召开现场办公会，专题研究永水风光带项目建设有关问题。县委副书记、县长肖质彬，县委常委、县委统战部部长雷秀新，县委常委、县委办主任王焕金，县人大常委会副主任蒋昌智、邓美英，县政府副县长廖卫平，县副处级职级干部魏海涌、盘规元以及县委督查室、县国土资源局、县住建局、县交通运输局、县城建投、县电力公司等部门主要负责人参加会议。与会领导和部门负责人实地察看永水风光带项目建设现场，详细了解该项目目前进展情况，听取在建背街小巷建设进展情况汇报，形成一致意见。会议指出，永水风光带项目建设虽然征地工作任务重，但项目进度比较快，县委、县政府对项目指挥部的工作是满意的。希望指挥部的同志继续发扬，加快进度，如期完成三年交通大会战的目标任务，确保道路春节前畅通。考虑到春节临近，县城车辆大增，全面畅通永水风光带及相连的几条断头路（永明路、车站路、紫阳路、永阳路）十分必要。原则同意上述几条断头路由永水风光带项目指挥部组织实施，标准和永水路一致。由于时间紧，任务重，原则同意指挥部按照特事特办的原则，拿出具体意见报县委县政府研究。项目施工单位要加大人力、设备的投入力度，加强施工组织，保质保量完成目标任务。同意调整S350线路城区段走向，在县城规划范围内与永岚路并线运行，按城市规划标准24米道路建设，由城南停车场建设指挥部一并组织实施；城南加油站至胡家村这一段与S350这一段重合的约2.5公理由207国道城南段及X034公路改造项目指挥部负责组织实施。永岚路以北的城规范围内约500亩土地要纳入土地储备计划。国土部门要调整好土地利用规划，住建部门和泷泊镇要严格控制建设审批。

纪检监察

【概况】 县纪委机关与县监察局合署办公，实行一套工作机构、两个机关名称的体制，履行党的纪律检查和政府行政监察两项职能。县纪委对县委全面负责，监察局属于县政府序列，接受县政府领导。2016年县纪委、监察局内设11个副科级职能室部，依次为办公室、组织部、宣传部、党风政风监督室、信访室、案件监督管理室、第一纪检监察室、第二纪检监察室、第三纪检监察室、第四纪检监察室、案件审理室，实有干部职工32人。

【“两个责任”】 2月19日召开双牌县纪委第十届二次全会，组织全县12个乡镇管理局、80余个县直单位党委（党组）、纪委（纪检组）分别与县委、县纪委签订《2016年党风廉政建设党委（党组）主体责任书》和《2016年党风廉政建设纪委（纪检组）监督责任书》，全县各单位层层签订党风廉政建设目标管理责任书，各党委（党组）书记与班子成员、班子成员与分管部门层层签订党风廉政建设责任书，进一步压实党风廉政建设责任，有效传导压力。年初，由县委常委和党员副县长带队，对全县87个单位2016年度落实党风廉政建设责任制情况进行考核评比。加强对严肃党内政治生活的督查检查，配合组织部门对全县 80 多个单位专题民主生活会进行了现场督导，督促 6 名领导干部对组织、纪检约谈函询的问题在民主生活会上说清楚、谈透彻，自觉接受班子成员的监督。

【纠治“四风”】 2016 年，县纪委监察局弛而不息纠“四风”，构建干部作风建设长效机制，实现日常督查常态化。上半年，实现每天有 1~2 个明察暗访组对全县各单位干部作风和各单位自我督查情况进行检查，促使各单位作风建设正常化。共派出作风检查组 159 批次 426 人次，发作风督查通报 12 期，问责通报 23 人次，其中副科级以上党员干部 8 人次。抓节点督查不放松。上半年节假日对 96 个单位、7 个酒店农家乐、7 个居民小区、1 个旅游景点进行督查。抽派人员参加市纪委组织的作风建设县区交叉检查，成果成效受到市里的充分肯定。与县委督查室协同配合，加大对会风会纪和干部培训纪律的督查力度，共开展会风会纪督查 18 次，通报问责 6 人次。

【肃贪惩腐】 2016 年，县纪委、监察局认真落实从严治党管党监督责任，把反腐高压态势向纵深推进。加强对违纪干部的纪律处理，上半年，进行例行廉政谈话 32 人次，任前廉政谈话 139 人次，提醒谈话 7 人次，诫勉谈话 9 人次，约谈 86 人次。加大办案力度，上半年立案38 件，结案17 件，处理违纪人员 20 人，给予党政纪双重处分 3 人。积极响应市纪委交叉办案要求，抽调 9 名精兵强将全力配合市纪委办理江华国有林场原场长李行某严重违纪案。

【治本控源】 2016 年，县纪委、监察局结合“两学一做”制度化常态化要求，强化对党章党纪的深入学习，将中纪委七次全会精神和省、市、县纪委二次全会精神及《关于新形势下党内政治生活的若干准则》《中国共产党党内监督条例》等基本要求纳入党委（党组）中心组学习内容，列为年终党风廉政建设考核内容。开展“打铁还需自身硬”、纪检监察机关干部规定“十不准”、《监督执纪工作规则（试行）》三个专题宣传，进一步提高纪检干部的纪律意识。开展廉政教育，在 2016 年全县举办的村支部委员培训班、中青班、科干班等主题班开设廉洁文化教育课。加强脱贫攻坚纪律宣传，设立永久性脱贫攻坚纪律保障宣传牌 100 余块，张贴小型宣传牌、宣传标语 1500 余条块，悬挂横幅 200 余条。强化利用市纪检宣传平台，使全县广大党员干部基本订阅《清廉永州》微信公众号，在“永州风纪”栏目第五期、第六期发布双牌县拍摄的《让“沉睡”的村集体资金重见阳光》和《镇上来了新纪委书记》。在省级以上媒体上稿 37 篇，其中央广网上稿 5 篇，新华网上稿 1 篇，《湖南日报》上稿 3 篇、湖南卫视上稿 2 篇；在市级媒体上稿 132 篇。借助“双牌发布”微信公众号平台，开辟“阳明清风”宣传专栏。

【专项整治】 2016 年，县纪委、监察局认真落实“纠‘四风’树新风”专项整治“回头看”，5 月下旬对全县 11 个乡镇、1 个管理局、14 个县直单位和 7 个责任单位开展全面自查、上报问题线索情况进行了督查，全县共查找问题线索 116 个，整改到位 115 个，销号完成率达 99.14%，涉案人员给予党纪政纪处分 46 人。推进“雁过拔毛”式腐败问题专项整治工作向纵深发展，发现问题线索 62 件，受理信访举报 17 件，立案 12 件，处理 20 人，下发通报 2 期，通报典型案例 10 件。推动“危房改造领域突出问题专项整治”落到实处，县委常委会进行专题研究，成立领导小组和办公室，与专项整治整治办合署办公，召开全县动员会和部署会、培训会议，制订下发《双牌县农村危房改造领域突出问题专项整治公告》，在醒目位置悬挂横幅标语，并通过双牌电视台、双牌新闻网、双牌发布等媒体加强宣传。至年底，排查、摸底和整治工作全面进行，对市里交办的5条信访线索，调查核实3条，另外2条正在调查核实。开展低保清理整顿工作，对公职人员和村（居）“两委”干部亲属享受低保进行审核把关和登记备案。中小学违规征订教辅材料专项整治、国家公职人员违规参与涉矿等经营性活动专项整治和违规公款购买消费高档白酒问题集中排查整治工作全面推开。

【护航脱贫攻坚】 2016年，县纪委监察局强化扶贫领域执纪审查工作，根据省、市要求，结合双牌县“脱贫攻坚会战”实际，下发《2016年扶贫开发工作督查巡察工作方案》，紧盯扶贫和民生项目建设，循着扶贫资金流向，对扶贫和民生领域各个项目、各类资金进行全面核查，对“千名干部下基层、精准扶贫解难题”和“三走遍、三签字”进行专门督查，强化对脱贫攻坚工作的全面监督，确定以日常巡查与月专项督查相结合的方式，对全县各级各部门进行全方位、无禁区督查巡查，共开展巡查督查6次，下发通报8期，对工作落后的13个单位（部门）和督查没有到岗到位的6个工作队进行通报批评，约谈党政主要负责人、分管领导、直接责任人29人次，通报批评5人次，批评教育3人次，诫勉谈话5人次，以过硬的问责举措倒逼全县上下全力以赴攻坚扶贫工作。通过专项行动，排查扶贫领域“雁过拔毛”式腐败问题线索30条，受理信访举报18条，立案5件，处理13人，其中，给予党政纪处分3人，组织处理8人，收缴资金5.59万元，通报曝光典型案例1起。

县委办工作

【概况】 双牌县委办公室的主要职责是协助县委抓党的方针政策的贯彻执行情况，负责上呈下达，为县委书记办公会议、常委会议作好会务、资料准备工作；当好县委参谋；负责县委文件、报告的起草及机关行政事务工作。2016年有干部职工27人，设有综调室、文秘值班室、行政事务室、信息中心4个股室。全方位搞好三服务工作，较好地完成全年各项工作指标和县委、省市委办交给的各项工作任务。

【综调政研】 2016年，双牌县委办公室牢固树立以文辅政理念，强化以文参谋作用，紧贴党委、政府的重大工作部署，围绕产业升级、项目建设、全面深化改革、改善民生、党的建设等重大问题，深入基层、深入群众，开展一系列调研活动，取得一批富有价值的调研成果。围绕选优配强村党组织书记、国际慢城建设、精准扶贫工作、农业转型升级、特色小镇和美丽乡村建设等多个课题深入调研，部分调研成果被纳入领导决策层面。完成县第十次党代会、县委经济工作会议、第十届阳明山“和”文化旅游节、全市工业园区暨重点项目流动现场会、“两学一做”学习教育等10多次重大会议、重大活动、重大工作的汇报材料起草工作，起草县委领导讲话文稿100多篇，各种汇报材料50多篇，并对全县全局性的文稿进行统一把关，得到县委领导的充分肯定。

【督查工作】 2016年，县委督查办紧扣县委、县政府重大工作部署，着力强化“三服务”，建立督查反馈机制，全面提升目标管理和督查工作水平，有效推动党委、政府决策部署贯彻落实。先后开展决策督查91次，编发《督查专报》30期，围绕经济社会发展各个领域，开展督查调研27次，形成各类调研报告30余篇，办理市领导批示件5件、县委书记批示件58件、其他领导批示件2件，通过跟踪督查，办结65件，办结率100%。

【文秘值班工作】 2016年，县委办公室安排专人24小时连续值班，对发生的紧急情况均及时上报，职责履行到位；不断完善秘书工作制度，对承办的180多次会议，都制订合理的方案，实施过程中协调得当，对重要来宾到双牌调研、考察活动和领导的重要公务活动均制订详细活动计划或方案，实施过程“零差错”；文件的接收、分发工作按规定有序进行，全年审核印发文件150余件，密级文件管理规范，清退及时；审核党内法规性文件，建立工作台账，向市委办公室按时报备党内规范性性文件10余件。

【信息工作】 2016年，县委办公室信息中心围绕中心服务大局，深度挖掘具有双牌特色的经验和做法类重点信息，及时、准确、全面地向省市报送信息。全年上报各类信息568条，被上级采用157条，其中关于洪灾、山体滑坡、交通事故等重大紧急信息49条，在全县12个乡镇和65个县直部门都落实1名专职或兼职信息人员，建立以专职信息员为基础，以兼职信息员为依托，其他部门人员广泛参与的全方位、多层次、多渠道的信息人才网络格局。围绕上级的信息需求，认真学习省市选编的《好信息选编》《综合与摘报》《信息报送选题汇编》、省市业务通报等各类资料，提高信息的针对性和有效性。《乡镇换届面临四大困难》《当前旅游供给侧改革存在四大难题》《四大难题制约推进农村产权制度改革》《无出租车城市群众自发网络约车产生的问题及建议——以双牌县为例》《植树节将至“三轻三重”导致植“数”造“零”现象值得警惕》《选优配强村党组织班子的思考》等一批信息被省市采用。

【接待工作】 2016年，双牌县接待工作坚持以“客人满意”为目标，不断优化细化工作流程，不断健全完善接待制度，构建领导有力、部门协作、资源整合的“大接待”格局，较好地完成各项接待任务。全年接待客人991人，其中省部级以上领导121批次，外宾3批次，港、澳、台及侨胞5批次。推行“五个一”接待模式，即一份微笑、一份“接待手册”、一路热情讲解、一张特色桌签和一对一接待服务，让客人一进双牌就有一种宾至如归的感觉。在严格遵守八项规定的前提下，考虑领导的个性习惯和生活爱好，做到个性服务和特色服务。有针对性地收集了解重要接待对象的生活习惯、兴趣爱好，建立和完善个性化档案，实施个性化服务，在具体接待工作中使用地方特色菜品、地方特色酒水、地方特色水果等，突出地方特色。在重点接待宾馆的服务人员中分别确定固定的联络员，凭借联络员对本酒店熟悉的优势，协助开展各项接待工作。参考借鉴市接待处和兄弟县区的接待手册模式，增添反映本县风光、风土人情和经济社会发展情况的图片或文字，把接待工作与宣传、推介全县有机结合起来。争取市接待处的支持和帮助，有针对性做好各项工作，确保各类重大接待活动准确、到位、合理、规范。加强与县内各有关部门之间的协作与配合，优化接待环境。组建一支人员基本固定的业余解说员队伍，担任重大接待的解说任务，接待档次提升。建立健全《双牌县国内公务接待管理细则》《公务接待基本操作规范》《公务接待清单制度》《职位职责说明》《财务管理制度》等一系列接待规章制度，对接待范围、接待标准、接待流程、接待要求、接待纪律、财务报账等方面进一步规范和细化，严格实行接待“报告制”、物资领用“审批制”、签单“双签制”、消费“清单制”，做到有章可循、照章办事，促进接待工作规范化、制度化。

机要保密工作

【保密管理】 2016年，县机要保密局制订和完善《双牌县国家秘密载体保密管理制度》《双牌县涉密人员管理制度》《双牌县信息公开发布保密审查制度》等一系列保密规章制度，加大对涉密载体和涉密人员的管理力度。4月，对全县26个重点涉密单位进行检查，对20个一般涉密单位进行抽查，对各单位的计算机网络安全防护、涉密人员管理、密级文件阅办管理等情况进行检查。

【保密法制宣传】 2016年6月，县机要保密局开展保密法制宣传月活动，发放资料1000余份。在高考、中考、学考、事业单位招考中，派人全程参与试卷的保密监管。下半年，在全县卫计系统举行保密知识讲座，100多人参加讲座，在县委常委会中心组第九次集中学习中，特邀市国家保密局局长周俊卫就保密工作进行专题讲课。12月，对全县乡镇场和县直单位开展保密工作年终检查，对涉密单位的保密专干配备、涉密单位的保密专干配备、涉密设备以及密级文件、规章制度等情况进行检查。

组 织 工 作

【概况】 2016年中共双牌县委组织部有干部职工12人，设有办公室、干部教育监督室、党建室、党员教育中心、干部室、纪检室、直属工委，新成立县委两新组织党工委办公室、县党代表联络办、县委基层办，归口组织部管理。县委组织部机关全体干部以求真务实、开拓创新、创先争优的扎实作风，推动各项工作健康有序地开展，并取得较好成效。

【推进“两学一做”学习教育】 2016年，双牌县委组织部坚持从高认识，精心组织抓部署，成立由县委书记任组长的“两学一做”学习教育工作协调小组，负责全县“两学一做”学习教育的统筹协调、组织推进，及时对“两学一做”专题学习教育进行专题研究，紧扣实际，制订针对性较强的学习教育实施方案，召开全县“两学一做”学习教育工作动员会，举办全县“两学一做”学习教育党务骨干培训示范班。开展专题学习讨论，按照“三会一课”制度，党支部委员会和党小组每月组织一次集中学习；党支部每两个月召开一次全体党员会议，每次围绕一个“四讲四有”专题组织讨论，保证学习质量和效果。集中开展“送党课下基层”活动，全县各级领导干部带头到所在支部讲党课及参加专题学习讨论，带头查找问题，带头抓好整改，全县领导干部和党组织负责人到基层讲党课680余场次。举办庆祝建党95周年暨“两学一做”电视知识竞赛，组织全体党员参加“守政治纪律、做合格党员”知识竞赛。制订《双牌县“两学一做”学习教育“五个分类指导意见》，对学习教育的重点内容、解决问题、组织方式等提出不同要求，增强“两学一做”学习教育的针对性，全县“两学一做”学习教育均按规定要求、时间节点完成各项规定动作。

【落实党建责任制】 2016年，双牌县委组织部在全县构建“县委书记带头抓、县级领导挂点抓、组织部门全力抓、乡镇党委书记亲自抓、专职副书记和组织委员直接抓、组织干事具体抓”的责任体系。与各乡镇场和县直单位层层签订责任状，把党建工作责任分解到单位和个人，层层传递责任，认真落实党员领导干部党建联系点制度，要求每名党员县级领导负责联系1个党建示范点和1个软弱涣散党组织。全县35名县级党员领导干部和120多名科级领导干部建立联系点，通过典型示范，以点带面，推动基层党建上台阶、上水平。

【夯实党建基础】 2016年，双牌县委组织部以乡镇党委换届为契机，进一步充实党务工作力量，配备党委专职副书记分管党建，实行组织委员专职专岗，每个乡镇配备组织专干

2名左右。向“两新”组织选派党建工作指导员28人。县财政增拨资金170余万元，确保村级办公经费每村3万元、村级组织服务群众专项经费每村1万元、第一书记每人每年工作经费1万元。县财政年初预算安排专项财政奖补资金70万元，整合各类专项资金追加200万元，专项用于乡镇机关“五小设施”建设。全县11个乡镇建立便民服务中心（站），114个村实行活动场所全覆盖。通过政策扶持、资金支持等方式，加快发展村级集体经济，逐步消除“空壳村”。开展在职党员到社区报到活动，进一步密切党群干群关系。全县108个机关单位3100余名在职党员持卡到社区报到，主动认领服务岗位，帮助群众排忧解难。

【抓实党建成效】 2016年，双牌县委组织部继续推行和拓展树根工作法，通过县级领导联系乡镇“五个一”，县级机关联系村社“五个好”，党员干部联系群众“五个有”，真正做到融入群众零距离、服务群众面对面、帮扶群众实打实。开展基层干部不作为乱作为等损害群众利益行为专项整治，不断密切党群干群关系。推行党建+精准扶贫。切实选好管好用好第一书记，加强贫困村党员创业致富带头人培训，充分发挥抓党建促脱贫攻坚的关键作用。共选派驻村帮扶工作队67个、帮扶队员216人、村党组织“第一书记”81名，培训贫困村党支部书记和党员360人，结对困难户2300余户，为群众办好事实事2680余件。扎实推进“两学一做”。县委常委及人大政协主要领导按照每人建立1~2联系点的要求，建立“两学一做”学习教育联系点。集中开展“送党课下基层”活动，共组织党员领导干部和党组织负责人到基层讲党课680余场次。选送的《鞋子合不合脚自己穿了才知道》在微型党课评选中获全省、全市一等奖。

【完成换届选举】 2016年，双牌县委组织部对1238名干部档案进行专项审核，对乡镇班子调整时涉及的108名干部、推荐提名的367名县人大代表候选人预备人选、136名政协委员初步人选的个人档案进行重点审查。对违反计生、有违法违纪行为的30名人大代表候选人进行否决。对接到的5件12380的举报件及省市转交的7件信访件，启动快速核查机制，进行调查处理。加强对换届选举期间会风会纪的监督检查，乡镇党委换届、县党代会、乡镇人大、政协换届、县人大、政府换届期间均派出巡回督查组、换届指导组和会风会纪监督组，全程跟踪，把监督工作贯穿换届全过程。成功迎接两次省、市巡查组检查。全年高质量完成6次干部调整工作，涉及40余个县直单位、14个乡镇场（管理局）384人，消化超职数领导干部51名，非领导干部85名。

【党员干部监督教育】 2016年，双牌县有49名领导干部作出个人有关事项报告，20名双牌县后备干部作出个人有关事项报告，因个人有关事项报告填写不实，2名处级干部被取消在人大、政协换届中继续提名的资格，另1名处级干部、2名科级干部被诫勉谈话；严格执行因公因私出国（境）备案审批制度，因公出国（境）0人，因私出国（境）21人，全部按规定进行审批、登记和备案。强化党员干部培训。按质保量完成上级部门调训任务，为市委党校输送学员19人；通过双牌县委与浙江大学联合办学，输送学员37人参加“执行力+”专题培训。分别于4月及7月分期举办为期一周的“双牌县乡镇和县直单位正职‘执行力+’”培训班，有116名党政领导干部参加此次培训。以农村优秀老党员何家洞镇粗石江村党支部书记周治云为原型拍摄的微视频《乡情》，获2016年永州市“微视频．微电影”创作竞赛二等奖。

宣传思想工作

【概况】 2016年，县委宣传部围绕“四个全面”战略布局，市委“四个三”工作部署和县委“五大重点”“四大突破”战略，推进全县宣传思想文化工作。在2015年正式启动创建省级文明（卫生）县城的基础上，以“两办”的名义下发《双牌县创建省级文明（卫生）县城实施方案》，并以此为抓手，倒逼县城提质改造工作，开展文明单位创建及“五大文明行动”等群众性精神文明创建活动，推动社会文明程度整体提升；建成茶林镇桐子坳村等一批全市美丽乡村示范村；加强“四德”学习教育活动，推出全国模范人民调解员李时勋、省劳动模范陈靖文、坚守沙帽岭瞭望台20年的伍惠民、扎根山区特岗教师顾伟龙等系列美德模范；推选出2016届全国“最美家庭”的唐艳家庭，市第四届道德模范谢辉、市第二届美德少年唐衡等；向省、市推荐申报县国税局、县法院、县审计局、县地税局等4家单位为湖南省2016届文明标兵单位和文明单位，县纪委、县委办、五里岭林场等11家单位为永州市2016届文明标兵单位、文明单位、文明村镇及文明窗口单位。组队参观永州市“庆七一·红旗颂”大型群众合唱比赛活动获三等奖；在永州市第七届少儿音乐舞蹈大赛中摘得1银4铜；参加永州市“欢乐潇湘和美永州”群众文艺会演活动，获得铜奖3个；在第六届全民广场舞大赛永州市选拔赛暨永州市“幸福跳起来”广场舞大赛中，选送的舞蹈《公正阳光照人民》获铜奖；参与首届湖南文物价值解读与传播大赛，及时报送参赛作品，解说词《岁圆楼古建筑群》获得“入围作品奖”。

【意识形态管理】 2016年，双牌县各级党委（党组）严格落实党管意识形态原则，把意识形态工作摆上全局工作的重要位置；贯彻落实省委市委关于意识形态工作相关文件精神；建立健全意识形态工作机构；明确主体责任与第一责任人责任，强化举措，确保“四个纳入”落实到位。把意识形态工作纳入议事日程，列入县委常委会重要议事日程，在县第十次党代会上，第一次将意识形态工作列入主题报告之中，正式将意识形态工作与党建工作、党风廉政建设工作列入同等重要位置，把意识形态工作纳入全县年度绩效考核、党建工作责任制及党的纪律监督检查范围，进一步明确党委（党组）意识形态工作责任制。下发文件，要求乡镇党委、县直单位和省市驻双单位党委（党组）每半年向县委和县委宣传部专题报送一次意识形态工作小结，每年年底报送一次意识形态工作总结。做好知识分子的团结引导服务工作。县委领导班子成员与知识分子、理论界、教育战线骨干教师、文学艺术工作者交朋友，通过定期开展走访、参加学术研讨、召开座谈会等形式，与知识分子谈心谈话，拓展与知识分子交流、沟通、联系的渠道。加强社科研究机构、社科类社会组织和境外非政府组织的管理，明确对各类社科机构或组织的成立报县委宣传部备案的要求，加强全县各类报告会、研讨会论坛及学术刊物的管理，全县各级各部门开展相关活动必须按程序报县委宣传部备案审核。出台《双牌县网络舆情管理办法》等各项规章制度，成立双牌县网络安全和信息化领导小组，加强网信工作力量；坚持网上正面宣传，注重网络舆论引导；严格网络舆情监管，严防网上意识形态渗透；根据情况变化，及时调整充实全县网评员队伍，并进行专门培训。

【新闻宣传管理】 2016年，双牌县新闻宣传管理坚持党管媒体不动摇，全面贯彻落实中共十八大和十八届三中、四中、五中、六中全会精神及习近平总书记系列重要讲话精神，履行习近平关于新闻舆论工作“48字”指导方针，宣传县委战略思想，推进县委战略部署，自觉服从和服务于县委中心工作和重点工作；坚持正确政治方向和舆论导向，遵循客观、准确、及时、实事求是的原则，拟定《双牌县新闻舆论工作管理办法》，严格落实新闻报道报告制度、新闻报道审核制度、新闻宣传纪律和保密规定，实现新闻宣传工作的法制化、科学化、规范化管理，形成全员参与、多方协作、上下联动、各负其责的大宣传格局。双牌县广播电视台坚持新闻宣传、网络发展“两手抓”，推进直播卫星“户户通”、农村广播“村村响”“无线网络覆盖”三项惠民工程，有力推动双牌广播电视事业稳步发展。全面完成12个乡镇管理局7600户“户户通”设备抄录发放安装工作，做到录入率和开通率两个100%，并经省市验收通过；全年制作播出《双牌新闻》230多期，播发新闻稿件1100余篇，开辟《改革进行时》《全面建成小康社会》《“两学一做”》《创森一点通》《创森进行时》《创文进行时》《健康锦囊》《百姓话题》《平安双牌》《环保进行时》等专题专栏节目100多期，制作播出各类公益广告、标语、飞播上万条次；在省市电视台发稿近120条，其中在《湖南新闻联播》发稿8条，在《湖南经视新闻》等省级电视、广播平台发稿20余条，在《永州新闻联播》发稿110条，发稿时长5700余秒。双牌新闻网（红网双牌站）实现改版上线，新的双牌新闻网版面更加整洁规范，网民关注度不断增加，获评2016年度红网优秀分站；通讯员投稿及上稿数量保持稳定增长，全年双牌新闻网采稿发稿1300余条，在国家省市知名网站上稿390条。双牌官方微信公众号“双牌发布”关注人数达2.6万人，2016年前三季度再次稳居全市县区官方微信前三、全省政务微信前二十强。

【理论学习宣传】 2016年，双牌县邀请省社科院副院长周小毛、市委宣传部副部长王再兴、市委直属机关工委书记郑文飞等到双牌集中宣讲；组织县委宣讲团在全县各地开展24次理论集中宣讲和100余次理论微宣讲活动。县宣讲团成员、县委党校教师肖芸参加全市“习总书记讲话进基层微宣讲”比赛，获得一等奖，市委宣传部推荐她参加全省“好声音讲坛——‘三新’进基层”百姓微宣讲总决赛，获一等奖第一名。年初，制订下发《2016年双牌县委中心组理论学习安排意见》，先后邀请省扶贫办副主任张智勇、省民宗委宗教四处处长陈晓燕、市卫计委副主任蒋玲萍、市国家保密局局长周俊卫等省市专家教授到双牌县举办大型讲座7次，县委中心组专题学习10次。征订分发《习近平总书记系列重要讲话读本（2016年版）》《胡锦涛文选》《全面小康热点面对面》《读有所得》《品质活力永州战略研究报告》等核心理论读物，提升党员干部理论水平。组织开展“两学一做”理论研究征文活动和“学习贯彻县第十次党代会精神理论研讨征文”比赛，评选出一等奖1篇、二等奖2篇、三等奖3篇。为县委科学决策提供理论支撑。编印《我与文明同行》宣传手册3万余册；加强对思想政治工作的研究，开展政治思想工作职称评论，做好《思想政治工作研究》杂志订阅使用工作；重视推介和宣传各级各类先进典型，组织开展向市级道德模范盘木清、唐艳、谢辉学习活动。开展形势政策宣传教育，年内组织大型的形势政策报告会4次，请专家教授讲课，了解当前的国际国内形势，并定时通知各单位干部职工观看形势政策电视、电影、视频、专题片、微博、微信，了解国际国内重大形势政策。

【舆论监督引导】 2016年，双牌县将网上舆论监督工作和网络宣传工作有机结合，双牌“第一时间发现知晓、第一时间评估研判、第一时间应对处置”，转交办理各类涉双网络舆情185条，妥善处置一起较大级别网络舆情，未发生一起重大以上级别网络舆情事件，未发生一起因网络舆情处置不当造成恶劣影响的事件。上报省委舆情信息处舆情信息12条，在《湖南宣传》《湖南宣传动态》上稿2篇，在《永州宣传》上稿6篇。

【对外宣传工作】 2016年，双牌县新闻外宣工作主动与中央、省市主流媒体沟通衔接，重点组织策划第十届阳明山“和”文化节新闻宣传、社会宣传工作，做好节前宣传造势、节后宣传推介，中国新闻网、新华网、《湖南日报》、湖南经视、《永州日报》、永州电视台等中央省市级媒体均进行宣传报道。开展省、市媒体记者编辑“美丽双牌行”大型新闻采风活动。创新开展新闻扶贫，在湖南卫视《午间新闻》推出双牌森林土鸡、双牌高山虎爪姜。双牌成功成为献礼十九大大型纪录片《县委大院》全国8大拍摄点之一，《“最美县委大院”里的“早餐会”》《自信双牌奏响幸福生活新乐章》《双牌美丽乡村有特色》《双牌产业扶贫打开致富门》等一批稿件在《湖南日报》《永州日报》头版要版刊发，特别是《避暑仙境阳明山》在《湖南日报》新媒体客户端《新湖南》上发表后，短短几天点击量就突破5.5万次；《湖南双牌发现生存一亿年龙虾花活蹦乱跳如活虾》被《湖南日报》刊发后，先后被国内100多家媒体转载，单网易一家点击量就破50万次，多家新媒体推上头版。全县全年在中央、省、市主流媒体上稿1800余条。1月1日起，双牌县实行新的对外上稿管理制度，下发《中共双牌县委办公室双牌县人民政府办公室关于对中央、省级、市级主要媒体上稿工作实行目标管理的通知》，对正面宣传报道双牌的重要稿件予以重点奖励。同时，在原有通讯员的基础上，通过扩大调整，成立全县舆情信息通讯员队伍并进行专门培训。

统 战 工 作

【概况】 2016年，县委统战部设有3个科室，分别为办公室，民宗办和党外代表人士联络室，现有编制6个，其中行政编5个，工勤编1个，在岗工作人员5人，1人长期请病假。县委统战部继续获“全市统战工作先进单位”，已连续5年获得此项称号。开展的“关爱民族地区空巢老人、促进民族关系同心融合”活动被授予“2016年度全市统战工作实践创新成果奖”。在调研信息方面，撰写的《对阳明山海峡两岸交流基地发展情况的调查与思考》获“2016年度全省统战理论政策研究成果三等奖”，被评为“全市统战理论调研工作先进单位”和“全市统战信息工作先进单位”；创建的茶林镇桐子坳同心乡村获评“市级同心乡村”并授牌。成为全市唯一囊括所有统战奖项的县区。

【“四同”创建工作】 2016年2月，双牌县引导全县党外人士创建的“阳明山统一战线文化交流基地”被省委统战部授予“省级同心项目”称号。同时，省财政给予“阳明山统一战线文化交流基地”奖补资金12万元。将“龙洞文化艺术产业园”作为县“统一战线文化艺术交流基地”同心项目打造，并申报为“省级同心项目”。7月25日，省委统战部副巡视员王和平一行到“阳明山统一战线文化交流基地”为基层党员上课，并考察“龙洞文化艺术产业园”，高度评价全县统战工作。开展的“关爱民族地区空巢老人，促进民族关心同心融合”活动得到县委、政府的高度重视，县委书记苏小康等“四大家”领导带头走访36户困难空巢老人；全县9个民族村、42个民族小组都建立“信息库”和“健康档案”，县人民医院、中医院、民康医院、堡芝堂医院定期看望空巢老人；县工商联组织36家非公企业成立基金会，累计筹集资金30万元，全年走访慰问达到160多人次。

【非公经济工作】 2016年，县委统战部组织开展“访民企、办实事、强信心”百户民企大走访调研活动，在“守法诚信、坚定信心”为重点的理想信念教育实践活动中，36名非公有制经济代表人士投身“同心工程”“民企联村”活动。成立广东双牌商会，开展“引老乡、回故乡、建家乡”活动。促成双牌双电化工氯酸钠电解节能技术改造项目和九星化工电解设备及尾气处理技术改造项目竣工投产；推动凯丰活性炭公司“高效颗粒活性炭研发基地”建设项目稳步实施。推进何家洞、五星岭、麻江、塘底等风电场项目建设；帮助金蕊实业等3家生物医药企业扩大和发展中药材原料种植基地；扶持晶华电子完成LED智能控制器系列产品生产线的竣工投产。引导企业加快转型升级，双牌铝厂、永州富宁公司、双牌金财鞋业公司、南岭钢业公司相继被关停；腾威科技、星宇刺绣、乐福地医药包材、华长源波形护栏、仕诚塑料机械、和润山泉等9个工业项目相继开工建设，一批土地得到收回或高效合理利用，一批招商合同得到严格履约或及时废止。加快电商发展，在工业园设立电子商务孵化园，引进阿里巴巴电商巨头，实施“互联网+农业”战略，推介、推广工农业知名产品。鼓励企业科技创新，全县非公企业获国家、省专利授权18件，华长源、华茂生物两家企业成功申报湖南省“专精特新”示范企业，键特科技申报中国驰名商标，阳明茶叶“塔山婆婆+图形”商标获批湖南省著名商标，凯丰活性炭“木质磷酸法活性炭”获批湖南省名牌产品。

【宗教事务管理与服务】 2016年，县委统战部贯彻落实党的宗教工作基本方针，开展以“教风年”为主题的“和谐寺观教堂”创建活动，涌现万寿寺、佛山禅寺2个国家级和省级先进场所。坚持“依法行政、合理行政、制止非法、抵御渗透”，出台《宗教活动场所民主管理机构职责》《宗教教职人员职责》《宗教活动场所财务管理制度》《宗教人员学习制度》等各项工作管理制度。开展“四项排查”，坚持重要敏感节点信息日报制，完善宗教领域突发群体性事件应急处置机制，宗教领域未发生安全事故和重大责任事件。宗教界人士募捐善款150多万元，政府为全县26名宗教界人士解决社保问题。

【党外代表人士队伍建设】 2016年，县委统战部严格遵循“党管干部、党管人才”原则，出台《关于全县各级班子中的党外领导干部申请入党需履行有关程序的通知》，下发《中共双牌县委组织部、中共双牌县委统战部2012—2016年培养选拔党外代表人士工作规划》，县人大、县政府、县政协班子配备党外副职，政府工作部门和司法机关配备26名党外领导干部，其中政府工作部门配备党外正职2名，14个乡镇场领导班子均有党外副职，全县安排党外科级以上干部93名，储备党外后备干部68名。党外人大代表的提名推荐和政协委员的人选推荐均遵循上级规定程序，安排比例符合规定要求。

机关党建

【概况】 2016年，县直属机关委员会设书记1人，副书记1人，委员4人，辖县直机关党组织164个，党总支部16个，党支部148个，有党员2353人，其中女党员524人。少数民族党员105人，大专及以上学历党员1615人。县直机关配备机关专职党务工作人员。批复108个机关支部选举支部书记、副书记及支部人员。

【推行“党建+”】 2016年，双牌县直属机关工作委员会狠抓党建工作，力推“党建+”，将党建与各项具体工作紧密结合起来。推行“党建+作风建设”，探索党内监督、民主监督、社会监督等监督新形式、新方法，确保党员领导干部权力行使到哪里，各项监督就延伸到哪里。推行“党建+精准扶贫”，将机关党建与精准扶贫有机结合，党员干部结对帮扶困难户2300余户，为群众办实事2680余件。推行“党建+社会治理”，将基层党建与社会治理密切结合，推行农村、社区治理网格化管理，让党的组织、党的工作延伸到每个网格，实现机关党建与社会治理互促共赢。推行“党建+改革创新”，开展从机关和企事业单位选聘党员干部到村级党组织担任专职书记试点工作。此外，干部述职述党建、评议考核考党建、任用干部看党建，凝聚齐抓共管的强大合力。同时，双牌县建立起“县委书记带头抓、县级领导挂点抓、组织部门全力抓、组织干事具体抓”的责任体系，推行党员干部直接联系群众制度。全县108个机关单位3100余名在职党员，一对一帮群众排忧解难，实现服务群众零距离、面对面、实打实。建立党员领导干部党建联系点制度，全县35名县级党员领导干部、120多名科级领导干部建联系点。推行“党建+工程”，提升党建促发展水平，把党建优势转化为发展优势，用各项工作业绩检验党建成效。健全干部作风常态化机制，不断加强和改进干部作风；加强“五小”（食堂、厕所、宿舍、淋浴室、活动室）设施建设，改善基层干部工作生活条件，有效遏制干部“走读风”；开展基层干部不作为乱作为等损害群众利益行为专项整治，不断密切党群干群关系。抓紧调整选配贫困村党支部书记，选好管好用好第一书记，加强贫困村党员创业致富带头人培训，发挥抓党建促脱贫攻坚的关键作用，打赢这场精准扶贫攻坚战。推行“党建+社会治理”。将基层党建与社会治理密切结合，让党的组织覆盖到每个网格、党的工作延伸到每个网格。

【领导调研】 2016年7月9日，湖南省委组织部副部长蔡建和一行深入双牌开展机关和基层党建工作调研。永州市委常委、市委组织部部长吴志雄，双牌县领导苏小康、魏和胜、李瑛、秦小国陪同调研。蔡建和一行先后深入县国税局、双牌县阳明山管理局、麻江镇廖家村、泷泊镇阳明社区等地实地考察党建成果，“两学一做”学习教育解机关和基层党建工作进展，指导基层党建优化工作。调研组表扬县国税局紧密结合国税工作和党员队伍实际，研究制订“两学一做”学习教育方案做法。该局按照《人民日报》梳理出的“22个问题”进行学习，让干部明白什么是“两学一做”学习教育，引导干部坚定信仰信念，自觉做到内化于心、外化于行，做遵守、维护党章党规的坚定执行者和忠实捍卫者。

【落实条例实施】 2016年，双牌县机关工委结合双牌实际，制订出台贯彻落实《中国共产党党和国家机关基层组织工作条例》实施意见。组织15人分5个组按照“五看”（看组织学习条例的情况，是否认真组织学习；看基层组织建设情况，是否配齐配强党组织班子，是否按期换届；看党内生活情况，三会一课等党内生活是否规范；看活动阵地建设情况，是否建好活动阵地，制度是否完善；看党组织活动经费落实情况，是否列入年度预算、是否专款专用）的要求，对副科以上县直单位就贯彻落实机关基层组织条例情况进行督查，并将督查情况书面报告县委主要领导和分管领导，下发督查通报。4月中旬下发《关于进一步加强县直机关基层党组织规范化建设的意见》。

【党建工作】 按照“基础工作标准化、重点工作实效化、创新工作品牌化”的“三位一体”要求，出台相应文件，推行“学建+”工作模式，实施“百个支部做标杆、百个品牌做引领、百个窗口做示范”的“三百工程”，开展“机关党建品牌”“共产党员先锋岗”创建活动，抓实机关基层党支部规范化建设。每月都主动下到各单位指导党建工作。按照县委的安排和“两上两下”“六审六查”的要求，组织工委所属各单位所有党代表候选人的推选和考察工作，及时召开工委党代表会，选举产生出席县党代会正式代表。制订出台《关于严格落实“三会一课”》等各项制度。

机构编制

【机构编制管理】 2016年，双牌县编办坚持以抓人事编制领域“三超两乱”专项治理为契机，落实控编减编方案，创新机构编制管理，加大机构编制工作督查，确保了机构编制工作“不踩底线、不破红线、不触高压线”。2016年，全县机构个数控制在2012年的总数之内；行政编制没有突破上级下达的限额，事业编制控制在2012年年底的基数之内。县、乡事业单位消超全部完成，参公事业单位编制首次有余编，2017年可申报对外公开招考计划；中小学校老师总数首次减少到省定专项编制限额以内，2017年可以对外公开招聘；政法单位、乡镇行政、事业单位均有余编公开招考。进一步加强实名制数据库的完善、维护和管理。对实名制数据机构及人员信息进一步进行完善，确保机构及人员信息的完整及准确，保准实名制管理的动态化与常态化。

【机构改革】 2016年，全县积极稳妥推进县政府职能转变和政府机构改革工作。县政府机构改革后，设置22个工作部门：政府办公室、发展和改革委员会、教育局、公安局、监察局、民政局、司法局、财政局、人力资源和社会保障局、国土资源局、住房和城乡规划建设局、交通运输局、农业委员会、水利局、林业局、科技商务粮食和经济信息化委员会、文体广电新闻出版局、卫生和计划生育委员会、审计局、环境保护局、食品药品工商质量监督管理局、安全生产监督管理局、城市管理行政执法局、人民防空办公室（县监察局与县纪律检查委员会机关合署办公，列入政府工作部门序列，不计入县政府机构个数；县人民防空办公室既是县国防动员委员会的常设办事机构，也是县人民政府防空工作主管部门，列入县政府工作部门序列，不计入县政府机构个数）。配合完成撤乡并镇工作，全县乡镇由15个减少到11个。按程序规范撤并后乡镇的机构设置和职能职责，按程序申报并批复乡镇领导职数，加强职数管理，按要求完成乡镇区划调整有关机构编制配备工作，并下发“三定”方案，完善乡镇便民服务中心，确保乡镇区划调整后各项工作有序开展。

【行政审批制度改革】 2016年，双牌县对各单位的行政职权进行动态清理，及时承接上级下放的行政审批事项，对应取消上级要求取消的行政审批事项，统一规范县内行政许可事项183项，及时承接上级下放的行政审批事项28项，对应取消行政审批事项35项，对应调整行政审批事项1项。清理后，全县政府工作部门行政权力共2264项，比2015年减少21项，并及时网上公布。同时，督促各单位完善并公布行政职权运行流程，行政许可事项按要求办结；出台事中事后监管办法，要求各单位严格按办法进行监管，没有列入权力清单的审批事项，一律不再审批；加大工作督查，全年集中督查四次，发通报4期，及时纠错纠偏，确保改革工作顺利进行。

【事业单位分类改革】 2016年，双牌县坚持政府机构改革与事业单位分类改革相协调，对承担行政职能的事业单位，将其行政职能划归相关行政机构或转为行政机构，全县313个事业单位于2016年年初全部完成分类。初步划分为行政类事业单位10个，公益一类事业单位230个，公益二类事业单位20个，经营类事业单位5个，暂不分类事业单位48个。

【事业单位登记管理】 2016

年，双牌县事业单位法人登记年检为年报改革后，县事业单位登记管理局严格按要求开展事业单位法人登记改革专项培训，明确事业单位法人登记改革的具体经办人员，全面实行事业单位网上登记工作，做好网上受理年报及办理设立、变更、注销登记等相关事项，按要求更换新版事业单位法人证书，严格规范事业单位的登记管理。全年网上受理事业单位年报134个，办理事业单位新设立登记7个，办理事业单位变更70个，办理事业单位注销5个。开展机关、群团组织统一社会信用代码赋码工作，办理机关、群团组织统一社会信用代码赋码发证49家。

党校工作

【概况】 2016年，县委党校履行工作职能，创新干部培训，狠抓教学科研，强化行政管理，优化后勤服务，全面加强自身建设，发挥自身功能，推进党校改建工程和加紧筹备创建全省示范性县级党校。在全县绩效考核中，党校连续三年被评为优秀等级。

【干部培训】 2016年3月1日，县委干部教育工作领导小组在县委组织部会议室召开2016年度全体会议，县委常委、县委组织部部长、县委党校第一校长、县委干教领导小组组长秦小国出席会议。会议重点研究当前全县干部教育培训工作的目标任务和干部教育培训的工作思路：坚持党校姓党的办学原则，以“服务发展，突出发挥好主阵地作用、熔炉作用、智库作用，为经济社会又好又快发展提供理论引领、人才保证和智力支持”的办学思想，制订干部培训计划和任务。围绕培训计划，开展教学培训、科学研究、决策咨询工作，在“理论基础、世界眼光、战略思维、党性修养”的教学布局中突出能力教育这个重点，将理论与实际更加紧密地结合起来，不断提高干部教育的质量。全年举办各类干部培训班8期，培训723人次，其中主体班次4期、培训233人次：3月13日至4月13日，举办“双牌县2016年中青年干部培训班”，培训学员69人；5月12日至6月12日，举办“双牌县2016年乡科级干部培训班”，培训学员38人；两期域外（浙江大学）培训班，计划培训学员126人。与县委组织部、县直属机关党委、人社局等单位联合办班4期，共计490人次：协助县委组织部举办“全县村社党组书记培训班”2期，培训学员230人；7月27日—28日，配合直属机关党委举办“全县新党员和发展对象培训班”，培训学员125人；9月18日—22日，配合人社局举办“全县新进人员培训班”，培训学员135人。

【教育教学】 2016年9月6日，双牌县委常委、县委组织部部长、县委党校第一校长唐旭与党校全体职工座谈，并强调“教学兴校，质量立校”，深化教学改革，创新教学模式。教学布局合理，分为党性教育、基本理论、县情与县委中心工作和国际国内形势等专题组织培养课题。教学方法多样，不断创新教学方法，把研究式、案例式、模拟式、体验式等教学方法广泛运用到教学中，调动广大学员学习的主观能动性，形成具有本校特色的教学方法。组织案例式教学。将双牌在改革和经济社会发展中具有代表性和启示意义的事例编写成教学案例，引入课堂，如扶贫的鸡养殖与药材种植、基层干部李时勋等，促使学员从被动接受理论知识到主动进行理论思考，从简单了解理论观点到深入思考现实问题，从消极掌握理论词句到积极运用理论指导工作实践。组织研讨式教学。课前将讲课提纲发给学员阅读，并提出问题让学员思考，分组讨论一个小时，然后集中交流一个小时，最后教师点评总结一个小时，让学员联系工作实际谈看法，强化课堂所学的知识，交流学习体会。组织论坛式教学。设立学员论坛。主要围绕学员当前关心和关注的问题，包括岗位工作经验介绍、考察体会等由学员自己唱主角，校领导、教师参与并点评。开设以“打造泷泊国际慢城”为主题的学员论坛2次，切实把调查研究作为提高党校教师和学员素质与能力的重要途径。组织理论宣讲。党校骨干教师作为县委宣讲团成员，深入乡镇、县直各部门、企业、社区进行多形式的理论宣讲活动。全年，全校外出宣讲30多场次，深受干部和群众的好评。同时，教师肖芸在全省宣传系统微宣讲中获一等奖。

【科研工作】 2016年，双牌县委党校制订《中共双牌县委党校2016年教学科研管理制度》制度，实施科研信息“12345”捆绑考核管理法。强化“教科研一体化”共同理念，坚持实践出题目、科研做文章、成果进课堂，不断探索教学科研一体化运行机制。发挥党校优势，实行教师学员结合、校内校外结合，深入研究县委、县政府中心工作、经济社会发展中的问题，努力推出一批有深度、有分量、有价值的科研成果。12位专职教学人员中，廖银梅、唐静静二位教师获奖；参选文章中有7篇获得省、市奖项，获奖率64%；其中，教师黄学锋撰写的《双牌县农村“两委”关系的调查与建议》获省二等奖，实现持续5年有获省二等奖以上的较好水平。申报3个省市级社科课题，其中《“湘南山区县以“绿色发展”引领经济竞争力提升研究——以双牌县发展绿色生态产业为例”》《湖南省农地产权制度改革的问题与对策研究》成功立项；2015年申报的《农民专业合作社是农村新型合作组织的重要形式—以双牌县农民专业合作社的发展为例》成功结项。校承担县委政府关于打造国际慢城和发展生态旅游的部分调研课题，完成《“慢城”打造不是“乌托邦”——漫谈”慢文化”》《突出生态优势壮大旅游产业——关于发展双牌县生态旅游的调研报告》；《关于打造永岚现代观光农业走廊》被列为双牌县政协八届五次会议的大会发言材料。教师蒋小华撰写的《加强基层组织建设构建乡村治理新格局》在双牌县委政府主办的《走进双牌》上刊发。在双牌新闻网、上级党校网站等发布新闻信息20余则。

老干部工作

【概况】 2016年，县老干部局在职工作人员8人，退休人员5人。至2016年年底，全县共有离退休干部48人，其中：离休干部5人，退休县级干部43名，享受正县级待遇18人。2016年，全县老干部工作围绕“让县委政府放心、老干部满意”的目标，取得一些成绩。县老干局被评为“全市老干部工作部门先进集体”、全县基层党建工作先进单位。

【领导关怀】 2016年11月22日，印发《关于调整中共双牌县委老干部工作领导小组组成成员的通知》；12月7日，县委老干部工作领导小组会议在县委组织部会议室召开，研究讨论贯彻落实中办发〔2016〕3号文件、老干部工作领导小组成员单位的职责、双牌县离退休干部工作存在的问题及正能量活动的开展、推进等工作。12月14日，县委常委会议专题听取“关于中办发〔2016〕3号、湘办发〔2016〕21号文件及双牌县贯彻落实意见的汇报”。

【两项建设】 2016年12月14日，双牌县委常委会议形成纪要同意印发双牌县《关于进一步加强离退休干部工作的实施意见》，同意成立县委离退休干部工委，给予县委离退休干部工委工作经费列入财政预算并逐年增加，给予离退休干部党支部书记每月100—200元的工作补助。12月22日，印发《中共双牌县委关于同意成立中国共产党双牌县离退休干部工作委员会的批复》，明确县委离退休干部工委作为县委派出机构，办公室设在县委老干部局。按同级副职配备专职副书记1名。

【两项待遇】 2016年，双牌县全面落实老干部政治待遇、生活待遇，确保老干部政策第一时间最大限度落实到位。县委常委每人都联系若干名离退休干部，在春节、重阳节等重大节日，局工作人员陪同走访慰问老干部106人次。县委、县政府在重阳节期座谈会上向老干部通报经济社会发展和社会管理情况，组织离休干部和退休县级干部参观考察全面建设小康示范村茶林镇桐子坳村。6月，配合相关部门做好全县离退休干部工资增发工作，7月底前审批补发到位。协助县委组织部、县人社局做好中华人民共和国成立初期参加革命工作的部分退休干部生活补贴和医疗补贴的审批发放工作。离休老干部增加的离休费和老干部无固定收入、生活困难的遗孀、配偶的生活补助费全部发放到位。针对离休干部整体进入高龄、高发病的“双高”期的现状，县老干局发挥老干部部门、医院、医保中心“三位一体”的作用。离休干部医药费全部进入医保单独统筹，按规定及时报销。10月中旬，组织全县离休干部和退休县级干部在县人民医院进行体检。

【阵地建设】 2016年12月14日，双牌县委常委会专题研究，同意在老干所加挂老干部活动中心、老年大学牌子，并划入公益类事业单位。10月，县政府拨给老年大学27万元专款用于维修、改造老年大学教室、户外活动场所和添置教学设备等。同时，县财政给予3所乡镇老年学校各1万元的创办经费，给予2015年开办的3所乡镇老年学校经费各5000元，给予6所村老年学校经费各2000元。年底，对各乡镇、村老年学校进行初审。

【文体活动】 县老干局每月的15日，为固定学习活动日。每次活动的第一个程序是组织老干部学习或阅文，接下来就是开展文体活动，老干部自由选择组合，分别开展麻将、字牌、扑克和象棋等活动。与县老体协组织4次规模较大的门球赛、1次金秋运动会、1次老年人太极拳（扇、剑）邀请比赛；县老年大学艺术团组织学员30余人赴江村镇“送戏下乡”，受到当地村民的热烈欢迎和充分肯定。6月份参加“爱心传递·真情助学帮困”公益活动、“让爱洒满人间”助残活动文艺晚会。县关工委、县教育基金会整合社会力量，资助大中小学生110余人，资助资金40余万元。其中资助贫困大学新生65人，金额26余万元。表彰“最美孝心少年”30名，并给每一名“最美孝心少年”发放助学金1000元。5月下旬，组织双牌县第四届“关爱明天、普法先行”法治宣传团先后在县一中、理家坪中心校等19所中小学校集中开展专题法治宣讲活动，9000多在校师生接受法治教育。10月，县老科协、老保协联合县人民医院、县中医院赴塘底乡、五星岭乡开展“送健康”义诊活动。县老年书画协会举办“纪念红军长征胜利80周年诗词书画比赛”，12月，创建“诗词之乡（县）”验收合格。通过关工委、老年大学、老年书画协会、老年科协、老年体协等涉老组织平台，以“展示阳光心态，体验美好生活，畅谈发展变化”为主要内容，组织开展系列正能量活动。围绕“醉美夕阳·添彩双牌”主题，深入开展“我看双牌新变化”活动。5月，县委老干部局和县摄影爱好者协会联合举办“老干部眼中的品质活力双牌”摄影活动，收到作品92幅，其中60幅优秀作品参加市老干部局举办的摄影大赛。老干部局、老年大学对学员进行网络知识和网络技能培训，引导他们有效运用“共产党员”“双牌发布”“永州市老干网宣群”“双牌县老年大学群”等网络平台积极发声，传播双牌好声音。围绕“金秋助贫”主题，开展“送温暖、送技能、送健康、送文化”活动。关工委组织“五老”宣讲团到各中小学校进行社会主义核心价值观和法制教育宣讲。老年书画协会开展诗词进社区、进学校、进乡镇活动。

（盘文华）

对 台 工 作

【概况】 双牌县对台办公室设1个内设机构：综合办公室。核定行政编制3名，领导职数2名，其中主任1名（县委统战部副部长兼）、副主任1名，综合办公室主任1名。2016年，县台办实有人数1人（县委统战部副部长、台办主任）。

【对台招商】 2016年，精心打造对台招商项目库，组织参加对台招商会，以商招商。县委副书记张跃斌，县委常委、县委统战部部长雷秀新，先后分别带队赴东莞和上海对接招商，取得良好的效果；通过台协、台企实行以商招商。全年接待来双考察投资的台胞台商50人次。

【对台交流】 2016年，参与“第十届阳明山“和”文化节暨海峡两岸交流基地发展座谈会”，国台办交流局、省台办、市领导均出席活动。加强与各地台协、台企的交流。与两岸经营者俱乐部、永州市台协、清远市佛岗县台协和广州市台协等加强联络，达成交流交往共识。

【对台宣传】 2016年，抓好对台调研工作，撰写高质量的调研报告《对阳明山海峡两岸交流基地建设情况的调查和思考》，在全市获调研成果一等奖，并在中央台办《台湾工作通讯》发表。全年在各级各类新闻媒体发表调研文章和新闻、信息等22篇，建立对台交流微信群2个。

【精准扶贫】 2016年，县台办牵头负责的泷泊镇六盘村精准扶贫工作，在年底省检中，通过脱贫验收。驻村扶贫工作队被县委、县政府评为“先进工作队”。

党史与地方志征集编纂

【党史编研】 2016年，编写出版双牌首部专业史——《双牌林业发展史》，全书共设5章18节110目，20余万字，县委书记苏小康为该书作序。完成红六军团过双牌地标性建设工作。根据市委关于做好红六军团长征地标性建设工作的文件精神，成立红六军团经过双牌地标性遗址建设领导小组，由县委常委、县委宣传部部长、县委办公室主任张少宣任组长，县文体广新局、县史志办、阳明山国家森林公园管理局、茶林镇、麻江镇等单位主要负责人为成员，具体负责红六军团过双牌地标性遗址建设工作。组织人员深入调查，挖掘红六军团经过双牌的史实情况，并提出地标建设意见。全面启动红六军团过双牌地标性遗址树碑工程。3月底，在响鼓岭、大麻江水井、三家湾红军宿营地、大河江柳树林、铲子坪分兵桥，分水岭、歇马庵7处红六军团过双牌地标遗址全面完成树碑任务。碑身为——汉白玉大理石，宽1.5米，高1.2米。前刻“红六军团西征地标遗址纪念碑”字样。后刻红六军团经过此地的时间、经过及主要活动等简介。配合中央电视台大会师拍摄红军长征专题影片和红军长征系列纪念活动。3月中旬，中央电视台“大会师”摄制组成员到双牌沿红六军团经过的路线进行专题采访拍摄圆满完成。组织参与市史志部门组织开展的红军长征系列纪念活动，完成红军长征论文征篇文章1篇，红军长征故事3篇，开展重走长征路活动，并为贫困学生捐送书包。协助规划阳明山竹篙岌红六军团领导人塑像改造工程。

【方志编写】 2016年，县委、县人民政府研究决定启动《阳明山志》编纂，下发文件，确定方案和编写班子，组织业务学习培训。拟定篇目框架（大纲）报市审批通过，并按照篇目大纲开展资料收集工作。同时继续在全县宣传发动修志工作，指导部门单位编纂部门志。启动《双牌县财政志》《双牌县卫生与计划生育志》《双牌县教育志》的编纂。完成《双牌县乡镇简志》编纂出版。与邮政部门配合，落实7部村志编写工作。搜集整理上报符合永州人物志入选条件的人物资料10篇，完成市委办交办的《潮涌潇湘》征文2篇和市史志办交办的《永州影像志》之《民俗节庆篇》3个实录对象调查摸底。

【年鉴编纂】 从2016年起，启动双牌综合年鉴编纂工作，加强组织领导，建立健全年鉴编纂工作体制机制。成立县委书记任名誉主任，县长为主任，常务副县长、县委办公室主任任副主任，各乡镇和县直部门主要负责人任委员的年鉴编纂委员会。年鉴编纂委员会下设年鉴编辑部，年鉴编辑部设县史志办。县史志办拟发文件，制订编纂方案，拟订设计年鉴篇目、撰写条目，指导承撰单位撰写初稿。

档案工作

【档案资源和开发利用建设】 2016年，县档案局接待查阅利用者3500余人次，提供利用档案4800余卷（件），摘抄复制2万余页。主要是为高速公路占地补偿、身份、工龄认定、交纳社会保险和林地、民事纠纷以及全县各单位和乡镇村修史编志等提供原始依据。根据市档案局关于做好全国档案事业统计年报报送要求，面向全县各立档单位下发通知，对报送内容和要求、报送时间提出具体要求，要求全县各机关单位综合档案室按照填报要求，做好本年度档案室基本情况、室存档案数量、电子档案数量统计核算。针对部分单位的新档案员不了解档案统计指标的情况，采取电话指导、QQ交流、现场指导等多种形式指导各单位认真填写统计报表，确保各单位高质量完成统计年报的填写及上报。

【档案基础业务建设】 2016年，县档案局业务指导员多次深入全县各单位指导整理档案，全年完成对县政府办、县委组织部、县财政局、县发改委、县国税局、县史志办、五星岭、塘底、五里牌镇等20多个县直单位和乡镇场的档案业务指导工作。通过业务指导和检查，有效解决单位业务档案在收集、整理、立卷、归档、案卷排列、档号编制、案卷封面及脊背填写中的疑难问题，使全县档案业务得到进一步规范。同时，针对存在的问题，提出整改意见，要求各责任单位要继续加强档案管理工作，进一步健全和落实档案管理制度，加强和完善档案信息化建设，深层次开发、挖掘和利用档案资料，保持档案工作人员的相对稳定，进一步提高档案管理规范化工作。

【县综合档案馆项目建设】 双牌县综合档案馆2010年批准立项，湘发改投资〔2012〕956号文件核定县档案馆建设规模4677平方米，项目总投资为1412万元，其中：中央预算专项投资331万元，地方政府配套资金1081万元。2015年该项目纳入县委政府重点项目工程建设，并将地址选在县委机关大院内，5月通过地质勘探，12月正式动工兴建。2016年，缺口资金已经全部解决，10月主体土建工程完工，11月通过验收，已进入室内外装修阶段。

【档案法制宣传建设】 在2016年“6·9”国际档案日宣传活动中，县档案局组织相关单位档案人员集中在文化广场设点悬挂开展“国家档案日”宣传活动标语，发放档案知识和征集特色档案宣传单2500份。同时还要求职工积极投稿，及时反映报道档案工作动态。局长周元凤撰写的稿件被《中国档案报》《中国档案》刊物采用。

双牌县人民代表大会常务委员会

【概况】 2016年，双牌县人民代表大会有代表名额162名，实有代表154名；设有专门委员会2个，即法制委员会、财政经济委员会。双牌县人民代表大会常务委员会（以下简称县人大常委会）是双牌县人民代表大会的常设机关，现有组成人员名额27名，实有组成人员26名，其中主任1名、副主任5名、委员20名；设有工作机构和办事机构6个，即办公室、内务司法工作委员会、代表联络工作委员会、农业农村工作委员会、环境资源保护城乡建设工作委员会、教育科学文化卫生工作委员会。县人大常委会围绕中心，服务大局，履行宪法和法律赋予的职权职责，聚智聚力推动全县经济社会发展。

【依法决定重大事项】 2016年，双牌县人大常委会依照法定程序行使重大事项决定权，先后作出《关于批准〈双牌县森林资源流转办法（草案）〉的决议》《关于接受魏和胜辞去双牌县人民政府县长职务的决定》等决议、决定22个。

【依法任免干部】 2016年，县人大常委会依法任命县人民政府副县长、代理县长1人，任免县人大常委会组成人员和常委会工作机构负责人12人次，决定任免县人民政府组成人员32人次，任免法官、检察官26人次。

【依法开展监督】 2016年，双牌县人大常委会紧扣县委“突出‘五大重点’、实现‘四大突破’和推进‘八大工程’”的决策部署，听取和审议县人民政府关于并村工作、精准扶贫工作、智慧旅游发展工作和土地利用总体规划工作情况报告，组织人大代表对文明县城创建、林权林地矛盾纠纷调处、宜居城市建设、残疾人保障等工作进行视察、检查或调研，提出改进工作的建议、批评和意见80条。开展新《中华人民共和国预算法》宣传，对财政预算坚持早介入、早审查，为代表大会通过预算奠定坚实基础。定期听取审议预算执行情况报告，跟踪监督预算资金使用，严格预算执行，确保预算资金的使用绩效。依法批准2016年财政预算调整方案。以“促进水污染防治和保障饮用水安全”“农产品质量安全检验检测体系建设”“加强农村村级卫生室建设，提高农民健康水平”“贯彻落实中央和省委民族工作会议精神促进民族地区发展”为主题，深入开展“环保世纪行”“农产品质量安全行”“三湘农民健康行”“民族团结进步行”活动，促进民本民生问题的解决和落实。对《中华人民共和国道路交通安全法》贯彻实施情况开展执法检查，配合省、市人大常委会对《中华人民共和国民族区域自治法》《中华人民共和国水法》《中华人民共和国食品安全法》《中华人民共和国预算法》等法律法规进行执法检查和执法调研。对政府19件规范性文件进行备案审查，保证法律、政策的统一性和严肃性。听取审议“两院”2016上半年工作情况的报告，专题听取县人民法院贯彻实施行政诉讼法情况的汇报和县人民检察院关于开展侦查监督、优化经济发展环境情况的汇报，提出改进工作的建议、批评和意见20条。对25名人大任命干部进行法律考试，对26名检察官进行考核测评，增强常委会任命人员的责任感和使命感，提高常委会任命人员依法履职的能力。

【县、乡人大换届选举】 2016年是县、乡两级人大同步换届之年，县人大常委会贯彻落实省、市、县委的安排部署，坚持把纪律和规矩挺在前面，依法有序推进换届工作，完成县乡人大换届任务。全县应选县人大代表162名，实际选举产生154名，占应选代表总数的95.05%；应选乡镇人大代表555名，实际选举533名，占应选代表总数的96.04%。

【县十一届人大五次会议】 2016年3月5日—7日，县十一届人大五次会议召开，出席代表145人。会议听取和审查县人民政府、县人大常委会、县人民法院、县人民检察院的工作报告并作出相应决议；审查和批准县国民经济和社会发展第十三个五年规划纲要、国民经济和社会发展计划报告、财政预算报告。会议收到议案、建议、批评和意见44件，其中议案立案0件，全部作建议、批评和意见办理。

【县十二届人大一次会议】 2016年11月28日—30日，县十二届人大一次会议召开，出席代表151人。会议选举唐冬华为县十二届人大常委会主任，蒋昌智、邓美英（女）、吕保和、张云娥（女）、刘世春为副主任，王长义等20人为委员；选举肖质彬为县人民政府县长，秦小国、付康成、蒋爱先、唐俊（女）、何彩玲（女）、廖卫平、罗轩为副县长；选举黄文德为县人民法院院长；选举周涛为县人民检察院检察长；选举花明等22人为市第五届人民代表大会代表。会议决定设立双牌县第十二届人民代表大会财政经济委员会和法制委员会，通过县第十二届人民代表大会财政经济委员会主任委员、副主任委员、委员名单。会议听取和审查县人民政府、县人大常委会、县人民法院、县人民检察院的工作报告并作出相应决议。会议收到议案、建议、批评和意见85件，其中议案立案0件，全部作建议、批评和意见办理。

【代表工作】 2016年，县人大常委会始终把支持保障代表依法履职作为代表工作的重点，不断优化代表服务工作，激发代表履职热情，发挥代表主体作用。对县十二届人大代表进行任前集中培训，县人大常委会主要领导及相关委室负责人为代表们详细讲解代表履职的相关知识，深化代表们对人民代表大会制度及人大工作的理解与认识。围绕全县的重点项目、民生工程和热点难点问题，组织代表开展视察、调研、执法检查、工作审议等活动6批次100人次。有计划邀请代表列席县人大常委会会议46人次，列席政府常务会议、规委会会议等重要会议25人次。推行代表建议“一线办理工作法”，强化办理单位与代表良性互动，提高办理质量。县十一届人大五次会议、十二届人大一次会议期间收到的代表建议均在规定期限内办理完毕，满意率90%以上。

双牌县人民政府

【概况】 2016年，双牌县辖6个镇、5个乡（其中一个瑶族自治乡）、3个林场和1个国家级森林公园管理局。土地总面积1751平方千米，其中耕地面积950公顷。年末总人口20.24万人，其中城镇人口8.81万人，少数民族人口1.3万人。人口出生率12.09‰，人口自然增长率5.02‰。年内气温最高39.6℃，最低-0.8℃，年降水量1755.8毫米。

地方生产总值53.3亿元，比2015年增长7.2%。三次产业结构比为26.9∶42.5∶30.6。完成财政收入4.74亿元，增长15.3%。城乡居民人均可支配收入分别增长9.7%和8.9%。全面小康实现程度提升5.8个百分点。

农林牧渔业总产值26.9亿元，增长3.9%。粮食总产量7.6万吨，落实播种面积22.4万亩，2万亩优质稻综合产业园建成。主要农产品产量共计46万吨。药材、茶叶、蔬菜、水果等基地建设初具规模。集水稻循环种植、深加工和生态农业休闲基地于一身的丰盈科技有机马铃薯项目落户。小农水重点县建设项目实施，投资1141万元实施五小水利工程，投入1.03亿元完善农业生产基础设施。有机蔬菜、茶叶、花卉苗木等绿色高效农业快速发展，完成5个无公害农产品认证，上梧江云台山生态茶园获批为省级现代农业特色产业示范园，丰禾水稻种植专业合作社成为省级示范社，双牌县成为出口食品农产品质量安全省级示范区。

规模工业完成总产值57.4亿元，增长20%。规模工业增加值15.32亿元，增长5.8%；规模工业增加值占全市的比重由2015年的4.17%上升到4.73%；新增入统规模工业企业7家，工业实缴税金完成1.6亿元，增长13%。“135”工程建设顺利完成，引进创新创业企业10家，乐福地医药即将投产，双牌电站、鸿鑫公司、凯丰活性炭、南岭集团四大重点企业产值稳步增长，清洁能源、农林产品精深加工、生物医药三大行业发展迅速，其中农林产品精深加工增速高达70.17%。新增“触电”农业企业12家、各类网店160余个，培育电子商务经营主体5家，从业人员200余人，实现网络零售额过亿元。被评为湖南省电子商务精准扶贫重点县，被评为湖南省电子商务精准扶贫先进县、湖南省电子商务进农村省级示范县（全省第五名）、出口食品农产品质量安全省级示范区。

社会消费品零售总额11.55亿元，居民消费价格总水平同比上涨12%，进出口总额1328万美元，实际利用外商直接投资额3000万美元。接待各类游客452万人次，实现旅游综合收入22.5亿元。县城提质改造工程快速推进，“三纵六横”县城主路网改造基本完成，背街小巷改造工程全面启动；永水风光带、城市环卫一体化、污水处理管网扩建等项目加速推进，县污水处理率、生活垃圾无害化处理率分别达到95%和97%以上，国家森林城市、省级文明县城、美丽乡村示范村等创建工作深入开展，桐子坳村成为全省美丽乡村示范村和省级宜居村庄。

固定资产投资72.86亿

元，2016年列入考核的65个项目完成投资10.67亿元，占年度计划的54.98%，增长29.46%；完成税收1957.13亿元，占任务的72.2%；开工44个，竣工12个。“双（双牌县）零（零陵区）”一级公路路基全线拉通，省道S350获省立项批复，永水风光带、打理、茶阳、上梧江禾山岌至宁远清水桥等一批公路建设加速推进，改造农村公路73千米，成为市三年交通大建设先进县区。

确定“梅花鹿引种示范”“红麻引种试验”等县级科技计划项目20项，县级计划项目完成任务的100%。打鼓坪林业生态科普示范基地成功获批“湖南省第十一批全省科普示范基地”。江村中心敬老院竣工并投用，城、乡低保和“五保”供养分别提标27%、33%和10.3%。教师公费体检、农村基层教育人才津贴、市级骨干教师的奖励性津贴等政策全面落实。访尧、塘基上入列中国传统村落名录，县文化馆被评为国家一级文化馆，双牌县被列为省“一县一品”特色体育项目县。非行政许可审批全部取消，行政审批事项精简21%。商品房库存减少11.5万平方米，置换地方政府债券4.7亿元，降低涉企事业性收费43项，为企业减税300余万元，财税、商事、农村产权制度、社会治理机制、公车、不动产登记等改革全面推进。首次完成与世界500强企业（太平洋建设集团）的成功对接，到位内资11.9亿元、外资3000万美元，外贸进出口总额、加工贸易额分别是2015年的1.68倍和2.87倍。

【获评2016年度全省全面小康推进工作十快进县】 2016年，双牌县坚持以全面建成小康社会为总揽，先后多次召开县委常委会、县政府常务会研究安排部署全面小康社会建设推进工作。成立以书记为组长，县长为第一副组长，“四大家”班子成员共同参与的高规格工作领导小组，采用明确任务书、画好路线图、倒排工期表的办法，将每一项任务明确到人、明确到事、明确到具体的时间节点，精准发力。利用美丽乡村、建设扶贫村领导联系办点，实行一名县级领导、一个牵头单位、一套工作班子、一张科学规划图“四个一”的方式全力推进，成功创建市级小康示范乡镇2个，小康示范村2个。全面小康建设指标总体实现程度90.3%，五大类38项小康考核指标中，有25项实现程度100%，其中有19项超过小康标准，获评2016年度全省全面小康推进工作十快进县。

【双牌电子商务迅猛发展】 2016年，双牌县将发展农村电商作为实施精准扶贫、促进贫困地区群众脱贫致富的重要抓手，立足实际，科学谋划，将本土特色产品带进农村电商，推动名特优工业品下乡，原生态农产品进城，实现特色产品线上、线下两个平台同步推进。在全县27个贫困村建立村级电商服务站，引导农村贫困户开展电商创业，鼓励农村经纪人、种养大户、农业合作组织加盟电商平台，3家大型电商企业正式运营，5家企业加入市电商协会，10余家传统企业建立营销网站，启动集电商购物、智慧旅游、休闲娱乐于一身的“电商旅游一条街”建设，在全市率先与杭州甲骨文科技有限公司签订农产品防伪溯源码合作协议。双牌县被评为湖南省电子商务精准扶贫重点县、湖南省电子商务精准扶贫先进县、湖南省电子商务进农村省级示范县。

【双牌建成全市第一家“智慧旅游平台”】 2016年，双牌抢抓被列为湖南省智慧旅游试点县的有利契机，实施“互联网+旅游”战略，加快建设“数字景区”和“智慧景区”，成功建成全市第一家“智慧旅游平台”。“智慧旅游”平台的建成与运行，实现智能分析人流和车流的科学管理，合理控制景区游客量；实现景区景点的全方位实时监控，确保景区安全有序温馨；实现“导航、导览、导购、导游、导视”五导功能。全年接待游客452万人次，实现旅游综合收入22.5亿元，分别同比增长21.2%、25.7%。

【“泷泊·国际慢城”启动创建】 2016年9月，双牌县与太平洋建设集团签订战略合作框架协议，就国际慢城创建有关实现达成初步意向。“泷泊·国际慢城”以慢城总体规划为依据，以慢城土地征用流转为前提，以建设慢城电瓶观光车道、自行车道、绿道3条主干道为突破口，突出“山水画卷、慢城慢游”的主题，重点打造慢城民俗、慢城露营、慢城农业观光园、慢城水上乐园等景点。

【县政府常务会议纪要】 2016年2月24日，县委副书记、县长魏和胜主持召开县人民政府第34次政府常务会议。审议《双牌县人民政府工作报告》《双牌县2016年国民经济和社会发展计划报告》《双牌县2016年度全口径财政预算（草案）》，专题研究全县并村和“十三五”时期异地搬迁扶贫工作，安排部署当前重点工作。会议原则通过《双牌县人民政府工作报告》《双牌县2016年国民经济和社会发展计划报告》和《双牌县2016年度全口径财政预算（草案）》，按程序报县委研究、提请人大审议。关于2016年度财政预算工作，会议强调，过去的2015年，全县上下共同努力，在全国经济形势放缓的情况下逆势上扬，较好地完成各项经济指标任务。2016年，县财政将对改革后的养老保险、职业年金等资金打足预算，对教育、卫计、扶贫等民生民本方面给予重点保障。

3月10日，县委副书记、县长魏和胜主持召开县人民政府第35次常务会议。传达全市治超工作会议、全市审计工作会议、全市推进新型工业化工作会议和市纪委全会精神，审议《双牌县2016年度考核重点建设项目计划表》《双牌县跑项争资绩效考核及奖励工作的若干规定（修改稿）》，专题研究全县林权林证回头看及林权纠纷处理、国有企业老工伤人员等纳入工伤统筹范围、环境保护、教师乡镇补贴发放、治超、审计、推进新型工业化、政府系统党风廉政建设和X034线西边湾至何家洞公路改造等多项工作。会议原则通过《双牌县2016年度考核重点建设项目计划表》《双牌县跑项争资绩效考核及奖励工作的若干规定（修改稿）》《国有企业老工伤人员纳入工伤保险统筹管理建议方案》《双牌县集中式饮用水水源保护区划分工作方案》和环境监管执法和环境问题追责等规范性文件、《全县教师乡镇补贴发放建议》《双牌县人民政府关于加强审计工作的几点具体意见》《双牌县政府投资项目审计购买社会中介服务管理办法》《双牌县2016年“工业企业服务年”活动实施方案》和《X034线西边湾至何家洞项目改造实施方案》，同意联并召开相关会议，统筹安排部署相关工作。会议强调，全县林权林证发放工作相对滞后、林权纠纷处理准备不足，主管部门要主动作为、提高实效，乡镇主要领导要主动担责，政府督查室要重点督查，确保此项工作任务6月底前按时按质完成，同时对林权纠纷要依法依规处理、并严格追责。国有企业老工伤人员等纳入工伤统筹范围、教师乡镇补贴发放和X034线西边湾至何家洞公路改造等是民生工程，上级有任务，群众有要求，各相关职能部门要切实履责，强化配合监管，把好事做实做好。

3月21日，县委副书记、县长魏和胜主持召开县人民政府第36次常务会议。传达全市禁毒工作会议精神，审议《双牌县建制村合并具体方案》，专题研究全县禁毒工作。原则通过《双牌县建制村合并具体方案》。强调全县各级各部门务必要自我加压、高度重视、强化责任，把毒品当作“社会乱源”来治理。各乡镇特别是市禁毒委重点关注的江村镇，要迅速成立高规格禁毒班子，开展摸底结对帮教，保持高压态势，掀起全县禁毒工作高潮。各职能部门要加强配合、深化宣传、形成合力，确保双牌县继续保持省“无毒害县”称号。

5月24日，县委副书记、县长魏和胜主持召开县人民政府第38次常务会议。传达全市农村环境综合整治和农村污水治理推进会议精神，研究全县残疾人“两项补贴”（困难残疾人生活补贴和重度残疾人护理补贴）发放工作、农村污水治理、农村环境综合整治、生态文明示范创建、社区矫正以及社区矫正中心建设、国有林场改革等有关工作。会议原则通过《双牌县困难残疾人生活补贴和重度残疾护理补贴发放操作办法（试行）》《双牌县社区矫正中心建设实施方案》；原则通过《双牌县国有林场改革实施细则》，按程序报县委常委会通过。会议还研究其他事项。

6月30日，县委副书记、县长魏和胜主持召开县人民政府第40次常务会议。听取审议并专题研究全县“村村响、户户通、无线覆盖”等三项公共文化服务、全县生态保护红线划定、全国第三次农业普查、全县安全生产工作及其他工作。会议指出，“村村响、户户通、无线覆盖”等三项公共文化服务工作是国务院、省政府推行文化惠民战略、完善基层文化设施的具体行动，全县上下一定要立足战略全局、发展大局，高度统一思想认识，切实凝聚推进合力，高标准、高质量、高效率完成。会议强调，根据全省安全生产形势部署和省委副书记、省长杜家毫作出的重要指示，认真汲取郴州宜章“6·26”事故经验教训，县人民政府要切实履行好安全生产职责，落实好领导责任制和各级安全生产责任制，进行大排查、大整治、大管控，坚持稳定高于一切，时刻紧绷安全生产这根弦，落实安全生产高压线，确保全县安全生产形势稳定，保护人民群众生命财产安全。会议还研究其他事项。

8月4日，双牌县人民政府召开第41次常务会议，研究部署融资工作，审议《双牌县县级储备粮管理办法》。会议听取县城建投关于全县融资工作的汇报。会议强调，全县融资工作事关精准扶贫、异地扶贫搬迁等系列工作，快速推进，将有效促进县域经济发展和项目建设推动。当前正处于换届关键时期，各部门必须要高度统一思想，提高认识，按照年初既定的目标任务，抓紧抓好各项工作落实。会议原则通过《双牌县县级储备粮管理办法》。会议强调，县级储备粮是国家一项重要部署，必须按照上级有关要求，有序推进，确保完成上级下达的目标任务。

县政府办公室工作

【综合调研】 2016年，双牌县政府办公室完成2016年政府工作报告、政府换届工作报告等事关发展全局重大战略决策文稿和全县经济发展、信访维稳、安全生产、精准扶贫等全县性重要工作会议上的20余篇讲话的起草，完成200余篇县政府领导在各级重要工作会议上讲话、汇报稿的起草。完成10余篇专题调研报告，形成近100篇质量较高的调研报告。加强与县委办、人大办、政协办的沟通衔接，妥善安排会议和事务。加强与各乡镇场、县直部门的沟通，及时传达政府领导批示，确保各项决策部署迅速贯彻落实到位。

【重点督查】 2016年，双牌县政府办公室以现场督查、暗访督查、跟踪督查为主，电话督查、文件督查、网络督查为辅的督查方式，针对不同的督查事项灵活选择督查方式，实行定期不定期督查相结合，对明察暗访中发现的问题按照“三个不放过”的要求处理到位。对市县主要领导批示件的处理做到事事有查办，件件有答复。办理领导批示件20件。做到反馈及时、报送清楚准确，按时办结率100%。督促办理市人大代表议案1件，建议1件，委员发言1件；县人大代表建议46件、政协委员提案51件，政协委员发言13件。通过交办会的形式，明确责任单位，实行限期办结，要求各承办单位与代表委员见面率100%，满意率98%。

【文电运转】 2016年，双牌县政府办公室全年办理发行文件336份，其中以县政府向上请示的文件79份。组织政府常务会、政府全会、各类专题会以及国家、省、市电视电话会议等各类会议270次。收到机要文件170件，其中秘密以上文件30件，全部按要求进行清退；对办公电脑安装涉密专门设备，内外网实施物理隔离，未发生任何泄密事件。同时，将档案移送档案局进行整理、归档。在“5·12”当天举行大型的防灾减灾大型宣传活动，县应急办组织县安监、卫生、林业、农业、消防、电力等部门开展各类应急宣传，发放资料7000多份，接待群众咨询3500余次，为群众当场解释各种应急知识2000余次。按规定上报市应急办突发事件信息10条，未出现误报、迟报、漏报、谎报和瞒报突发事件信息现象。

【优化工作】 2016年，双牌县政府办公室以严格执行优化经济发展环境“十条禁令”及其实施细则为主线，推进改革攻坚，强化重点领域治理，狠抓责任落实，严格监督问责。全面实行网上审批，全县网上政务服务系统受理事项45381件，办结45381件，办结率100%，未出现非故障原因被系统发红牌、黄牌现象。同时，以开展“乱收费、乱罚款、乱摊派”问题专项整治活动为契机，对全县44个县直单位、8个省市驻双牌单位、11个乡镇场开展“乱收费、乱罚款”等问题的专项清理整顿行动，对查出8个责任单位”乱收费、乱罚款”等问题64件，涉及金额727.7289万元，全部整改到位，其中上缴财政301.3668万元，退还当事人426.3621万元。

【金融工作】 2016年，双牌县政府办公室组织召开议金专题会议2次，对如何引导信贷投放、谋划金融发展规划进行研究讨论，同时专门安排工作经费5.2万元，其中3万元用于打非专项，确保各项工作稳步运行；通过召开银企座谈会，签订意向贷款协议16项，意向金额9.5亿元，到位贷款12项，到位率达75%。

【精准扶贫】 2016年，双牌县政府办公室联系的桐子坳村精准扶贫工作扎实开展，牵头制订实施村里的三年建设发展规划和旅游扶贫规划，一大批惠民工程项目落户该村进行建设，给当地群众脱贫致富注入新的活力，结对帮扶的6个贫困户26人实现脱贫，相继走上致富的路子；建整扶贫软弱涣散联系点茶林镇沈家村相关工作开展良好，帮助筹资30余万元，支持建好村级活动室的基础上，帮助修建村组公路，并成功创建为湖南省美丽乡村建设示范村。

人事社会保障

【概况】 2016年，县人社部门的工作以改革、发展、稳定为工作主题，立足“去产能、去库存、去杠杆、调结构、补短板”，为建设小康双牌、美丽双牌做出贡献，连续3年被人社部评为全国劳动保障新闻宣传工作先进单位，连续7年被省人社厅评为城乡居保经办管理服务工作优秀单位，“两项整治”工作在市、县两级做典型发言，老龄和党建工作进入全市先进行列。

【公务员管理】 2016年，双牌县招录公务员13名，对1260名公务员和参照公务员进行考核，评出优秀156人，称职145人，基本称职792人，不定等次8人，不称职3人，受到县委、县政府嘉奖140人，记三等功16人。

【事业单位招考】 2016年，双牌县举办公开招聘1次，推出教育、卫生等系统48个岗位，计划招聘67人，有612人报考，经笔试、面试、体检、考核，择优聘用66人。

【工资福利管理】 2016年，为全县2.27万城乡居民养老保险参保人员调整基础养老金最低标准，补发提标资金83.7万元；整体下调全县范围内各行业工伤风险类别基准费率，减轻企业负担；为全县3810名退休企业养老保险参保人员调整待遇，人均提高143元/月；10月，为全县的2058名机关事业单位退休人员调整养老待遇，人均增资204.7元/月。累计征缴养老、医疗、生育、工伤、失业社保五险基金1.74亿元，发放各类待遇2.07亿元，民生保障得到有效落实。维护公职人员正当权益，在全市范围内率先完成机关（参管）单位公务员职务与职级晋升工资审批，全县312名符合晋升条件的人员人均增资328元/月。

【专业技术人才管理】 2016年，双牌县申报高级职称材料25份，中级职称材料36份，接收初级职称材料60份；对全县3740名事业单位专业技术及管理人员进行考核，定为优秀736人，合格679人，基本合格7人，不定等次18人，不合格12人。

【人才交流】 2016年，双牌县接管流动人员含大中专院校毕业生档案78份，办理档案托管278人次，转出档案30份，查、借阅档案60份。

【社会保障】 2016年，双牌县完成93400名城乡居民养老保险参保工作，完成130587名城乡居民医疗保险参保工作，完成14672名城镇职工养老保险参保工作，完成22668名城镇职工医疗保险参保工作，全年为18342名职工办理工伤保险，为10600名职工办理失业保险，为297名办理生育保险。

【劳动保障维权】 2016年，双牌县对52个单位进行劳动监察，为150名劳动者展开劳动维权，为80名劳动者追薪，共计90万元，为50名劳资纠纷者进行劳动仲裁，为20名工作人员办理工伤赔偿。

法治政府建设

【依法行政建设】 2016年，双牌县出台《双牌县重大行政决策管理办法》。凡涉及全县经济社会发展的重大行政、经济事务的决策，尤其是土地征收、各类总体规划等重大敏感事件，必须经集体研究、民主决策，听取各方面的意见和建议；对专业性、技术性较强的重大决策事项，均邀请专家咨询论证或采取多种形式听取群众意见；对于涉及法律政策的重大决策，由县法制办进行法律论证，确保政府决策的科学性和合法性，促进依法决策、民主决策和科学决策。出台《双牌县规范性文件管理办法》，从计划、起草、审查、备案和清理5个阶段层层把关，提高规范性文件的质量。以县政府和县政府办公室名义发布规范性文件29件。开展规范性文件清理工作，对2010年7月1日至2015年12月31日期间以县政府和县政府办公室名义发布的规范性文件进行全面清理。经清理，县政府决定宣布失效的规范性文件25件，重新公布9件，确认继续有效的规范性文件72件。

【促进法治落实】 2016年，双牌县政府常务会议多次听取依法行政、法治政府建设工作情况。县政府主要领导对科学民主决策、行政执法体制改革等工作作出具体指示，强调依法行政工作要进一步加强领导、完善制度、强化责任，推进法治政府建设上台阶上水平。完善由县政府各部门、乡镇行政“一把手”为责任人的组织体系，形成层层抓落实的工作机制。制订县《法治政府建设实施纲要》，明确工作的总体要求、任务措施和组织保障等内容。县政府主要执法部门均已设立法制股（室），各乡、镇也建立专（兼）职法制员队伍。县政府会同县人民法院邀请市中级人民法院行政庭庭长到双牌授课，交流全县行政执法、行政复议和行政诉讼工作情况，研究解决行政争议中存在的共性问题，对违法建筑强拆和行政征收等老、大、难问题达成共识。发挥考核评价在推进依法行政工作中的导向作用，立足全县实际，着重体现规范重大行政决策程序、行政机关负责人出庭应诉等指标，增强考核的科学性和针对性，使全县依法行政工作得以不断规范。

【法治制度建设】 2016 年，双牌县政府制订重大行政决策程序规定，明确重大决策事项范围、决策程序，对决策的公众参与、风险评估、合法性审查、集体决策等法定环节作具体规定，明确部门的职责。全县重大行政决策事项均落实重大行政决策程序规定，县法制办进行合法性审查，并出具审查意见书。制订全县推行政府法律顾问制度意见和法律顾问工作规则，明确政府法律顾问的选聘、使用和考评等程序，同时对法律顾问工作任务进行量化，规定行政合同、规范性文件、行政复议、应诉的数量和要求，提高法律顾问的工作主动性。县政府本级、各乡镇实现政府法律顾问 51%的普及率，城管、国土等法律事务较多的政府部门均聘请法律顾问。落实行政规范性文件“三统一”（统一登记、统一编号、统一公布）制度，加强合法性审查，及时纠正规范性文件制订过程中存在的问题。全面实施县行政机关合同管理办法，将以县政府名义对外签订的合同纳入事前合法性审查范围，较好地保障县政府对外民事行为的合法安全。

【权力监管】 2016 年，双牌县全面推行权力清单和责任清单。公布 44 个县级部门 104 项行政权力清单，以及合并后 26 个部门的责任清单，包括 463 项主要职责、224 项部门职责边界事项，296 项事中事后监管制度及 183 项公共服务事项，基本建立全面衔接、分工明确、权责一致的职能体系。完善权力清单和责任清单的动态调整机制，全部取消全县非行政许可审批事项。加大持证上岗、亮证执法的检查力度，确保持证上岗落到实处。全年组织 778 人次（补考 154 人次）参加省行政执法证申领考试，通过考试合格 564 人，合格率符合省市年终考核要求，达到 70%以上。县政府就信息公开工作专门出台《关于印发双牌县贯彻实施〈中华人民共和国政府信息公开条例〉配套制度的通知》文件，规范信息公开的内容，完善信息公开的审核程序，并建立相应的责任追究制度，对政府采购信息、“三公”经费信息、征地信息等涉及民生的信息均主动予以公开，保障公民的知情权、表达权、参与权和监督权。年内因当事人申请信息公开案件 1 件，经复议后，确认行政单位违法 1 件。

民族宗教工作

【概况】 2016 年，双牌县开展民族政策法规宣传培训 20 余次，培训 6000 余人次，发放各类宣传资料 2300 余份，全县民族领域保持大局稳定，没有发生一起群体性事件。

【民族服务】 2016 年，双牌县制订《双牌县 2016 年民族团结进步创建示示范活动实施方案》，以上梧江瑶族乡盘家村为民族团结进步示范村，开展民族团结进步创建工作。结合精准扶贫工作开展，尤其加大对少数民族乡、散居村、水、电、路等基础建设情况的调查摸底，掌握实际情况，并建立信息库台账。做好项目申报，加强项目库建设。全年争取市民委各类项目 10 个，到位资金 50 万元，主要用于民族地区公路、人饮等民生基础设施建设，少数民族居住区的生产生活条件大幅改观。9 月，在县委党校举办少数民族实用技术培训会，民族乡及民族村、组各族群众 110 人参加培训，培训内容包括山地土鸡、野猪养殖技术，玉米、水稻种植管理技术等，提高民族同胞脱贫致富的能力。严格落实省、市关于做好享受民族政策考生资格审核工作文件要求，县民委会同县公安局、县教育局、县纠纷办在规定时间内做好全县150名考生的民族成分、户口正当迁移材料的认定、考生信息采集、公示等一系列工作，在县政府信息网上进行公示。全年审核享受民族优惠政策考生141人，做到无一人举报。

信访工作

【概况】 2016年，双牌县信访局突出抓好接访处访、矛盾纠纷排查和化解、依法逐级走访、督查督办等工作，确保全县社会政治大局稳定，社会秩序良好，信访形势平稳好转，全县信访工作呈现出信访总量、集体上访数量、非正常上访数量和群体性事件发生量下降，信访秩序逐渐好转的向好态势。全国“两会”信访维稳工作被评为全市先进县区。

【落实责任】 2016年，双牌县出台《关于建立健全信访工作机制的若干规定》和《双牌县维护社会稳定和信访工作责任制责任追究办法》，将信访工作责任落实到岗到人，建立一级抓一级、一级对一级负责，既分工明确、又协调配合的齐抓共管信访工作格局。以严格考核促履职尽责。县、乡（镇）、村（社区）三级层层签订责任制，实行指标量化考核、分类考核评比、逐月评估排队、倒查问责和突出重点追责，县联席办实行每天登记、逐月结账，在年终时凭“日积月累”的统计情况进行考核。

【畅通信访渠道】 2016年，双牌县信访局接待群众来信来访327批591人次。开展12次县级领导大接访活动，接待群众来访97批186人次，其中涉法涉诉7批18人次；安排县级领导接访28人次，接待来访群众73批133人次。办理和接待来信来访157批272人次，其中来信18件、网上信访17件。对这些群众的来信来访有62件103人次当场给予解释答复，95件99人次直接批转有关部门进行办理，13件86人次反映的问题由信访局牵头进行集中办理。每月10日，县委书记、县长带头接访，县“四大家”主要领导和县委常委轮流陪访。县直各职能部门、11个乡镇接待上访群众286批703人次，现场解决各类信访问题236件次。通过县、乡镇、村“三级联动”，各部门协调配合处理信访问题，推进信访工作重心下移、关口前挪，有效促进信访问题依法、及时、就地化解。

【排查化解矛盾纠纷】 2016年，全县开展矛盾纠纷大排查大化解活动8次。以做好全国、省、市“两会”、阳明山“和”文化节等特防期信访工作为契机，对全县重点不稳定因素进行全面彻底的大排查，排查出各类重点信访问题56起。调处化解各类矛盾纠纷85件。

【千案攻坚行动】 2016年8月16日，县委书记苏小康主持召开县委常委会专题研究信访积案化解“千案攻坚”专项行动动员会，制订工作方案，成立领导小组，明确工作任务，按照工作目标有组织、有计划地开展工作，对县里的重点疑难积案由县委、政府班子成员进行包案并及时报送市联席办。结合“千案攻坚”活动县联席会议召集领导召集相关部门负责人对全县重点疑难信访问题进行专门议访，加大积案化解的力度。将全县27个疑难信访案件分解交办，县委书记、县长带头，四大家领导人均包1至2个案件，同时落实责任单位、落实“五包一”即：按照一名包案领导、一个工作班子、一套化解方案、一套稳控措施、一抓到底的“五个一”化解工作机制，因案因人施策化解信访积案。对个别已办结但信访人依然缠访闹访的信访事件进行公开听证依法复核，并将复查复核案件信息及时录入信访信息系统。

【维护信访秩序】 各级各部门积极协助配合事发地和户籍地的政法机关开展集中联合整治活动。

政协双牌县委员会

【政治协商】 2016年，双牌县贯彻《中共中央关于加强社会主义协商民主建设的意见》精神，完善委员管理、民主评议、专题协商等规章制度，形成全体会议协商、常委会议协商、主席会议协商、专委会协商等多层次的协商机制，政协履职更加有序，协商渠道更加畅通，基本做到“三在前，三在后”，即对重大决策主动协商或征求意见在党委决策之前、人大通过之前、政府实施之前，制订经济社会发展规划先协商后决策、重要人事安排及人民生活中的重大问题先协商后决定、出台重大政策先协商后定案。组织好全体会议、常委会议、主席会议协商外，还根据政协的优势和特点组织形式多样、内容丰富的协商活动。进一步建立完善“双月协商”制度，就一些重大问题进行深入调研，开展重点协商。就全域旅游开发等课题开展专题协商，就日月湖湿地公园管理开展对口协商和界别协商。建立工作网站、委员QQ群和微信群，开展网络议政，让委员建言献策不再受时间和空间的限制和约束。特别是成功开通“远程协商”平台，并于9月27日第一次以远程协商的形式，组织省、市在双牌委员和部分县政协委员在线参加十一届省政协第十九次常委会议。围绕县委提出的“五大”工作重点和群众普遍关心关注的热点难点问题，精心选题，就禁止非法捕鱼工作与畜牧水产、公安等部门展开多次协商，并组织开展多次联合执法。

【民主监督】 2016年，双牌县政协组织委员开展视察。就百亿工业园区推进建设和县城三年提质扩容工程等重大工程组织委员开展专题视察，视察工作以推进度、督质量、促效益为主要目的，注重问题导向和实际效果，既“点赞”，又“吐槽”；既提“金点子”，又提批评意见。视察工业园区时，指出部分项目推进缓慢等问题，并提出“135”工程建设要坚持效益优先原则等系列建议。视察县城三年提质扩容工程时，提出的要合理规划工期、加快项目推进和加强规划执法等建议得到住建部门的认同和采纳。把民主评议作为政协履行民主监督职能的一个新抓手，对县城管局开展民主评议，通过听取汇报、召开座谈会、走访执法和服务对象、发放调查问卷等多种形式收集意见、发现问题，并要求评议对象对照问题进行自查自纠，抓好整改落实。在按惯例听取县政府经济工作情况、财政预算情况、发展与改革情况作等情况通报的同时，还有针对性地听取精准扶贫工作情况通报，就如何加快全县脱贫、如何组织部门和干部扶贫提出许多建议性的意见和建议，促进部门工作。征集整理并向上级政协和县委、政府报送社情民意信息60多条。特别是县政协委员提出的“规模以下畜禽养殖场环境监管职责和执法主体应予以明确”“关于从快从严打击微信红包赌博犯罪活动的建议”和“对快递过度包装的资源浪费和环境污染问题的建议”等社情民意信息上报到省政协。

【参政议政】 2016年，双牌

县政协狠抓提案征集、审查、立案、交办、督办、反馈、跟踪等各个环节，注重念好“征、交、督”三字经，有效发挥提案的整体作用。召开的八届五次会议收到提案59件，九届一次会议收到提案86件，提案涉及面广，几乎涵盖全县经济社会发展的每个领域。精心打造委员大会发言，在全会召开前三个月就开始部署大会发言工作，要求各界别精心遴选报送选题，组织委员撰写发言稿，大会秘书处统筹修改把关，政协班子成员都参与其中。八届五次会议上，组织大会发言材料16篇，其中口头发言8人（次），书面发言8人（次）。县委书记苏小康对委员大会发言给予高度肯定，并批示要求相关分管领导、相关部门要高度重视，认真研究，充分运用。《关于建设泷泊·国际慢城的建议》和《关于将日月湖打造成高品质垂钓基地的建议》等多个大会发言，均收到良好的效果。

开展课题调研参政议政。针对那些县委政府重视、涉及面广、对全县经济社会影响较大的问题，利用政协人才密集的优势，组织课题组开展专题调研。重点针对国际慢城建设的可行性、双牌旅游大发展、“原味”双牌建设、“推动生态补偿脱贫”、康养产业发展、日月湖湿地公园综合管理、最美滨水县城建设、全县中药材产业发展8个课题组织专题调研，特别是《关于双牌县国际慢城建设的调研报告》被市政协评为年度优秀调研报告，该调研成果引起县委、县政府的高度重视，项目已经提上到县委、县政府的重要议事日程。《关于双牌县工业经济发展情况的调研报告》在省政协组织的优秀调研报告评选中被评为三等奖。参与重点项目大攻坚，政协领导联系分管的龙洞文化艺术园、小水电建设、紫金南路改造等12个项目，大部分项目均推进顺利，一些项目已经竣工。跟踪服务的凯丰活性炭环保科技有限公司发展良好，实现了产值、效益大幅提升，全年税收达到240万元。组织县政协委员和省、市驻双委员开展“三个一”扶贫行动，要求每位委员资助一名贫困家庭在校学生完成学业、结对一个贫困家庭增加收入、帮助贫困家庭一名成员解决就业。有80多名委员与贫困家庭结成“对子”。县政协领导联系的8个扶贫村精准扶贫工作来势良好。县政协办与卫计委共同联系的何家洞镇槐树脚村，投入100万元的基础设施建设资金，完善村级道路、安全饮水、村活动中心等基础设施建设，组织村民创办农业专业合作社，开展产业扶贫，已经种植金槐500亩，茶叶600多亩。成功引进闽星水电开发有限公司投资7000多万元成功买断接手永江、社江流域水电开发工程，并将继续投资1.45亿元用于项目开发。另外，还成功引进金山水生态农业观光旅游和云竹天堂村等项目。

【团结民主】 2016年，双牌县政协先后4次组织委员赴双牌驻广州、深圳、杭州等地商会看望委员，联系客商，请他们为双牌经济发展提建议，出点子。加强对外联谊交流。加强工作经验交流。先后组织部分政协委员专程赴广西阳朔、贵州荔波、广东梅县等省内外近10个县区政协就民俗旅游发展、美丽乡村、国际慢城建设经验等进行考察，加强与兄弟县区政协的交流和学习。通过走访交流，拓展委员视野，提升参政能力。加强文化艺术交流。组织广大政协委员发挥各自特长，用镜头记录双牌的发展，用文字讴歌火热的生活，用音乐激发人们的情感。先后组织各类笔会、采风等活动8次，组织书画、摄影展2次，先后有多人的书法、摄影、音乐和美术作品在全国和省、市获奖。积极化解矛盾纠纷。政协领导积极参与全县的接访处访，完成信访案件包案化解和稳控工作。对到政协机关的信访人员热情接待，耐心细致做好解释工作，主动联系、协调相关部门及时处理，努力消除矛盾隐患。何家洞镇奉家村因为林权流转引发的集体上访情况十分复杂，问题比较严重，政协领导多次组织相关职能部门及时处置，维护社会和谐稳定。存史资政团结育人。积极挖掘、抢救、保护地方文化资料，征集、整理、出版《双牌民俗考》，共计约40万字。同时还对八届政协委员提出的重点提案、大会发言、调研报告等进行整理，编撰出版新二期《建言双牌》供县委、政府决策参考。

人民团体

工会工作

【概况】 2016年，双牌县总工会在职干部职工6人，内设机构有办公室、组织宣传部、生产保护部、女工部、经审办、民管部、县困难职工帮扶中心。截至2016年年底，全县基层工会组织发展到418个，工会会员2.43万人。

【工会组织建设】 2016年，双牌县新组建华长源等基层工会组织10个，涵盖单位18个，新增会员760人，完成全年基层组织组建任务。

【创建“模范职工之家”】 2016年7月5日，双牌县在全县范围内下发关于创建职工之家（小家）活动的通知，反响热烈，在全县副科以上单位中掀起全县“建家”活动的新高潮。成功培育推荐县国税局工会为省级模范职工之家。成功培育推荐县法院工会为市级模范职工之家。

【职工文体活动】 2016年5月20日，双牌县工会组织职工参加“创建国家交通管理模范城市”全市职工智跑比赛，获二等奖。举办“庆五一”双牌县职工篮球赛，共有26支参赛队伍，312名队员参加比赛，泷泊镇代表队、江村镇代表队分别获得乡镇组第一名、第二名，教育系统代表队、公安局代表队分别获得县直机关组的第一名、第二名。

【女工工作】 2016年，双牌县总工会开展女职工“芙蓉标兵岗”和“芙蓉百岗明星”争创活动。推进“双创”活动提升和向非公企业延伸，成功培育推荐双牌政务中心严灵芝为市级“芙蓉百岗明星”。

【帮扶慰问】 2016年，双牌县政协开展“四送活动”。其中：“春送岗位”200人；“夏送清凉”160人，发放清凉物资2万余元；“秋送助学”12人，发放资金2.4万元；“冬送温暖”：大病救助41人，19.4万元；医疗救助34人，3.4万元；生活救助141人，5.64万元。另外发放价值2万元的大米300袋。“冬送温暖”发放救助金30.44万元。开展第三期全县职工医疗互助活动。全县有76个单位，3144名职工参加职工医疗互助，收缴职工医疗互助金23.2万元，帮助208人次职工住院报账，发放医疗补助金24.66万元。

【劳动模范管理与服务】 2016年，双牌县总工会开展劳模生活状况调查，并对生活困难的劳模进行救助，及时为劳模解决实际困难。年终对全县的9名省劳模和部分市劳模进行走访慰问。

共青团工作

【概况】 2016年，共青团双牌县委内设综合性办公室、学少部、权益部。定行政编制4名，其中书记1名、副书记1名、科员2名。有在编在岗人员3名，实配领导职数1正1副。

【青少年思想道德建设】 2016年，共青团双牌县委通过结合团走基层、“五四”纪念、主题团队日活动、青年典型评选活动、媒体宣传等活动，以讲故事、树典型、抓实践等形式，开展以“我的中国梦”“践行社会主义核心价值观”“做一个有道德的人”等为主题的演讲比赛、入团入队宣誓仪式、清明祭扫、留守儿童结对帮扶、关爱农民工子女等主题教育实践活动。累计组织中小学生开展主题教育活动40余次，覆盖人数7700人。联合各法制部门，共同开展系列未成年人法制宣传教育活动。联合公、检、法、司等部门，定期走进课堂开展法治讲座，开设法制课堂活动6次，发放法制学习资料1.2万余册，法制宣传教育校园覆盖率100%。带领各乡镇团委配合派出所、文化执法部门对所辖区域的网吧进行未成年人清理，联合派出所走进各辖区中小学开展安全自我防护模拟讲堂，开展理清行动12次，开展模拟讲堂3次。

【希望工程】 2016年，共青团双牌县委动员社会力量关心关爱生活困难青少年群体的学习和生活，进一步做大做强“希望工程”“微益中国”等公益品牌项目。与县扶贫办、财政局衔接，争取“青春助学”项目资金30万元。资助贫困学生326人，发放各种助学金、资助金45.2万余元，文化用品、爱心物资600余套、件。

【青年志愿者服务】 2016年，共青团双牌县委带领青年群众开展以“青春扶贫·携手小康”为主题的系列活动，组织广大青年志愿者集中开展爱心义诊、阳光助残、关爱空巢老人、关爱留守儿童、免费维修家电、农村卫生整治等方面的志愿服务活动60余次。动员青年志愿者与贫困残疾人、留守儿童、空巢老人、低收入等贫困家庭开展“一助一”“多助一”结对帮扶活动，动员广大青年走进贫困家庭，实地了解、解决贫困家庭遇到的生活困难，发动400余名青年志愿者开展结对帮扶，其中结对残疾人家庭32户，结对留守儿童58名，结对空巢老人21名，结对建档立卡低收入贫困家庭164户。创新开展助力文明创建系列活动，组织开展“城市环境综合治理”志愿服务活动。组织青年志愿者利用休息时间和节假日，开展文明劝导和义务清扫、植树造林等志愿服务，累积开展志愿文明劝导24次，义务清扫37次，植树造林25亩，种植树木2500棵。

【青年就业创业】 2016年，共青团双牌县委结合团市委组织开展的各类优秀青年创业评选活动，在全县推选一批自主创业的优秀青年典型，并对优秀青年创业者创办企业取得成功的经验，在新闻媒体上进行广泛宣传，感染、鼓舞一批有志青年，推选青年创业典型36名，其中薪骅网络科技有限公司、农村淘宝阳明山管理局东莒源村服务站成功进入“邮储银行杯”永州市首届青年电商创业大赛决赛，湖南野味电子商务有限公司获永州市青年创业基金2万元；同时继续深化“青年文明号”创建工作，将青年文明号活动作为创先争优，促进青年干部成才的一项重要工作来抓，申报市级青年文明号创建单位2家。先后依托通双牌职业技术中学、阳光大酒店、潮人健身会所乐动店、平福头生态农场等平台，建立9家“青年创业就业培训基地”，通过举办多种形式、多种类别的青年创业技能培训，培养青年创业意识，提高创业技能，推动青年实现创业就业。与劳动部门、扶贫办共同建立企业用工项目库，依托各类青年联系平台发布用工信息，及时为青年提供用工岗位。举办技能培训班8次，培训人数700人次，青年上岗见习236人次，成功实现就业创业人数648人。继续实施青年就业创业小额贷款工作。为青年发放无息贷款金额600余万元，获得贷款人数235人，带动35岁以下就业人数720余人。

【团组织建设】 2016年，共青团双牌县委组织共青团系统成员集中学习中央、省、市、县各个重要会议精神，累计组织各级团干集中学习4次，参与人数累200余人次；乡镇团委分别组织村团支部集中学习40余次，覆盖人数达2000余人。贯彻落实“两学一做”学习教育要求，团县委班子及成员进行集中学习24次，观看电教片5部，开展专题讨论4次。同时，坚持开门纳谏，开展各类座谈会4次，围绕双牌团县委工作存在的问题和不足，征求机关、基层团员干部、群众的意见和建议，收集各类意见建议24条，针对问题制订整改措施，明确责任人。带领乡镇团委高质量开展民主生活会、组织生活会，以整风精神开展批评与自我批评，查摆问题，正视不足。针对查摆出的问题，建立整改台账，逐条逐项整改落实。成立双牌团县委创先争优活动领导小组，挑选出29名各行各业的优秀青年，组成共青团双牌县委青年咨询团，青年咨询团作为第三方对团的各项工作进行监督评价，参与团干各项工作和年终考核，提高团干部干事创业的积极性。进一步完善团的基层组织建设。推进非公团建，建立非公有制经济企业团组织80余个。

【完善青年交流平台】 2016年，共青团双牌县委完善“1+100”团干直接联系青年网络交流平台，8月启动“1+100”制度以来，团县委书记、副书记等4人、乡镇团干部12人，按照1名团干部至少联系100名青年的要求，直接联系青年1600余人，开展线下活动92起，线上互动192次，发布各类学习文章117篇，团干部直接联系青年人均积分100分。组织青年开展“荧光夜跑”“文明知识小课堂”“大手拉小手，文明一起走”“保护母亲河”等系列宣传活动12次；完善微信公众号“双牌青年之声”，以青年群众喜闻乐见的形式，图文并茂地为青年呈现最新资讯和精神营养。邀请260余名专家在线解答青年各类咨询、疑问，截至2016年年底拥有关注人数2000余人。在“青春扶贫”活动中，团县委坚持以点带面，发掘优秀典型事例，对具有代表性的优秀事例在加强传统媒体宣传的同时，注重使用新媒体宣传好“精准扶贫行动”活动，通过“双牌青年之声”、各新闻网站、微信群、QQ群等渠道，晒出志愿服务事迹、场景照片、视频等，宣传青春扶贫正能量，营造人人关注、人人参与的良好局面；完善各类微信群、QQ群，按照地域分布、兴趣爱好等属性来区分，建立团干联系青年的微信群87个，QQ群42个；指导青年根据兴趣爱好成立各类协会10余个，实现青年互动常态化，沟通交流零距离。

妇联工作

【概况】 2016年，双牌县妇女联合会定行政编制4名，其中主席1名、副主席1名。有在编在岗人员4名，实配领导职数1正1副。

【宣传工作】 2016年，双牌县妇女联合会注重宣传与实践相结合，树立妇女良好风貌，持续开展男女平等基本国策宣传活动。主要抓住“三八”契机，通过电视、网络进行为期一周宣传、利用各级妇联组织宣传栏开展宣传、印发宣传资料5000份等方式，进一步加大男女平等基本国策的宣传力度，推动各方出台关爱妇女机制，形成全社会一如既往地重视支持妇女发展的良好氛围。例行召开全县妇联系统工作暨迎“三八”表彰会议。对12户获双牌县第二届“最美家庭”、1个“三八”红旗集体、6名“三八”红旗手、4个妇女工作先进集体、6名先进个人进行表彰。开展巾帼志愿服务活动。各级妇联组织巾帼医疗志愿队深入乡村开展妇科等疾病义诊活动，组织巾帼法律工作者深入社区开展普法讲座和法律咨询活动，组织巾帼义工深入敬老院陪伴老人共度佳节活动，组织“爱心妈妈”深入留守儿童中开展心理辅导和解难帮困活动。特别是在“3·8”“3·15”期间，以传承与弘扬“三八”精神和雷锋精神为主线，县妇联组织400余名妇女开展“建设美丽家园，巾帼在行动”大型环保行活动，对永水华城、岭角巷、双牌大道、日月湖湿地公园和G207国道绕城路段等卫生死角及“两不管”地带，开展大清扫、捡拾垃圾以及植绿护绿活动。

【巾帼建功】 2016年，县妇联动员组织全县广大妇女投身大众创业、万众创新热潮，实施“创新创业巾帼行动”。开展“春风行动”暨“回乡创业在家就业”大型招聘会。现场37家本地企业提供涵盖金融、餐饮、地产等众多行业，岗位工种包括企业高管、文员、技术员、普工等工种。现场发放宣传实物、资料2000余份。入场求职人数5000人，现场招聘成功人数508人，达成用工意向766人次。开展妇女就业创业培训。联合县就业局相继举办2期育婴师培训班，有近200名女性就业困难人员参加。结合县精准扶贫的总体部署，联合县科协举办为期3天的妇女科技培训班，110人参加培训，培训的内容有实用的种养技术、电商技术，就业素养等。开展妇女扶贫小额贴息贷款工作。按照县精准扶贫突出六大扶贫产业（种草养牛、药材种植、反季节马玲薯种植、茶叶种植、土鸡养殖、光伏发电）的策略，县妇联、县就业局、县农商行继续深入开展小额贴息贷款工作，共为197名妇女发放小额贷款1726万元。

【最美家庭】 2016年，双牌县妇女联合会依托全县妇女之家常态化开展“最美”“好爸好妈好家风”等评比、宣传、展示活动，推荐双牌县“唐艳家庭”（十几年如一日照顾瘫痪丈夫和年迈公婆的事迹）参加上级妇联“最美”评选活动，获得“全国最美家庭”和“湖南省最美家庭”殊荣。推荐双牌县何家洞镇蒋家村姜萍评选为永州市“最美湘女”。推进家庭教育指导服务行动，开展以“家庭和睦是对孩子最好的给予”“科学教子”“培养孩子情商”为主题的现代家庭教育公益讲座6场，共1880人次参加。

【儿童发展基金会】 2016年，县妇联向省妇联妇女儿童发展基金会申报双牌县留守儿童寄宿学校明德小学，成为全省“知心屋”项目建设点。历时4个月，该校腾出近90平方米的办公室，投入近4万元，将其改造成教师办公室、个体心理咨询功能室和团体辅导室3个主要功能室，完善配套设施，成立心理辅导教师工作队伍，建立相关制度等。10月通过市、县两级验收后已投入使用。联合县邮政局推出和美阳明·童话世界《木偶奇遇记》巡演活动2场，让观看的小朋友大开眼界，受教其中；联合县残联等单位，在文化广场隆重举行以“关爱孤残儿童 让爱洒满人间”为主题的慈善义演活动，募集善款58380.5元，全部用于资助14名孤残儿童。组织县小新星幼儿园的节目参加永州市庆“六一”幼儿文艺比赛，舞蹈《打出名堂》获一等奖。动员各单位、社会组织和爱心人士为贫困留守儿童做好事、办实事、解难事。县妇联已连续几年联系、走访许文婷等4名贫困女童，每年为她们送去学习用品和每人1000元助学金。

【维权信访】 2016年，双牌县各级妇联组织发挥“12338”妇女维权服务热线、妇女之家维权点、家庭暴力投诉站等维权阵地的作用，加强信访接待工作，畅通妇女维权渠道，提供及时有效的维权服务。各级妇联组织接到各类信访件242件。其中县妇联接访38件，办结率95%，群众满意率99.9%。

【普法宣传】 2016年，双牌县妇联联系双牌县电视台，在黄金时间持续播放《中华人民共和国反家庭暴力法》宣传视频6个月，公众知晓率大大提高。印发妇女维权法律法规宣传册1万份，利用“3·8”维权周、“6·26”国际禁毒日等各种契机，联合司法等相关单位进广场、进社区、下农村加大普法宣传，提高群众法制水平。举办“如何有效处置家暴案件”讲座培训，邀请永州科技学院讲师、九子龙律师事务所律师讲课。探索由县政府牵头，各部门处置家暴案件联动机制，维护好人民群众的合法权益。结合县综治委“平安双牌”创建工作，开展以妇联组织牵头的“平安家庭”创建工作，评选出平安家庭100家。

【基层组织建设】 2016年，双牌县妇联在县农业委、县交通运输局、县城管执法局新建妇女工作委员会，进一步扩大县直单位妇女组织覆盖面。创建五里牌镇田洞里村和阳明社区2家成为县级“示范妇女之家”，申创泷泊镇良村为市级“示范妇女之家”。加大妇女干部培训力度，选派4名妇女干部到北京大学进行“综合能力素质提升”培训学习，选送1人参加2016年全省乡镇妇联主席培训班。举办双牌县女干部培训班，全县各乡镇妇联主席及县直各单位妇委会主任共70人参加培训。

归侨侨眷联合会工作

【概况】 双牌县归侨侨眷联合会（简称双牌县侨联）是由双牌县广大归侨、侨眷组成的人民团体。县侨联正式成立于2016年5月，主要职能是“群众工作，参政议政、维护侨益、海外联谊”，内设综合办公室1个机构，具体承担县侨联机关的各项日常工作。现登记在册的海外华侨华人56人、侨眷206人，海外侨胞主要分布于美国、澳大利亚、加拿大、意大利、阿联酋、日本、印度尼西亚等国家。

【主要活动】 2016年8月，双牌县归侨侨眷联合会启动全县侨资企业调研工作，掌握全县3家侨资企业的基本情况。10月，双办发〔2016〕38号文件要求在全县开展侨情普查，至11月结束。通过调查摸清侨情底子，全县登记在册的海外华侨华人56人、侨眷206人。开展归国留学人员普查工作。县委常委、县委统战部部长雷秀新深入茶林镇等地走访归侨侨眷。

工商联工作

【概况】 2016年，双牌县工商联有会员359个，新发展48个。其中，企业会员83个，团体会员16个，个人会员260个。年内，县工商联被市工商联评为工商联系统组织工作先进单位。

【公益事业】 2016年，湖南凯丰活性炭公司实施“同心项目”，投资45万元为五里牌镇红福田村修建3千米水渠，2千米水泥路。双牌县民康医院组织全院7名党员分成3组共15次深入瑶山为民族地区老人义诊，免费发放价值8000多元药品。湖南天龙旅游实业投资有限公司、湖南新祥建设有限公司作为非公企业代表在助力救灾重建捐赠启动仪式上分别捐献5万元、3万元共计8万元现金爱心款。

【教育培训】 2016年3月6日，双牌县工商联邀请经济学博士，中南大学商学院教授、博士生导师，省政协经科委主任，九三学社第十二届中央委员会委员、湖南省第六届委员会副主委吴金明在双牌县财政局会议室为全县30多民企业负责人作题为“供给侧改革与县域经济发展”的专题讲座。5月，联合县委统战部以守法诚信为重点深入开展理想信念教育实践活动，引导广大非公经济人士诚信经营、守法经营。5月24日，组织县非公经济党支部召开全县非公经济组织“两学一做”学习教育动员会，县委常委、县委组织部部长、县委统战部部长秦小国作讲话。6月12日，工商联召开“三严三实”专题学习会，县工商联副主席（副会长）及政协工商联联络组委员参加学习和讨论。6月13日，双牌天龙宾馆党支部召开企业党员、入党积极分子座谈会，结合企业实际，以“三严三实”为标尺，以“爱岗敬业”等核心价值观为镜子，交流学习心得体会。以双牌县“智慧党建”为平台，全面开展非公党组织活动和党员教育管理“上手机、上互联网”工作，建立快捷高效的非公党组织和党员教育信息传媒平台。

【会员服务】 2016年3月，农村劳动力转移就业“春风行动”首场现场招聘会举办。盛大金禧金融集团等大型企业及园林山庄等本地自主创业民营小企业在内的18家用工单位进场招聘，就业岗位300个，95%以上的企业为县内或辖区内企业，为农村劳动者就地就近就业提供充分的机会。有创业意愿的人员约1000人进场咨询，最终促成140名求职者与用工企业达成初步就业意向。3月26日，广东省湖南双牌商会正式成立，大会产生选举贺耀陆为会长。4月6日，在县政府会议室召开全县非公有制经济代表人士综合评价工作会议。4月23日，双牌县工商联组织联系扶贫村养殖大户6家参观湖南省宁远县九疑山兔原种场、永州舜源农业九嶷山兔特色养殖场。6月21日，县政协副主席、县工商联主席陶思荣带队深入双牌县良艺竹业有限责任公司进行现场办公，县委统战部、县工商联、五星岭林场、县农商行等良艺竹业服务工作组成员单位负责人陪同考察并参加会议。县工商联通过法律顾问、法律咨询、诉讼代理等形式，共为会员企业提供法律维权和咨询服务135次，为会员企业解决矛盾纠纷20件。根据企业的信息需求，通过QQ群、微信群、短信、邮箱、微信、下企业、执常委会议等平台，整理转发和分发1万余份信息资料到会员企业。

【会员风采】 2016年，永州市键特科技有限公司产品被评为永州市知名商标；双牌县金蕊实业有限责任公司先后获得湖南省职工创新三等奖、永州市科技创新三等奖、双牌县科技创新二等奖；先后通过ISO 9001质量体系认证；无公害农产品认证；“湘金蕊”“金生源”商标。

【文体活动】 2016年，湖南凯丰活性炭有限公司党支部积极开展“比进度、比安全、比质量”为主题的劳动竞赛等活动；双牌华瑞科技有限公司党支部结合企业节能增效，开展党员“五无”（技术操作无违章、工作岗位无隐患、完成任务无差错、企业资财无浪费、承诺服务无失信）、“节能增效，党员先行”等活动；双牌键特科技有限公司党支部结合企业技术创新，开展党员科技攻关行动、“我为企业献一计”等活动。

【“解难题·促发展”活动】 2016年，组织县工商联组织引导非公企业党通过开展“公司发展靠什么、我为公司干什么”“我为企业献一策”“企业有困难，我们怎么办”等建言献策活动，收集、归纳、整理、反映党员的意见和建议，为企业重大决策提供参考依据。同时，各非公企业党组织定期听取企业中党员的汇报，及时了解企业发展动态，将党组织的主张通过决策层中的党员表达出来。双牌县阳明山饲料添加剂厂党支部结合关怀机制建设，推行“六有”工作法，即困难有人帮助、生日有人祝福、建议有人奖励、过错有人纠正、进步有人表扬、矛盾有人调解。

【非公党建】 2016年年初，双牌县非公党工委在天龙宾馆党支部召开全县非公党建工作现场会，颁发《中共双牌县非公有制经济组织工作委员会2016年工作要点》、“2016年双牌县党员县级领导联系非公企业一览表”和“2016年双牌县非公党工委委员联系非公企业一览表”。下非公企业调研不少于4次。5月，与组织部党建室联合召开全县非公企业党建座谈会议，加强与业主的沟通交流，使业主提高认识，主动关心和支持党建工作。把工作开展与“双培”活动结合起来，把党员培养成主管，把主管培养成党员。全县发展5名积极分子入党，其中有2名中层干部加入党组织。推荐8名职工党员进入公司管理层。引导党建指导员所在单位领导和职工深入派驻的企业，了解生产经营情况、破解发展难题，共同解决企业存在的热点难点问题。全县15个县直单位与15个非公企业“一对一”结对，为非公企业解决难题37个。

残联工作

【概况】 2016年，双牌县残联获全市残联工作二等奖，全县综合绩效考核群团系统第二名，全县综治考核先进单位、重点民生实事先进单位、计划生育工作先进单位等殊荣。全年办理二代残疾证783人次，选聘残疾人专职委员117名，向体校选送2名残疾人体育运动员，为8名残疾人大学生残疾人子女大学生发放助学金，完成160名残疾人居家托养、16名残疾人创业扶持，开展残疾人就业援助月活动，帮助65名残疾人联系就业，进行残疾职业技能和实用技术培训40名，新增残疾人城乡就业15名，完成残疾人就业保障金征收100余万元，提前完成全省为民办实事9名困难残疾儿童抢救性康复任务，选送2名低视力患者在永州职业技术学院附属医院进行适配，完成脑瘫儿童康复5名，智力康复3名，听障儿童康复1名，孤独症儿童康复1名，完成中残联专项彩票公益金智力残疾儿童康复救助项目4名，省彩票金辅助器具适配15名，省七彩梦辅具适配27名，县绩效考核残疾人辅助器具适配60名，2016年杏林春雨行动贫困脑瘫儿筛查13名，其中送罗宇、何书豪两名儿童到北京做手术，贫困成人助听康复日曾采产品适配2名，做假肢大腿、小腿各3名，免费发放轮椅60台，为112名白内障患者免费做手术。

【助残扶残募善款】 2016年4月，双牌县残联开始进行调查、走访、拍摄、筛选，从全县十多个乡镇挑选14家孤残儿童困难家庭，精心制作“援助对象”影像和文字资料，通过媒体发布，倡议全社会对她们进行银行汇款捐助。5月16日，牵头组织县卫计委、县财政局、县民政局、县教育局、县慈善总会等单位在县文化广场举办一场大型慈善义演活动，活动现场为孤残儿童筹集善款近6万元，现场结对，长期帮扶两名孤残儿童。现场对县中心医院、县汽车站、步步高超市、滨江广场等公共场所捐赠一批轮椅，被永州市电视台播报，被中央、省、市残联网站先后转载和刊发。

【培训技能促就业】 2016年9月，双牌县委党校、县残疾人联合会共同举办的“2016年残疾人职业技能和实用技术培训”在县委党校开班。全县12个乡镇，3个社区的40多名就业年龄段残疾人参加培训，培训为期7天，县委党校和县残联除邀请专家讲授课、免费提供食宿，配备专门的班级辅导管理老师，精心挑选《农村经济工作会议解读》《农村牛羊养殖技术》《茶叶与马铃薯种植》《发展林下经济、拓宽致富路径》等授课内容。

【文体活动获大奖】 2016年举办全省第一届“活力、健康、自强、快乐”主题残疾人文体活动比赛。县残联精心编排选送9个节目参赛，其中《美丽双牌》获二等奖，《童年雨趣》《傣家姑娘》获三等奖。

【社会力量助残扶贫】 2016年11月，双牌县残联与创维集团共同发起“助残扶贫公益活动”。创维集团向县残疾人家庭困难和困难家庭共捐赠现金2万元。在12月的活动期间以京东和苏宁电器最低价向双牌县残疾人家庭和困难家庭销售创维各类电器。每件大宗电器再补贴400元，获补贴10余万元。

科协工作

【概况】 2016年，双牌县科协有主席1名，副主席1名，副主任科员2名，工勤人员1名。年内，县科协被评为2016年湖南省全国科普日优秀组织单位。双牌县泷泊镇阳明社区获中国科协、财政部联合表彰的“基层科普行动计划”中的全国科普示范社区；云台山药材种植基地获湖南省科协、财政厅联合表彰的“基层科普行动计划”中的湖南省科普示范基地。

【科普品牌活动】 2016年9月，双牌县科协组织县全民科学素质各成员单位、各学（协）会及泷泊镇青龙洞社区、林峰社区共23家单位80名科技工作者和科普志愿者，在县文化广场举行双牌县2016年全国科普日活动启动仪式。通过发放科普宣传资料、科技咨询服务、义诊义疗、科普宣传等形式，向广大公众展示一场科学、文明、健康的科普盛宴。活动悬挂标语20幅，展板100块，发放宣传资料1万份，咨询服务600人次，义诊义疗200人次，受益群众达千余人。5月，县科协联合相关单位及部分科技工作者在滨江广场举办2016年双牌县科技活动周“体彩．科普杯”全市职工山地自行车竞赛，并进行大型义诊活动。同时，举办科普讲座2场（次），开展科技咨询服务100人（次），展示科普展板40块（次），发放科技服务便民卡300多张，发放各类科普资料2000份。

【科普宣传】 2016年9月，双牌县科协在泷泊镇阳明、林峰、青龙洞社区开展“健康保健”科普知识讲座。组织动员各科普示范社区创建单位开展科普知识宣传；邀请县民间中草医药研究会专家和科普志愿者，深入社区举办“健康 保健”科普知识讲座及义诊活动，普及卫生健康知识。在县城一小、二小、三小组织开展青少年相关科普活动，激励青少年积极参与科技创新实践活动，发动在校学生开展回收可再生垃圾、节约一度电一滴水、爱护花草树木、保护古树名木、倡导保护生态环境共建美丽家园的环保行动。

【科技培训】 2016年，双牌县科协联合相关单位多角度开展科普培训活动。在泷泊镇和江村镇开展为期15天的培训，内容注重从农村特点和妇女思想实际出发，围绕“互联网”“创新创业”“妇女健康保健”“妇女礼仪礼貌”“精准扶贫”现代实用技术培训。根据农民生产、生活实际，县科协联合涉农部门进扶贫联系点开展农村适用技术培训，江村镇干漯村是双牌县科协的扶贫联系点，在干漯村开展养土鸡、养猪、养鱼以及种植金橘高产技术培训班。

【基层科普行动计划】 2016年，双牌县科协实施“基层科普行动计划”，成功向中国科协、财政部申报“基层科普行动计划”项目1个，即双牌县泷泊镇阳明社区，该社区被评为全国科普示范社区，获得奖补资金20万元。成功向湖南省科协、财政厅申报“基层科普行动计划”项目1个，即双牌县云台山药材种植基地，该基地被评为湖南省科普示范基地，获得奖补资金10万元。

【学会工作】 2016年，双牌县科协组织参加评选茶叶论坛学术活动。为积极促进学术交流，提高广大科技工作者的学术热情，鼓励各学会开展形式多样的学术活动，收集各学会上报的参加市科协组织的茶叶论坛学术交流活动论文8篇。

军　事

县武装部

【概况】　2016年，双牌县人武部落实军委国防动员部、南部战区和省军区、军分区党委扩大会议有关决策部署，围绕改革主线，落实改革工作，持续整风整改，抓好安全稳定，推动创新发展，以“争创一流党委、一流人武部、一流民兵预备役工作”为目标，完成各项工作任务，部党委被省军区评为“先进党委”，单位获得省军区“全面建设先进单位”、军分区“军事训练先进单位”“安全管理先进单位”“后勤工作先进单位”等称号。

【思想政治建设】　2016年，双牌县人武部召开党委扩大会议、党支部会议2次，组织军队改革专题讨论3次，进一步强化干部的事业心和责任感。组织党章党规知识考核，每天利用早交班时间，参加军分区政治部组织的“两学一做”知识点抽考。每月组织一次闭卷考试，人人优秀以上。坚决落实省军区“两学一做”活动重点围绕的8个方面，做实规定内容，抓好自选动作。开展党员承诺践诺活动，建立承诺践诺问题台账，定期检查讲评党员践诺情况。购买必读书籍，人人自学书目不少于6本，人人撰写心得体会5篇以上；参加军分区“真学讲话、读懂改革、履行使命”主题征文活动以及“弘扬长征精神、投身强军实践”书法摄影比赛，人人撰写文章，踊跃上报书法摄影作品，组织党员参加地方“两学一做”电视知识竞赛、“庆七一·唱红歌”歌咏比赛等活动。组织开展“全县党政机关庆‘八一’环城长跑比赛”，参观阳明山红六军团红军集体雕塑和县革命烈士纪念碑等活动，督促党员“照镜子”，人人拉单列条，干部列出8条、职工列出6条以上问题清单，并围绕问题确定时限，把解决问题落实在末端。6月3日，部党委召开主题为“着眼改革需要，强化责任担当，落实新规新纪，弘扬严实精神，争创先进党委”的专题民主生活会。按照思想动员、形势分析、方案措施、专题教育、对照检查、思想作风清理、专题民主生活会7个步骤，把握6个时间节点严密组织实施。

【促进战斗力和兵员质量提升】　2016年3月，双牌县人武部组织修订完善国防动员、后备力量建设配套规划，以及大规模作战背景下应急、应战、动员各类方案计划，形成科学合理、规范实用的战备体系。针对春节、清明节、“五一”等节日战备防护、辖区森林灭火防汛实际和营区防暴反恐形势，组织开展4次应急拉动演练，组织1次森林灭火演练，提高民兵遂行应急任务的能力。7月，针对人武部新办公搬迁投入使用，抓好制度、设施器材等规范配套。开展首长机关在职训练，重点组织军事（社会）要素、国防法规等内容的研究讲座，每名干部结合本职岗位选定一个课题进行深入研究。上半年，政治委员向胜参加军分区整组备案作业考核，获得个人第一名的好成绩。民兵训练以应急分队和专业分队为主，共组织三期215人军政训练。在组织专武干部强化训练的基础上，选送6人次参加军分区和省军区的专武干部集训，均取得良好以上成绩。抓好上级民兵整组精神的学习贯彻，成立民兵整组工作领导小组；开展整组宣传教育。按照应急分队、支援分队和储备分队的分类要求，将1200名基干民兵按照专业匹配、布局合理、城乡结合进行分类，并赋予各乡镇基层单位抓好落实。进一步研究细化防卫作战任务，理清作战力量编成，构建可靠管用力量体系，研究完善民兵组织职能任务；坚持“一季征兵，四季准备”工作理念，围绕确保新兵质量这个核心，创新方法和手段，推进征兵工作开展。从严落实征兵工作“五率”和兵役登记“刚性登记”要求，抓实适龄青年兵役登记工作，采取电话登记、上门登记、委托登记等多种方式，提高兵役登记率，全县适龄青年兵役登记率100%。张贴横幅标语1000余条，发放征兵宣传手册、宣传单8000份，开辟征兵专栏20个，群发短信10万余条。利用高考结束时段，组织人员深入双牌二中发放宣传手册，开展征兵宣传；在双牌电视台、双牌发布、微信等新闻媒体开展舆论宣传造势，制作征兵专题片6部，在县电视台黄金时段滚动播出。在双牌发布、微信等媒体制作征兵政策内容12条，在全县范围内广泛转发。严格体检医生培训，严密组织适龄青年上站体检，上级赋予县征集任务45人，上站体检人员198人，其中体检合格91人。按照“集体定兵、择优定兵”的要求，一次性确定45名新兵，并抓好廉洁征兵检查监督，确保年度征兵任务完成。

【保障效益能力建设】 2016年，双牌县人武部坚持党委集体理财，合理制订和使用年度预算经费，每月办公会通报预算执行情况，每季度全面分析财务工作形势。严格规范后勤管理秩序，抓好预算编制、执行和调整；持续推进营院改建。投入470余万元，加大部基础设施全面改建改造，其中营区大门及门岗、食堂、塑胶篮球场、羽毛球场、健身室建设已经改造完成，上半年室外停车棚、滨山小游园完成新建。7月，办公楼改建并搬迁投入使用，人武部办公条件大为改观，正规化军营面貌脱胎换骨，焕然一新。8月，干部公寓楼装修改造、营院地面“白改黑”已经完成。9月、10月，主题标语亮化、文化墙制作、营院灯光氛围营造初见雏形。民兵训练靶场迁址新建全面启动，初步完成堪址等前期工作；严格执行中央军委、省军区关于全面停止对外有偿服务有关规定。

【持续安全稳定局面】 2016年3月，双牌县人武部同步开展以“学条令、严秩序、强基础、保安全”为主题的“条令月”活动。通过集中学习、个人自学等方式和组织观看交通法规、法制警示教育片，引导干部职工筑牢思想防线；组织开展队列训练，进一步规范军容军姿，塑造军人良好形象；部党委坚持定期分析安全形势，从人员思想、军事训练、制度落实等方面深入查找安全隐患和苗头。紧盯“人车枪弹密、水电火钱网、油酒黄赌毒、涉外涉地方”等安全管理重点，开展“安全隐患大排查”活动。严格对照《军分区正规化管理实施细则》。抓好民兵武器装备安全管理，严把双人双锁和武器弹药请示动用等制度。严格车辆派遣制度，严格密级文件和涉密载体管理，落实文件收发、借阅、登记制度，防止失泄密事故发生。营区内新安装电子眼19处，与军分区实现联网。完成大门改建、配置安装警报器、自动伸缩门、门禁系统等安全设施。组织干部职工和应急分队人员反复熟悉《营院防卫方案》，按照定人、定装、定位方式进行实兵演练，提高快速处置能力。

【军民融合】 2016年，双牌县人武部出动民兵应急分队民兵150余人次，协助地方开展维稳和“三创一管”等工作。参加第十届阳明山“和”文化节安保工作，在重要节假日和“两会”等敏感时期，组织应急分队上街巡逻、岗亭值守、创建文明城市劝导等维护社会稳定54批430人次。在开展精准扶贫中持续发力。部继续对口帮扶江村镇金滩村，协调扶贫资金及时到位，初步完成村活动室建设、村组公路硬化、有线电视进村、农村环境整治、特色水果种植五大民心工程。协调市国土局、市交通局、市水利局、市林业局、市移民局、市农业开发办公室以及武警永州支队、零陵卷烟厂等8个后盾单位，协调资金500余万元，完成硬化公路5.528千米，安装路线56盏，新建50吨饮水池一座，新建一处村级活动室及村民健身广场、文化墙，协调县广播电视台帮助102户村民开通网络电视；开展以土鸡、土猪、山羊养殖为主的特色养殖扶贫试点，形成养殖土鸡3000余只、山羊120余只、肉牛50头的规模，产业扶贫初见雏形。发挥桥梁纽带作用，引导退役军人在建设家乡、维护稳定上发挥作用。在特色养殖、旅游观光等行业涌现茶林镇邓云国、泷泊镇王明悟、麻江镇邓元伟、五里牌镇邓冬清等11名表现突出的退伍军人创新创业的先进典型。帮助解决就业岗位3000余人。在五里牌镇建立退伍军人之家。

人民防空

【概况】 人防办于1996年3月4日，县机构编制委员会下发《关于设立县人民防空委员会办公室的通知》，规定为县政府议事协调机构，级别定为正科级行政单位。2002年机构改革，人防办合并至县政府办公室，为政府办下设的内部科室，为正股级。2016年，将县人防办升格为正科级县人民政府工作部门，设4个内设机构。是年，获全市国防动员委员人民防空先进单位、市人民防空先进集体、市人防宣传工作优秀单位、市人防绩效评估三等奖、市人防依法行政工作先进单位、全县2016年度驻村帮扶工作先进工作队、全县优化经济发展环境绩效建设工作满意单位、全县非税收入征管工作二等奖单位、湖南省人防先进性教育基地。11月举办全县历史上第一次防空防灾应急疏散实战演练活动。县人防湿地旅游服务中心及附属设施项目、双牌县人防地面指挥中心（即15113工程）项目，获省人防部门批复。

【人防基础设施】 2016年，双牌县人防办更新换代通信警报设施，增强警报通信指挥能力，在县人武部设立人防警报中控平台，分别在财政局、国税局、人武部、烟草局和工业园管委会安装5台警报器，实现警报器统控。确保城市警报鸣响率、覆盖率两个100%。省市人防办已下达同意建设双牌人防地面指挥中心，即15113工程的批复，该项目已进入发改委立项和征地拆迁环节。

【人防宣传教育】 2016年5月12日应急宣传日，在滨江广场开展人防应急宣传活动。7月1日联合县纪委、县人武部、县国税局等单位组织全县机关单位参加“廉政杯”长跑比赛，宣传人防知识，树立人防形象，扩大人防知晓度。以11月1日的警报试鸣日为契机，在县二中组织举行建县以来最大规模的防空防灾应急疏散演练暨人防“小博士”防灾书刊发放活动，演练活动主要包括防空警报发放和人口疏散以及应对处置疏散过程中的突发状况，县人武部应急分队、消防、人民医院，部分县直机关单位和乡镇、中小学校共1000余人参加演练。市人防办领导和在家的县委、人大、政府、政协等四大家领导出席观摩演练。在林峰社区、双牌县二中树立3块人防知识宣传牌，并编辑人防宣传册。

【人防执法管理】 2016年，双牌县人防办结合县情参与制订县城地下空间利用规划，严格执行廉租房、公租房等项目修建人防工程政策。进一步严格行政执法，积极完善人防行政审批进入政务窗口实行一站式报建，进一步规范流程，严格按照收费标准进行收费，同时按标准建立管理项目报建档案。积极参与城区行政联合执法检查，严格执法程序。加强制度建设，先后建立健全业务办理、财务管理、后勤保障、工作纪律、事后回访、执法检查等九项制度，构建起受理、审批、收费、执法等一系列制度体系，使人防工作走上制度化、规范化运作轨道。在工作纪律、作风方面严格规定“五个不准”，人防办没有一名工作人员因工作作风、工作纪律被处理，窗口没有受到一起投诉，群众满意率100%。

【中心任务】 2016年，双牌县人防办做好县委、政府安排的精准扶贫、结对帮扶、联系企业、协税护税、创文创卫、重点项目、招商引资等各项中心工作。在精准扶贫驻村帮扶中，联系的是贫困村是江村镇小岱村，给予该村扶持资4万元，帮助该村落实土鸡养殖、光伏发电、和油茶种植3个项目。在协税护税方面，征缴人防易地建设费200余万元。

法　治

政法委及综治

【概况】 2016年，县委政法委设有3个内设机构，为办公室、政工室、执法监督室。双牌县社会治安综合治理委员会办公室与县委政法委实行两块牌子一套人马。县维稳办为正科级行政机构，归口县委政法委管理。有在编在岗人员22人（含综治办、维稳办），领导班子为书记1名、专职副书记1名、副书记3名，分别兼任县维稳办、县综治办主任、县防邪办主任。中共双牌县委防范和处理邪教问题领导小组办公室（简称县防邪办）为正科级行政机构，归口县委政法委主管，主任由县委政法委1名副书记兼任，在编人员2名，其人员、经费、机构编制单列。双牌县网格管理中心归口县委政法委管理，系全额拨款副科级事业单位，有在编在岗事业编制人员8名。没有发生重大公共安全事件、没有发生重大群体性事件、没有发生严重进京非正常上访事件、没有发生暴力恐怖事件。人民群众的安全感和满意度不断增强，综治民调高出全省平均分2.7分，排省市前列，连续9年保持全省“平安县区”称号，维稳工作进入全市先进县区行列。

【平安双牌建设】 2016年，全县没有发生一起影响恶劣的邪教案事件，连续16年实现“三个零指标”工作目标。完成安装50个新增高清视频监控探头，县城高清视频监控探头达270个，“天网”工程初具规模。全县刑事案件发案总量、“两抢一盗”侵财案件连续3年呈下降趋势。加强道路交通安全管理，严查酒驾醉驾，全县道路交通事故发生起数、死亡人数、受伤人数同比分别下降，没有发生一起死亡3人以上重大交通事故。加强监所安全管理，县看守所、拘留所均实现零安全事故目标。

【法治双牌建设】 2016年，全县立刑事案件257起，抓获各类犯罪嫌疑人196人，刑事拘留179人，提请逮捕58人，移送起诉67名，抓获上网逃犯26名；其中：破侵财类案件40起，刑事拘留48人；破涉毒案件12起，刑事拘留38人，收缴毒品12千克；破诈骗案件21起，刑事拘留28人。成功告破公安部“2016—124”毒品目标案，抓获毒品犯罪嫌疑人17名，缴获毒品冰毒12千克，冰毒片剂55.41克，扣押涉案车辆3台，是县历史上缴获毒品最多的一起贩毒案件，是2016年全省公安机关重点督办的3起案件之一。侦破侵财性刑事案件40起，刑事拘留犯罪嫌疑人48人，逮捕31人，移送起诉20人，“两抢一盗”发案同比下降7.3%；侦破涉枪涉爆刑事案件22起，刑事强制22人，查处涉枪涉爆行政案件29起，治安处罚29人，收缴各类枪支79支、子弹98发、土制鱼雷2000余枚，在全市排名第一。检察、审判配合密切。检察院依法批准逮捕各类刑事犯罪嫌疑人68件103人，提起公诉95件154人，提前介入一批重大案件的侦查活动，依法快捕快诉，起诉率100%。依法支持人民法院打击拒不执行判决、裁定犯罪专项行动，批捕、起诉3件3人。人民法院受理刑事案件113件，审结93件，结案率82.3%。其中，审理有重大影响的涉林权流转合同诈骗系列案件，重点打击与群众安全感密切相关的犯罪，判处盗窃、诈骗等侵财型犯罪14件17人，强奸、故意伤害等侵犯公民人身权利犯罪16件16人，涉毒犯罪13件14人，对危险驾驶案件6件6人进行集中审理。

【和谐双牌建设】 2016年，双牌县接待群众来信来访894批1601人次。开展11次县级领导大接访活动，接待群众来访67批316人次，其中涉法涉诉7批18人次，特防期内，接待来访群众35批78人次。日常办理和接待来信来访共计92批207人次。对群众的来信来访有84件123人次当场给予解释答复，97件392人次直接批转有关部门进行办理，13件86人次反映的问题督促有关责任单位落实。政法各部门接待涉法涉诉信群众访664批1307人次，其中537件673人次当场解释答复，8件23人次进行集中交办。全县调解各类矛盾纠纷2238件，调解成功2193件，调解率100%，成功率98%。其中妥善处置群体性事件、突发事件65起，运用“二次调解”机制化解重大矛盾纠纷和历史积案24起。对22件案件的当事人减、缓、免诉讼费12.7万余元，为困难刑事被告人指定辩护人7人次，使用国家司法救助资金30万元，用于救助16件案件，救助的人数35人，司法救助的16件案件均签订息诉罢访承诺书。

【网格化建设】 2016年，全县农村网格化建设于2016年4月正式启动，按照200户或500人左右的标准划分为331个网格，按“一格一员”的要求配备331名网格管理员，选配114名信息管理员。在乡镇建立乡镇便民服务中心、综治信访维稳中心和网格管理中心。在行政村设立以村党支部为核心的“一委两会两站”。高标准建设社区服务用房，青龙洞社区按照幸福社区建设标准改造，其中阳明社区服务用房面积1200平方米、林峰社区服务用房面积1100平方米，已投入使用。对全县居民住房门牌、单元、栋号进行重新编号，对城区、乡村路、街、巷重新制作标识牌，加快居民信息采集。全县采集房屋、人口信息约13万余条，完成信息录入2万余条。投资6000多万元打造“智慧双牌”的信息化平台，其中网格化服务管理综合信息平台建设完成，与市平台和县公安指挥中心平台顺利对接，实现高清视频联网。

【规范执法办案】 2016年，县委政法委完善执法质量考评机制，组织开展执法培训活动，制订下发《双牌县公安机关派驻法制员工作规定》，明确法制员的选拔条件、职责任务、管理考核、待遇奖惩。开展法制员培训班。实行案件问题清单交办制度，推行办案质量终身负责制和执法过错责任追究制。建立案件管理中心，完善刑事案件统一入口、统一审核、统一出口工作机制。完善受立案改革配套机制建设，推进110系统与执法办案系统对接。推行执法档案制度建设。推行以办案积分制为主要内容，执法管理委员会、主办侦查员、派驻法制员和执法责任终身制“五位一体”的执法档案管理机制。公安机关执法办案区讯问犯罪嫌疑人同步录音录像建设达到全省建设标准，并做好资料的刻录和保存工作。继续加强法检信息收集、录入工作，推行“六公开一投诉一曝光”的阳光警务执法公开机制，加强涉案财物照片以及行政处罚决定书的规范制作、录入和推送工作。加强执法记录仪配备工作。规范使用管理执法记录仪、存储执法记录仪音视频资料。规范罚款、扣押、冻结、收缴、追缴、没收和收取、管理、退还、没收取保候审保证金等处理涉案财物行为，保障当事人合法权益。加强对有警不接、接警不处或处警不及时、有案不立、立而不查等执法不作为问题的执法监督，全县无行政复议诉讼案件，无民警因执法问题而受到责任追究。

（双牌县委政法委）

公　安

【概况】　2016年，县公安局内设指挥中心（加挂县人民政府反恐怖领导协调小组办公室牌子。以下有加挂牌的队室均在其后括注简称）、政工室、纪检监察室（警务督察大队）、警务保障室、法制大队（信访办公室）、刑侦大队（图侦大队）、预审大队、国内安全保卫大队、治安管理大队（县爆炸危险物品监管委会办公室）、禁毒大队（县禁毒工作社会化办公室）、经济犯罪侦查大队、巡特警大队、人口与出入境管理大队（县流动人口服务管理领导小组办公室）、网络安全保卫大队（情报中心）等14个直属机构和看守所、行政拘留所、交警大队3个所属机构；派出机构有城关、五里牌、尚仁里、永江、何家洞、平福头、茶林、阳明山、麻江、塘底、上梧江、江村、理家坪13个派出所。县公安局机构外，有接受林业及其上级行业公安机关领导的县森林公安局；接受柳州铁路公安机关领导的双牌火车站派出所；接受中国人民武装警察部队永州武警、消防支队和县双重领导的现役制武警双牌县中队和双牌县消防大队。获建局以来最高荣誉奖——被中央宣传部、司法部授予“2011—2015全国法治宣传教育先进单位”；被永州市公安局先后评定为“县级公安机关‘四项建设’执法规范示范单位”，党风廉政建设优秀单位，严打整治飓风行动、严打“盗骗毒”亮剑行动、收缴整治枪爆物品专项行动、“三实”信息集中采集专项行动和全国“两会”维稳安保成绩突出单位。72名民警（含武警、协警）工作成绩突出，分别被评为先进个人、记功、嘉奖等奖励。

【维护社会大局稳定】　2016年，县公安局紧扣“三个维护”工作目标，以情报网络为龙头，不断强化基层基础工作，整合社会和各警种情报信息资源。全县收集获取各类维稳信息186条、影响社会稳定动向10余条，掌握处置不稳定因素39条，稳控各类重点人员42人次，重点群体4个。其中新发现重点对象11名，重点群体1个。上报市局和县委、政府信息48条，成功处置重大涉警舆情3起，各种群体事件苗头9起，快速消除江村河段非法采砂事件和平福头群众集体非法上访等重大社会隐患7起。果断打掉非法采砂犯罪团伙1个，依法拘留22人。全年开展命案必破和“亮剑”、“飓风”等专项活动，共立刑事案件316起，破164起（其中命案2起，抓获犯罪嫌疑人2人，破案率100%），刑事拘留犯罪嫌疑人210人，起诉190人，追回上网逃犯37人。参与缉枪治爆专项行动，缴获各类民用枪支14支。惩治经济犯罪，配合工商、税务等各金融机构，出动1000余人，发放宣传资料2000余份，悬挂宣传横幅23幅，接待群众1万余人次。受理各类涉及经济犯罪案件27起，立案21起，破案18起（其中立金融犯罪案件15起，破案13起），涉案总值16153万元，抓获犯罪嫌疑人24人（金融犯罪23人），挽回经济损失12000万元。破获的重大案件有“金诚恒通公司”谢林雁跨三县区非法集资案，涉案资金9000多万元，受害群众达300多人。王少东、陈游非法集资诈骗案，涉案资金2800多万元，受害群众190多人。破获阳明山电站虚假破产案，抓获犯罪嫌疑人5人，挽回经济损失1000余万元。

【禁毒工作】　2016年，县公安局各警种配合，实行防、堵、打、戒多措并举，协同禁毒委和各乡镇，组织力量进社区、进学校、进企业、进家庭、进场所，播放禁毒专题教育专题片1000余场次，印发宣传资料、张贴禁毒挂图和永久性标语等，引导广大群众充分认识毒品危害的严重性，自觉远离毒品。全县中小学校2万多名学生接受禁毒知识教育。全年开展清查打击行动18次，查处涉毒场所1处，破获毒品犯罪案件15起，抓获犯罪嫌疑人35人，提请逮捕起诉23人，缴获毒品12千克，查处吸毒人员123人，责令社区戒毒115人，强制隔离戒毒39人，收治涉毒特殊人群6人，整改涉毒问题场所6处。其中成功破获公安部“2016—124”毒品目标案件，抓获案犯嫌疑人17人（其中被判处死刑2人，无期徒刑2人），缴获冰毒10千克，冰毒片剂55.41克，扣押涉案车辆3台。创下双牌建县以来缴获毒品最多、抓获犯罪嫌疑人最多、判处死刑最多的个案纪录。

【整治治安突出问题】 2016年元旦、春节期间，双牌县公安局对棋牌室、游戏机、“开铲车”等赌博活动突出特点，将惩治涉黄涉赌违法犯罪列为工作重点，查处较大赌博有“09·8”“09·22”开设赌场聚众赌博案。开展缉枪治爆专项行动，对公务用枪进行安全检查，行动中检查涉枪涉爆单位9家，排查整治较大隐患6处。破获“双涉”刑事案件35起，采取刑事强制措施35人；查处“双涉”行政案件47起，收缴各类枪支213支，子弹2671发，管制刀具45把，土制鱼雷2000余枚。开展打击工程建设领域“强揽工程、强行阻工、强行装卸、堵门、堵路、堵桥（“三强三堵”）专项整治行动，立刑事案件20起，刑事拘留30人，查处此类行政案件45起，行政拘留85人，调处矛盾纠纷246起。开展“护校安园”专项行动，联合县教育局检查全县中小学校、幼儿园59所，清查校园周边房屋300余家，治理校园周边治安乱点3处，取缔非法经营场所15家，落实管控力量124名，整改安全隐患15处，收缴管制器具12把。

【巡逻防控】 2016年，县公安局巡特警大队复建后，配20名民（协）警，警车4辆，专司县城处警、治安巡逻、应急处突等职责。巡逻接处警1332起，抓获违法犯罪人员131人，破获刑事案件9起，刑事拘留13人，办理行政案件40起，行政拘留80人，治安罚款19人，调处各类纠纷65起，执行各类安保任务10次，处置突发事件11起。确定每天4名局机关值班民警、2名交警、4名巡特警组成3个夜巡查缉小组，对县城“三纵六横”街道、人员密集场所进行夜巡查缉。

【户政管理】 2016年，县公安局全年受理承办各项户口事项5.8万余人次。强化户口基础管理工作，开展实有人口、实有房屋、实有单位信息采集专项行动，采集“三实”数据341546条，数据合格率93.2%，局户政大队被评为全市“三实”信息采集专项行动成绩突出单位。居民身份证全年正常办证1.1万余人，办理临时身份证960人次。高考前夕，为参考学生应急办理身份证123张，上门为13名孤寡老人等特殊群体提供办证服务。流动人口登记管理，开展专项清理行动，登记出租屋1320户，登记流动人口2310人。全年流动人口、重点人口、出租屋登记率、录入率、准确率均达100%。办理流动人口居住证3250张。宾馆、旅店入住、网吧实名登记和DNA指纹、人像等采集入库率均达到100%。

【交通管理】 2016年，县公安局全年查处各类违法行为3.5万起，其中醉驾31起，酒驾33起，超速3万余起，其他5000余起，切割改装货车20台，年内共发各类道路交通事故1006起，无一起死亡3人以上交通事故。印发宣传资料6000份，发宣传提示短信2000条。在永连公路沿线和二广高速连接线新安装太阳能警灯100个，大型警示标牌30块，提醒驾驶员谨慎驾驶。会同安监、交通等职能部门，对客运站场、学校、幼儿园、企业、南岭民爆等单位车辆重点监管。开展10次安全大检查，全面排查客车、校车、危化品运输车存在的安全隐患，严防病车和不符合驾驶资质的驾驶员上路行驶。检查发现鑫发公司危化品运输车辆逾期未年检问题，报市交警支队同意，对109辆未按规定年检车辆注销其运输资格，县辖区207国道、永连公路和两个重点旅游景区未发生较严重的拥堵情况。抽调民警深入乡镇为山区办理摩拖车上牌、年检年审、驾照考试等服务，办理驾考业务600人次，年检摩托车400余台。

【消防管理】　2016年，县公安局贯彻《全民消防安全教育提纲》，通过抗震救灾日，G20杭州峰会、“119”消防宣传日活动和县电视台、政府红网等媒体、网络及各单位广告宣传栏，散发、播放、发布、张贴消防安全常识，提示引导群众安全用火用电。全年发放宣传资料2万余份，悬挂横幅80余幅，发送消防宣传短信1万余条，播放消防安全教育片和广播120余次。开展夏季行动和专项治理活动，强力整改火灾隐患。检查1390家单位，发现火灾隐患2006处，督促整改2005处，下达责令改正通知书1016份，发出处罚决定书14份，临时查封火灾隐患严重单位（门店或场所）16家，责令“三停”单位6家，罚款17.95万元，行政拘留2人。投资493万元，购置举高消防车，启动城镇消防专业规划缺额市政消火栓安装。分批次对派出所专兼职民警、乡镇长、村两委负责人、重点单位负责人和管理人普遍进行培训。消防官兵装备学习和考核，90%以上成为“装备合格手”，50%达到“优秀装备手”标准，8名官兵被确定为“装备能手”。

【法制工作】　2016年，县公安局法制部门全年行政处罚646人，刑事拘留213人，移送起诉205人，取保候审122人。受理行政诉讼案件4起，出庭应诉4起，胜诉率100%。局5个执法办案区实行视频监控全覆盖，办案过程同步录音录像。其他执法办案场所电脑IP地址与执法管理录入端口地址绑定，刻录保存。实行派驻法制员制度，派驻法制员审理案件943起，提前介入指导办案132起，向所驻单位提出执法意见562条。监所执法方面。看守所全年新收押在押人员461人，其中逮捕刑事拘留443人，临时羁押18人。监所管理。对收押人员入所后，实行身体“五项”常规检查，病号及时跟踪治疗，整治监室在押人员恃强凌弱等“牢头狱霸”行为，确保监所安全。邀请县人大代表、政协委员、执法监督员、媒体记者和在押人员家属等到看守所参观交流，了解在押人员生活、思想改造情况，对看守所监管工作提出意见和建议。行政拘留所2016年收执拘留人员413人，其中异地拘留21人，司法拘留23人。

【警务保障】　2016年，县公安局全年争取到省财政和公安厅对看守所、拘留所改造资金267万元，大要案件办案经费30万元，有效缓解资金压力。县财政支持和局内资金调配200万元，用于五里牌、阳明山、理家坪派出所和五星岭、阳明山万寿寺警务室硬件建设。投入100多万元购买执法装备。

【基层警务】　2016年，县公安局以“转作风、强基础、化矛盾、保平安”为重点，深化和推进派出所正规化建设、社区民警专职化和“一村一警”警务模式。全县配社区专职民警21人，其中城区6人，农村派出所15人。114个行政村全部选派配齐责任心强、业务熟的驻村民警，达到“村村有警、月月见警”目标。城镇社区民警配合户政等部门采集“三实”信息6780条，化解各类矛盾纠纷105起。全局包村民警到联系村宣讲法律知识56

场次，发放安全宣传资料5000余份，调处各类矛盾纠纷562起，发现化解不稳定隐患45起，解决遗留问题24个，协助查处治安案件23起，抓获逃犯3人，制止群体性事件2起，组织义务巡逻队7支78人。农村“一村一警”工作的开展，全县农村初现发案少、秩序好、治安平稳，群众满意的良好态势。

【情报信息】 全年搜集各种维稳方面情报信息110余条，编发摘报等50余期（件），为局、县领导掌握、决策、处置潇水河江村段非法采砂等重大不安定因素充当“千里眼”“顺风耳”作用。为局领导起草全县公安工作、禁毒工作、其他各项工作等重要会议报告，各种专项行动工作方案，全国和省、市、县各级“两会”及阳明山“和”文化旅游节等特殊时段节点安全保卫工作方案、各项工作汇报、总结等文字材料达30余万字。三台合一（110、119、122）报警服务台配8名民（协）警24小时通过监控视频，对县城区交通要道、街道路口、重要场所全程监视和接警处警。接警23553起，处警5062起，出动警力约1.65万人次，打字文印约2500份9000张，速印文书、资料约1万多页。机要收发按有关法律、制度保密规定传递归档。发各种文件1200余件，收文1500多件，呈局领导批示、传阅1050件，送承办单位办理450件。档案工作全年归档装订案卷15卷237件，抄写目录237页，并编写出全局2016年工作年鉴存档备考。

（郑际海　杨迪华）

森林公安局

【概况】 2016年实有退休民警9人，在岗在编人员42人（含公安局编制1人），其中正式民警34人（政法专项编制），以工代警人员8人（全额事业编制）。内设办公室、刑侦股、治安股、法制办、消防股5个职能股室，下辖五星岭、紫金山、阳明山、云台山、打鼓坪5个林业派出所。其管理体制为林业主管部门和公安机关双重领导。主要职能为打击毁林违法犯罪、保护森林和野生动植物资源安全，保障林业生产顺利进行。2016年，获市先进单位荣誉称号；森林防火工作，获市先进单位荣誉称号；执法质量，获市森林公安机关执法质量考核先进县荣誉称号；收缴整治枪爆物品专项行动，获市先进集体荣誉称号；严厉打击非法占用林地等涉林违法犯罪专项行动，获市先进单位荣誉称号。

【打击毁林违法犯罪】 2016年，县森林公安局先后组织开展“森林火灾严打月”“打击破坏野生动植物资源违法犯罪专项行动”“非法占用林地”“收缴非法枪支弹药爆炸物品”等专项整治行动。对破坏森林资源安全的违法犯罪行为保持“露头就打，违法就罚，犯罪就抓”的高压态势。全年立案查处各类涉林案件233起，处理违法犯罪人员246人。其中立森林刑事案件9起，刑事拘留4起4人，取保候审9起9人，移送审查起诉6起6人；查出社会行政案件7起，查处违法人员7人；查处林业行政案件217起，林政处罚230人，罚款40.45万元。其中影响较大的案件有：泷泊镇观文口村卿献失火案；上梧江乡何光龙失火案；理家坪乡熊进汉失火案；永江乡奎碟村张促安滥伐林木案；零陵区邮底乡邓辉人非法收购盗伐、滥伐林木案；双牌大市场黄某非法经营野生动物案。此外，还配合市森林公安局依法查处永州市锦林科技有限公司在茶林镇靛口村租山造林造成大面积灌木林被砍伐的特大滥伐林木案。通过案件的查处，有力地打击各种涉林违法犯罪行为，确保森林和野生动植物资源安全，起到查处一案，教育一方的震慑作用。

【森林防火】 2016年，县森林公安分局自始至终将森林防火工作列入森林公安工作的重要议事日程。年初制定和完善《森林防火值班制度》《扑火预案》等应急措施；以县森林防火指挥部的名义召开森林防火指挥部人员单位及全县森林防火工作会议，研究部署全县森林防火工作，明确森林防火工作行政首长负责制，逐级签订森林防火责任状，将森林防火纳入各级各部门岗位目标考评内容。清明和高火险期间，张贴标语4600张，印发平安清明倡议书1.5万份，刷新公路两旁森林防火宣传碑389块，群发森林防火短信1万余条，利用宣传车辆、广播、电视、网络等宣传工具开展“三·九”高火险期森林防火宣传月和森林防火应急宣传周活动，使森林防火家喻户晓，警钟长鸣。严格火源管理。森林防火重在火源管理。针对春耕烧荒、烧田坡及清明烧纸、燃放鞭炮等高火险期，及时出动宣传车辆进行森林防火宣传和巡查，督促各乡镇场将火源管理落实到山头地块，将防控责任落实到人。在用火审批制度上，严格坚持“八不烧”和“十不准”的规定。对大面积野外用火坚持监烧制度。凡一次性用火面积100亩以上的，先由县防火指挥部派员踏查，经踏查合格后再进行监烧。全年没发生1起重大火灾，年终森林防火工作考评双牌再次位列全市前列。

【执法质量】 2016年，县森林公安分局针对执法过程中有的民警特权思想严重，作风粗暴，有损群众感情；有的民警法定程序意识不强，执法办案不够规范；有的民警滥用职权，徇私舞弊办关系案、人情案等群众反映强烈的问题，出台《刑事案件办案制度》《案件集体讨论制度》《执法过错追究制度》等一系列长效的执法工作机制，从制度上规范执法行为。为适应执法办案的需要，在经费十分紧张的情况下挤出资金10余万元，在该局一楼建设执法办案区设有审讯室和询问室2个工作室。

公安消防

【概况】 2016年，县公安消防大队有现役官兵30人（其中干部8人、士官15人、义务兵7人），合同制消防员22人。获全市消防部队2016年军事队列会操第一名、全市消防部队2015年田径大比武消防装备知识竞赛第一名、全市消防部队2016年整建制中队实战化训练比武竞赛两台消防车双干线出三支水枪操第二名、全市消防部队2016年冬春练兵比武竞赛活动第四名、全面建设先进中队、部队管理先进中队。2人被支队荣记个人三等功，10人被支队记个人嘉奖，3人被支队评为优秀共产党员。接警出动121次，火灾扑救93次，抢险救援28次，抢救和疏散人员537人次，抢救财产价值860万元。

【思想政治建设】 2016年，县公安消防大队以两项重大教育为抓手，深入学习贯彻全军和公安现役部队政治工作会议精神。通过采取中心发言、专题辅导、集中研讨、交流心得等形式，落实党委中心组学习制度、党课制度及每周学习日制度，强化官兵思想基础建设，将作风建设、廉政建设和学习活动贯穿教育全过程，提升官兵素质。开设“官兵大讲堂”军政主官带头授课，开展全员岗位大练兵等活动，强化官兵党性意识。

【基础设施建设】 2016年，县政府给予大队财政预算合计191万元。县政府在年初政府专职消防队员经费预算42万元的基础上，再次追加18万元用于政府专职消防队伍建设，旨在进一步推进专职消防员队伍建设，解决消防经费不足的瓶颈性问题。大队结合城市建设现状和部队实际需要，加快启动推进队站整体搬迁建设进度。该项目完成站址选址和消防站方案初步设计工作。

【实战化大练兵】 2016年，县公安消防大队紧扣灭火和救援的形势任务特点，全面加强实战演练、战术推演、体能技能训练、“六熟悉”和灭火演练工作。开展“安全大检查”“条令条例学习月”专项活动，强化官兵个人意识。开展辖区“六熟悉”及消防安全重点单位灭火演练36次，针对辖区主要灾害事故特点开展战术研讨12次，修订各类灭火救援预案42份，参加全市军事队列会操1次，不断提高遂行任务能力。

【火灾防控】 2016年，县公安消防大队全方位推进消防工作社会化进程，推进多种形式消防队伍建设。先后开展“夏季消防安全检查”“今冬明春火灾防控”“社会福利、救助机构消防安全专项整治”“文物古建筑消防安全整治”“易燃易爆场所消防安全专项检查”等一系列专项行动，对检查发现的火灾隐患，严格按照“四个一律”的刚性措施坚决依法督促整改到位，排查和整改一大批火灾隐患，确保全县火灾形势平稳。大队共消防监督检查单位821家，发现火灾隐患或违法行为1288处，督促整改火灾隐患或违法行为1287处（起），下发责令改正通知书584份，下发处罚决定书7份，临时查封9家，责令“三停”单位3家，罚款9.9万元，行政拘留1人。

【消防宣传教育】 2016年，县公安消防大队以《全民消防安全宣传教育纲要》宣传为主线，依托楼宇广告、LED显示屏、官方微信、红网手机报、手机短信及消防常识飞播等宣传媒介，强势推进消防安全宣传。全年共举办各类消防安全培训26次，培训人员1895余人，发送手机短信10万余条，发放各类宣传资料20万余份，开展消防巡回宣讲15次，举办知识讲座16期，消防站开放10次，培训人员近7000余人次，接受群众咨询200余人次。培训乡镇长、村两委负责人136人，有效提升农村火灾整体防控能力。大队窗口设置群众举报投诉信箱，设立“96119”举报投诉热线，未发生一起当事人投诉、不满意事件，实现100%核查，100%奖励，100%群众满意。

（黄小兵）

道路交通管理

【概况】 双牌县公安局交通警察大队成立于1986年，1994年提升为正科级，并正式命名为双牌县公安局交通警察大队，是双牌县公安局主管道路交通安全、交通秩序以及机动车辆、驾驶员管理工作的职能部门，担负着全县1400余千米道路（包括G207国道60.74千米，S216省道30.8千米，县、乡道1000余千米），2万余辆机动车，3万余名驾驶人的交通安全管理任务。大队内设办公室、安宣股、车管股、驾管股、法制股、城关中队、茶林中队、打鼓坪中队7个股室、中队。现有在职工作人员50人，其中民警32人，职工18人；党员40人。2016年，大队被授予全省抗冰保畅先进集体、全省综合考评先进单位，全省“无投诉、无违纪”警队等省级荣誉称号。先后获得全市春运先进集体，全县党建工作先进单位、全县安全生产先进单位。

【司法行政管理】 2016年，双牌县公安局交警大队以“降事故、保安全、保畅通”为中心，以“防控风险、服务发展”为主旋律，查处各类交通违法行为3.5万余起。其中醉驾30余起，酒后驾驶40余起，涉牌涉证300余起，超速3万余起，切割非法改装货车20台，其他交通违法行为5000余起，全县道路交通秩序明显好转。全县发生道路交通事故1000余起，未发生一起死亡3人以上交通事故，辖区G207国道、永连公路未发生一起拥堵1小时以上事件。同时，结合自身职能对G207国道和城区交通标志标线进行修复完善，在永连公路沿线、二广高速连接线新安装设置100余个太阳能警示灯，30余块大型警示标牌。深入辖区客运场站、学校、企业、南岭民爆公司开展安全生产大检查，全面检查排查客车、校车、危化品运输车辆等重点车辆。全县客车、校车、危化品运输车辆未发生一起一般以上道路交通事故。突出重点时期、重点路段的管控力度，紧抓春运、春节、清明、“五一”、端午、中秋、国庆等特殊时期道路交通特点，突出阳明山、桐子坳旅游景区道路管控力度，辖区G207国道、永连公路、阳明山旅游景区、桐子坳旅游景区未发生严重拥堵事件。组织车管所民警深入辖区江村、理家坪等偏远乡镇开展送考下乡、送车牌号下乡志愿服务活动，为山村群众提供摩托车入户上牌、年检年审、摩托车驾驶证考试等便民利民服务。大队为偏远乡镇办理驾驶证考试业务600余份；摩托车查验业务400余份。多次组织民警深入学校、客运场站、南岭民爆公司等运输企业，举办道路交通安全知识讲座，宣传道路交通安全知识，牢固树立重点人群文明交通安全理念。发放宣传资料6000余份，发送宣传提示短信2000余条，走访客运场站、重点运输企业10余次，深入学校6次，举办交通安全培训班10余场次。

检　　察

【概况】　2016年，县人民检察院有政法专项编制46个，在职在编人员40人。其中，中共党员30人；研究生学历4人，大学本科学历28人，大专以下学历7人；检察长1人，副检察长4人，检察委员会委员14人；员额检察官11人，助理检察官13人，书记员4人，司法行政人员6人，司法警察5人，工勤人员1人。检察院内设政治部、办公室、反贪污贿赂局、反渎职侵权局、公诉科、侦查监督科、民事行政检察科、监所检察科、控告申诉检察科、检察技术科、预防局、林业检察科、纪检监察科、案件管理办公室、法警大队15个科室。9月，周涛为双牌县人民检察院代检察长。年内，县人民检察院获全省检察机关教育培训工作、检务保障工作先进集体、办公室工作先进个人称号；荣获全省检察机关首届“读书风气最盛检察院”提名奖。在2016年全市检察机关年终考核中，县人民检察院有12个部门或单项工作获得先进，连续4年被评为“永州市先进基层检察院”，继续保持“永州市文明标兵单位”称号。

【执法办案情况】　2016年，县人民检察院依法惩治各类刑事犯罪，受理公安机关提请批准逮捕刑事案件68件103人，批准逮捕51件73人；受理侦查机关移送起诉案件137件203人，提起公诉112件173人，法院判决67件95人。查办涉及民生民利、群众反映强烈的职务犯罪，适时组织开展专项行动。立案侦查贪污贿赂案件4件4人，立案侦查渎职侵权案件4件4人。

【落实司法改革情况】　2016年，县人民检察院完成首批员额检察官遴选的考核考试工作。按照公开、公平、公正的原则，从现有检察官队伍中遴选出11名的检察官入额。根据“凡是进入员额的检察官，要在一线办案，对案件终身负责”的工作要求，将员额检察官全部配置在反贪、反渎、刑检、监所、案管等一线业务岗位。根据省、市、县三级院的员额检察官司法办案权限规定，明晰检察官权力清单，加强对检察权的监督制约，有序推进“谁办案谁负责，谁决定谁负责”的工作机制，构建公正高效的检察权运行机制。全面有序推行检察人员分类管理改革，逐步建立“员额检察官、检察辅助人员、司法行政人员”职务序列，完善相应的管理制度。

法　　院

【概况】　2016年，县人民法院围绕“努力让人民群众在每一个司法案件中感受到公平正义”的工作目标，把握“司法为民、公正司法”工作主线，忠实履行宪法和法律赋予的职责。受理各类案件1726件，办结1510件，审限内结案率100%。立案数和结案数同比分别上升47%和36.2%，荣获“全市优秀基层法院”称号。

【刑事审判】 2016年，县人民法院受理刑事案件113件，审结103件，结案率91%。其中，审理在全县具有重大影响的涉林权流转系列刑事案件，已判处7件7人；判处盗窃、抢劫等侵财型犯罪14件17人；故意伤害、强奸等侵犯公民人身权利犯罪16件16人；涉毒犯罪13件14人；对危险驾驶案件11件11人进行集中审理当庭宣判取得良好社会效果。落实宽严相济刑事政策，判处五年有期徒刑以上刑罚5人，判处拘役、管制、缓刑54人。

【民商事审判】 2016年，县人民法院受理民事案件941件，审结837件，结案率88.9%。妥善处理涉土地征用、拆迁补偿等纠纷。发挥人民陪审员、调解员和基层人民调解组织在矛盾纠纷调处中的作用，共调撤结案276件。倾力支持全县“清欠”工作，加强诉讼服务，设立专门合议庭审理该类案件240件，做到快立、快审、快执，促使不良贷款清收工作顺利进行。

【行政审判】 2016年，县人民法院受理行政诉讼案件32件，审结32件，审查非诉行政案件45件，审结45件。针对在207国道改建、旧城改造等工作中涉土地房屋征收补偿问题比较集中，行政部门不熟悉相关法律法规的现象，主动提供咨询服务，并邀请上级法院的行政审判专家，为全县50余名领导、工作人员举办一期法制讲座。

【执行案件】 2016年，县人民法院受理执行案件595件，执结案件493件，结案率82%，执行到位7000多万元。开展“执行工作年”活动。对2004年来的所有执行老案进行全面清理和梳理，建立台账管理，杜绝案件的体外循环，办结积案168件。安排1名审委会专职委员负责执行工作，执行局干警由原来的6名充实到12名，推进执行警务化，执行威慑力增强。执行模式由单兵作战向团队协作转变，由各行其是、缺乏监管向分工明确、相互制约转变，提高执行效率。公、检、法共同召开联席会议，形成《关于办理拒不执行判决、裁定刑事案件联席会议纪要》，向公安移送3名抗拒执行的“老赖”，拟追究其刑事责任。跟进重点执行案件，加大宣传报道力度，增强公众信心。首次在全县范围内利用电视台、广告屏、微信公众号集中曝光40名“老赖”的信息。曝光之后，8名被执行人主动履行义务。

【基础建设】 2016年，县人民法院新建成6个数字化法庭、1个执行指挥中心均投入使用，其中执行指挥中心利用车载系统、单兵系统在外出执行时进行远程监控、指挥调度，确保案件执行“看得见、听得到、查得着”。按照创“省级文明标兵单位”的目标完善院机关设施，新增绿地、硬化路面、健身路径。

【司法改革】 2016年，县人民法院围绕司法人员分类管理和法官职业化改革，通过法官职务套改、法官入额考核考试，已确定该院第一批员额法官18名。探索新型审判团队组合模式，规范审判团队工作流程，明确法官、法官助理、书记员工作职责，有效提升审判质效，全年一线法官人均结案87件，院、庭长担任审判长或独任审执结案件585件，占全部结案总数的38.7%。有序推进审判权运行机制改革。下放文书签发权，明确主审法官或审判长直接签发裁判文书范围，院领导带头办理重大、复杂、疑难案件。厘清法官、合议庭、审委会和院（庭）长的权力清单，建立权责明晰、监督有序的审判权运行机制。加强信访接待和受理工作，推行诉访分离、判后答疑、申诉听证，把信访纳入法治化轨道。稳妥推进律师参与化解和代理涉诉信访案件试点工作。通过因案施策、因访施治，办理涉诉信访案件59件次，案件总量同比下降8.6%，保持逐年下降的趋势。

【民主司法】 2016年，县人民法院自觉接受人大及其常委会监督，密切与人大代表、政协委员的联络，坚持定期走访、定期通报工作，共邀请代表、委员参加旁听庭审、见证执行、评查案件等活动20余人次，认真办理、及时反馈代表、委员建议7件、关注案件12件。参加“司法公正双牌行”活动，就行政审判工作向人大常委会作专题报告。重视检察机关监督意见，邀请检察长列席审判委员会2次，共同维护司法公正。

司法行政

【信息化建设】 2016年，县司法局在全省建成视频会议系统和电子政务系统。认真开展全员培训，强化操作应用，真正做到会用、真用、管用。按照省市文件精神，建立社区矫正移动定位监管系统，全面实现对系统内的社区矫正人员进行即时定位、划定活动区域、划定禁止进入区域、超越区域信息警告，达到对社区矫正人员的有效管控，提高社区矫正工作的效率和水平。

【法治双牌建设】 2016年，县司法局开展“四入行动”“江淮普法行”“法律七进”等活动。举办县委理论学习中心组集体学法2次、行政执法人员培训班4期、法治讲座30场、法治教育课70余场次。开展多层次多领域法治创建，把基层民主法治建设纳入美丽乡村（社区）建设。建有省级“民主法治示范村”4个、市级“民主法治示范村”33个、市级“民主法治示范社区”4个。

【基层基础建设】 2016年，县司法局有针对性地开展业务知识培训和执法培训，提高司法行政干警理论业务素质和执法水平，组织机构队伍建设不断加强，加强司法所规范化建设，围绕加强和创新社会管理的部署要求，深入推进司法所全面建设。全县司法行政在组织队伍建设、业务工作运行、所务管理、物质保障等方面得到明显加强、规范和夯实。按照省市级示范司法所创建的标准，投入90多万元改善司法所装备、设施，全县12个乡镇司法所已经全部达到市级示范化司法所标准，其中江村、理家坪、何家洞、五里牌、茶林5个司法所被评为“湖南省规范化司法所”，尚仁里司法所被评为“湖南省模范司法所”。

【法律援助和公证】 2016年，县司法局切实为民提供优质高效的法律服务。规范和加强法律援助工作站建设，覆盖全县所有乡镇及11个县直部门；进一步扩大法律援助覆盖面，将城乡困难群体法律援助工作纳入民生工程，开辟农民工法律援助绿色通道，开展法律援助扶贫工作，做好中央专项彩票公益金法律援助项目的组织实施工作，进一步整合“12348”法律咨询热线接线能力和解答质量，截至2016年10月底，法律援助案件总数达461件。建立健全律师参与涉法涉诉工作机制，安排律师参与信访接待值班工作，参与重大疑难矛盾纠纷化解、突发事件处置工作；深入开展“律师进社区”“进村居”和“双联”活动，拓宽法律服务内容；指导律师事务所开展党建工作，强化律师行业基层党组织规范化建设；组织开展“1+1”百名律师扶贫助困献爱心公益活动，帮助贫困村、贫困户脱贫致富。完善公证信用制度建设，提高办证质量，继续提高创新服务理念、拓宽服务领域、提升服务质量、增强服务能力。全年办理各类公证162件。

【人民调解】 2016年，县司法局建立健全县、乡、村三级调解网络，依法建立调委会221个，做到调解组织全覆盖。

建立健全矛盾纠纷排查预警、乡镇重大纠纷信息月报告制度等。全县受理调解各类矛盾纠纷案件3273件，其中成功调解3192件，司法确认案件812件。化解成功率97.5%；防止民间纠纷转化为刑事案件3件；防止群体性上访12件。

【社区矫正和安置帮教】 2016年，县司法局做好特殊人群管理工作。夯实安置帮教工作，做好刑满释放人员的衔接管理教育帮扶工作，最大限度地预防和减少刑满释放人员脱管漏管和重新违法犯罪。推动远程帮教探视系统建设，应用刑释人员信息管理系统，实现核实率、核实成功率均达到100%。在册人员有936名，安置率97%，帮教率100%，2人重新犯罪。严格落实社区矫正监管各项制度，加强监管安全风险防范，防止社区服刑人员脱管、漏管或重新犯罪。组织开展各类专项排查活动，做好重点时段社区服刑人员监管安全工作，完成G20峰会期间社矫人员稳控工作。在册社区服刑人员167人，警告30人次，收监4人，无重新犯罪和脱管漏管虚管人员。

综合经济与管理

发展和改革

【重点项目建设】 2016年，全县65个重点项目，完成投资9.55亿元，占年度计划的62.9%，完成税收1200万元，占计划的43.6%，全县重点项目建设在逆境中呈现较好的发展态势。县城提质改造各个子项目全面铺开，集中实施县城支路提质改造、永水风光带、河东沿江风光带、迎宾路关联片区改造、双牌大道等系列重大城建项目，城市形象大幅提升；第一所高标准民办学校永州阳明学校实现秋季招生，教育资源的优化配置和教育整体水平的进一步提高；智慧双牌、县突发公共卫生事件应急处置中心、县中医院整体搬迁、易地扶贫搬迁等一批民生工程和3号片区、5号片区、日月星·河湾、滨江明珠等一批中高档商住小区建设，城市配套设施不断加强，县城功能逐渐完善，人居环境进一步改善。G207国道双牌至零陵段、G207国道城南段、农村公路、S350、X034线公路改造、梅石氹路改、打理公路、茶阳公路等重大交通项目强势推进，交通瓶颈逐步破解，对内大循环、对外大对接的交通网络正加快筑就。阳明山旅游总体规划和旅游集镇规划完成并逐步实施，在2015年获取国家AAAA级旅游景区、湖南省首届生态旅游示范区的基础上，四大景区按照国家AAAAA级旅景区游标准大力推进，二级客运站主体工程基本完成，基础设施日趋完善，景区新一轮提质改造美化工程于11月正式启动，花卉种植等绿化项目得到省植物园支持，阳明山旅游人气、商气和名气大幅提升，“北阳明”品牌效应凸显。茶林桐子坳景区游客中心、广场、中转停车场等硬件工程全面实施，旅游承载力进一步加强，即将成为阳明山旅游线路上一颗璀璨明珠。交通设施产业园、机械制造产业园等整体实施项目的推进为保障和拉动长远发展打下坚实的基础，工业园“三纵两横”路网框架全线拉通，水、电、讯等基础设施建设加紧完善，平台构筑日臻完善，工业集聚功能全面提升。“135”工程全面实施；乐福地医药包材标准厂房装修接近扫尾，生产线设备开始安装；仕诚塑料机械第一栋厂房基本完工，设备安装提上日程；总装机50兆瓦的倪家洞风电场项目监理、土建及机电安装、风机及附属设备的招标工作全面完成，场外道路全面完工，场内工程全面启动建设。

【推进价格改革】 2016年，县发展和改革委员会落实居民阶梯式水价制度。深入开展清费治乱，优化发展环境。取消收费许可证制度。自2015年4月1日起，全县范围内取消收费许可证及年度审验制度，建立收费清单制度。注销收费许可证60个。

【市场价格监管】 2016年，县发展和改革委员会开展教育收费专项检查。进一步规范明码标价行为。制作价格政策提醒函送达全县12家房地产开发企业，做好“12358”价格举报工作。受理价格举报案件10起，退还群众价款15494

元。举报、交办案件办结率、回复率100%。完善价格举报案件信息分析和预警机制，分类梳理价格举报类型，及时发现热点案源，利用提醒函、约谈、专项检查等手段从源头上制止乱收费行为的发生。开展中秋、国庆节日期间市场价格监管工作，开展节日市场巡查，确保节日价格市场稳定。

【价格认证】 2016年，县发展和改革委员会做好涉案财物价格鉴证工作。全年办理刑事案件价格鉴证20件，行政案件价格鉴证16件，评估总金额257.94万元。其中刑事案件191万元、行政案件66.94万元。

审　　计

【概况】 双牌县审计局成立于1984年3月，共有人员编制25人，现有干部职工16人，内设综合办公室、法规审理股、经济责任审计室、财政社保审计股、固定资产投资审计股、农业资源环保外资审计股、审计执行股7个股室，下设全额拨款事业单位双牌县审计基层工作室。2016年，审计局组织实施审计项目34个，增收节支和挽回损失3717万元，其中上缴财政178万元、减少财政拨款或补贴1183万元、归还原渠道资金75万元、核减工程造价2281万元，提出并被采纳的审计建议79条，建立完善规章制度23项。

【财政预算执行审计】 2016年，县审计局对2015年度县本级预算执行和其他财政收支情况进行审计，审计重点是本级财政预算执行情况、部门预算执行情况、地方政府性债务情况。通过预算执行审计，发现存在财政收入中税收收入占比和增量占比均未实现年初预算目标，财政收入入库不均衡，部分公用事业经费支出超预算，部分预算外资金、油价补贴、粮食补贴、一事一议奖补资金、水利建设资金未实行国库集中支付管理，存在挤占挪用现象和违规使用林业油价补贴资金垫付棚户区改造房销售，县本级财政预算绩效评价制度执行不到位，地方水利建设基金未按规定纳入一般公共预算管理，财政资金存量大，存量资金清理后尚未充分发挥其作用，税务稽查查补税费、罚款和滞纳金落实不到位，县财政拨给税务部的税收征管经费未按规定设立专账、失去地方监管，水利建设资金扩大范围开支12个问题；通过重点审计县财政局机关及所属单位部门预算执行情况，主要发现存在违规列支会议费、违规列支着装费用、工程项目管理欠规范的问题。对发现的问题，依照有关法律法规分别进行处理并提出建设性建议。8月22日，向双牌县第十一届人大常委会第三十四次会议上作专题汇报。

【财政财务收支审计】 按照县委、县政府安排，2016年，县审计局开展对县一中、县二中的债务审计和县工业园管理委员会2011年至2014年度财政财务收支情况审计，依法出具审计报告，为县委、县政府科学化解县一中、二中债务提供参考依据。

【经济责任审计】 2016年，县审计局开展对理家坪乡党委书记陈爱民和乡长黄少军、上梧江瑶族乡党委书记周宏春和乡长盘瑶丽、原体育局局长李忠、原县人口和计划生育委员会主任崔善军6名领导干部经济责任履行情况的审计。5月，抽调两名审计人员参加邵阳县县委书记、县长的经济责任审计。

【基建投资审计】 2016年，县审计局开展22个政府投资项目工程结（决）算审计，通过审计有效减少损失浪费，提高工程质量，节省财政资金。

【上级统一组织审计】 2016年，县审计局开展医疗保险基金（含新农合）审计和对江华瑶族自治县的保障性安居工程跟踪审计，出具审计综合报告，审计质量获得市局好评。

（郑心玲）

统　　计

【加强统计地位】　2016年，县统计局将统计、各项普查、1%人口抽样调查等工作纳入全县总绩效考核，形成领导重视，职责明确，齐抓共管统计工作的良好工作格局，提升政府统计权威。增加统计工作人员。县局计算机站调入工作人员3名，增加统计工作新生力量。配好乡镇统计站业务人员，每个统计站均保证工作人员1名以上，全县统计机构得到健全和充实。增加统计工作经费。对一些大的、临时性工作，县财政均及时拨付专项经费，保障工作正常运转。增添办公设备。县财政专批22.4万元为县统计局改善办公条件，用于新办公楼装修、路面改造及绿化，另外专批10.2万元为县局更新14台电脑，置办公设备，提升统计信息化水平。

【基层基础】　2016年，县统计局发挥“双牌发布”、双牌新闻网和双牌电视台的媒介作用，开展统计宣传。在“统计开放日”集中活动，组织开展统计诗歌朗诵、有奖竞猜、电视访谈等形式，多途径、立体式宣传基层统计工作，提升统计工作的知晓度。采取分片、分专业开展“轮训”和业务讲评，增强针对性和有效性，提高统计从业人员的业务水平。组织召开4次规范化建设现场会，典型引路，以点带面，推动全县乡镇场办规范化建设全面开展。制订和完善乡镇规范化建设工作责任制，做到一月一督查，一季度一检查，半年一小结，年底进行考核。通过强化责任，绝大部分乡镇对统计站的建设投入均达到1万元以上，完善专用设施，健全基础台账，稳定了基层统计队伍。全县100%的镇（乡、场、办）统计站达到省里要求。

【农业报表情况】　2016年，县统计局加大对基层报表审核力度，检查每个起报单位的报表是否全面、系统、完整、确保不遗、不漏。正确运用“下管一级”的数字管理制度，定期开展现场回访和核查。对乡镇重要数据指标进行评估，印证、监管，提高基层统计数字的可信度。坚持核查各乡镇统计站是否贯彻“统计制度”，是否坚持以村为起报，建立统计电子和纸质台账，促使起报数字建立在可信的基础上。为落实报表质量责任，县统计局立足检查每张报表是否有起报人、审核人签字，是否有领导把关，全县各镇着力夯实基础工作，完善统计机构，充实统人员，解决工作所需经费，改善统计环境，提升农业报表水平，确保从源头上提升农业报表质量。

【小康监测】　2016年，县统计局严格按照监测指标体系要求，把好各项数据的质量关，做到“基础扎实、来源规范、数据准确、各方认可“，实事求是地反映小康社会建设状况。县统计局专门组织各有关部门进行统计业务培训，累计开展业务培训6次，300余人，促使部门统计人员熟练掌握全面小康统计技能，提高数据质量奠定基础。针对小康统计监测指标体系，县统计局重点加强对新体系的数据分析，找准工作短板，提出工作建议。双牌县获评2016年度全省全面小康推进工作十快进县，县统计局也获县全面小康推进工作先进单位。

【联网直报】　2016年，县统计局组织企业和乡镇统计员开展业务培训，确保统计员执行制度不走样，上网操作不出错。贯彻执行湘统〔2012〕24号、39号和66号文件要求，坚守“四条红线”，确保企业独立、真实上报统计数据。同时，强化责任单位职能，督促企业如期如质完成联网直报任务，避免出现迟报、漏报行为。严格兑现《企业联网直报工作目标管理责任书》，建立监控记录和催报台账，每月对联网直报工作进行一次小结。对影响直报工作的行为，县绩效办、县统计局联合下文进行通报每通报一次扣0.5分。对迟报、漏报和拒报的直报单位，依法纳入省、市、县的统计执法检查范围，并予以处罚到位。

【统计服务】 2016年，全县统计工作紧紧围绕助经济社会发展这一中心，转变统计理念，改进工作方法提高统计服务水平，及时向县“四大家”、镇乡办场和相关部门提供《双牌经济信息月报》，如期公布年度统计资料，全面发布统计信息和数据。充分发挥统计参谋服务作用，把脉全县经济走势，围绕全县工作大局和重大经济、社会问题，积极开展统计调查。成为市、县两级政府年终绩效考核的主力，完成绩效考核内部评估、作风建设民意测验、综治民调民意调查、为民办实事数据监测等工作，顺利通过各项验收。

【依法治统】 2016年，县统计局加大普法宣传，强化法制意识，规范确定《中华人民共和国统计法》《统计法实施细则》《统计违法违纪行为处分条例》等法律法规读本为统计人员必学书籍。局机关每月集中学习两次，每季度进行一次小结，每半年开展一次测试，通过学法、知法、懂法，提高敏锐性、预见性和准确性。制订普法宣传工作要点，开设电视、网站宣传专栏，确定普法宣传月活动。把统计法制知识编进党校授课教材，纳入普法考试的必考内容，实现统计知识进课堂、上媒体、下企业，普法效果十分明显。坚持开展执法大检查，重点对统计台账不完善，迟报、漏报、错报等行为进行检查与纠正。将统计工作完成情况向县人大汇报，争取人大支持，虚心诚恳地接受人大代表对统计工作的意见和建议，主动自觉接受人大代表的监督和评议，及时整改存在的问题。

安全生产监督管理

【落实生产责任】 2016年，双牌县安监局对照分工，全县各县级领导共分18队，赴一线检查安全生产工作80次，推动全县安全生产工作的顺利开展。制订工作落实方案，并与下属单位分别签订责任状，层层传导压力、层层落实责任，把责任具体落实到村、企业、项目。下发《双牌县安全生产工作季度考核办法》，对各乡镇场及县直部门的安全生产工作考核，由每年一次调整为每季一次，制订安全生产监管执法“六项制度”（《领导干部干预安全生产监管执法、插手具体案件处理的记录制度》《“四不两直”和“双随机”监管执法制度》《企业安全生产信用“黑名单”记录制度》等六项），从10个各负有安全生产监管职责的部门，抽调30名工作人员成立“监管执法年”督导组，全力督导“监管执法年”工作，推动部门监管责任和企业主体责任的落实。

【综合监管】 2016年，双牌县创建1个省级示范乡镇、1个市级示范乡镇、1个市级示范企业、5家标杆企业。其中，塘底乡创建省级示范乡镇通过省安监局的验收。县安委办、安委会各成员单位、各乡镇、企业在单位周边、社区（村）主要出入口和广场、公园、车站、码头等人员密集场所悬挂安全横幅标语、挂图等宣传图标。开展最美安监人、生产安全事故警示教育，开展应急预案演练活动、安全发展主题宣讲活动、安全“六进”活动。6月16日，县安委办组织安委会成员单位在县文化广场开展安全生产咨询日活动，散发各类安全知识宣传资料5万余份；联合县总工会开展《中华人民共和国职业病防治法》等法律法规和职业病防治知识现场咨询活动，发放资料1万余份。利用手机短信平台，发送安全生产信息10.5万条。加大与市、县新闻媒体的联系，在永州新闻网、永州网、双牌新闻网进行安全生产宣传。在省市县级媒体刊发（播放）安全生产新闻报道、系列报道50篇，并开通首家县级“双牌安监”微信公众号，营造安全生产社会共治的良好氛围。

【安全责任规范】 2016年，双牌县安监局召开安全生产专题会议，明确规定生产经营单位必须履行的安全生产职责和义务。构建“十项制度，一个能力”的生产经营单位主体责任体系，落实监督检查责任，严格规范执法程序，开展专项考核评估，实行差异化监管，促使生产经营单位把安全生产主体责任落实到位。实行定时定点督查通报，全年无瞒报、谎报、漏报、迟报较大以上事故信息。对市安委要求的各种材料及时进行台账登记和管理。

【综合执法】 2016年，双牌县安监局以“一月一警示，二月一行动”为主要抓手。全年，检查生产经营单位71家，其中立案查处21件，停产整顿6家，下达行政处罚决定书21份，罚没收入近20万元。8月，县安监局联合县市场和监督管理局、城管局在全县范围内针对氧气、乙炔行业进行大排查。采取强制措施关闭2处非法经营氧气、乙炔的门店，有效遏制了危险化学品事故安全隐患。另外，打击非法、违法、治理纠正非煤矿山违章行为16起、烟花爆竹违章行为46起、水上交通违章行为2项、在建工程违章行为22处、危险化学品违章行为3处，查纠各类严重交通违法行为100余起、“三无”船1艘，拆除非法上砂码头1个，没收发电机马达3个，发现、督促整改火灾隐患21处，给予行政处罚6起、临时查封6起，责令“三停”单位6家，处罚款10万余元。根据《永州市烟花爆竹百日执法行动方案的通知》文件精神，全县出动车辆47台次，人员109人次，检查销售点113家，查出各类问题46条，下达执法文书25份，查处9家无证销售点，收缴各类鞭炮1889封，各类鱼雷1236枚，彻底惩治烟花爆竹领域违法行为。对全县烟花爆竹零售店进行总规划布点，布点46家烟花爆竹专营店。共检查烟花爆竹批发公司2家，烟花爆竹经营单位434家（重复检查），非煤矿山企业2家，加油站3家、危险化学品经营单位（含成品油经营企业）34家、危险化学品生产单位10家（重复检查）、燃气单位3家、采石场5家，排查安全隐患351处，下达整改通知书136份，吊销烟花爆竹经营许可证68家。联合交通、消防、交警、水利、住建、环保、城管、校车办等单位开展联合执法31次，出动人员100余人，排查治理隐患400多处。

【安全卫生】 2016年，双牌县安监局完成年初市局交办的2016年全县范围内企业必须完成1家作业场所职业危害评价的任务，并超额完成职业危害现场现状检测。对全县木材加工和木竹藤棕草制品、化学原料和化学制品制造、电子设备制造、箱包制鞋、其他非金属矿等14个行业共计26家企业用人单位情况职业危害进行调查摸底，编制下发《双牌县职业病防治工作“十三五”规划》文件。

【安全隐患整治】 2016年，县安监局在重点行业领域上，开展非煤矿山排洪、道路交通滑坡垮塌、病险水库加固、非法采砂、危险化学品储存运输、建筑工程、油气输送管道安全隐患等重点行业领域的专项整治，开展专项整治145人次，排查整改隐患1000余处。排查隐患车辆55辆，“两客一危”企业1家，问题驾驶人员6人，对于排查出来的问题企业、车辆和驾驶员，依法依规挂牌督促整改到位。严厉惩治“三超一疲劳”驾驶行为，加大对酒驾、危险品驾驶、无证驾驶、强超强会、逆行、占道抢行等野蛮驾驶违法行为的整治力度，查处超速行驶750起，对非法、违法、违规行为坚决做到依法、依规进行处罚。全县组织执法检查组46个，监督检查企事业单位和场所576家，县安办发交办函10个，排查安全隐患400处，整改391处。

【职业病危害专项整治】 2016年，由县安监局牵头，各乡镇场、卫生、人社、工会等部门配合，对存在粉尘与高毒物品危害作业场所情况进行全面的摸底汇总，全县存在职业危害的企业共计22家。境内无石英砂加工及石棉制品制造企业，由此将职业危害专项治理工作的重点锁定为冶炼、危险化学品生产、矿山开采、电子制造、制鞋、木质家具及竹木制品生产、电力生产等7个行业，特别对产生粉尘和使用高毒物品的作业场所实行建档管理。制订《2016年度职业卫生监管工作安排》《2016年职业卫生执法检查工作计划》《2016年作业场所职业病危害专项整治工作方案》《关于开展职业卫生专项执法检查的通知》，召开专题会议，对各乡镇、涉及职业危害企业进行专项安排部署。通过交叉检查、分片督查和专项检查等形式，加大职业卫生监管执法力度，对存在粉尘与高毒物品危害的6个企业依法采取停产、停业整顿、限期整改到位等措施。专项整治期间查处隐患35条，现场整改到位22条，下达整改指令书7份。督促指导企业建立职业危害检测监控制度，督促企业按照相关规定，指定专人负责对作业场所职业危害因素的日常监测。对冶炼、制造、危险化学品3家企业作业场所开展职业危害情况检测工作。督促指导16家企业建立完善职业危害警示告知、职业危害防治等各项管理制度，督促企业认真执行“工作场所职业病危害警示标识”和“高毒物品作业岗位职业病危害告知规范”，建立完善企业内部警示标识及危害告知卡悬挂、设置管理制度。全县企业设置各种警示标志、标识牌98块，印制宣传资料2000余份，全部免费发放企业。深入开展以冶炼、危险化学品生产、矿山开采、电子制造、制鞋、木质家具及竹木制品生产、电力生产等行业为重点的职业病危害专项治理工作，整改投入资金5万元。

【精准扶贫】 2016年，县安监局对理家坪乡大坪地村进行驻村扶贫帮扶。为摸清村里贫困户的基本情况，工作队认真走访每一户贫困家庭，把每户的详细情况登记在册，建档立卡。针对每个贫困户的情况制订出相应的可行的扶贫计划。开展土地流转130亩种植颠茄药材。养殖山羊1100只。造林马尾松33.5公顷；对贫困劳动力进行免费培训，实行有序转移，外出务工；新建通组公路1500米；新建农田水沟1500米；种植油茶20公顷；扩大颠茄种植3.3公顷；通村公路加宽3千米；南丰橘种植3.3公顷；水沟建设800米。

工商、市场和质量监督管理

【概况】 双牌县市场和质量监督管理局（加挂双牌县食品药品监督管理局、双牌县食品安全委员会办公室牌子）于2016年4月20日由原县工商行政管理局、原县质量技术监督局、原县食品药品监督管理局合并组建而成，是县政府工作部门。局机关办公地点在县泷泊镇紫金中路19号（原工商局办公楼），直属单位办公地点在县阳明路147号（原质监局办公楼）。全局内设9个业务股室，即办公室（政工人事股）、政策法规股、食品安全监管股（保健品酒类监管股、食品安全委员会办公室）、药品医疗器械监管股（化妆品监管股）、市场规范和商标广告监管股（网络经营监管股）、质量和企业监管股（标准化管理股）、特种设备安全监察股、计量和认证监管股、行政审批股（挂企业注册分局牌子）；下设1个直属单位——市场和质量监督管理稽查大队；12个派出机构——市场和质量监督管理所；4个归口管理事业单位，即县市场和质量监督检验检测中心、县消费者委员会办公室、县个体私营经济发展指导中心、市场和质量监督管理信息中心；根据工作需要，按有关规定和章程，设置纪检监察室和工会。全局编制96名，其中行政编制53名，全额拨款事业编制43名。截至2016年年底，在职在编人员76人；全县设4个分局，对乡镇分片监管。2016年，获市级奖项5项，即食用油米粉放心工程先进单位、药品不良反应监测先进单位、全市普法依法治理先进单位、企业年报工作先进单位、消费维权工作先进单位。

【商事制度改革】 2016年，双牌县市场和质量监督管理局深化商事制度改革，对公司、分公司、外商投资公司推行“五证合一、一照一码”，对个体工商户推行“两证合一、一照一码”。全年办理新设立市场主体958户，注册资金24.8亿元（其中个体787户，出资9509.00万元；内资企业9户，出资154850.00万元；私营企业122户，出资75166.00万元；农民专业40户，出资8562.00万元）；变更登记199户；备案登记407户；增补执照235户；股权登记2份，计1300.00万元；联络员备案262户。办理农民专业合作社设立登记40户，出资总额8562.00万元。受理食品许可242户；发证211户；受理药械许可30件，办结30件。

【安全监管】 2016年，双牌县市场和质量监督管理局受理申请食品经营许可证181家，发证155家。抽检米粉、食用油20批次，合格率100%。监督抽查大米、大桶水、水产制品、肉制品等食品64批次，合格率93.8%。国家监督抽查28批次，合格率92.9%。省级监督抽查29批次，合格率93.1%。监督抽查超市、综合市场、水果店经营的蔬菜、水果、肉禽、水产品、蛋等240批次，合格率99.6%。办理行政许可22件，其中药品许可12件，医疗器械许可10件。强化医疗器械、“两非药品”和疫苗监督检查，规范药械经营行为，飞行检查与日常巡查相结合。2016年检查药品经营企业44家（次），医疗机构118家（次）。加强药品不良反应报告和监测，上报药品不良反应报告172份（其中严重报告27份），医疗器械不良反应报告55份，化妆品不良反应报告25份。检验电梯24台、锅炉11台、压力容器23台、起重机械13台、特种设备安全附件50台（件）、压力管道500米、液化气钢瓶3100个；检查单位58家（次），检查设备166台（次），查处隐患64处，下达特种设备安全监察指令书69份。打掉“土锅炉”2台，取缔并报废不符合安全规定要求液化石油气罐车7台，查封、拆除非法液化气充装站1家。

【实施质量战略】 2016年，双牌县市场和质量监督管理局突出质量强县、质量强企战略，合力推进质量工作。湖南凯丰活性炭环保科技有限公司获永州市“质量强市”特色企业奖；湖南南岭民用爆破器材股份有限公司获永州市市长质量奖。

【实施商标战略】 2016年，双牌县市场和质量监督管理局建立“双牌县商标登记台账”和“双牌县名优商标台账”2本台账。全县有各类注册商标总数264件，其中中国弛名商标1件，湖南省著名商标3件，永州市知名商标1件，其他各类注册商标259件。

【推进年报工作】 2016年，双牌县市场和质量监督管理局开展市场主体抽查、调查、核实工作，注销名存实亡个体私营企业。企业年报率87.44%，农村专业合作社年报率91.54%，个体工商户年报率99.7%。

【执法打假】 2016年，双牌县市场和质量监督管理局以农资、食品、药品、特种设备、家电、电信网络、重点工业品为重点，开展系列执法打假。2016年，立案77件，办结77件，其中，食品药品医疗器械案件37件，特种设备案件9件，其他案件31件，全年无行政复议和上诉案件。“何建珍非法渠道购进药材案”被市食药局评为市优秀典型案例。

【消费维权】 2016年，双牌县市场和质量监督管理局通过设立“消费者举报投诉站”和向社会发布消费警示方式，疏通举报投诉渠道。全年受理消费者投诉30件，办结30件，办结率100%。

【查处添加食品非食用物质案】 2016年10—11月，县市场和质量监督管理局和县公安局联合执法，对县域内早餐米粉店进行地毯式专项检查，检查样本110份。对9个怀疑添加罂粟壳汤水抽样送检。经检测，有3个样品报告单吗啡含量分别为214μg/kg、163μg/kg、535μg/kg。吗啡添加到汤料和卤汁中含量超出国家强制性标准规定。县公安局对3家早餐米粉店立案查处。

【食品安全培训】 2016年11月，县市场和质量监督管理局对全县餐饮单位从业人员、中小学校和幼儿园食堂管理员计165人开展为期1天的食品安全培训。结合实际案例，就食品加工操作规范、新《中华人民共和国食品安全法》相关释义、场所设施和食品采购、储存要求、原材料把关、食品留样、食物中毒事故处置等进行宣讲。

【办证服务】 2016年，县市场和质量监督管理局针对茶林镇桐子坳景区部分店主无营业执照、食品经营许可证、健康证开门营业现状，为确保不发生食品安全事故，2016年11月11日至12月10日，联合县疾控中心，抽调专人深入景区，现场指导，通过现场采集血样、现场拍照、现场画图、现场收集办证办照资料等途径，为无证无照餐饮店办理营业执照、健康证、食品经营许可证等证照，指导店主和从业人员建立健全进货验收、预售等制度，并在14家餐饮店醒目位置张贴食品监督管理信息、四项操作制度公示牌等。县市场和质量监督管理局抽调的3名专业人员，坚持每天到岗到位，对14家餐饮店所购原材料质量、卫生状况等进行监督检查。

【市场管理】 2016年，县市场管理服务中心有干部职工20人。内设办公室和泷泊、五里牌、江村3个基层所，经营管理县城综合大市场、五里牌、江村、打鼓坪、平福头5个县属市场。县市场管理服务中心有各类集贸市场5个，总占地面积14256.2平方米，总建筑面积13876.51平方米，资产总值（原账面价值）283.55万元。其中：县城有集贸市场1个，总占地面积4006.85平方米，总建筑面积4006.85平方米；乡镇有集贸市场4个，总占地面积10249.35平方米，总建筑面积9869.66平方米。按市场经营结构划分，有综合性市场1个，农贸市场4个。中心管辖市场内经营户数2000余户，从业人员6000余人。

（唐五一）

住房公积金管理

【概况】 2016年，永州市住房公积金管理中心双牌县管理部归集9700万元，同比增加2700万元，增长38.6%，归集余额2.69亿元。缴存单位203个，全县缴存职工9478人，新增扩面519人；为1908名干部职工购建住房、还贷、退休等办理提取住房公积金4405万元，发放个人住房公积金贷款3019万元，支持购建房面积17439平方米，住房公积金贷款本金余额1.59亿元。

【财政补贴】 2016年，双牌县财政供养单位从2006年起将津补贴纳入住房公积金缴存基数并能按月及时拨付到位，缴存比例于2016年起达到工资总额的12%，全年住房公积金财政补贴3420万元。

【业务运作】 2016年，永州市住房公积金管理中心双牌县管理部实行规范化运作，健全管理制度，加快建立住房公积金管理与风险防控长效机制。

强化部门监管和社会监督，加强与财政、审计等部门的沟通交流，接受政府职能部门的监管；提高住房公积金管理信息透明度，主动接受社会公众监督。开展经常性的自查自纠，配合永州市住房公积金管理中心组织的专项稽核检查，严格防范违规现象出现。

【业务宣传】 2016年，永州市住房公积金管理中心双牌县管理部主动向市县两级党委、政府和财政等部门汇报、沟通与协调，始终把归集扩面作为年度工作重点，深入社区，走访个体工商户，采取上门服务的形式，为群众发放宣传资料共3000余份；通过宣传法规政策，进一步提高住房公积金制度的社会知晓率，着力营造企业自觉缴存住房公积金的扩面工作的新常态。对违反《住房公积金管理条例》规定的单位，不办理住房公积金缴存登记或不为职工办理住房公积金账户设立手续、少缴或欠缴住房公积金等行为，通过行政执法、及时在媒体及政府网站上予以曝光等手段，依法催建催缴，切实维护应缴未缴人员的合法权益。大力推行期房按揭贷款并提高贷款额度至45万元，加强宣传，简化手续，上门服务。

【服务能力】 2016年，永州市住房公积金管理中心双牌县管理部参与市中心组织的党、团支部活动，制订学习和工作计划，每周组织干部职工进行一次政治、业务学习，不断提高干部职工的政治素养，提升工作技能，改进工作作风，提高服务质量。积极参加市中心组织的“业务能力测试”等主题培训活动，让所有干部职工能系统地掌握住房公积金政策和业务知识，增强专业业务技能，提高实践操作能力。定期举行干部职业道德警示教育培训，鼓励干部职工参加学历提升教育和职称考试。建立健全学习效果检测机制，通过业务能力考试和岗位技能比武的方式检验学习成效，对涌现出来的先进个人进行表彰。新便民服务场所进入装饰和验收阶段。

【基层服务】 2016年，永州市住房公积金管理中心双牌县管理部紧紧围绕“为民、务实、清廉”的工作作风，按照“以人为本，服务职工”的要求，树立“服务无小事，小事见作风”的理念，不断提升窗口服务水平。公开服务内容、流程、时限办结等制度，在业务大厅设立服务指示牌，粘贴文明用语和服务“忌语”，推行微笑服务、“一站式”服务，预约服务、延时服务、上门服务等新举措，不断提高服务效率和服务质量。主动深入项目、深入企业、深入群众开展送政策、送服务等活动。坚决落实上级部门关于促进房地产市场发展转型升级的部署要求，深入开展房地产市场形势调研，加强业务数据分析研究，提高资金使用效率，支持中低收入家庭改善居住条件，发挥好住房公积金保障性和互助性功能，资金高效平稳运行。

农业经济

农业农村工作

【概况】 2016年，在新一轮机构改革中，县委、县政府决定将县农办、县农业局和县乡企局职能整合，组建县农业委员会，加挂县委农村工作办公室牌子，归口管理县畜牧水产局、县农机局、县经管站，综合协调全县农业农村工作。2016年4月29日新组建的县农业委员会正式挂牌。组建后的县农业委员会有在编人员76人。其中：行政人员23人，参管18人，专业技术人员35人（种子技术推广服务站13个，检测中心2人，推广中心20人。）。退休人员48人。共有党员81人（女党员13人）。机关设综合办公室（农业信息中心）、综合调研与市场信息股、人事政工股、发展计划与财务股（含预算绩效与项目管理）、法规科教股、新农村建设股、县域经济发展股（含农业产业化办公室）、农业综合执法大队。

【农村经济】 2016年，双牌县大力发展粮食、果蔬和茶产业，积极开展整“万千百”梯级示范、果园提质改造和茶叶低改扩园。全年建成万亩中稻高产示范片1个，千亩高产示范片4个，百亩示范点13个。完成早稻集中育秧抛插大田近2000公顷。落实播种面积15400公顷，总产7.7万吨，同比增长1%。2公顷以上的种粮大户189户，新增15户。蔬菜种植698公顷，同比增4.6%。水果种植2475公顷，总产3.1万吨，总产值2.6亿元；茶叶扩园135公顷、茶叶低改75公顷，分别占市下达任务的100%和112.5%。

【农产品质量安全】 2016年，县农委开展以种子、农药、化肥为主的农资打假和以“农药残留”为主的农产品质量安全日常检测。全年抽检样本2606批次，以果蔬、大米为主的农产品检测总体合格率为99.77%。同时，狠抓农业标准化示范县建设，突出抓好上梧江云台山生态茶叶、麻江镇神仙葡萄、江村镇花坪村富强旺盛家庭农场肉羊养殖和双牌县鑫潇水渔业专业合作社匙吻鲟健康养殖等四大农业标准化生产示范基地建设。创建县级农产品质量安全监管站1个，县级农产品质量安全检验检测中心站1个，乡镇农产品质量安全监管站12个。建立3个省级农业环境定位监测点；全年认证无公害农产品5个，申报绿色食品2个、有机食品1个。2016年双牌县被评为全市农产品质量安全先进县、全省出口食品农产品质量安全先进县。

【农业产业园区建设】 2016年，双牌县以五里牌、泷泊为核心的2万亩现代农业优质稻综合产业园的基础设施建设进入扫尾，全年共投入资金3065.2万元，新修和改造机耕道8千米，整修生产基地公路14.8千米，土壤改良900公顷、新建和改造水渠7.52万米，山塘修整22口，购置农业机械175台，引进、示范和推广新品种2635公顷（双季），新技术示范推广3867公顷次，免费向园区农户发放水稻种子2.4万千克，产业园区内的土地流转面积3869公顷，占总园区面积的26%，种植大户占全县的31%，新增粮食0.72万吨，新增产值2054万元，增加农民收入677万元，基本形成“机耕路网连通、水利设施完善、农机配置完备、加工销售一体”的园区格局；现代农业特色产业省级示范园、湖南省蔬菜标准园——尚仁里绿润蔬菜产业园初具规模。常年种植大棚无籽西瓜8公顷、甜玉米6.5公顷、百香果20公顷、辣椒和茄子48公顷、罗汉果14公顷，解决农民就业120余人，带动农户户均年增收1000元以上。同时，上梧江云台山生态茶园获批为湖南省现代农业特色产业园省级示范园。

【美丽乡村建设】 2016年，双牌县推进15个美丽乡村示范村建设，投入资金1.46亿元。启动麻江镇白水岭村、廖家村，茶林镇桐子坳村、新和村，理家坪乡坦田村等6个美丽乡村建设。理家坪乡坦田村获评首批中国传统村落名录、国家历史文化名村和国家重点文物保护单位，该村投入1645万元，安装路灯67盏，建垃圾池10座，绿化大苗100株，种植脆梨14公顷、油菜20公顷、椪柑20公顷，建成环村公路1800米，完成岁圆楼一栋古建筑倾斜严重抢救性修复施工。完成1000平方米的空心房拆除，完成土地复垦4公顷。茶林桐子坳村、麻江镇白水岭村分别被评为2016年湖南省美丽乡村示范村和永州市美丽乡村示范村。

【农业产业化发展】 2016年，双牌县有农产品加工企业212家，其中规模以上龙头企业18家：省级龙头企业1家（双牌县金蕊实业有限公司），市级龙头企业17家，分属5个行业：制药企业2家（双牌县华茂生物科技有限公司、永州中农银杏开发有限责任公司），药材种植3家（双牌县时胜中药材种植专业合作社、湖南恒康农林科技有限公司、湘林公司），竹木加工7家（湖南立群农林业发展有限公司、永州市凯丰活性炭有限公司、永州锦林农林科技开发有限公司、双牌县和盛林业发展有限责任公司、双牌县聚农林场、双牌县紫金苗木有限公司、双牌县飞达园林绿化有限公司），粮食加工2家（双牌县阳明粮油购销有限责任公司、双牌县潇水米业有限公司），养殖类2家（双牌县永宏牲猪繁殖有限公司、双牌县长乐坪牲猪繁殖有限公司），茶叶生产类1家（永州阳明山天然茶业开发有限公司）；星级休闲农庄2家（柳子湖和老福岩休闲农庄）。全县农产品加工企业实现总产值30.03亿元，同比增长15%，上缴税金5142万元，同比增长13.5%。其中规模以上龙头企业为17家（省级龙头企业1家，市级以上龙头企业16家），实现产值97370万元，同比增长34.7%，实现利润6757万元，为农民增收601万元。“龙头企业+农户+基地”的经营模式已经初步形成。截至2016年年底，全县农产品加工企业建立基地面积29.7万亩，带动农户48060户。

【农业品牌建设】 2016年，县农委引导龙头企业、专业合作社等生产经营主体增强商标意识，鼓励、支持农产品商标注册，促进品牌农产品包装上市和农产品的品牌销售。“单江”野生茶、“七祖”禅茶、“高山虎爪姜”、“雪莲果”、“剁椒鱼”、“雷公猪”等特色农产品相继注册为商标。8月，凯丰牌木质磷酸法活性炭获湖南名牌产品称号，“单江”野生茶、“高山虎爪姜”正在申报省著名商标。

【农村环境整治】 2016年，双牌县投入农村环境污染治理资金1420万元，累计购置垃圾桶36000个，建垃圾池140口，建焚烧炉362座、垃圾填埋场170处，农村保洁员达到500人；11个乡镇114个村普遍建立垃圾清扫保洁机制。90%以上的村实现清扫保洁，85%以上的乡镇配置垃圾转运设施，农村生活垃圾集中处理率达到100%。共推广测土配方施肥面积1.7万公顷、秸秆还田8150公顷、节水农业1万公顷，分别占市分配任务的100.5%、100.2%、100%；发展以油菜、绿肥为主的秋冬种8000公顷；制订农业技术规程3个，绿色防控面积达2000公顷，专业化统防统治面积5670公顷，防治队伍45支，防治人员420人。投入资金56.5万元，开展农业外来生物防治工作，面积1870公顷。建立耕地地力监测网点20个和省级农业环境定位监测点3个；在麻江镇白水岭村投入资金100万元，大力实施以农业面源污染防控、农业废弃物无害化处理和资源化利用技术推广为主的农业面源污染防治工程（农村清洁工程）。

【农技推广服务】　2016年，双牌县累计推广再生稻优质增产技术、林隙间种生姜高效栽培技术等农作物栽培主推新技术、新品种20余项，面积1.35万公顷次。开展粳稻和再生稻百亩示范种植2个，建立生姜、葡萄、优质稻等科技示范基地3个，培植农民科技示范户623户，辐射带动农户1.2万户。举办水稻集中育秧、旱育保姆早稻包衣育秧等各类技术培训班168期、现场指导培训230场次，培训农民1.1万人次，组织开展科技下乡和利用乡镇农技服务大厅，接受农民咨询6800多人次。

【农业跑项引资】　2016年，双牌县争取并成功实施农村清洁工程示范重点村、柑橘黄龙病防治示范县、专业化统防统治示范县、秸秆还田等省级以上强农惠农项目41个（农委）近3000万元，农口60个，4200万元。成功引进一家以马铃薯种植和综合开发为主的现代农业企业——湖南丰盈科技开发有限公司，拟在泷泊镇樟古寺等村建立1个总规划用地2万亩的现代农业园区。该公司已正式挂牌运营。

畜牧水产养殖业

【概况】　双牌县畜牧水产局属县人民政府管理的全额拨款正科级事业单位，内设办公室、行政审批股、畜牧兽医股、水产股、渔政股、畜禽水产品质量安全股、畜禽屠宰管理股7个职能股室，下辖县动物卫生监督所1个副科级事业单位和9个乡镇动物防疫站。有干部职工30人，具有高级职称2人，中级职称12人，技术员职称4人。2016年，分别获得农业部“渔业文明执法窗口单位”、全省养殖业信息宣传工作先进单位，以及全市重大动物疫病防治工作先进单位。

【动物疫病防控】　2016年，县畜牧水产局全面落实重大动物疫情防控、病死动物无害化处理等措施，以春秋“两防”集中免疫为重点，结合日常补免补注，高致病性禽流感、口蹄疫、猪瘟和高致病性猪蓝耳病等重大动物疫病实现应免尽免。全县完成猪瘟免疫31.78万头次，蓝耳病免疫24.36万头次，口蹄疫免疫42.74万只次，禽流感免疫207.3万羽次。重大动物疫病和常见动物疫病免疫密度分别保持在100%和90%以上。开展动物疫情监测，对全县86个规模养殖场（户）和8个交易市场的畜禽进行疫情排查、监测，全年疫情监测采样1775份，专项检测牛羊布病检测样品342个，抗体检测578份，疫病化验56份。全年开展动物卫生监督执法行动12起，及时追溯追究、查处违法案件6起，立案率、结案率均达100%；在养殖、屠宰等环节无害化处理生猪8750头、动物产品518千克。严格动物检疫监管，动物产地检疫率、屠宰检疫率、“瘦肉精”同步检测率达100%；2016年，全县产地检疫生猪36.7万头，牛2.5万头、羊5万只，家禽292.6万羽；屠宰检疫生猪3616万千克、牛羊6.6万千克、其他动物产品检疫3.96万千克，检疫结果全部合格。

【质量安全监管】 2016年，双牌县检查饲料经营门店25家、兽药经营门店14家，排查畜禽养殖场户192个，没有发现销售使用假冒伪劣和不合格养殖投入品行为。抽检猪尿样5026个，没有发现“瘦肉精”阳性样品。在水产品质量安全专项整治行动中，全县抽查16家水产规模养殖场，对生产档案、用药记录、生产记录、销售记录等情况进行全面清查，抽检中没有发现使用氯霉素、孔雀石绿、硝基呋喃类等禁用药物现象，对记录不全的3家水产规模养殖场一律要求限期整改到位。在省、市畜牧水产局和县相关部门组织的多次专项抽检和突击排查中，双牌县养殖产品合格率100%。

【渔业资源养护】 2016年，县畜牧水产局为保护渔业资源，在全县范围持续开展“打非治违”和渔政执法专项整治行动。全年检查渔具销售门店17家，收缴销毁非法渔具22件；出动渔政船艇36艘次，执法人员216人次，查获违禁捕捞船5艘，拆除电鱼设施14套，缴获电鱼机头8个，收缴销毁网具48张，行政处罚33人次，治安拘留1人。落实禁渔区和禁渔期制度。潇水河双牌大坝到朝阳岩抽水塔水域设立为长年禁渔区。4月1日至6月30日，在湘江双牌段实行禁渔活动，实行24小时轮流值班、日查夜巡，禁止任何捕捞行为。开展水生生物增殖放流活动，全年向潇水河水域人工放流各类鱼种鱼苗601万尾，投放新太湖银鱼受精卵1亿粒。通过人工增殖放流补充湘江鱼类种群数量，改善和优化水域生态环境。湘江潇水双牌段光倒刺鲃拟尖头鲌国家级水产种质资源保护区（以下简称保护区）获农业部批复，保护区总面积2769公顷，其中核心区1533公顷，实验区1236公顷。保护区自双牌县五里牌电站坝基至江村镇码头段，总长度42千米，其中核心区长度19.5千米，实验区长度22.5千米。特别保护期为每年3月1日至6月30日。

【养殖污染治理】 2016年，双牌县畜牧水产系统贯彻落实省政府关于湘江流域污染治理“一号重点工程”的指示精神，按照县人民政府发布的《双牌县畜禽养殖区域布局规划（2014—2020年）》要求，划定畜禽养殖禁养区、限养区和适养区范围，制订湘江干流畜禽养殖场退出工作时间表、任务图。指导17个养殖场新建沼气池、化粪池840立方米，水污管道8200米，有效消除生产污染。双牌县黑雷公猪养殖专业合作社和双牌县荣华养猪场列入“省政府一号工程”的规模养殖场粪污治理企业。投资303万元，完成栏舍改造624平方米，新建堆粪间100平方米，新建沼气池700平方米，购置固液分离机（8立方米／H）2台，新建污水收集沟1000米。开展养殖废弃物资源综合利用。在32户周边有农田、鱼塘、果园、林地的养殖场，采取干清粪工艺，通过堆肥、发酵、加工等方式，实现粪污资源化利用和“零排放”。全县养殖场因地因场选择科学的粪污治理模式，完成213家规模养殖场的污染治理，占总数的100%。

林　　业

【概况】 双牌县林业局建于1970年，下设15个行政事业股站室、15个林业发展服务中心、7个木材检查站、1个木竹加工园管理办公室、7个护林站，2016年有在职行政事业编制人员233人。下属单位1个森林公安局、1个林业科学研究所、1个储运公司。2016年，林业用地面积235.65万亩，森林覆盖率76.57%，森林蓄积量578.5万立方米。全县林业总产值达到39.25亿元，同比增长0.2%。商品材产量、人造板产量、木竹地板产量、各类经济林产品总量分别为50145立方米、8200立方米、5170平方米、13873吨，分别同比增长6.3%、1.2%、3.4%、14.7%。全县完成各类造林1875公顷，完成中幼林抚育1.87万公顷，楠竹低改1000公顷。全县共调回绿化苗木36800株，完成186千米通道绿化和15个秀美村庄绿化建设任务。划定全县三年禁伐减伐面积6.03万公顷。全县新增林权证打证面积4352公顷，林权证发放到户率上升到98.8%，全市排名第3位。办理森林资源流转林权变更手续22起，面积370公顷。全年下发退耕还林补贴469.36万元、公益林补贴1235.32万元、中央财政造林230万元、中央财政森林抚育补贴332.5万元，共计2267.18万元，补贴发放涉及贫困户3718户。

【获全省林业站“一站式全程代理服务”示范县】 2016年，双牌县获湖南省林业站“一站式全程代理服务”示范县，双牌县何家洞林业经济发展服务中心获湖南省林业站“一站式全程代理服务”示范站。双牌共15个林业站，全部实行“一站式全程代理服务”管理。

【林业工作会议】 2016年10月14日，全县林业工作会议召开。县委副书记张跃斌主持会议并讲话。各乡镇场、县直单位相关负责人参加会议。会议按照省市部署要求，对做好县级公益林区划界定、森林防火、打击非法占用林地等涉林违法犯罪专项行动、森林禁伐减伐三年行动四项重点工作进行全面安排部署。会议宣读、解读县级公益林区划界定等工作方案，传达国家及省、市的森林防火指示精神。

【湖南省林业厅领导“一进二访”走进双牌县廖家村】 2016年12月17日，湖南省林业厅党组书记胡长清，省林业厅党组成员、副厅长吴彦承率领省林业厅部分干部深入双牌县麻江镇廖家村，开展“一进二访”活动。永州市林业局领导宋振平，双牌县委副书记张跃斌、县人大常委会副主任邓美英及县林业局、麻江镇主要负责人陪同。省林业厅参观廖家村产业基地和核心区基础设施建设工地，听取省林业厅驻村工作队精准扶贫工作情况汇报。

【实行“五优三免”助推精准扶贫】 2016年4月20日，县林业局推出精准扶贫具体措施，助推双牌山区贫困林农。从2016年起，对贫困人口家庭实行林业“五优三免”：优先享受中央财政造林补贴（阔叶林混交比例在30%以上）；优先享受中央财政森林抚育补贴；优先享受中央财政林业贷款贴息；优先安排木材采伐指标；优先享受林下经济补助。免收造林、抚育规划设计费；免收采伐设计费；免收林权抵押贷款评估费。凡在县扶贫办精准扶贫系统平台有登记的贫困人口家庭申请林业“五优三免”的，凭贫困人口家庭人员林权证到所在乡镇林业经济发展服务中心办理申报手续即可。

【林业工作喜获多项表彰】 2016年，双牌县完成各类造林1874公顷、中幼林抚育1.91万公顷、楠竹低改1000公顷、毛竹丰产林示范基地建设69公顷，完成通道绿化186千米、秀美村庄绿化15个。县林业局获2016年度农业农村工作先进单位、三项优先工作先进单位、全省旅游产业发展工作先进单位、招商服务工作先进单位、驻村帮扶工作先进单位、“国家级林业示范合作社”称号，获批“国家稀缺中药材种苗（子）繁育基地项目”。

【发现生存一亿年花朵龙虾花】
2016年10月23日，在双牌县阳明山国家森林公园万和湖右侧游道发现龙虾花，这种生存上亿年的龙虾花是地球上现存最古老的开花植物之一，在阳明山盛开的龙虾花总数有600多株。这样大面积、大规模的龙虾花，在阳明山还是第一次见到。

【“清明”防火】 2016年清明节期间，县林业局为切实做好清明期间防火工作，下发

《“清明”维稳大排查、大督查的通知》，召开各乡镇场、县直和驻双单位“一把手”参加的“清明”维稳工作动员大会，各乡镇场、村两级均召开森林防火部署会，并向各乡镇场、村组发放《清明节防火通告》，张贴标语、条幅5000多条。各乡镇场、村都组建森林防火专业队和各村防火应急分队。各单位“一把手”对辖区和管理范围内的森林防火工作负总责，驻村干部直接负责，将责任落实到村、组、户、人，落实到山山岭岭。在各主要路口设置防火宣传牌，严防火灾事故。

【湘桂三乡镇“团结互助，共同发展”第三十次联席会议】 2016年12月30日，湘桂三乡镇“团结互助、共同发展”第三十次联席会议在广西全州东山瑶族乡召开，双牌、零陵、全州三县（区）的领导和政法、林业、森林公安、防火、调纠、信访等有关部门负责人及何家洞镇、大庆坪乡、东山瑶族乡三个成员单位的负责人、接壤村党支部书记参加会议。会议全面总结回顾第二十九次联席会议以来边界地区护林联防、团结协作、互帮互助、共同发展的光辉历程。会上，何家洞镇粗石江村、大庆坪乡中铺里村、东山瑶族乡石枧坪村做典型发言。会议还表彰年度联防先进单位，并明确2017年湘桂三乡镇“团结互助、共同发展”第三十一次联席会议在湖南省永州市双牌县何家洞镇举行。

水　　利

【概况】 2016年，县水利局秉持“献身、负责、求实、为民”的水利精神，攻坚克难，开拓奋进，全年全县完成水利建设投入0.42亿元，实施水利项目4个，完成水利工程125处，完成劳动工日3.2万个。

【防汛抗旱】 2016年，全县平均降雨量1755.8毫米，较历年均值1410.4毫米偏多345.4毫米，偏多24.5%，降雨集中在1月、3月、4月、5月、6月、8月、11月。出现8次强降雨过程，潇水共发生4次超警戒水位，其中潇水双牌水文站3月21日水位128.81米，超警戒水位0.31米；4月18日水位128.51米，超警戒水位0.01米；5月8日水位129.2米，超警戒水位0.7米；6月13日水位129.06米，超警戒水位0.56米。全年全县降雨总量较历年均值偏多，未有旱情发生。

【农村饮水安全工程】 2016年，县水利局实施农村饮水安全工程35处，解决饮水不安全人数1.4504万人，涉及10个乡镇，33个行政村。工程总投资为653万元，其中国家投资230万元，市、县财政配套资金373万元，群众自筹资金50万元。

【河道治理】 2016年，县水利局启动麻江镇麻江河道廖家村桥下段河道治理，工程采用雷诺护垫方案，治理河道长度420米，完成投资43万元。

【小水利】 2016年，双牌县“五小”水利重点完成89个村“五小”水利建设，完成总投资1141万元，其中财政奖补1000万元，群众自筹141万元。完成渠道改造110千米，山塘整修60口，堰坝改造20座，机电排改造15处。

【小水电开发、安监、质量】 2016年，双牌县小水电完成单江、低头江、前进、杨柳湾四座小水电站的增效扩容项目，完成投资2350万元；水利安全生产被评为县先进单位；质量监督完成2016年度小农水项目重点县建设和农村安全饮水项目的质量监督，在市水利局年度质量考核中名列前茅。

【水土保持】 2016年，双牌县水利局办理水土保持审批4件，开展水土保持监督8次；参加水土保持培训3人次，开展《中华人民共和国水土保持法》进党校和小学活动4次。

【水政执法】 2016年，县水利局水政执法部门开展水行政专项执法行动2次；查处违反水行政法规事项6例，处罚2例；全年调处水事纠纷4件；收取水资源规费100余万元。

供电

【概况】 国网双牌县供电分公司下设5个职能部门及6个供电所，用工总量191人，拥有变电站9座/13.09万千伏安；35千伏及以上输电线路11条/188.4千米，10千伏配电线路29条/1269千米；配变958台/10.22万千伏安；用电客户5.83万户。2016年公司售电量1.22亿千瓦时，完成市公司下达任务；售电均价7366.5元/万千瓦时，比目标高155.7元/万千瓦时；电费回收率100%；综合线损率5.87%，比计划低3.52个百分点；日最大供电负荷2.86万千瓦；营业收入8983万元，可控费用与严控费用均低于指标，内部利润-3415.56万元，完成预算目标；资产清查报废395万元资产，完成报废指标112%。获湖南省电力公司“十佳企业文化长廊”、湖南省电力公司“标准化党支部示范点”、永州市供电公司“先进单位”、永州市供电公司“安全生产先进单位”、双牌县综合绩效考核“先进单位”等称号，同业对标上升为全省第14名位列A段。

【安全生产】 2016年，国网双牌县供电分公司开展春季安全大检查和隐患排查治理，排查隐患153条，整治率100%。推行10千伏整线综合检修。稽查作业现场64个，覆盖率100%。获得省公司标准化示范现场1个，市公司标准示范现场4个，县公司标准示范现场23个。保持高压态势严厉打击违章行为，查处各类违章36起。加强与政府合作大力整治线路通道，累计砍青1.93万棵，完成5条35千伏及25条10千伏线路通道治理，实现全境输配线路通道“安全、通畅”的全治理目标。完成“两节”、“两会”、“和”文化节等重要节假日保电任务。保持安全长周期6950天。连续2年被评为市公司“安全生产先进单位”，连续3年获“双牌县安全生产先进单位”。

【电网建设】 2016年，国网双牌县供电分公司滚动修编双牌地区“十三五”电网、新一轮农村电网改造升级前期规划。竞得“小康电”示范县落户双牌。完成农网升级改造投资1616万元，改造行政村20个、配变台区61台、10千伏线路12.40千米、低压线路131.44千米。年度表计集抄改造项目安装智能电表21358只，实现集抄覆盖率100%。

【经营管理】 2016年，国网双牌县供电分公司开展“治配网、降线损、控投诉”专项活动，全年少损电量144.5万千瓦时，增效106.5万元。全面推进“四维立体”降损体系，查处违章用电及窃电用户71户，行政拘留23人，消灭高损台区65个，挽回直接经济损失76万元。深化营销服务经营诊断，查改不规范问题12个，查处各类违章8起，处罚6人。常态开展量价费损监测，整改异动35项。推行低压业扩报装“一岗制”作业，新装客户2272户，新增用电容量2.61万千瓦。公司实现电能数据“全采集”，综合采集成功率达到99.5%以上，位列市公司第一位。营配调贯通完成市公司试点任务，“六个一致率”指标率先实现100%，位列市公司第一。完成电能替代重点项目1个，完成替代电量512.95万千瓦时。营业班获得省公司“营销服务先进班组”称号，李远贵获得省公司“营销服务先进个人”称号。

【供电服务】 2016年，国网双牌县供电分公司深入宣贯《投诉管控“三大纪律、八项注意”》和《供电服务风险防范手册》，坚持投诉现场核查、溯源分析，加大投诉考核力度，强化“95598”业务分析和改进提升，公司接工单457笔（同比下降265笔），受理投诉11笔，同比减少6笔，9笔属实（频繁停电4笔、人员规范1笔、营业厅2笔、催费1笔、其他1笔），同比减少3笔。高压报装15户（其中光伏扶贫项目10户），低压报装2245户，未出现投诉和回访不满意情况。采集实现全覆盖，采集成功率保持在99.80%以上，消灭连续7天及以上采集失败表计，采集工作保持市公司领先。重点开展费控应用推广及电话号码收集工作，有低压用户58118户，签订率与上线率均达90%以上。推行配网抢修网格化服务，受理配网抢修1895笔，到达现场及时率100%。全面完成南岭化工集团“三供一业”供电改造移交工作。服务地方经济，开辟工业园区供电服务绿色通道，简化流程和时限，快速办理5家企业用电；服务双牌县扶贫光伏发电并网工作，全市率先完成67个村/2720千瓦的并网。

【三个建设】 2016年，国网双牌县供电分公司按规定开展“三会一课”，常态化“两学一做”学习教育。组织开展党员义务献血、上梧江瑶乡精准扶贫、抗洪抢险等活动，深入开展“三亮三比三无”活动。加强“四好”领导班子建设，强化干部员工作风和能力建设，企业内质外形焕然一新。依托职工兴趣小组，丰富职工业余生活，组织参与市公司羽毛球赛，获市公司“三八妇女节”气排球赛团体第三名。申报省公司“健康食堂”，改善职工用餐环境，得到公司广大干部员工的好评。顺利通过湖南省文明标兵单位复检，精心筹备、全员实施，创建成为湖南省电力公司文明单位。创新工作方式方法，发挥工会代表作用，获市公司“先进工会”、永州市总工会“模范职工小家”称号，稳步构建“和美自信”特色文化县公司。

农业机械化管理

【概况】 2016年，全县农业机械总动力2.9万台，19.93万千瓦。拖拉机拥有量467台，水稻联合收割机拥有量170台，插秧机拥有量308台，大型烘干机拥有量4台套，深松整地机械拥有量125台（套）。完成机耕面积12300公顷，机电排灌面积3620公顷，机插面积2730公顷，机械化植保面积2850公顷，机收面积9360公顷，农产品初加工150万吨，农用物资机械化运输量9500万吨/千米，农机经营服务总收入3570万元，水稻耕、种、收等综合机械化程度达到54.8%。

【推广大中型农业机械】 2016年，农业机械化管理局推广先进适用的农机具1100多台套，其中大中型拖拉机12台，旋耕机18台、收割机24台。全县农机合作社和大户购机总额达470多万元，购置各类大中型机械54台套，购机金额占全县农机购置补贴总额的50%以上，大中型机械持续不断增加，进一步优化农机装备结构。

【水稻机械化育插秧】 2016年，双牌县12个乡镇（管理局）全面铺开，开展水稻机械化育插秧的大户62户，种植专业合作社14家，新增播种流水线10台套、育秧硬软盘5万张，办育秧示范点4处，新建育秧大棚5座，举办水稻育插秧机械化技术培训班3期，培训大户40户，新置各类插秧机38台，水稻集中机械育秧280公顷，完成机插面积2730公顷，机插率31.2%。县财政拨出专项资金10万元，用于办点示范、机具推广和累加补贴，激发农民购机热情。

【农机具维修】 2016年，农业机械化管理局加强农机维修市场监管和农机售后服务，由原来单一维修转变为诊断、修理、零配件供应一条龙服务。在春耕备耕和双抢大忙之际，组织农机维修服务小分队6个，20多名农机技术人员分片包干，深入村组田间、农舍、机埠，义务为农民检修农机具0.83万台次，解决技术疑难问题44起，保障农业机械正常作业，不误农时。农忙期间，泷泊、五里牌等农区乡镇农机技术员节假日不休息，走村串户到田间，为农民检修柴油机、耕整机、旋耕机、插秧机等农机具。

【油菜机械直播】 在2015年油菜机械直播办点示范的基础上，大力宣传发动，举办技术讲座，培训操作能手，转变传统人工移栽油菜劳动强度大效益低的种植模式，以农机专业合作社和种植大户为依托，带动群众推广油菜机械化直播新机械、新技术。2016年，全县油菜机械直播面积286公顷，直播率19.4%。

【土壤深松整地】 2016年，农业机械化管理局常年机械耕作造成土壤板结，通透性差。入冬后，农机推广部门充分整合专业合作社和大户的农机资源，开展土壤深松整地作业，完成机械深松整地面积253公顷，其中抛荒田102公顷，有效地促进了农村土地流转。

【农机购置补贴】 2016年，农业机械化管理局贯彻“自主购机、定额补贴、县级结算、直补到卡”原则，举办全县农机购置补贴政策实施培训班，利用电视、报刊等媒体、张贴农机购置补贴流程图、发送宣传资料和手机短信等多种形式广泛宣传农机购置补贴政策，采取送科技下乡、机具展示、现场演示等各种方式，将农机购置补贴政策宣传到广大农户。5月上旬，就规范农机购置补贴操作程序分2批轮训各乡镇购置补贴经办人员，采取统一讲课，逐人上机，操作技能考试等办法，提高操作人员的业务素质。由于宣传到位，措施有力，有效地用好用活补贴资金，最大限度地拉动农民的投入。2016年，全县落实农机购置补贴资金134万元，拉动农民投入470多万元，农民购置补贴机具1047台套。

【农机专业合作社】 2016年，农业机械化管理局新增农机专业合作社4家，共计15家。按照全省财政扶持的现代农机合作社建设要求，装备水稻生产中机耕、机插、机收、机械植保、机械转运、机械烘干等6个环节的农业机械及设施。对新购农机装备总额不低于100万元的合作社，除中央财政按现行农机购置补贴政策予以补贴外，争取省财政的专项补助，调动和激发广大农民发展农机合作组织的积极性。“三农”机械化育插秧专业合作社成功进入省财政扶持建设的现代农机专业合作社行列，获得扶持资金15万元。

【农机安全生产】 2016年，农业机械化管理局严格落实农机监管措施，制订农机安全生产责任制，与乡、村、机手层层签订责任状；组织农机监理人员深入田间、场院开展机车安全技术检验，强化安全生产宣传教育；规范农机市场，加大源头治理力度，加强补贴机具经销商监管；严格拖拉机等注册入户，安全技术检验制度；开展“平安农机”创建活动。有效地打击无牌、套牌、无证驾驶或驾证不符的违法行为。全年注册登记新机械82台，其中拖拉机69台，收割机11台，专业工程机械2台。申领各类农业机械驾驶证64人，排查安全隐患16起，纠正农机违章作业63起，打击黑机非驾11起。继续保持全国“平安农机”示范县殊荣，打鼓坪乡成功创建成“平安农机”示范乡，至此，全县12个乡（管理局）镇已建成“平安农机”示范乡镇11个，基本上实现全覆盖，农机安全生产事故连续八年“零”发生。

【农机监理免费服务】 2016年，全县拖拉机、联合收割机、农业工程机械的登记入户、培训发证、年检年审首次实施免费监理服务。做到文明执法，强化管理，加强监控，优质服务，完善便民服务措施，深入乡镇村开展机具检验、补牌、驾驶证审验换证、办理保险和身体检查一条龙的免费服务，为农民机手解决实际困难。免费为农机大户、合作组织和农机手上牌80多台，免费年检审各类农业机械237台。

农村经营管理

【概况】 2016年，县农村经营服务站是正科级独立核算全额事业单位，编制10人，实有在职人数10人，正科级干部4名，副科级干部3名，工勤人员3名。离退休人员3人，遗补2人。县农村经营服务站设5个内设机构：办公室、农村经营服务指导股、农村财务监管审计股、仲裁股、农村土地流转服务中心。

【农村土地流转】 2016年，县农村经营服务站完善县级农村土地流转服务中心、镇、乡、阳明山管理局农村土地流转中心和村级土地流转服务站建设，规范土地流转行为，引导农民依法有序流转。在双牌阳光三农网发布150多条土地供需信息，成交123起。全县土地流转面积为3.73万公顷，约占土地总面积的21.31%，其中，耕地流转面积5134公顷。新增流转面积800公顷，其中新增耕地流转面积267公顷，林地52公顷，其他67公顷。上年度土地流转财政奖补面积为5135公顷，经营主体为189家，奖补金额为32万元。

【农村土地确权登记颁证】 2016年，全县112个行政村，1561个组、3.82万户农户已完成资料收集、外业测绘、内业整理和二轮公示等工作，共核实耕地面积8467公顷、地块26.74万余块，实测面积比承包合同面积多934公顷，现进入建库阶段，到位项目资金190万元。

【新型经营主体培育】 2016年，双牌县工商注册专业合作社数为249余家，新增专业合作社39家，家庭农场273家。申报创建省级示范社1个，申报农民专业合作社扶持项目2个、家庭农场扶持项目29个，争取项目资金97.4万元（专业合作社50万元，家庭农场47.4万元）。

【“三资”监管】 对全县112个村进行村级财务清理和“三资”问题的专项整治，共查处案件数6起，查处违法违纪村干部人数14人，查处涉案金额32余万元。争取省发展村集体经济奖补项目6个，项目资金70万元。

【农民负担监督管理】 落实支农惠农政策，始终坚持把农民维权与负担监管工作作为事关全县农村改革、发展和稳定的一项重要工作来抓，摆在“三农”工作重中之重。具体工作中，做到“三个到位”。狠抓政策宣传到位，明确责任落实到位，严格规范操作到位。全年纳入“一卡通”发放的补贴项目63项。对关于贫困寄宿生生活补助未纳入惠农补贴资金“一卡通”发放而以现金发放的问题，对关于双牌农村商业银行业务系统中自动扣收涉农补贴个人账户卡年费的问题，发出专门整改函，全部整改到位。开展“雁过拔毛”式腐败问题专项整治，核查114个村村账，核查出“雁过拔毛”式腐败问题线索16个，涉案金额8.737万元，涉案村干部48人，其中，给予严重警告处分1人、全乡通报批评1人、批评教育的46人，追缴资金1.9万元。

【“一事一议”财政奖补】 2016年，双牌县实施“一事一议”财政奖补项目98个。2016年上级下达指标700万元，本级配套180万元，加上年结转29万元，资金来源合计909万元。财政奖补项目均坚持“一事一议”制度，严格履行民主议事和审批程序，按规定没有向农民筹资，筹劳标准严格控制在限额标准以内，没有出现乱筹资，超范围、超标准筹劳或强行“以资代劳”现象。

移民开发

【概况】 双牌县库区移民共涉及8个乡镇90个行政村，其中库区和移民安置区村54个，零星安置区村36个，2016年核定移民人口30273人。

【后扶项目实施】 2016年，县移民局按时完成移民后扶项目年度计划的编制、呈报工作。年内直补资金全部发放到位，发放资金1346.90万元。后扶项目按计划实施。全年到位的项目资金8410.80万元，其中：计划内资金1944.72万元，计划外资金6466.08万元，后扶项目全年规划189个，其中：基金项目90个，规划项目99个，基金在建72个，规划在建87个。

【项目资金管理】 2016年，县移民局建立资金规范管理体系。在省局已出台的管理制度及管理办法的基础上，县移民局根据自身实际，出台《双牌县大中型水库移民后期扶持项目管理办法》和《双牌县大中型水库移民资金财务管理办法》，对移民资金的分配、拨付、使用、管理、监督等作了系统的规范，做到用制度管人，用制度办事。

【移民产业开发】 2016年，县移民局继续将扶持库区产业发展作为库区移民调结构、促增收，实现脱贫致富的一项重要措施，将厚朴、罗汉果、银杏等药材，山苍籽、茶叶、油茶等经济作物，香芋、马铃薯等蔬菜，金橘、砂糖柑、葡萄等水果和家禽家畜、水面养殖等六大产业作为扶持库区移民产业发展的重点，出台《双牌县移民开发局库区产业开发扶持管理办法》。在泷泊镇平福头片种植的香芋、马铃薯等蔬菜面积达到200公顷；理家坪乡零田洞村种植的罗汉果、泷泊镇守木塘种植的厚朴等药材面积约13.5公顷；江村镇干漯村种植的金橘、理家坪乡塘于洞村种植的砂糖柑等水果有34公顷；在青春、麻滩等村种植山苍籽27公顷，在尚仁里乡扩种茶叶13.5公顷，改造茶园34公顷；在江村、平福头、五星岭、塘底等乡镇新种油茶20公顷，改造油茶27公顷；网箱养鱼保持2000口；扶持种养大户50余户。同时，实施“一村一品”战略，大力发展林下经济和庭院经济，七彩山鸡、竹根猪、豪猪、孔雀等特色养殖发展迅速，年出栏10万只（羽）以上，移民通过发展产业人平增收预计在300元以上。引进金蕊公司兴建的金银花加工厂，成为带动库区移民脱贫致富的龙头企业。

【移民避险解困工作】 2016年7月15日，双牌县大中型水库移民避险解困试点工作推进会召开，对库区移民避险解困工作进行全面安排和部署。制订《双牌县移民开发局移民避险解困实施对象精准识别工作方案》，单独成立移民避险解困安置股，具体负责全县移民避险解困试点工作的政策解答及业务指导工作，并在全局成立5个工作小组，实行分片包干负责，保质保量按时完成工作任务。签订安置意向协议492户2266人，占任务的75.6%；安置点内基础设施完成率68%；移民自建房动工率72%；购房协议签订率81%；安置点外配套基础设施完成率89%。春节走访特困移民家庭169户，发放走访慰问金4.34万元；发放应急救济资金7.76万元；为81名库区和移民安置区村优秀、贫困大学新生发放助学金16.2万元；已有120余位移民申请医疗和意外伤害保险理赔，获得理赔金10多万元。

【移民智能培训】 2016年，省市局下达县移民就业技能和实用技术培训任务为540人，完成移民培训1199人。其中：举办就业技能培训6期，培训移民234人；举办移民实用技术培训3期，培训移民626人；举办移民基层工作人员培训2期4批，培训移民基层工作人员 333 人；同时推荐移民 6 人参加省市局举办的移民就业技能培训。

【库区信访维稳】 2016 年，县移民局接待来信来访 38 批次 256 人。对 5 件移民来信和上级交办移民来信，按有关程序给予处理和答复。排查并解决基层稳定矛盾 3 起。避险解困搬迁工作的实施，少数移民对避险解困搬迁对象的确定持有怀疑态度，多次到县委、政府上访，移民局掌握信息后，局长带队，对上访人员进行解释和劝导工作，就避险解困中的"险"和"困"作耐心细致的讲解，对避险解困的有关政策做详尽的解释，通过全局对信访案件的及时处理和化解，确保库区社会经济的基本稳定。

【省、市领导调研】 2016 年 1 月 25 日，省水库移民开发管理局副局长童康宁带领省局稽察处、资金财务处和永州市移民开发局负责人深入双牌县双牌库区和五里牌库区走访慰问特困移民。3 月 16 日，省移民局党组书记、局长李新连赴双牌县调研，先后考察双牌县云台山库区茶叶药材基地、下岭铺山区公路、上梧江瑶族乡移民安置点、塘底网箱养鱼、双牌水库大坝。5 月 12—13 日，省移民局总工程师陈其新、后扶处处长袁侃夫深入双牌县库区指导移民避险解困搬迁工作，并召开座谈会，市移民局局长周智亮、双牌县政府副县长蒋爱先陪同。7 月 8 日，市委常委、军分区政委张恒洲率领市交通局、零陵卷烟厂、市武警支队、市农业开发办、市移民局等后盾单位相关负责人到双牌县水淹区——江村镇金滩村召开扶贫工作座谈会，并指导推进"两学一做"学习教育活动。8 月 29 日至 9 月 2 日，湖南省湘怡移民工程监理咨询有限公司一行 6 人，对"十二五"规划和 2015 年全县大中型水库移民后期扶持政策实施情况、后期扶持资金的使用管理情况和实施效果等情况进行跟踪监测和系统评估。10 月 10—11 日，省移民局后扶处调研员唐见知、科长王勇在市移民局相关领导陪同下到双牌县，开展避险解困试点项目督查和 2016 年度移民计生综治考核工作。11 月 30 日，省移民局副巡视员马志武、规划处调研员龙礼斌在市移民局相关领导陪同下到双牌县视察水库移民避险解困工作。

农业综合开发

【概况】 双牌县农业综合开发办公室始建于 1988 年，当时属于临时机构，1998 年正式挂牌，为县政府的工作部门。2007 年 3 月由政府直属事业单位调整为归口财政局管理的事业单位。其主要职责包括贯彻执行农业综合开发的方针政策及项目、资金、财务管理制度；编制全县农业综合开发中、长期规划和审核上年度计划，批复项目所在乡镇农业综合开发年度实施计划；组织全县农业综合开发的项目立项、项目论证；检查在建农业综合开发项目执行情况；对竣工项目组织验收等。办公室下设项目股、产业股和综合股，2016 年，有干部职工 16 人。单位副科级以上干部 10 人，工程技术人员 4 人，有会计职称的 3 人。2016 年双牌县农业综合开发办被中共双牌县委、县人民政府评为"农业农村工作先进单位"。

【土地治理项目】 2016 年，双牌县农业综合开发办重点落实双牌县平福头禄寿高标准农田建设项目，平福头枫木山、禄寿、沙背甸、岭脚 4 个村，总投资 742 万元。新建护砌渠道 15.85 千米，其中排渠 2.67 千米，灌渠 6.10 千米，田间渠道 7.08 千米，配套渠系建筑物 7 座；新建机耕路 5 条 3.18 千米；并着力做好项目区农民的技能培训工作，累计技术培训 1000 人次，发放培训资料 1000 份。项目共建设稳产高产、旱涝保收、节水高效的高标准农田 327 公顷。

【产业化经营项目】 2016

年，双牌县完成67公顷黄柏种植基地新建项目，该项目涉及茶林镇靛口村、五星林林场鹅滘分场，农户210户，总投入292.16万元，项目财政补助100万元，项目建设林道3000米，蓄水池500立方米，种植黄柏苗木10万株；完成13.5公顷金槐种植基地改建项目，该项目财政补助49万元，项目完成路面硬化300米，建设蓄水池、水坝、过滤池、水管；完成13.5公顷太空莲种植基地改建项目，该项目财政补贴49万元，园区主道平整500米，建设1千米排灌沟渠；完成6.5公顷设施栽培葡萄种植基地改建项目，该项目涉及农户50户，总投资138.5万元，国家、省财政补助42万元，主要内容是：园区主道400米，园区小道400米，排灌沟渠610米，水塘塘底硬化615.7平方米，大棚改造22个，材料库100平方米，该项目所有基础设施完工。桃花坳野生茶叶专业合作社20吨野生茶叶加工新建项目，总投资109.5万元，其中中央、省财政资金70万元。

【农田建设】 双牌县江村花坪高标准农田建设项目于2015年开工，涉及江村镇的莲塘、花坪、何家、双井、和平、黑滘共6个行政村，总投资1096万元，其中，中央、省财政资金966万元，群众自筹130万元。建设高标准农田460公顷。主要建设内容：衬砌渠道25.37千米，其中骨干排渠4.29千米，骨干灌渠9.36千米，田间渠道11.72千米，扩建加固小型排水工程1座，新建田间道路3.42千米。2016年6月，项目全部完成。

【扶贫开发】 2016年，第二批农业综合开发资金238万元用于精准扶贫。重点在江村镇金滩村、泷泊镇韩谭村等12个贫困村，进行农田水利基础设施建设。完成建设的高标准农田面积114公顷，共衬砌灌排渠道4200千米，拦河坝6座，防渗加固小型蓄水工程2座；新修、整修田间道路5条1.8千米。开展茶林镇三家湾村土地治理项目，项目治理区6.5公顷，项目建设排洪渠150米，投入资金8万元。实行"点对点"服务，"一对一"救助，"多对一"帮扶，在泷泊镇韩谭村办精准扶贫联系点，新建机耕道1条300米，帮助5户贫困户脱贫摘帽。

扶贫工作

【概况】 双牌县属省级贫困县，全县农村人口14.8万人，贫困村67个，贫困人口为27566人，贫困发生率达18.6%。2016年，动员全县上下进行脱贫攻坚，落实减贫措施，坚持扶持项目到户，精准到人，真扶贫，扶真贫，扶贫开发取得可喜成效，全年实现贫困村摘帽17个，减少贫困人口5288人。

【谋划部署】 2016年，双牌县先后组织召开6次县委常委会、5次县政府常务会和5次全县性推进会专题研究部署全县脱贫攻坚工作。精准扶贫目标、措施、人员编制、工作经费、督查考核等重大问题得以解决，为全县2017年实现整体脱贫退出贫困县行列打下坚实基础。

【充实工作力量】 2016年，县扶贫开发工作领导小组成员和县扶贫办主要负责人进行调整，将县扶贫办编制由原来的5名增加到15名，工作经费由2015年的71万元增加到129万元。全县12个乡镇（局）设立扶贫工作站，每个乡镇（局）确定1~2名业务骨干担任扶贫专干，有扶贫专项经费，扶贫工作队伍得到前所未有的强化。

【摸准贫困底数】 2016年，县扶贫办以省里开展的脱贫人口认定核查为契机，及时校正扶贫对象退出程序不规范、帮扶责任和项目落实不准确、建档立卡平台信息数据失真等方面的问题，同时对"五个一批"数据进一步进行核实校对，提高建档立卡平台信息的精准度，切实做到底子清、任务明、目标准。以此为基础，加紧做好县、乡镇、村各级精准扶贫档案资料整理，统一各类数据资料、台账、必要的硬件设施的标准。统一制作精准脱贫公示牌，内容包括《农村扶贫开发条例》及解读漫画、精准扶贫规划摘要、脱贫攻坚的时间表、路线图、任务书，并在各乡镇、村驻地显要位置挂出，倒排时间、倒逼任务、倒查责任，推动脱贫攻坚决战决胜。

【压实工作责任】 2016年，县扶贫办强化精准扶贫工作在全县工作中的重要位置，出台《双牌县乡镇和阳明山管理局脱贫攻坚考核办法》《双牌县县直和省市结对单位扶贫开发责任制考核办法》，精准扶贫考核分值占综合绩效考核总分权重从5%提高到25%，建立考核结果与项目分配、干部选拔使用等挂钩的奖惩激励机制，县政府、各乡镇、村层层签订责任书和军令状，层层压实任务，层层传导压力。出台《双牌县脱贫攻坚督查巡查工作办法》，组建脱贫工作督查巡查组，实行一月一调度，两月一督查，对督查中排名末位的乡镇和排名后七位的县直和省市驻双单位主要负责人进行约谈、诫勉谈话、免职等处分。

【驻村帮扶】 2016年，双牌县撤乡并村完成后，重新调整驻村帮扶工作。确保全县67个贫困村（建制村合并前72个），每个村都有有一名县级领导联村，有1~2个县直以上单位驻村，重新调整选派1~3人组成的扶贫工作队。每个扶贫工作队队长由副科级以上党员干部担任，并兼任所驻村党支部第一书记，确保全县贫困村驻村帮扶全覆盖。参与贫困村驻村帮扶的联村市级领导有6人，县级领导有57人，帮扶单位124个，派出2734名党员干部进行结对帮扶，同时，各乡镇所有党员干部和村主干全部参与结对帮扶，确保建档立卡贫困户结对帮扶全覆盖。为落实帮扶措施，工作队和帮扶人针对各地各户的实际情况，对未脱贫的贫困户按“七个一批”（发展生产脱贫一批，转移就业脱贫一批，易地搬迁脱贫一批，生态补偿脱贫一批，教育脱贫一批，医疗救助脱贫一批，社会保障兜底脱贫一批）落实脱贫措施，其中产业发展20787人、易地搬迁6580人、危房改造5669人、医疗救助7251人、教育助学5081人、社会兜底764人、生态补偿13690人、劳务协作及其他11213人，做到“一户一策”，每户一个帮扶台账。帮扶人进村入户，认真落实各项帮扶措施，并根据实施情况，定期结算农户收入情况，将帮扶活动记入“脱贫攻坚结对帮扶活动台账”，将农户增收情况记入“贫困户收入台账”。对增收慢没有达标的及时调整措施，加大帮扶力度，确保如期脱贫。

【产业扶贫】 2016年，县扶贫办坚持按照“四跟四走”的要求，培育发展扶贫产业，打造扶贫增收载体。确定光伏发电、茶叶种植、药材种植、反季马铃薯种植、牛羊养殖、森林土鸡养殖六大产业为重点扶贫产业。8月，全县第一座65千瓦光伏发电项目在卿家巷村建成，该项目每年可为村集体增收7万元左右，受益时间长达20年以上，为该村村集体经济创下了第一笔收入。金滩村、南漯村、蒋家田村光伏电站年内相继建成，其他贫困村在2017年上半年完成接线并网发电。茶叶、药材、反季马铃薯种植、牛羊、森林土鸡养殖项目按照“公司+贫困户”的模式，采取委托帮扶、股份合作帮扶和直接帮扶的方式在全县大力推进，如茶林镇联合村建立134公顷黄柏速生基地，13.4公顷稀缺中药材种苗繁育基地；建成上梧江云台山、永江紫金山、打鼓坪塔山三大茶叶基地。“单江”野生茶，塘底刘家寨村的“高天岭鸡”成功注册品牌，产销两旺，2.7万多贫困人口通过产业实现增收。在发展六大主要扶贫产业的同时，依托得天独厚的旅游资源，探索乡村旅游扶贫新模式。茶林镇桐子坳村、新院子村、阳明山管理局的太平村、何家洞镇的小坪里村成为全县乡村旅游新秀。

【金融扶贫】 2016年，县扶贫办出台《双牌县金融精准扶贫工作方案》，坚持“两条腿”走路，既做好扶持贫困农户自主发展产业“零售”，又做好扶贫经济组织分贷统还“批发”。筹集小额信贷风险补偿金1500万元，全县7196户贫困户完成有效授信达7101户，占98.7%。累计发放小额信贷3362户，贷款资金1.59亿元，信用率达47.4%，完成省下达任务的551%，用信率和贷款增幅均居全省前列。建立金滩村等26个村村级金融扶贫服务站，方便群众办理金融业务。在新的金融政策的大力扶持下，贫困村涌现出一批脱贫致富、自主创业的典型，带动更多的扶贫对象脱贫。

【易地搬迁扶贫】 2016年，双牌县易地扶贫搬迁指标6580人，规划2016年完成766人，2017年全部完成。2016年兴建泷泊镇大路口村、麻江镇欧湾村、塘底乡低水平村、上梧江瑶族乡蒋家田村、泷泊镇卿家巷村、五里牌镇盘大岭村等6个易地扶贫搬迁安置点。

【教育扶贫】 2016年，双牌县扶持贫困户子弟完成九年义务教育，确保没有一个贫困户子女因家庭经济原因失学；对贫困户子弟就读高中的减免学费，并给予2000元/年的生活补助；帮助贫困家庭“两后生”340人参加职业学历教育、技能培训，建立建档立卡贫困户就业信息台账，全年新增贫困劳动力转移就业比率达到80%,；加大对科技骨干、村官、村致富带头人和贫困户培训力度，举办6期农村致富带头人培训班，6期就业实用技能培训班，参训人数达600人次，选送216人参加省、市举办的创业致富带头人培训班，实现人口资源向人力资本的有效转变。

【健康扶贫】 2016年，县扶贫办建档立卡贫困人口新农合参合率100%；落实1302个建档立卡贫困人口住院基本医疗费用报销比例提高10个百分点政策，共计49.16万元。实施建档立卡贫困对象大病保险报销起付线降低50%和特殊困难人口大病保险报销比例提高5%政策，将建档立卡贫困人口纳入重特大疾病医疗救助范围的贫困人口医疗保障措施，防止出现“因病致贫、因病返贫”现象。

【电商扶贫】 2016年，县城建成电商一条街，农村建成门店30余家，搭建起了“工业品下乡，农产品进城”的双向商贸流通渠道，拓宽了贫困户就业和致富的门路。双牌有名的土特产如何家洞的冬笋、阳明山的雪莲果、上梧江的虎爪姜、打鼓坪的婆婆茶、江村的剁椒鱼、泷泊的竹鼠都加入网络销售。塘底刘家寨村利用电商平台销售森林土鸡和乌鸡蛋，销路很快拓广到广东等外省，该村“高天岭鸡”成为热销产品，一直供不应求。

【劳务协作扶贫】 2016年，成立双牌县劳务协作脱贫暨“一户一就业”工作领导小组，多渠道开展劳务输出，2016年完成贫困家庭劳动力转移就业878人，占任务数的109.7%。

【特色和亮点工作】 2016年，双牌县脱贫5288人，全县贫困发生率由11.5%下降到6.9%，17个行政村退出贫困村行列，完成省脱贫攻坚验收。江村镇金滩村获得“湖南省脱贫攻坚示范村”，茶林镇桐子坳村、麻江镇廖家村、泷泊镇卿家巷村等贫困村成功跻身全省美丽乡村示范村和省级宜居村庄。省林业厅驻麻江镇廖家村帮扶工作队队长、廖家村党支部第一书记袁巍，县扶贫办综合督查股股长李富朝被评为湖南省百名“最美扶贫人物”。

水 文 工 作

【概况】 双牌水文水资源局建于1959年，属于国家一类精度站，地址双牌县泷泊镇双电路101号。位于双牌水库大坝下游，是潇水下游控制站(也是双牌水库的出库站)。1959年11月由湖南省水电厅设立，1960年1月1日起正式观测。集水面积为10599平方米，其测验项目有降水、水位、流量、水质监测、山洪地质灾害预警系统站点63个(包括图片、视频)等。双牌水文水资源局是永州市水文局和双牌县人民政府双重管理的公益性事业单位，技术力量雄厚，各种测量设施设备自动化程度高，2016年，有正式职工6人，委托雨量观测员4人，文化技术结构：大专以上4人，本科1人，管理人员1人，工程师职称3人，助理工程师1人，技师1人。

【文明建设】 2016年，双牌水文水资源局按照创建省文明单位的要求“建设一流队伍，培养一流作风，争创一流业绩，创建一流文明机关，树立一流良好形象”的目标，2016年度获得市文明标兵单位，同时获得湖南省水文系统《文明单位》称号，连续几年获得全市水文系统工作综合考评第一名。

【区划论证和水资源管理】 2016年，双牌水文水资源局参加地方政府中心工作，协助省、市完成双牌县水功能区划论证和水资源地安全保护达标建设方案评审工作，保证省里对县水资源管理考核获省市通过。

【安全饮水监测】 2016年，双牌水文水资源局每个月从电站大坝上游、永江河、平福头、全家洲等提取水样送市水质化验中心，定期公报，从而保证全县人畜无害饮用水安全。

气 象 工 作

【概况】 2016年县气象局在编在职人员9人，其中工程师3名、助理工程师6名。获全县综合绩效考核先进单位”、“2016年度全县农业农村工作先进单位”、“2016年度重点项目工程‘百日攻坚大会战’三等奖”称号、2016年度永州市精神文明单位。

【综合气象观测】 2016年，县气象局观测项目有气压、气温、相对湿度、能见度、天气现象、降水、蒸发、日照、地面温度、浅层地温、深层地温、草面（雪面）温度、风向、风速、积雪、电线积冰。承担大风、冰雹、龙卷、雷暴、雾、霾、积雪、雨凇等重要天气报的观测和发送。国家级气象自动站全年上传小时数据8760份，累计观测要素总数411270个；上传整日分钟数据365份，日数据365份，编发重要天气报25份，数据上传及时率99.99%、数据可用率99.99%、设备稳定运行率100%。共有17个区域自动气象站，累计自动观测、上传数据148920份，上传到报及时，数据可用率高。

【气象装备保障维护】 2016年，县气象局安排5批次技术人员，巡视维护33站次，共计更换各类设备零配件22件次，全县气象自动站和气象局网络信息设备总体运行良好，资料上传和利用率都比较高，设备稳定运行率90%以上。根据湖南省气象局观测与网络处《关于开展2016年全省春播汛期地面观测等业务和信息网络巡检的通知》精神，汛期气象局派出5批次技术人员进行自动气象站的维护，保证全县所有气象自动站正常运行和资料及时上传，在汛期气象服务工作中区域自动站的资料发挥重要作用。

【气象预报预警】 2016年，县气象局开展决策气象、公众气象、直通气象、专业气象、应急气象保障服务和气象预报、预警信息的发布。全年启动应急响应14次，发布暴雨、雷电、冰雹、大雾等气象预警17余次，气象预警信息8521余条，发送每日天气预报1825条；共制作发布旬月报、春播预报、汛期（4~9月）预报、重要节假期预报、重大活动专题预报、重要天气专题预报等服务材料75期750余份。全县免费预警用户包括县委、政府等相关领导、县防汛抗旱指挥部人员、全县各单位应急联系人和全县各村、水库防汛应急责任人、交警、交通等384余人；气象服务单位主要有县委、政府、农、林、水、各乡镇场、农民专业合作社等18个。重点抓好汛期气象决策气象服务和应急保障服务工作，向县领导及有关单位及时提供气象决策服务材料，局领导还经常打电话向县委书记、县长及副县长汇报雨情及天气形势，得到他们的肯定，县委书记苏小康到气象局检查指导工作，听取气象防灾减灾工作汇报。8月2日利用高空低槽和中低空切变线共同影响的机会，派出移动式作业火箭，在九甲作业点实施人工影响天气作业，使得作业影响区域下了小到中雨。

【气象防灾减灾科普宣传】 3月23日是世界气象日，县气象局派出工作人员先后前往县城文化广场、江村镇、理家坪乡等地，开展为期一天的宣传活动。此次宣传活动除采用拉横幅、发放宣传资料、现场口头讲解等传统宣传方式外，还制作双牌县气象局“微信公众号”二维码广告牌，通过“扫码送惊喜”等新颖方式将宣传活动推向高潮，宣传活动发放纸质宣传资料500余份，微信公众号关注人群新增70余名，发放赠品70余份。5月12日国家防灾减灾日，县政府在县文化广场举办的“5·12”防灾减灾日大型广场主题宣传活动，此次宣传活动发放宣传资料500余份。

【防雷安全执法】 2016年，县气象局组织人员参加全县安全生产大检查“百日会战”和油气等危险化学品罐区专项安全大检查，与有关单位联合执法，重点对烟花爆竹生产、储存设施的防雷、防静电的情况进行检查，对检查中发现的问题及时提出整改意见，限期整改。通过开展防雷安全专项检查，提高各单位和企业的防雷安全意识，特别是增强易燃易爆、人群集聚场所等重点单位的防雷安全意识。规范执法案卷资料的撰写与归档工作，参照市法规科的行政许可案卷，对行政许可案卷进行规范整理，通过市气象局的验收。

（胡拥军、王刚、汤浩）

工　业

工业集中区管委会

【概况】 双牌工业集中区管委会是双牌县委、县人民政府的派出机构，为全额事业拨款单位，负责工业园基础设施建设，承办县委、政府交办的其他事项。内设：办公室、招商服务部、工程建设部、安置保障部、社会服务部，下辖清泉岩管理委员会一个副科级事业单位。现有干部职工 17 人，其中：党工委书记、管委会主任各 1 名（均为副处级），其他班子人员 5 名。地处双牌县城北新区，洛湛铁路、G207 国道纵贯全境，东出二广高速，北上永州机场均半小时车程。按“工业新城、城市新区、产城融合”功能定位，规划总面积 12 平方千米（其中一期 6 平方千米），按一区五园格局，分为核心工业园、商贸物流园、竹木产业科技园、特色农产品加工园、化工产业园。已累计投入资金近 4 亿元，储备土地 280 公顷，“四纵五横”路网已初成框架，110 千瓦变电站、10 万吨污水处理厂投入运营，供电、供水、排水、通信、广播电视等基础配套设施已覆盖全区。综合大市场完成主体工程，安置区、棚户区、公租房已建住房 2100 余套，县中心医院投入使用，开通园区往返县城的公交车，新引进的湘一·阳明学校招生办学。实行封闭式管理，并出台《双牌工业集中区封闭式运行管理暂行办法》《双牌工业园项目入园管理暂行办法》《关于推行园区服务大优化几项制度的通知》以及修编《双牌县鼓励投资兴业若干意见》等一系列管理办法和优惠政策。

【园区经济发展】 2016 年，双牌县工业集中区已初步形成农林产品深加工、生物医药、机械制造、化工四大主导产业，有入统工业企业 33 家，园区技工贸总收入完成 50.5 亿元，同比增长 27.6%，园区规模工业总产值完成 40.34 亿元，园区规模工业增加值完成 18.72 亿元，分别同比增长 25.9%和 21.1%；园区规模工业企业实缴税金完成 12024 万元，增幅为 29.68%；新增入统规模企业 8 家；新增竣工投产工业项目 6 家；园区工业项目投资强度达 220 万元/亩；园区工业集中度为 75%；园区主导产业集聚度为 86.8%；园区有高新企业 2 家；新建成标准厂房面积 10.5 万平方米；新增土地储备面积 87 公顷；基础设施投入完成 3.156 亿元。乐福地包材、仕诚塑料机械、傲创科技、德普瑞虎杖生物提取等在建项目全部建成达产后，园区可新增工业产值 20 亿元以上，新增税收 1 亿元以上。

【工业企业服务】 2016 年，双牌县继续开展“工业企业服务年活动”，出台《双牌县 2016 年“工业企业服务年”活动实施方案》，选取全县 27 家企业分别作为县级领导和县直单位、垂直管理单位的服务对象，进行结对帮扶，年底根据考核评分情况，对 6 家服务效果好、考核得分高的联系单位进行奖励。服务年活动中，积极化解要素矛盾。银企洽谈会签约贷款项目 10 个，贷款总额9.3亿元。坚持抓好长效服务。通过“工业企业服务年”活动，各县级领导、各单位部门主动深入一线，加强对企业的沟通联络，全年走访企业实现全覆盖，协调解决厂房办证、项目建设、企业用水、企业融资、企业职工社保政策等实际问题22项。

【基础建设】 2016年，双牌工业集中园区实施“基础设施建设年”活动，投入建设资金3.156亿元用于园区基础设施建设。其中：路网建设完成投资2.04亿元，拉通城北大道，平安路、站前路、济世路、铁东二路等路网主干道；投资260万元完成城北安置区和“135”工程的供电建设；投资420余万元，完成“135”项目、火车站广场和城北安置区供水管网的铺设；投资1232万元完成园区污水管网和下游排洪沟的建设；投入9600万元加快推进火车站广场建设。通过开展“基础设施建设年”活动，园区基础设施建设已基本完善，园区环境不断改观。园区新开工建设保障性住房近500套，为“135”创新创业园提供员工宿舍配套240套；投资1.4亿元的永州阳明学校已建成，于9月1日正式招生开学；新增银行网点1处；新增商业网点15处；农村淘宝县级中心站落户园区；调整公交车运营时长和车次；园区污水管网与县污水处理厂实现无缝对接，园区污水处理厂已完成可研和选址，正在立项和筹集资金，确保2017年年底建成投用；制作垃圾集装箱8个，并委托县环卫所负责及时清运，确保生活垃圾统一送至县垃圾处理厂进行无害化处理。

【重点项目建设】 2016年，双牌工业集中园区采取以商招商和以乡招商的方式，通过以“135”标准厂房为平台，设立广东省双牌商会，创新思路抓招商，2016年共新引进华长源实业、广州腾威科技等项目14个，新开工建设项目10个，新建成投产的项目有6个。对在建的乐福地、仕诚塑料机械等重大项目实行一个项目安排一名领导联系，及时帮助项目解决建设资金不足、阻工扰工等问题。乐福地包材项目厂房建设基本完成，正在制作安装设备，即将投产；仕诚塑料机械制造项目厂房建设完成，正在进行生产配套建设；华长源波形护栏完成一期厂房建设。

【“135”创新创业产业园】 该工程是省委、省政府为贯彻中央“大众创业、万众创新”战略而部署的一项具体工程。双牌县的任务是在2015年、2016年两年内完成建设标准厂房21万平方米，新引进30家以上创新创业企业。项目计划总投资3亿元，规划两处占地面积为300亩，分二期建设，一期工程于2015年5月正式开工建设，完成标准厂房建设任务11万平方米，引进小微企业19家。二期工程在2016年建设，完成标准厂房10.5万平方米（其中：园区自建5.5万平米、机械制造产业园建设5万平米），引进小微企业14家。按照“边建设、边招商”发展思路，不断加大项目引进工作力度，并制订出台《双牌创新创业园项目入驻管理暂行办法》，引导企业入驻。鼓励和吸引县城内的电子产品生产加工、防盗网制作等小微企业向园区聚集，“135”创新创业产业园将成为创新创业的主阵地，招商引资的新名片。

【安全生产】 2016年，双牌工业集中区落实安全生产监管责任，采取“五项举措”，筑牢安全生产防线。与区内25家企业和项目签订责任书，累计开展安全隐患排查11次，检查生产经营单位42个，排查一般隐患72项，下达整改通知书12份，园区企业没有发生安全事故，

【创新驱动】 2016年，双牌县出台由书记、县长为顾问，常务副县长为召集人，相关职能部门和乡镇为成员的园区经济发展联席会议制度，并坚持每季度召开一次联席会议，帮

助园区制订重要决策部署，解决重点难点问题，协调整合各方力量，为园区发展提供强有力组织保障。对园区现有政策进行修改完善，拟定《双牌工业集中区项目入园管理办法（修订版）》《双牌工业集中区“封闭式”运行管理实施细则》，出台《双牌工业集中区绩效考核实施方案》《双牌创新创业园项目入驻管理暂行办法》等一系列政策和制度，通过完善制度，园区权力下放将得到有效落实，园区管理得到有章可循。

【重点企业经营】 2016 年，湖南南岭民爆有限责任公司实现产值 2.81 亿元，实缴税金 1628.6 万元；湖南省华长源交通设施工程有限责任公司实现产值 1.86 亿元，实缴税金 648.6 万元；永州华茂生物科技有限责任公司实现产值 3.25 亿元，实缴税金 317.2 万元；双牌华瑞科技发展有限公司实现产值 2 亿元，实缴税金 246.9 万元；永州利好科技有限公司实现产值 1.1 亿元，实缴税金 339.2 万元；双牌县双梦木业有限公司实现产值 1.47 亿元，实缴税金 343.5 万元。

科技、商务、粮食和经济信息化

【概况】 2016 年，县科商粮经信委围绕“新型工业、宜居城市、生态旅游、现代农业、精准扶贫”五大重点，力求实现“策划规划、招商机制、要素保障、环境优化”四大突破，大力实施“工业强县”发展战略，各项工作稳步推进。全县规模工业完成总产值 57.4 亿（预计，下同）元，同比增长 20%，实现规模工业增加值 16.1 亿元，同比增长 6%；新增入统规模工业企业 7 家；工业实缴税金完成 15833 万元，同比增长 13%；工业用电量累计 22473 万千瓦时，同比下降 45%；工业固定资产投资完成 23.5 亿元，同比增长 18%，工业技改投资完成 12.1 亿元，同比增长 15%。全县商务到位内资（含续建）11.9 亿元人民币，较上年增长 3.9%；新批外资企业 2 家，审批合同外资 8733.5303 万美元，到位外资的 3000 万美元，较上年增长 13.6%；完成外贸进出口总额 1328 万美元，较上年增长 68.1%；完成加工贸易 468 万美元，较上年增长 286.8%；外贸进出口破零企业 1 家，倍增企业 2 家；南岭民爆在香港完成投资 1780 万美元，是 2015 年的 6.85 倍；实现社会消费品零售总额 11.55 亿元，同比增长 12%；成品油零售累计销量 13683 吨，同比增长 19.11%。重大招商引资活动平台签约项目 2 个，履约项目 2 个；年内引进总投资在 5000 万美元以上且开工的外资项目 1 个；总投资在 3 亿元人民币以上且当年开工的内资项目 1 个；源味街招商多次受到市里表扬，牙山羊肉馆、阳明山原味馆、双牌茗茶等知名品牌入驻其中。

科技工作，申报《西番莲紫香 1 号栽培技术研究与应用》等省级科技计划项目 10 个，确定《梅花鹿引种示范》、《红麻引种试验》等县级科技计划项目 20 项。打鼓坪林业生态科普示范基地成功获批“湖南省第十一批全省科普示范基地”。申报《山区再生稻隆两优华占机收高效栽培技术研究与应用》《高山机茶栽培技术研究与应用》两项市级科技成果。永州湘田芦笋专业合作社在五里牌镇推广“健康绿色蔬菜–芦笋大面积种植技术”，双牌县东顺农业开发有限公司推广“西番莲紫香 1 号栽培技术”以及山区再生稻隆两优华占机收高效栽培技术研究与应用推广等三项新技术。三项技术推广面积 1000 多亩。科技活动周活动启动仪式于 5 月 19 日在麻江镇隆重举行。举办双牌县“体彩科普杯”山地自行车越野挑战赛、开展科普进企业进学校活动、开展科技精准扶贫。

粮食工作，出台《双牌县落实粮食安全省长责任制考核办法》《2016 年度双牌县落实粮食安全省长责任制考核工作实施方案》《双牌县县级储备粮管理办法》。完成1350吨县级储备粮储备任务，实现储备粮500吨的轮换量。新粮收购10050吨（民营企业6600吨、国有企业3450吨）。

【招商引资抓落实】 2016年，双牌县委、县政府主要领导带领相关部门先后到“长三角”“珠三角”等地上门招商，宣传推介双牌，主动对接项目。构筑“引老乡回故乡，带客商建家乡”平台，邀请双牌籍在外投资创业企业家、双牌籍在外回乡副处级以上领导以及县内企业代表120余人在天龙宾馆举办“双牌新春招商推介会”，向老乡和客商详细介绍双牌的发展环境和招商成果，推介重点招商项目，老乡们为全县的经济建设提出许多很好的建议，并表示回双牌投资的信心。县招商引资动员会后，八大招商组的县级领导和各乡镇场党政主要领导高度重视招商引资工作，分别召开专门会议，制订工作方案。

【启动科技活动周】 5月19日，双牌县2016年度科技活动周启动仪式在麻江镇举行。活动的主题是：“创新引领，共享发展。”参与科技活动的专家、技术人员和科技特派员120多人，现场技术指导200人次，技术咨询500人次，义诊360人次，发放科技、专利、民调、林业、卫生、消防、农机等宣传资料2.6万份。

【举办工业企业财税经济培训班】 2016年7月18日，双牌县工业企业财税暨新常态经济培训班举办，部分规模企业和2016年拟入统企业的负责人和财务人员共50余人参加培训。市经信委经济运行和县国税局税源管理的分管领导和业务负责人进行授课。

【文艺汇演获奖】 2016年7月28日晚，“欢乐潇湘·和美永州”大型群众文艺汇演双牌专场在双牌县花鼓剧院举行。为观众朋友送上一场丰富的视听文化盛宴。县科商粮经信委选送的小组唱《和风吹来万里春》荣获三等奖。

【“两学一做”专题学习】 2016年8月5日，县科商粮和经信委党组中心组组织“两学一做”专题学习讨论会。全体党组成员和非党行政班子成员参加会议。会议组织学习《党委会的工作方法》《中国共产党党组工作条例》《中国共产党地方委员会工作条例》和《中国共产党纪律处分条例》，会后就学习内容展开热烈讨论。会议强调，要深刻把握《党委会工作方法》和三个条例的精神实质和丰富内涵，切实加强党委党组建设。

【“万头种草养牛‘精准扶贫’项目”签约】 2016年10月10日，双牌县科商粮经信委、扶贫办、理家坪乡政府联合引进的“万头种草养牛‘精准扶贫’项目”签约仪式在县科商粮经信委会议室举行。该项目是县委、县政府落实省人民政府2017年省级贫困县摘帽退出的工作要求，利用双牌县山地资源优势和国家精准扶贫政策，委托湖南春晓牧业科技发展有限公司实行精准帮扶的项目。项目总投资2亿元，养殖规模1万头，主要经营西门塔尔、夏洛莱等优良品种黄牛加工养殖、销售及相关配套产品种植、加工、销售。项目分二期进行，第一期选址理家坪乡坦田村，第一期项目正式运行后，每户贫困户可增收1万~3万元，带动当地2000户贫困户实现脱贫。

【对台招商项目推介会】 2016年10月20日，由永州市委、市政府主办的“永州市对台招商项目推介会”在广东东莞市举行。双牌县委、县政府高度重视此次招商推介会，由县委副书记张跃斌带队，县委常委、县纪委书记李群辉，县委常委、县委统战部部长雷秀新，县人民政府副县长候选人何彩玲及县台办、县科商粮经信委相关负责人组成代表团赴广东参加。推介会上，何彩玲代表双牌县政府与金润田冷链物流公司就总投资5000万元的“农副产品保鲜、冷藏、仓储物流项目”举行签约仪式。精心打造的12个对台招商项目受到与会台商的高度关注。代表团还前往清远市佛冈县调研台资企业发展情况，分别就休闲观光农牧业、竹木加工业和农牧种苗研发培育参观考察田野农牧、尊福竹木和伊甸园等3家台资企业。代表团在深圳市宝安区与广东省湖南双牌商会召开座谈会。希望商会成员响应双牌县委政府号召，积极回乡投资兴业、介绍在粤企业家来双投资，共谋双牌发展。广东省湖南双牌商会表示，将“引老乡、回家乡、建故乡”，加强与广东其他商会联系对接，以商招商，为双牌经济发展添砖加瓦，造福家乡人民。

【市推进新型工业化考核组考核检查】 2016年12月27日，市推进新型工业化考核组来双牌县进行年终考核检查。检查组听取双牌工业园的发展情况汇报，对照考核内容逐项过细查阅相关资料。检查组对园区内的“135”创新创业产业园、乐福地包材、湘一·阳明学校等重点项目以及生活配套设施进行实地核查。通过沿线检查和考核，检查组对县园区工作给予充分肯定和好评。县“135”创新创业产业园完成两年建设20万平方米标准厂房和30家小微企业入驻任务，并借助“135”平台设立广东省双牌商会，采取以乡招商、以商招商方式招引企业。乐福地包材拟投资4亿元，采用美国陶氏PacXpert软包装技术，生产销售食用与非食用品的八角袋外包装，达产后将推动中国包装行业由硬质包装逐渐走向更轻便、更环保的软包装。

【键特科技获国家专利】
2016年12月，永州市键特科技有限公司申请的“电动车充电桩”“太阳能逆变器”“一体化LED杀虫灯”等三项专利技术获国家专利授权。该公司已有十一项专利获国家授权。永州市键特科技有限公司成立于2011年2月，公司在双牌县区是一家以绿色可再生能源光伏发电产品及LED照明为主体，集研发和生产光伏板、逆变器、充电桩、变压器于一体的高科技企业。

【高山生态茶获世界功夫茶金奖】 2016年，双牌县永之源生态茶叶有限公司在素有茶界“奥斯卡”之称的中国世界功夫茶大赛上获金奖。永之源生态茶叶有限公司位于泷泊镇胡家洞村，是开展精准扶贫，实施土地流转后引进的现代农业项目，以种植茶叶和果木为主，总投资1000万元。永之源茶业基地位于海拔750米的紫金山区，该地气候温和，日照短，昼夜温差较大，云雾弥漫，雨量充沛，优越的生态环境条件，有利于茶树的生长，常年云雾缭绕，茂密的植被和风化的岩石，为茶树土壤带来丰富的有机质和矿物元素，从而为制作好茶奠定了良好基础。永之源生态茶叶有限公司以民办、民管、民受益的服务宗旨，围绕“农业增效、农民增收”目标，积极为社员提供产前、产中、产后服务，走出一条集生产、服务、销售于一体，带动乡邻共同致富奔小康的良性经营路子。

【走访民营企业】 2016年，县科商粮经信委联合县国税局为10户民营企业解决涉税难题11个，帮助其促销产品1000多万元，融通资金500多万元。两个部门组织分管、中层以上干部走访民营企业，实地感受业主的创业精神，当场解决疑难问题，并向企业作出服务承诺，分期分批对企业的厂长、经理及办税人员进行以调整的税收新政策、防伪税控为主要内容的培训。对发展潜力大、科技含量高的个体私营企业实行“一事一议”，特事特办，从时间、空间、手续、文书等方面给予支持。同时实行“首问负责制”一站式服务、延时服务、限时服务，进一步转变干部工作作风，倾听纳税人心声，从实事抓起，提高服务质量，促进民营企业发展。

湖南省双牌水电站

【概况】 湖南省双牌水电站，坐落在湘南双牌县境内，是一座集发电、灌溉、航运与防洪等综合效益于一体的大型水利水电枢纽工程。1958年11月，双牌水库枢纽工程正式破土动工，1962年年底基本完成。1963年4月，“湖南省双牌水电站”正式挂牌成立，同年7月，两台0.3万千瓦的机组投入运行，至1979年5月，电站装机容量扩充到13.5万千瓦，年设计发电量达5.85亿千瓦时。2016年，双牌水电站深入开展“两学一做”学习教育，落实“四要四抓”工作方案，推进各项工作。全年发电7.5亿千瓦时，完成计划的135%；产值2.1亿元；实现销售收入1.8亿元；上缴税金5200万元；上缴水费1200万元，上缴水资源费148万元；实现利润3351万元。多元经营全年售电1.2亿千瓦时，完成计划的75%；实现收入3800万元，上缴税金550万元；实现利润680万元。

【安全生产】 湖南省双牌水电站始终坚持“安全第一、预防为主、综合治理”的方针，坚持“命”字在心、“严”字当头、“实”字担肩，牢固树立科学的安全观，严守安全规章，强化源头治理，规范安全管理，严格责任考核，年初召开安全生产专题会议全面部署，编制《2016年湖南省双牌水电站安全生产年度工作计划》，对全年安全生产工作任务进行周密安排；及时调整安委会成员和专（兼）职安监员，确保每个部门有专人负责安全；修订《双牌水电站领导干部“一岗双责”规定》；层层签订《安全目标管理责任书》，做到责任到岗、任务到人；组织职工学习宣传贯彻新《中华人民共和国安全生产法》，组织观看安全警示教育片，组织开展安全生产知识竞赛、防冻融冰应急预案演练，对运行、检修、水工规程进行修编、举办安全生产技能培训和安规考试。完成#3机B级检修和300T行车大修；开展安全大检查4次，发现安全隐患29起，对查出的隐患进行分类，下达整改通知书限期整改。各部门相应开展系列活动，广大干部职工安全意识得到提高，安全工作的自觉性、责任感得到增强，11月3日，湖南省永州市安全生产主体责任落实标杆企业示范创建流动现场会来水电站观摩，对水电站安全生产给予高度评价。截至2016年12月22日，该站连续安全运行3354天。

【防洪度汛】 2016年，双牌水库来水主要集中在上半年，且来水早、来水多、来水集中。水库流域累积降雨1761毫米，来水总量为138亿立方米，超过多年平均来水量24%。为确保防洪安全，水电站认真分析防汛形势，细化防汛预案，明确防汛重点，严格防汛纪律。3月初，根据人员变动情况，及时调整防汛领导小组成员；制订《防洪度汛应急预案》，并充实调整四个防汛抢险队。投入150多万元对原水库预报调度系统的软件系统及硬件设备进行升级改造，极大改善洪水预测预报的精准度。重点对库区滑坡体、水工建筑物、溢洪机电设备、各雨量站和水位站的设备故障等进行检查、维护，并及时进行消缺。做到24小时值班，坚决执行省防指的调度命令，快速准确完成命令的操作内容。全年发生11场洪水，其中最大3场洪水，分别为“5·4”洪水，洪峰流量每秒4150立方米；“5·8”洪水，洪峰流量每秒4500立方米；“6·16”洪水，洪峰流量为每秒4100立方米，为确保防洪安全，水电站充分发挥“三个系统”作用，通过提前泄洪、腾空削峰等措施，成功迎战11场洪水，确保上下游人民群众生命财产安全，中央电视台对此进行报道。

【重点项目】 2016年，湖南

省双牌水电站防汛会商系统、双牌水库预报调度系统升级改造全面完成，投入使用；大坝下游左右岸河段治理工程全面开工，左岸已基本完成；右岸已完成；生产生活区视频监控系统组织施工；防汛调度中心周边山体防滑及环境整治方案已经招投标；生产试验检测楼改造完成勘查和设计，待批复后即可实施；三台主变更新改造于11月29日完成招投标，明年初开始现场安装；完成大坝下游河滩阻水石清理，水能效益明显，每年可多发电1200万千瓦时，创收300多万元。

【多种经营】　2016年，湖南省双牌水电站推进供电网络建设和安全管理，确保近区供电稳定；做好五里牌水电站代维代管工作，确保安全满发，全年发电1.75亿千瓦时；组织对涔天河电站技术服务项目进行洽谈；加强华瑞公司管理，更新生产设备，共生产硅锰合金1.86万吨，实现利润153万元。

【环境整治】　2016年3月17日，双牌库区用电秩序整治协调会在水电站召开，省水利厅党组成员、副厅长王跃生，永州市委常委、副市长蒋善生，省水利厅建管处、国网永州供电公司、双牌县政府、道县政府等单位负责人出席会议，会议形成《关于研究双牌库区用电秩序整治有关问题的会议纪要》。厂区、办公区250多亩土地已取得土地使用证，周边山林山权证已办理915亩林权证；按照水利部要求，启动库区确权划界工作。

【员工培训】　2016年5月4日，2016年湖南省双牌水电站员工培训班（第一期）在湖南水利水电职业技术学院正式开班。湖南水利水电职业技术学院院长罗迈钦、湖南省水利水电开发集团有限公司副总经理林战难、双牌水电站党委书记王俊出席开班仪式，仪式由继续教育学院院长主持。此期培训班为期一个月，共有70名学员参加培训。培训班聘请湖南省委党校、省水利厅等相关教授、专家为学员授课。全年共培训四期。

湖南省南岭化工集团有限责任公司

【概况】　湖南省南岭化工集团有限责任公司（以下简称“公司”）前身为湖南省南岭化工厂（军工代号：国营9625厂），始建于1966年。公司住所地位于永州市双牌县，在长沙设有办事处。公司主营乳化剂、油相材料、包装材料、卡扣线材等炸药配套产品。2016年，公司下设湖南南岭精细化工有限公司、湖南南岭包装材料有限公司、湖南南岭物业开发有限公司、湖南南岭线材加工有限公司和湖南南岭贸易有限公司等5家子公司，另设有汨罗分公司。2016年，公司总资产40564万元，净资产23735万元，有在职职工665人，退休职工853人。

【经营管理】　2016年，公司强化经营管理，稳推改革发展，力保安全稳定，各项工作取得实效，主要经济指标逆势上扬，全年实现营业收入11000万元，实现主营业务毛利1696万元，产品产销量、销售毛利均创历史最好水平，实现2010年以来连续6年减亏。炸药配套产品持续增销。新天地集团内部市场占有率稳步提高，外部市场实现“破冰”并陆续供货，炸药配套产品全年增销650万元，同比增长10%。工程建设业务高效推进。全年按时、保质、保量完成7个较大型工程项目，实现工程业务量2400万元，新增利润200余万元。贸易服务业务逐步展开。几宗较大的贸易项目实现常态化，完成贸易业务收入1305万元，同比增长62.9%，新增利润21万元。完善管理制度，企业运行更加规范、有序；加强过程控制，生产成本全部控制在指标范围内；优化母、子公司财务运行体系，财务管控效率明显提升；深化人力管理，调整补充6人上岗，有效分流富余人员

42人。深入落实精细化管理。严格实行预算管理，全年可控管理费同比节约52万元，降幅11.1%；大力开展采购挖潜，节约采购成本292万元；全面强化资金管理，同比节约财务成本240万元；积极争取政策支持，实现税收减免、优惠811万元，争取各项政策资金2822万元。

【改革改制】 2016年，公司坚持以提高企业发展活力、增强企业发展动力为导向，持续深化改革改制，想方设法盘活资产，成效明显。水电分离移交稳妥有序推进，双牌、祁东、汨罗三点水电施工改造主体工程全部完工。辅业改制高效深入推进，仅用4个半月的时间就圆满、高效地完成线材公司异地扩能技改，新的生产线于9月上旬一次性试车成功。资产盘活积极有效开展。汨罗闲置土地处置于2016年12月22日与汨罗市政府达成土地收回补偿协议，由汨罗市政府收回土地，并补偿公司及南岭民爆共计3060万元；双牌转运站闲置资产转让也争取到省国资委和省政府对转运站土地变性的支持。

【安全生产】 2016年，公司通过全面分解落实安全生产责任、持续深入开展安全生产活动、全面推进安全生产对标管理、牢抓安全生产管理重心，以及狠抓安全隐患整改，安全工作得到很好的落实，再次获评新天地集团“安全生产先进单位”。

【技术进步】 2016年，公司坚持将技术、质量提升作为稳固和拓展市场的前提和基础，先后采取一系列措施，取得较好的成绩。成立专项课题组进行一对一研发试验，成功开发出4家油相用户；确保炸药配套产品质量，所有材料在南岭民爆双牌分公司乳化炸药新线一次性试产成功。公司还持续加强生产技术改进，产品质量更加稳定，尤其是炸药助剂产品稳定性很高，一次交验合格率达98.5%，全年未发生质量事故，被成功纳入南岭民爆煤矿许用炸药安全标志目录。

【民生工作】 2016年，公司坚决贯彻群众路线，推进发展惠民。公司党、政、工携手，通过开展形势任务教育，稳推月度信访、维稳，加大防范、沟通等多种形式，有效防范和化解矛盾。推进棚改工程，双牌点棚改三期在全公司的共同努力下，用短短一年的时间就完成230户棚改房的建设，于1月中旬分房到户；开展扶贫帮困，公司全年给困难职工送去帮扶资金和慰问物资32万余元，为内退职工提供再就业96人次，履行社会责任，支援平江县瓮江镇唐城村和双牌县泷泊镇沙子坪村进行精准扶贫开发，为唐城村和沙子坪村美好乡村建设贡献一份力量。

（张孟春）

南岭民爆双牌分公司

【概况】 2016年，南岭民爆双牌分公司生产工业炸药23256.81吨，同比增长20.6%；销售产品23276.47吨，同比增长21.7%；实现主营业务收入1.31亿元，同比增长15.9%；实现工业总产值（现价）1.31亿元，同比增长14.9%；实现利润609.74万元，同比增长21.3%。

【经营】 2016年，分公司根据市场需求，组织全体员工合理安排生产。按照集团的学南航经验的要求，强化安全抓防范，狠抓安全管理不放松，通过强化员工的安全教育，积极开展“6S”管理、对标管理和安全达标工作，多措并举保运行，生产经营创新高。2016年共生产工业炸药2.3万吨，同比增长20.6%；销售产品2.32万吨，同比增长21.7%；实现主营业务收入13113.36万元，同比增长15.9%；实现工业总产值（现价）13102万元，同比增长14.9%；实现利润609.74万元，同比增长21.3%，创历年最高水平。同时，分公司加强政策研究争取优惠政策，全年争取优惠政策补助302.5万元，争取税收优惠100余万元。

【管理】 2016年，分公司开展军事化管理，每周的升旗仪式和每天的工间操已做到常态化。通过精细化管理，降低生产成本，仅燃煤一项就节约300吨（约22.5万元）；同时狠抓劳动纪律，推行全员佩戴工作牌上岗和打卡考勤制度，在全体员工中实施绩效考核，奖罚兑现，促进管理上台阶。

【销售】 2016年，分公司抢市场，抓机遇，沉着应对市场风险。通过走访客户，与客户主动沟通，及时了解用户需求，提供技术服务，采用多种策略释放产能，为完成全年生产经营任务奠定基础。

【技改】 2016年8月，分公司改性铵油生产线停产后，双牌分公司紧扣时间节点，狠抓技改工作进度，为确保技改按各时间节点要求完成预定目标，在生产线设立技改项目指挥部，分公司下文要求在新线建设期间普通管理人员实行六天工作制，中层以上管理人员取消正常休息日，各相关部门到技改现场办公，发扬“5+2、白+黑”的精神，保证问题不过夜，全力以赴确保新线建线按时间节点顺利进行。分公司积极与金能科技等技术转让方、南岭化工物业公司建工承建方紧密合作，在技改项目中协同作业，寻求效率最大化。加强安防教育、安全整改措施。分公司先后组织四次全员培训，内容涉及安全、质量、技术工艺等各个方面，为新线技改打下坚实的基础；先后组织安全考核15次，发现、整改问题隐患114项，隐患整改完成率100%。同时建立领导人员值班制度，并从机关抽调人员专门负责生产区全天候的安全防护和巡查工作，以确保新线技改和生产经营两不误。经过3个月的努力，分公司以最短的时间、最快的速度、最优的质量完成集团交给的技改项目建设，并于11月15日通过省经信委组织的试生产安全条件考核。12月15日正式试产投入使用。

【工程建设】 2016年8月8日，改性铵油炸药生产线正式停产，8月10日分公司立刻组织改性员工老旧设备拆除培训学习，8月11—31日拆除完老旧设备等工作。9月1日开始正式安装新设备。分公司为确保技改进度，9月中旬分公司所有管理人员实施六天工作制，中层管理人员取消正常休息日，各相关部门到现场办公，保证问题不过夜，全力以赴确保新线建线按时间节点顺利进行；加大协作力度。为解决土建施工现场人手不够问题，确保建设进度。建立领导人员值班制度，并从机关抽调人员专门负责生产区全天候的安全防护和巡查工作，以确保新线技改和生产经营两不误。

【覆土库建设】 2016年，覆土库建设项目利用原南岭化工集团危险货物铁路转运站建设，总投资4000万元，其中，新建10个炸药成品覆土仓库，建设投资2000余万元。炸药成品覆土仓库建成后仓库总储存容量为600吨，与双牌分公司2.4万吨炸药生产线产能配套，解决原炸药成品仓库储存容量小不符合国家规范要求的矛盾，消除双牌分公司炸药产品运输经过207国道和办公生活区的重大安全隐患，同时也便于炸药生产、运输及储存的安全管理工作，减少安全事故的发生。

【包覆粒状铵油炸药项目】 2016年，分公司重新编制年产6000吨“组合膜包覆粒状铵油炸药”试验生产线的可行性报告，分公司现正在与技术提供方、工艺设备拟提供方和股份公司协调建设方式和开展市场调研工作，完成项目立项、建设。

【稳定工作】 2016年8月8日，改性铵油生产线全线停产，改性线123人面临待岗，员工思想波动较大。分公司通过征询员工意愿，科学合理安排。一部分员工调往乳化生产线缺人岗位补岗，一部分员工安排参与技改项目的拆除、安装、调试工作。根据《湖南南岭民用爆破器材股份有限公司双牌分公司人员分流工作实施（补充）方案》，对人员分流方案进行补充，加大人员分流的政策宣传力度和解释工作，保持员工队伍的稳定。特别是分公司原材料装卸及产品转运岗位由于劳动强度大，工作时间不固定、工资收入低，一直没有正式员工愿意分流去，分公司各层领导通过了解员工信息，关心员工疾苦，与员工谈心谈话，从4月开始由分公司部分中层干部带队，组织20余名在岗员工进行原材料装卸工作和产品转运工作，为分公司技改后人员分流重新上岗奠定了基础。分公司现有职工423人，其中退休员工35人，在职员工388人（含内退员工78人，停薪留职员工2人，息岗员工11人，劳务派遣员工14人），在岗员工297人，技改完成后定岗248人，技改完成后富余49人。

【民生工作】 2016年5月，分公司为生产一线员工食堂进行技改，食堂环境改善。分公司全年共计走访慰问员工300余人次，发放慰问金20余万元。为全体员工办理大病医疗互助，坚持每年开展员工职业病体检和女工健康体检；严格落实综治维稳工作责任制，坚持关口前移、摸清底数、掌握动态、防控并重，分公司专门制订《员工述求表》并开展合理化建议征集活动，收集员工意见和述求，及时化解各种矛盾，确保不因稳定问题影响企业发展大局；开展丰富多彩的文化活动，以文化体育活动凝心聚力，加快公司文化融合，达到凝聚员工、促进和谐的目的。

双牌县泷兴建设集团有限公司

【概况】 双牌县泷兴建设集团有限公司成立于2016年11月，由双牌县人民政府出资，注册资本金4亿元。公司前身为双牌县城市建设投资有限公司，现有全资子公司8家，定位于筹资融资载体和城建实施主体，履行融资、投资建设、债务和国有资产管理三大职能，主要经营范围为从事授权范围内的城市基础设施、社会公益设施建设；从事授权范围内的保障性住房建设、安置房建设、旧城区改造、棚户区改造；从事干线公路、城市供水、城市防洪、水务水利建设、维护。公司各项基本证照齐全，管理人员信誉良好，无不良记录。现有办公室、财务部、资产经营管理部、融资部、工程部、人力资源部6个部门，在职职工23人（含子公司）其中编制人员7人；本科及以上学历7人，专科学历9人，占总人数的69%；有中级专业技术职称人才9人，占总人数的39%。2016年，获得县2016年度全县重点项目建设考核一等奖（两个）、2016年度全县重点项目建设考核三等奖一个，2016年度全县“跑项争资”工作一等奖、2016年度县委县政府重大事项及优化经济环境和机关效能建设工作先进单位、2016年度全县维护社会稳定工作先进单位、2016年度安全生产目标管理先进单位、2016年度诚信纳税优秀企业等8块奖牌。

【融资贷款】 2016年，双牌县泷兴建设集团有限公司根据对融资形式的判断，调整融资思路，多次与农发行、农行、国开行、华融湘江、长沙银行等金融机构衔接申请贷款，2016年打造、包装10个融资项目，项目总投资额为42.6亿元，通过政府购买服务的方式贷款29.7705亿元，通过审批融资总额为17.6505亿元，贷款到位资金2.429亿元。其中，国开行紫金棚户改造项目通过审批的额度为2.25亿元；国开行农村基础设施建设项目通过审批的额度为6亿元；国开行农村综合服务平台通过审批的额度为0.68亿元；长沙银行新型城镇化建设通过审批的额度为2亿元；农行县城河道治理通过审批的额度为2.3亿元；华融湘江永州分行河东新区路网建设通过审批的额度为1.8亿元；农发行易地扶贫搬迁项目贷款通过审批的额度为0.1915亿元；华融湘江长沙分行流动资金贷款通过审批的额度为1.6亿元，到位1.6亿元；华融湘江永州分行标准厂房项目通过审批的额度为0.5亿元，到位0.5亿元；农发行、国开行易地扶贫搬迁项目基金通过审批额度为0.329亿元，到位0.329亿元。向华融湘江长沙分行贷款的流动资金贷款项目用款1.6亿元；向华融湘江银行贷款的标准厂房项目用款0.5亿元；向农发行、国开行易地扶贫搬迁项目基金用款0.329亿元。

【重点项目建设】　2016年，公司启动河东沿江风光带一期、河东沿江风光带二期、河西沿江风光二期、城市综合管廊项目；继建县城路网提质改造项目。河东沿江风光带一期项目建设有效推进。成立河东沿江风光带建设指挥部，由县委常委、统战部部长雷秀新任指挥长。截至2016年年底，完成该项目立项、可研、环评、防洪影响评价、水保、项目选址等工作；征地拆迁、项目腾地等工作全面开展。河东沿江风光带二期项目。此项目为前期项目，主要完成项目立项、可研、环评、防洪影响评价、水保、项目选址等工作。河西沿江风光二期项目建设顺利推进。成立项目建设指挥部，由县政府副县长蒋爱先任指挥长，县政府副处职级干部张少云任副指挥长，2016年此项目建设累计完成投资26.2万元，主要完成项目立项、工程勘测、可行性研究报告、老河床地形测量，其中项目工程勘测完成投资19.6万元、可行性研究报告完成投资1.6万元、老河床地形测量完成投资5万元。城市综合管廊。此项目为前期项目，完成项目立项、可研、方案设计工作。县城路网提质改造项目建设全面推进。成立项目建设指挥部，由县政府分管副县长廖卫平任指挥长，截至2016年年底，项目建设主要完成金石街、黑石巷、福寿街、紫阳路、永明路、车站路、长青路的路基改造、梳理雨污排水管网、铺筑沥青混凝土路面工作。2016年此工程项目建设累计完成投资1376.78万元，其中金石街、黑石巷、福寿街完成投资383.4万元，紫阳路、永明路完成投资469.3万元，车站路完成投资454.08万元，长青路完成投资70万元。

商业·贸易

供销

【概况】 2016年，县供销合作联社坚持为“三农”服务宗旨，本着求真务实，着力推进供销社改革和发展，全面完成县委、县政府交办的各项工作任务和自身发展任务。在岗人员10人，内设办公室、政工股、财审股、合作指导股、经贸股，辖县农业生产资料公司、县金信废旧物资回收利用有限公司、县烟花爆竹股份有限公司、阳明山反季蔬菜专业合作社。

【新网工程建设】 2016年，县供销合作联社先后引进147个经营网店加盟“新网工程”。其中：农资网店61个、日用消费品网店32个、烟花爆竹网店54个。为60多个网店配置货架、货柜；发展“网上供销社”网点25个，为16个点配置了软件设施，在市社网站发布128个区域特色农产品，“供销e家”发布特色农产品2个。

【农民合作社示范社创建】 2016年，县供销合作联社以“供销合作社+农民+产业”模式，领办创办专业合作社16家，其中“双牌县阳明葡萄种植专业合作社”成功申报省级农民专业合作社示范社。该专业合作社成立于2014年，有标准化的生产基地、规模化的生产范围、产业化的生产产品，运作规范、运转正常、经营有序，在当地颇有影响力。

【农村环境治理】 2016年，县供销合作联社登记注册“双牌县金信废旧物资回收利用有限公司”；完成120个可利用垃圾回收站点建设，基本实现可利用垃圾回收体系网络全县覆盖。

县商业企业改制服务

【概况】 双牌县商业企业改制服务办公室是县科技商务粮食和经济信息化委员会所属正科级全额拨款事业单位，2015年11月撤销原县商业事务管理办公室、原物资管理办公室后设立，现有工作人员6人（主任1名，原商业办正科级领导2名、工作人员2名、临聘人员1名），其主要职责是承担原商务系统、物资系统企业改制的相关事务和离退休人员管理服务等工作。

【优化环境】 县商业企业改制服务办公室2016年度未出现乱检查、乱收费、乱罚款、乱摊派和不作为、乱作为、慢作为等不良行为。在工作环境方面，商业改制服务办由于原办公场所老旧，办公电脑等日常办公设备也无法满足工作需要，请示县委、政府同意后，对办公室和办公楼进行合理修缮，解决办公环境不佳的老问题，优化办公环境让本办职工用心的工作更好的服务人民群众。在文明创建工作上，商业改制服务办组织本办职工学习创建文明县城文件精神、健康知识，给职工散发“创建文明县城宣传单”100多张，组织学习县创建省级文明县城工作简报，开展“清洁双牌、喜迎双节”环境卫生集中整治活动，明确清扫、保洁标准，保证环境卫生集中整治活动落到实处，从环境卫生上为为人民群众进行服务。

【信访维稳】 双牌县商业系统原有改制企业7个（原6司1厂），改制人员有600余人，由于涉及面广人员多，虽然改制结束，但还存在各种各样的遗留问题。全办干部职工把信访维稳工作作为中心工作来抓，在“管好自家人、看好自家门、办好自家事、尽好自家责”的同时，认真履行职责，指派专人负责信访维稳工作，切实将责任落实到位，不把本级应该解决的矛盾纠纷推给上级，不把本单位、本部门应该解决的矛盾纠纷交给社会。严格责任落实，时时处处绷紧稳定发展这根弦，做好稳控对象的思想工作，力争化解矛盾。同时落实包案责任制度，确保人人肩上有担子，个个头上有任务。坚持“真诚、真心、真做”，为信访户办实事，做到“三先”，特殊困难户优先考虑生活来源，让生活无忧愁；正常上访户优先协调相关部门帮助解决问题到位；群案、急案优先介入，及时化解矛盾，将问题消除在萌芽状态，2016年度帮助上访户解决问题30起。

【精准帮扶】 2016年，县商业改制服务办和县重点办、县就业局在上梧江瑶族乡新田岭村开展结对帮扶活动，深化对口帮扶、结对共建等工作。商业改制服务办主任和扶贫队长分别带队到该村多次开展摸底工作，制订该村五年（2016—2020年）村级发展规划及实施计划，对建档立卡贫困户32户123人和8户易地扶贫搬迁人口31人进行核实，给每名党员干部职工分配结对帮扶贫困户，其中商业改制服务办联系10户扶贫户，办主任、扶贫工作队队长联系两名，副主任及其他工作人员各联系一名贫困户，安排扶贫资金1万元，扶贫工作经费6000元，往返差旅费实行全报销。为该村解决公益性扶贫资金3.5万元，投资21.4万元新建牛角漯口、黄沙漯口两座通便桥，新建村级光伏发电站一座，解决该村最后两组的人畜饮水问题，申报上田公路扩宽18.6千米，细化帮扶方案和脱贫路线及脱贫时间。

烟草专卖

【概况】 2016年，烟草专卖局（分公司）紧紧围绕“夯实基础、规范运行、注重创新、科学发展”的总体思路和“123”工作目标，把握“稳中求进”的总基调，在面对国际国内控烟不断加强，卷烟销量持续下滑，经过全体员工的共同努力，仍较好完成市局下达的调控任务。卷烟营销方面，全年销售卷烟5918箱，其中省内烟累计销售4354箱，省内烟比重74%，省外烟累计销售1564箱，省外烟比重26%，实现销售收入12980万元，实现毛利3224.3万元，毛利率达到29%。单箱均价为21960元/箱，实现税利2562万元。专卖管理方面，1—12月共查获案件61起，查获真品卷烟37.41万支，假冒卷烟2.644万支，查获网络案1起，涉案金额300余万元，批捕3人。获全市卷烟打假工作先进集体、全县综合绩效考核先进单位、党风廉政建设和反腐败工作先进单位、全县基层党建工作先进单位。

【卷烟打假打私】 2016年10月9日，双牌县烟草专卖局联合永州市公安局、双牌县公安局、破获一起以王佳等人为核心的非法运输、储存、销售假烟、走私烟网络案，现场查获各类卷烟38.36万支，货值金额74余万元，查获账册10余本，冻结涉案账户资金150万元。目前，该案已查明涉案人员16人，刑拘7人，批捕3人，涉案金额达300余万元。

【卷烟营销活动】 2016年3—4月，双牌县烟草专卖局开展17场次的面向消费者的市场营销活动，活动覆盖县城及6个重点乡镇市场，促销省外和滞销卷烟1173条，活动取得较好成效。进行“走基层、访终端、进农村”市场调研活动，分两个工作小组分别调研南岭化工厂、G207国道五里牌段两个专项市场，麻江镇、茶林镇、江村镇、理家坪乡四个乡镇共十个村级行政市场，召开零售户、消费者座谈会、员工座谈会和专题局长办公会，并形成调研报告上报市局，为卷烟营销工作收集第一手市场资料。推行“一线工作法”，即工作在一线落实，问题在一线解决，能力在一线提升，作风在一线转变，开展结对帮扶，干部员工通过与客户一对一、一对多“亲情式”结对帮扶，解决各类问题60余件，客户满意度不断提升。

【“两学一做”学习教育】 2016年4月，双牌县烟草专卖局启动“两学一做”学习教育活动；6月，组织全体党员干部集中重温《中国共产党章程》《党委会的工作方法》；7月，在重点学习习近平“七一”讲话精神的基础上，赴双牌水库陶铸铜像前重温入党誓词，党组成员上专题党课3次，微型党课1次，组织观看理想信念电影《守望明天》《邓小平登黄山》《难忘的岁月》《榜样》，组织观看廉政警示教育片《不可碰触的底线》、大型专题警示记录片《永远在路上》，确保干部职工的讲政治、有信念，政治思想过硬，工作作风优良。

国土环保·城建城管

国土资源

【概况】 2016年，双牌县土地利用总体规划调整完善工作，5月13日，双牌县人民政府组织相关部门，对《双牌县土地利用总体规划》（2016年修订版）进行审查听证，9月送省厅审批，现已通过并在组织建立数据库工作。储备67公顷土地的工作制订出台“双牌县土地储备征地工作实施方案”，成立领导小组，组成城北征地工作组、河东新区征地工作小组、永水河西岸征地工作小组、土地出让收入工作小组4个工作小组，明确十一个相关单位职责，划定2016年拟征收储备土地73公顷征地范围，组织宣传发动。征地拆迁方面工作：G207国道扩改建项目征收土地16.5公顷，补偿金额852.55万元，拆迁房屋29栋，补偿金额885.58万元，拆迁附属设施补偿金额181.15万元；双牌大道征收土地0.84公顷，补偿金额39.2万元；房屋及附属设施拆迁24栋，面积约4545.8平方米，补偿金额480.64万元；青苗补偿费用60.4万元；城南停车场征收土地2.17公顷，补偿金额129.6万元；倪家洞风电场建设征地105.32亩，补偿费用91.4534万元。全年为农户办理用地手续349宗共4.252公顷，制止占用基本农田建房行为9起，处理土地权属纠纷15起，成立指挥部确定双牌县土地储备征地工作实施方案，落实99宗，房屋125栋，共计户数6463套，受理收件261件，完成初审153宗，办结归档102宗，

【建设用地报批】 2016年，县国土局为农户办理用地手续349宗共4.252公顷，制止占用基本农田建房行为9起，处理土地权属纠纷15起，有效地将矛盾化解在萌芽状态。

【民生工作】 2016年，县国土局实施土地整治复垦项目6个，总规模530.37公顷，总投资1795.84万元。其中省级土地整治项目4个，规模293.4万元，投资1195.84万元；市级土地整治项目2个，总规模239.97公顷，投资600万元；实施项目6个，其中指标确认项目1个，确认指标4.61公顷，完成施工任务的开发项目一个，规模15.94公顷，新增耕地13.64公顷，总投资231.64万元；开发项目4个，建设规模20.96公顷，新增耕地18.5公顷，总投资456.36万元。向上争取项目5个，到位资金1285万元。

【信访、综治维稳】 2016年，县国土局排查和受理群众来信来访矛盾纠纷14件。其中受理市级转办2件、县领导接待日批示转办12件，现已经办结14件，办结率100%。

【不动产登记中心揭牌】 2016年9月12日，双牌县不动产登记中心揭牌暨不动产权证首证颁发仪式在县国土资源局举行，标志着双牌县不动产统一登记进入实质性实施阶段。市国土资源局党组成员、总工程师温小新，县委副书记、代县长肖质彬出席揭牌仪式，并颁发双牌县首批不动产权证书。不动产统一登记按照

“不变不换”的原则，在不动产统一登记前依法颁发的各类不动产权属证书继续有效，在依法办理变更登记、转移登记等登记时，逐步更换为新的不动产权证书。

【实施不动产统一登记】 2016年8月25日，双牌县人民政府根据国务院《不动产登记暂行条例》《中共湖南省委办公厅湖南省政府办公厅关于印发〈湖南省不动产统一登记工作实施方案〉的通知》精神，经县人民政府研究决定自2016年9月12日起，在双牌县范围内实施不动产统一登记。

【“土地日”宣传】 6月25日是中国第26个全国“土地日”，在县文化广场举办大型的现场咨询会，散发土地行政相关法律法规知识、不动产登记发证、地质灾害避险知识等宣传传单1万余份、赠送6.25纪念纸杯2万个；组织锣鼓队、宣传车辆游行宣传；组织宣传车到各乡镇；在县电视台录制并播放专题电视讲话和宣传主题口号电视飞播；在滨江广场播放多项土地知识宣传视频；发送宣传短讯6万条。

【储备土地】 2016年，双牌县供应储备土地面积35.84公顷。其中入库储备地块面积为32.47公顷，占供应总规模的90.6%；拟入库储备地块面积3.37公顷，占供应总规模的9.4%。商服用地供应规模为10.52公顷，占供应储备土地的29.35%；住宅用地供应规模为5.64公顷，占供应储备土地的15.74%；工矿仓储用地供应规模为19.68公顷，占供应储备土地的54.91%。

环境保护

【概况】 2016年，双牌县环境保护局内设5个职能股室，即综合办公室，环境影响评价、监测科技股，自然生态保护股，固废、辐射管理股，法制宣传股，下设3个直属事业单位，即县环境监察大队、县环境保护监测站、县主要污染物减排工作办公室。干部职工22人，退休人员10人。根据相关规定调整建筑施工企业排污费征收标准，并针对页岩砖厂、养殖场、搅拌站等重点行业，专门成立核定小组统一核定征收标准，排污费征收进一步规范。上述行业就增加排污费收入40万元。全年共征缴排污权费10万元，颁发排污权证18份。通过2015年度考核，编制上报2016年度全县生态环境质量状况报告。按照《湖南省人民政府关于推进政府购买服务工作的实施意见》（湘政发〔2014〕20号）文件精神，全县通过和湖南索奥检测技术有限公司合作，实现地表水和饮用水源地水质的全指标分析。全年完成全县60个行政村的环境污染状况调查，并委托富利来公司编制完成祁阳县农村环境综合整治整县推进项目政府工作方案和项目实施方案。14个乡镇均获批“湖南省生态文明示范乡镇”。完成2016年度环境统计工作，共统计工业源23个，规模以上农业源1个，集中式污染治理设施1个。

【完成减排任务】 2016年，双牌县完成主要污染物COD削减量为50吨，主要污染物氨氮削减量5吨。截至2016年12月8日，淘汰黄标车和老旧车辆357辆；完成4台共8.2吨蒸燃煤小锅炉淘汰任务，削减二氧化硫46吨、氮氧化物9.05吨。

【建设项目管理】 2016年，双牌县清理未批先建问题32个，责令补办环保审批手续58家，取缔关闭1家。共审批建设项目33个。

【污染防治】 2016年，双牌县环境保护局水污染防治方面，茶林镇桐子坳村和老院子村污水处理站已建成并投入运营；大气污染防治方面，开展饮食业油烟专项整治。

【危险废物转移监督】 2016年，双牌县医疗废物产生量为

42.174吨、委托处理为13.105吨，其他为各单位自行焚烧。全县危险废物为7.754吨、委托处置为6.5吨，其他处于暂存。

【行政执法和环境信访】 2016年，双牌县接处信访投诉13件，检查企业46家次，立案行政处罚案件3件，及时处理和回复率100%；办理人大建议、政协提案2件。

【环境保护责任体系】 2016年，成立双牌县生态环境保护委员会，出台《双牌县环境保护责任规定（试行）》和《双牌县一般环境问题（事件）责任追究实施细则（试行）》，明确政府、各乡镇场和相关部门的环境保护工作责任，细化企业和其他生产经营者的主体责任，规范公民和其他社会机构的环保责任，并规定对涉及六类环境问题（事件）依法严厉追责，真正在环境保护方面实施源头严控、过程严管、后果严惩。

【环保宣传】 因地制宜，结合实际，以“世界环境日”和新环保法宣传为契机，掀起环境保护宣传工作新热潮。先后召开大小会议11场次，悬挂和张贴大小横幅、标语328幅，电视专题宣传6次，腰鼓队专题宣传2次。召开《双牌县环境保护工作责任规定（试行）》制订听证会，收到各界代表意见建议28条。

【环境行为信用评价】 2016年，组织7家重点规模企业参与环境信用评价，其中被评为环境合格企业4家，环境风险企业3家。

住房和城乡规划建设

【概况】 双牌县县域总面积1751平方千米，其中，城区规划建设用地面积约12.6平方千米，集镇区规划建设用地面积约8平方千米，城镇化率达44%。县住建局获永州市2016年“绩效考核综合奖优秀单位”“安全生产先进单位”。

【强化规划引领】 2016年，双牌县启动《双牌县县城总体规划（2008—2030）》修改工作，总规修改的初步成果已报请县人民政府审查。完成平福头学校、江村镇花坪小学、泷泊中心小学、城南社会停车场规划；完成麻江、五里牌、阳明山、塘底、上梧江、泷泊镇等乡镇易地扶贫搬迁安置点选址及规划设计工作；完成浮洲岛公园建设项目、浮岛吊桥、老城区城市支路与背街小巷改造项目的前期调研测绘与规划初步方案设计；完成湖南丰盈农业马铃薯加工基地、五里牌人民洞加油站、打鼓坪加油站、4G铁塔基站等项目选址方案审查；完成东方金帝、泷泊雅苑小区规划、3#片区改造项目规划调整方案审查；审查县司法局业务用房、平福头中心幼儿园、五里牌小学教学楼、紫金公租房、“135”工程自建标准厂房的规划方案；审查双牌县烟草公司经营业务用房立面改造及亮化方案；审查私人建房21个；协助指导茶林镇桐子坳景区、新和村村庄整治规划建设；启动消防专项规划，签订镇消防专项规划编制合同。通过公开招标聘请了具有城乡规划编制甲级资质的设计院进行县域美丽乡村建设规划编制，完成阳明山、何家洞、塘底等7个乡镇及全县50%行政村规划编制。

【规划管理与执法】 2016年，县住房和城乡规划建设局共验线验槽30余处；严格建设工程规划竣工复核，共组织10起重点工程联合规划核实，复核建筑面积超2.5万平方米。共核发“建设用地规划许可证”19件，用地面积2.75万平方米，核发“建设工程规划许可证”26件，建筑面积9.57万平方米。共组织3次规划建设方面的法律法规和相关知识宣传，累计出动宣传车10余次，印发宣传资料5000余份。全年发现非法违法建设行为73起，下发限期整改通知书73份，按要求整改到位的52处，对没有按时整改到位的下发停工通知书52份，对不按规定停工整改的工地通知县电力公司停电46次，对14处违法建设行为做出行政处罚，收缴罚款21万元。强化小区整治。城区内各小区共实施道路硬化1654平方米、铺设雨污水管道419米。

【城乡一体化】 2016年，县住房和城乡规划建设局完成县城基础设施投资1.1881亿元。实施“四纵六横”路网“白改黑”改造、潇水沿江风光带建设。共投入1.6亿余元资金完成了老城区“四纵六横”主次干道改造提质。共投资2000余万元改造背街小巷，对县城三个社区20余个背街小巷，按照路面平、管道通、道路宽、街道畅、秩序好、设施全、路灯亮、绿化齐、环境美的目标进行改造，共改造巷道路面28000平方米，新修路面3000平方米，排水沟300米，排污管400米，清淤1200米，人行道铺贴1800米，路灯换新300余盏。实施沿河、沿湖、沿国省干道景观带建设。在三条出县主干道种植银杏树约5万棵，城区道路实施补绿工程，对建成区道路补齐或栽上行道树。补种苗木6万余株、修剪花坛花带面积3万余平方米，城镇建成区绿地率、绿化覆盖率分别为43.55%和46.8%。

【建筑安全管理】 2016年，县住房和城乡规划建设局对于新开工的工程项目，一律严格上报建筑工程五方责任主体项目负责人质量终身责任表；建立巡查长效机制，加强巡查力度。共检查施工项目37个，共进行各种专项检查和日常巡查共107次，下发安全隐患整改通知单69份，整改一般安全隐患143条，质量安全隐患基本得到消除，未发生质量事故和安全事故。严格按照相关处罚规定进行处罚。下发行政处罚告知书27份、行政处罚决定书6份、不良行为告知书7份，约谈施工单位负责人4人次；查处“非法违法”建设1起。解决质量投诉4起，调解鉴定3起。

【农村危房改造】 2016年，双牌县2000户农村危房改造中，低保、“五保”和建档立卡贫困户达796户，易地搬迁扶贫户195户，共计991户。结合精准扶贫和异地搬迁户，将五里牌镇盘大岭11户，泷泊镇大路口60户、卿家巷村16户，麻江镇欧湾51户，上梧江乡蒋家田村7户，塘底乡低水坪村11户，统一规划、统一设计、统一建设、建筑风貌统一。对国道、省道和风景名胜区的危房改造进行风貌管控，207国道两旁的五里牌镇全家洲和打鼓坪乡的单江村、永连公路两旁的茶林镇新院子村和桐子坳村、麻江镇白水岭村的危房改造统一风格。

【村镇建设】 2016年，双牌县成功申报五里牌镇省级新型城镇化引导专项资金项目，争取到塘基上传统村落保护资金225万元；打造和申报麻江镇、五里牌镇、茶林镇等一批特色小镇；完成理家坪乡坦田村、五里牌镇塘基上村传统建筑调查建档挂牌保护工作。推动“美丽乡村”建设，改善群众居住环境，成功创建1个省级（理家坪乡坦田村）、3个市级“美丽乡村”示范村（平福头乡冲头村、麻江镇廖家村、茶林镇新和村）。对县内的古民居进行调查摸底，对已有的2个中国传统村落的文物构件建档立卡挂牌保护，对于列入全省或国家级的古民居进行调查，如茶林大河江村属于省级历史文化名村申报中国传统村落，对平福头村、理家坪村的古民居进行传统村落调查。

【城乡建设档案管理】 完成馆内80%永久档案级目录的录入工作。城建档案利用与服务能力增强。接待档案查询人员90人，查阅档案260余卷，为城市规划、建设、房产办理以及案件查处等提供了第一手资料。做好档案的接收、收集、整理、鉴定与审核，接收民用建筑工程工程280卷，签订建设工程档案责任书13份，接档案底图400多张，文书档案843件，共著录、审核入库档案1780卷。

【道路提质改造】 县城提质改造工程是双牌县迄今为止投资最大的城市基础设施建设项目和市政惠民工程，被列入市政府重点考核项目，该工程计划投资3亿元左右，于2013年10月18日开工建设，至2016年底基本完成。项目内容包括潇水沿江风光带、永水风光带建设和“四纵六横”路网路面“白改黑”提质改造（其中紫金中路、紫金北路、阳明路、平阳路、林峰路、车站路、紫阳路实行路面与人行道破损修复及行车道“白改黑”；双电路、紫金南路、双电路、兴隆街实行深度改造，含：给水、雨水、污水、燃气、高压电线、弱电通信等管线下地和人行道、绿化带、路灯、红绿灯等工程）。

【信访维稳】 2016年，县住房和城乡规划建设局严格规范信访办理程序。将信访事项受理办理分为来访登记、审查接谈、分类告知、调查情况、研究协调、书面答复、送达疏导七个环节。对群众来访、诉求，100%登记、告知；对受理的信访事项及书面回复，100%书面回复和送达。深入调查研究。摸清群众上访的真正原因，针对信访人诉求，严格依照有关法律政策，就地解决信访问题，有效防范越级上访、缠访闹访和群体集访。实行信访工作责任制。对各责任单位要求限时办结，因工作不力而造成不良后果的进行处罚。全年共接待来访群众50余人次，解决信访问题10余起。

【创文明卫生工作】 2016年，县住房和城乡规划建设局成立专门班子，签订工作责任制，将任务层层分解，逐级落实。开展机关卫生宣传、检查和小区帮扶整治工作，开展每周五街道清扫日活动。开展建筑工程围档及扬尘治理等工作，严格审查在建工程的安全和卫生措施，重点检查施工围档、临时设施是否按要求搭设，对达不到安全和卫生要求的坚决禁止施工。

房产管理

【概况】 双牌县房产局成立于2005年1月，由原房产公司和县房改办合并组成，为正科级公益一类事业单位，同时加挂双牌县住房制度改革领导小组办公室牌子。2016年在职干部34人，退休职工8人。全局内设办公室、财务室、白蚁防治（测绘）股、住房保障办公室、房产交易股、物业管理办公室、房屋征收管理办公室等8个机构。

【保障性住房建设】 2016年，县房产局争取上级资金2445万元，落实城市棚户区改造988户，公共租赁住房2359套，建筑面积10.6155万平方米，县城内的紫金公租房1254套，县教育局乡下教师公租房713套，县卫计委系统乡下卫生院公租房224套，乡镇公租房168套均已全部开工建设且到年底基本建成了960套。紫金路棚户区改造988户，签订征收补偿协议550户。全年发放租赁补贴1005户，补贴资金117.7361万元；完成保障性住房分配入住1003户。开展对保障性住房的后续管理，停止发放242户租赁补贴，清退不符合配租条件的18户。

【房政管理】 2016年，完成房屋所有权登记647件，他项权登记572件，在建工程抵押4件，出具房产证明1082份，接待公安等人员查阅档案300人次，出具查询结果80余份。2016年把房地产去库存与促进人口城镇化结合起来，着力增强中心城市和县城对农业转移人口的吸引力，继续用好鼓励农民进城购房等政策，加大高品质房源开发和保障性住房建设力度，促进双牌房地产市场健康有序发展。

【房屋安全监管】 2016年，县房产局签订“白蚁防治合同”196份，面积达6.9万平方米；对全县教师、卫生院公租房及全县廉租房进行不定期和定期排查，最大程度减少建筑安全事故发生。全面排查棚户区改造拆迁工作中存在的严重安全隐患，及时勒令施工方予以整改，下发整改通知50余份。

【物业管理】 2016年，县房产局严格贯彻落实省市相关文件精神，对住宅专项维修资金的交存、使用、管理和监督等工作做出明确规定，年交存住宅专项维修资金108.8582万元。加强对房地产开发小区前期物业管理招投标工作，严格执行房地产开发小区物业管理用房验收确认程序，积极化解房地产开发以及后续物业管理矛盾，解决紫金国际等小区业主持续上访、不交物管费等一系列问题，并责令开发企业完善基础附属配套设施，落实物业管理服务企业。

【小区整治】 2016年，县房产局组织召开小区集中整治工作推进会10余次，开展多部门联合执法检查4次，将小区集中整治工作融入到日常管理工作中，着力解决小区环境、公建配套设施等一系列问题，推动小区各项规范化、制度化建设，集中力量完成19个规模小区，6215套房屋的清查工作，查摆问题100余个。

城市管理

【概况】 2016年，县城管执法局按照县委经济工作会议“六大会战”的重大决策，积极践行“拼搏、实干、创新、有为”理念，紧紧围绕“路畅、街净、水清、城美、环保”工作任务，以“三个一”标准（一刀切、一个标准、一抓到底）、“五个面”（市面、街面、路面、店面、立面）的要求，突出解决“九个字”（脏乱差、黑臭堵、噪烂废）的城市问题，破难题、补短板、提标准、重规范、强责任，全面推进城市管理工作向纵深发展，各项工作稳步推进，成效初显。现有干部职工共243人，其中局机关、执法中队、各下属单位（环卫所、路灯所、滨江管理所、污水处理厂、垃圾处理场）在职人员71人，环卫工人152人，协管20人。通过发放宣传单，出动执法宣传车对街道市容市貌综合整治活动进行广泛宣传，做到综合整治活动家喻户晓，以争取广大市民的支持和理解。基本解决“脏、乱、差”的现象。推进市政设施、城区道路维修，及时修补道路、下水道，确保县城道路和排水系统畅通，杜绝乱挖道路现象，保证城区道路完好。加强环境卫生作业管理，加大清洗马路次数和洒水密度；加大城区渣土管理，严格查处非法拖运渣土行为；开展城区河道、背街小巷的垃圾死角清除工作。加强路灯日常亮化管理，确保县城道路路灯正常照明。亮化率达95%以上。对城区紫金南路、金石街、福寿路、车站路、紫阳路、永民路等背街小巷的路灯进行全面节能改造。

【“两供两治”暨重点民生实事工作】 2016年，双牌县城和城北新区自来水水质已达到《生活饮用水卫生标准》（GB5749-2006）要求，供水正常，城北供水管网工程基本完成。正在进行解除县政府与紫金供水公司产权及经营权合同等相关工作。城市天然气管道供气工程由海特燃气有限公司投资新建，总投资9711万元，累计完成投资3800多万元，全年投资近240万元、铺设燃气管道8千米。新增536户，累计开发用户1500户。市民对管输天然气供气质量反响较好。推进县污水、垃圾处理社会化运营工作。

交通·通信

交通运输管理

【概况】 2016年，双牌县交通运输局有干部职工91人（其中行政人员10人、参公人员7人、在编职工74人），退休34人。根据2016年机构改革三定方案，局设5个内设股室：综合办公室（加挂政工股牌子）、财务审计股、计划统计基本建设股（加挂农村公路管理股牌子）、综合执法股（安全监管股，加挂双牌县交通战备办公室牌子）、运输管理股（行政审批股、城市交通管理股）。

【交通基础设施建设】 2016年，G207线改建工程零陵至双牌一级公路（双牌段），自开工以来共完成投资约1.06亿元，其中建安费完成投资约6200万元，征地拆迁及其他费完成投资约4400万元。完成投资约5700万元。涵洞工程全部完成；路基工程基本完成；路面工程第一层水稳完成5千米；水沟完成6千米；工农桥建设完成桥下部构造、盖梁全部完成，T梁制作完成2片。完成全线路基工程，G207改建工程双牌城北大道起点—尚仁里胡家村段，该路段分四段实施：1—12月累计完成投资4390万元，占目标考核任务1000万元的439%。双牌大道大路口段：自泷泊镇9月20日接手双牌大道改造及附属工程建设业主以来，工程进展较快，24米主干道上的拆迁安置工作全部完成；累计已完成项目土建工程直接投资900余万元，年底实现全线预通车。梅石匙段：该项目完成513米的路基和级配碎石摊铺，完成投资1390万元（含征地拆迁费用），实现该路段主线通车。永水路段，该项目累计完成投资1300万元。完成K0+40-K0+360段挡土墙3782.4米，完成泷泊广场清淤换填3500米，完成K0+540-K0+800路基换填5500米。平阳路以南K+600至K+800段正在进行路基石渣换填工作。年底实现全线通车。断桥至胡家村段4.83千米，7月全部完工，完成投资800万元。双红公路的隧道照明设施4月底全部完成。全省唯一一个由交通运输局管理的双红公路超限检测站全面完工，完成投资600万元。

【民生项目建设】 2016年，双牌县农村公路建设的内容为列入通客班车线路的窄改宽，目标考核任务为66千米，投资6000万元。完成农村公路改造73千米，完成投资7000万元。分别占目标考核任务的110.6%、116.7%。安保工程建设，市下达的考核任务为63.2千米，完成新塘上线（X019）27.6千米，林上线（X0147）25.4千米，共计53千米安保工程建设，占年度目标任务的83.9%，S349、X147、X148、X070四条线路共71千米安全工程建设，全线完工，超额完成市下达的目标任务。危桥改造。实施张家漯、塔江、蔡里口、倪家洞、张家洞、双江口等六座危桥改造，完成投资320万元。农村招呼站。省市下达的考核为35个，全部建成，完成投资190万元。完成袁家、大河、大叶江、上流江等9个渡口的改造，完成投资150万元。S350

线双牌溹屋至何家洞公路。2月29日，项目通过工可报告的评审，6月获得省交通运输厅的工可审查意见函，比目标考核任务提前3个月。潇水二桥通航论证等专项评估文件已办妥，12月初获省发改委的立项批复，该项目勘察设计的招投标已挂网。完成打理公路项目的招标工作，进行合同谈判，施工单位进场测定红线。上梧江禾山岽至宁远清水桥跨县公路，该公路全长4.3千米，于3月完成该公路的勘测设计，挖通路基3千米，年底完成所有路基工程。落实茶阳公路勘测设计单位，确定项目代理公司，招标公告已挂网。

【跑项争资精准发力】 2016年，县交通局把跑项争资作为工作的重中之重，吃透政策，精心策划项目，共打造包装项目24个，已列入和有望列入计划的项目有8个。争取全市唯一的一座渡改桥——塘底黄龙山桥，可获得改造资金300万元；争取招呼站建设计划30个，获资60万元；争取码头改造6个，可获资200万元；争取危桥改造计划5座，获资150万元；争取安保设施建设里程80千米，获资480万元。打理公路、龙洞—周家大院、五星岭—茶林木头庙有望升格为县级公路，为修建三条公路可争取资金3000万元。打造的双牌库区旅游航道建设项目得到省、市的大力支持，该项目总投资达2亿元。

【行业管理】 2016年，县交通局加大路政案件查处力度，确保路政案件顺利完成，保护路产路权不受侵犯，路政案件破案率、结案率和索赔率全部达到100%，全县公路环境明显改善。坚持路面治超和源头治超两手抓的方针，12月通过省交科院检测调查显示，超限率下降到0.0%，完成省政府超限率控制在0%的目标。推行小修保养处治病害，加强养护巡查，全县公路养护率达到90%以上，好路率达到85%以上。开展打非治违活动，检查车辆200余台次，纠正违章100余台次；完善农村客运基础设施，全县所有乡镇均开通客运班线，全县建制村通客班车率100%，农村客运行政村通客车率在全市位居前列。

【安全生产】 2016年，县交通局强化监管保安全，全面落实安全生产责任制，强化源头管理，突出抓道路运输、水上交通、交通建设施工、道路安全隐患的专项整治，全面排查安全隐患23起，并限期整改，依法查处各类违法行为6起。在道路运输上，严把客运市场“三把关一监督”，落实“三不进站，六不出站”制度，在水上交通方面，严格执行“六不发航”制度，在交通建设质量安全上，加大施工安全关键控制点的监督检查，加强施工现场的安全管理。全年未出现一起交通安全责任事故，交通安全态势平稳。

公路建设管理

【概况】 2016年局机关内设办公室（信访室、督查室）、政工股（离退休人员管理服务股）、计划财务股、养护机务股、工程股、安全法制股（综治维稳办公室）、路政股（公路路政执法大队，下设茶林路政执法中队、尚仁里路政执法中队）7个职能股室，另设机关3个党小组，纪检监察室、工会等群团组织。归口管理事业单位2个，公路养护管理所（设11个公路管理站、1个机械队、1个专业补路队）和县治理公路车辆超限超载检测站［分设五里牌治超站（公路流动治超执法大队）和茶林治超卸载场］。目前，全局共有正式干部职工95人，其中，在职在岗人员67人，退休职工28人，抚恤人员10人，管养全县国省干线公路和主要县道公路181.041千米，其中国道（G207）51.658千米（K2771.793－K2823.451）；省道S230线（老S216永连公路）30.4千米（K25＋760－K56+160），省道S343线（老X034线西边湾—蔡里口）47.842千米（K293.843－

341.685)。县道51.141千米，其中X020线（麻麻线）6.256千米（K0+000-K6+256），X036线（江塘线）11.203千米（K0+000-K11+203），X119线（百桐线）9.837千米（K0+000-K9+837），X120线（麻万线）1.041千米（K0+000-K1+041），X268线（单司线）13.9千米（K0+000-K13+900），X269线（司仙线）4.956千米（K0+000-K4+956），XJ04线（炎陵牛头坳-零陵东湘桥）3.948千米（K0+000-K3+948）。有水泥路面92.676千米，沥青混凝土路面46.35千米，沥青表面处治32.871千米，砂石路面9.144千米。管养桥梁35座，其中大桥22座，隧道5座，办公地点设县城林峰西路43号。

【工程建设】 国道207线双牌至零陵改建项目本属于省发改委批准建设的二级公路建设项目，2013年11月开工建设。2015年1月17日，本路段改造进行提标，技术标准由二级公路提高到一级公路，于2015年6月18日省发改委下发湘发改基础〔2015〕445号文件明确G207线零陵至双牌段公路枝术标准调整为一级公路，设计时速80千米/小时，路基宽度24.5米，计划总投资1.61亿元。其中双牌县境内起点为零陵与双牌的界牌（异蛇山庄），止于双牌工业园春风路。全线长7.489千米，设计工期2年（2017年年底完工）。接到任务后，双牌县并于2015年11月27日正式破土动工建设，本项目是全省同批获得省发改委批复第一个开工建设的项目。开工以来共完成投资约1.06亿元，其中建安费完成投资约6200万元，征地拆迁及其他费完成投资约4400万元。2016年度完成投资约5700万元。超额完成市委、市政府2016年下达的5000万元投资计划。该项目土地征收已完成，杆线管道搬迁已完成，房屋拆迁基本完成。项目以工农桥分段，划分路基施工一区、二区和桥梁施工区，三个施工区同时展开施工。到2016年年底为止，涵洞工程全部完成；路基工程基本完成；路面工程第一层水稳完成5千米；水沟完成6千米；工农桥建设完成12根桥墩（共12根）的台桩基灌注，盖梁基本完成。土地征收基本完成，杆线管道搬迁基本完成，房屋拆迁完成92%。X034线的改线工程：（西边湾至何家洞段），该工程起点为X034线起点，途径永江乡、三十六湾、黄木江、止于何家洞镇，全长29.605千米，总投资1200万元。该项目已完成施工图设计、预算造价核定、招投标等工作；土地征收、杆线搬迁等工作正在进行中，项目建设于9月22日正式开工，土石方施工队4、5、6标已进场施工，完成土石方开挖2万余立方米；浆砌工程施工队伍2、3标进场施工，浆砌挡土墙2000余立方米，已完成投资600万元。（何家洞至四亩田段），该工程起点为何家洞镇、经刘家洞、小斗里、蔡里口、七租田、倪家洞、终点为四亩田，全长19.52千米，澧水公司总投资1100万元。于2016年4月底动工，已完成投资900万元，完成预算投资1100万元的81.8%，完成土地征收60余亩，浆砌工程完成8000余立方米，土石方开挖已完成11万余立方米，蔡里口桥、倪家洞桥加固完成，蔡里口新的箱涵工程完成。

【公路养护】 2016年，双牌县管养公路181.041千米，其中国道（G207）51.658千米、省道S216线（永连公路）78.242千米、县道51.141千米，优良等路110.415千米，国省干线好路率达到85%，开展“四大专项”活动。投入资金232万元，清理水沟61.50千米，疏通涵洞29道，修建挡土墙、石砌水沟760立方米，路肩墙修复120米，整修路肩及边坡30万平方米，清除塌方108405立方米，S216、G207线两条干线公路实现了水沟全清理，涵洞无淤塞，隐患大排除，路容大变样。受寒朝影响，2月2日，局所管养公路G207双牌大山段、S216线因冻雨结冰，特别是G207线K2825～K2832路段（司仙坳隧道段）、S216线K38～K55（天子山大桥段）路面结冰严重，有多辆小车发生侧翻，造成交通中断，接到险情后，局迅速向上级部门做了汇报，组织人员开动机械除冰融雪，经过两个多小时的不懈努力，终于恢复交通。自筹资金30多万元在永连公路、国道207线准备防滑砂600立方米，公路沿线设置储备沙池30个，订购化冰盐250吨。汛期以来，国省干线公路共清除塌方52处，基中：S216线（永连公路）14处，计4000立方米，G207线12处5200立方米，S350线26处1.4万立方米。完成G207线K2838+900进行边坡处治，防止再次发生灾害，S350线已完成路基塌方浆砌片石挡墙10处，共计1200立方米，完成危涵改造，新建4米跨径箱涵一道。全年完成G207沥青混凝土路面修补2200平方米、修补沥青路面裂缝2200平方米、路面挖补1330平方米。S216线裂缝处治1300米，断角处治60平方米，板底灌注5000平方米，面层修补30平方米，裂缝处治1000米。S350线路面基层处理44666平方米，沥青贯入式处治51365.9平方米。共投入600多万元，利用沿线留用地打造亮点和精品景观节点，在全县管养道路共种植桤木3万余株，重点在G207（K2807+700-K2812+250）4.55千米路段，种植桂花树2000株、柳树1100株、灌木球400株、铺草皮5000平方米。

【路政、治超强维权】 2016年5月1—31日，双牌县进行为期一个月的“路政宣传月”活动。发放宣传材料（“爱护桥梁保障安全”宣传手册60册），积极走进校园、社区、村镇，广泛宣传相关的法律知识。联系公路沿线乡镇、村委会等向村民发放宣传资料2000余份。加强审批，提高办理行政许可案件的质量和效率，办理2起行政许可案件。在路政宣传月活动中，其中大型宣传2次。清除路障56处，拆除非公路标志153块，经催告自行拆除违法建房1处，强制拆除临时厂棚1处，查处遗洒1处，办理行政许可2起，缴纳路政赔（补）偿费和收取罚款共计59万元。出台一系列严格治超、规范治超、科学治超的制度性文件，开展一系列联合整治专项行动，检测车辆9629台，处罚车辆车辆92台，切割马槽车2台，严格把超限率控制在0.3%以下，行政罚款39.6万元。

【安全生产宣传教育】 2016年，双牌县公路局开展安全学习培训、应急教育，宣传安全知识、预防事故发生和自我保护等相关知识，悬挂安全宣法标语横幅37条（幅）、散发宣传单300多份。落实和完成与上级部门签订的安全目标责任制，成立“党政同责，一岗双责，齐抓共管”的安全生产机制，明确各股室、责任人安全生产职责，班子成员深入现场到一线解决问题、落实整改措施，并层层签订安全目标责任书、落实安全生产责任。促使安全工作迈入制度化、规范化轨道。7月中旬联合交通、交警、城管、安监等单位开展安全生产“大排查、大管控、大整治”专项行动，重点排查管养路段急弯、陡坡、临水、临崖路段、高边坡安全隐患，并对特种设备、机械设备、机关消防、养护作业场所、施工项目等全面加大安全隐患排查力度。局管辖的公路共排查出各类大小安全隐患106处，牵涉到政府资金投入6000多万元（已向县政府申请专项资金），在专项整治活动期间局分急、慢、缓、待步骤先后投入90多万元，增设警示标志牌18块，对45处急需整改隐患进行整改。

【精神文明建设】 2016年，双牌县公路局参与全县“创建省级文明卫城市”活动、组织开展“孝道文化”活动，参加“好人好事推荐”及“全市养护技能比赛”活动。慰问生病住院职工25人次，慰问困难职工5人次，共发放困难职工慰问费3000元，对80岁以上老同志进行专门走访，并组织全局干部职工102人（其中在职人员73人，退休人员29人）健康体检。

邮　　政

【概况】　2016年，邮政分公司落实省委、市委和县委经济工作会议精神，以省、市第十九次邮政工作会议精神为指引，主动适应新常态，抢抓新机遇，积极落实“一体两翼”经营发展战略，加快企业转型发展和经营创新，各项工作实现新的突破。公司有员工75人。

【邮政经营】　2016年，双牌县邮政实现业务收入1169.97万元，收入增加绝对值117.08万元，收入增幅列全市第三位。全县实现代理金融总资产净增1.2亿元，代理金融业务累计实现收入773.42万元，占总收入的66.11%；电子商务各点全年累计代收代缴各类资金达1431万元；快包业务进入市场，日均出口超50件，年累计达到1.8万余件，为实现“一体两翼”经营战略落地提供强有力支撑。

【邮政服务】　2016年，邮政分公司为改善城镇用邮条件，提高投递效率，分公司分别在县二中、县电信公司两个投递用邮较为集中位置分别投放两台包裹投递智能柜，真正实现投递智能化服务；在各乡镇的行政村挑选人员较为集中的商超，采取“商超+便民服务+快包揽投+电商服务”的建点模式，在全县各乡镇范围内建立邮政便民服务站达136个，实现农村邮政电商服务进村进户；为提升县城投递服务质量，对投递队伍进行优化组合，制订投递队伍人员的“私车公助”激励政策，特别是通过整合后，速递、快包业务进出口量得到有效提升，投递人员的工作积极性热情高涨，全县邮件处理、投递客诉率在全市同行排位中处于领先位置。

【民生关爱工程】　2016年，邮政分公司民生关爱体系全面建立。稳步推进职工小家建设，给支局所雇请炊事员，对职工小家进行补贴。开展“两节”送温暖活动，全县共走访慰问职工6人，发放慰问金0.6万元。将职工生日慰问金从100元提升到200元。对年满70岁、80岁、90岁整寿的职工父母进行登门祝贺。恢复金秋助学项目，全县共有2位职工子弟受益，分享助学金4000元。增加员工“生育关怀慰问金”，凡是符合国家生育政策的员工，由工会当面祝贺，并给予慰问金。以“关爱劳模生活、弘扬劳模精神”为主题，开展劳模座谈、慰问等活动，较好营造学习劳模、尊敬劳模的良好氛围。

电　　信

【概况】　中国电信双牌分公司下设“两部一室”、5个中心、3个农村支局，在职员工45人，其中：合同制员工员工33人，劳务派遣员工12人。2016年，夯实光网宽带和天翼4G两大支柱业务，坚持走规模发展、价值发展之路，保持核心业务的竞争优势；以天翼高清为主线实施“大视频”战略，抢占智慧城市至高点；以电信普遍服务、宽带乡村为契机抢占农村信息化阵地；持续做好光网品牌价值的提升及4G业务的拓展，通过小区、商圈、政企、农村、存量五大市场齐发展实现宽带及移动市场份额持续提升，实现客户价值的整体提升。

【生产经营】　2016年，中国电信双牌分公司实现经营收入1802万元，完成预算进度的104.34%，同比2015年增幅11.23%；移动用户净增3463户，期末用户20931户；宽带用户净增548户，期末用户7508户；天翼高清ITV净增2160户，期末用户5738户。

【网络建设】　2016年，中国

电信双牌分公司共开通44个LTE800M基站，新增C网基站5个：夏家洞村、绞车庙村、荷叶塘村、大兴江村、大叶江村，全县C网基站总数达到65个；调整3个RRU至需优化区域：理家坪街上、理家坪坦田村、五星岭林场。各个乡镇场C网语音信号除部分偏远山区外，全部覆盖到位；800M基站4G信号在农村大部分区域完成覆盖。全年新开通光网宽带行政村16个，新增OLT设备5套，全县城区及乡镇政府所在地光网均覆盖到位，全县114个行政村，通光网村数75个，光网覆盖率65.8%。

（黄红斌）

移动通信

【概况】 2016年，县移动公司在岗员工52人，其中在职合同制员工47名、劳务派遣员工5名。县分公司设三部、四中心，分别为综合部、市场部、网络部，政企中心、客服中心、渠道中心、全业务中心，另建城郊、茶林、江村三个乡镇营业部。

【市场营销】 2016年，全县移动客户规模5.5万户，收入3000万元，全县各级社会渠道30个，遍布各个大小乡镇。建设移动基站150个，2G、3G、4G信号基本覆盖到全县每个行政村，全县网络满意度达80.65%，客户服务满意度达85.18%。

【流量经营】 2016年，县移动公司以场景精准化营销、套餐升档为抓手，推动流量客户结构优化、价值提升。全年完成4G客户净增3000户，累积完成价值流量用户规模1500户，移动数据流量月均用户渗透率为57.78%，同比增长11.72%，充分发掘客户流量需求，培养客户流量使用习惯，刺激户均流量稳步提升。

【4G网络建设】 2016年，县移动公司全力打造4G精品网络，增强4G客户使用体验，确保4G网络全面覆盖。加强计划建设全生命周期管理，扎实推进管理提升，确保项目“效益、工期、成本、质量、安全”目标达成。开展4G网络深度与广度覆盖提升工作，通过多种优化手段，有效提升4G网络在城区深度覆盖和农村广度覆盖的能力，确保4G客户感知。深入开展LTE网络结构调整等专项工作，不断完善不同场景、不同环境下的参数设置规则，建立针对集团单位等重要场景的高效维护优化体系。要通过对比测试和分析，解决LTE网络在规划建设、网络优化等方面的问题。强化小区监控性能劣化处理，大力整治结构与干扰、高拥塞及零流量小区、室内覆盖较差问题，切实提升4G网络用户使用体验，确保移动移动LTE网络质量达到全市优秀水平。

【宽带建设】 2016年，县移动公司全面推进网络工程建设项目，重点推进有线宽带网络建设速度。精细规划、科学开展家庭宽带网规划建设，全年新增宽带小区174个，全县小区移动宽带覆盖率达50%，全年累计开通端口8104个。2016年移动宽带净增宽带收入23万元。同时，狠抓网络质量基础管理与关键问题解决，网络质量持续优化。

【窗口服务】 2016年，县移动公司秉持“客户为根，服务为本”理念，践行“为民服务，创先争优”活动号召，努力提升客户服务质量，彰显社会责任形象，传承企业感恩文化。定期开展“为民服务”客户接待日活动，聆听客户的心声；为提升客户服务感知，推出星级服务体系，设立星级服务专柜，其中涵盖20余项服务关怀和优惠活动，相较原本的全球通VIP服务，新推出的星级服务评定标准更科学，覆盖客户更广泛，服务举措更丰富；参与各项服务质量提升竞赛活动，通过应用新技术、新设备等措施，加强新入网客户身份证信息核验，对于非实名老客户，必要时将根据国家法律法规和有关部委工作要求采取限制通信、业务的手段，严格依法履行实名登记制度。

【信息化应用】 2016年，县移动公司推进“宽带中国”战略在双牌落地，加快双牌信息化进程。为交警打造基于视频监控的“平安城市”电子眼项目；为交警打造警务通平台，实现综合查询、刑侦信息、交通管理、社区警务等警务功能；利用移动位置服务技术，为司法局打造数字化，智能化的管理系统—社区矫正信息管理系统，有力的推动司法矫正工作的改革步伐；利用“移动通信网+物联网”技术，服务于政法、税务、烟草、政府、教育、医疗等多个行业。

联通通信

【概况】 2016年，坚持创新经营，坚持“学习、反思、创新、责任、价值”这五个工作理念，坚持多样化的营销方式，推进移固融合业务，秉着“诚信经营”的宗旨，全面将业务稳健发展。不断提升营销力与竞争力，渠道规模不断扩张、市场份额不断提升。用户规模超过3万，收入规模达到100万元。公司获中国联通永州分公司先进集体等荣誉称号。

【重点经营】 2016年，公司按照省、市公司分类市场营销策略，逐步推进专业化管理与专业化运营，渠道稳盘，实现3G向4G业务全面转型；深化政企合作。深化存量经营、提升用户满意度；结合互联网营销思维，线上线下同步发力，推进固带业务提带降费，实施乡镇、农村宽带进村工程。建立完善的生产经营土台账，从土台账中分析数据，发现量点市场。开展业务发展竞赛。以“合理布局、管理规范、功能齐全、效能提升”十六字方针做好渠道的“建、管、养”工作。以“合理布局、管理规范、功能齐全、效能提升”十六字方针做好渠道的“建、管、养”工作。

【存量经营】 2016年，公司围绕“目标、人员、动作”三个关键点，全方位做好高端用户的维系与专属化服务工作，公司通过存量中心团队联动营销部、渠道聚焦6S场景营销、3S+场景营销，紧盯存量用户的保有率与收入保有率，保持各类存量经营指标全市排名前列。

【集团项目拓展】 2016年，公司聚焦法治E本、沃教通、十户联防，落实三项工作。抓实集团队伍基础管理；以行业产品为切入点，以移促固、以固带移；加强名单制单位的拜访与拓展，盯紧客户经理每天拜访动作。

【项目建设】 2016年，双牌城区以自有资源新建与合作项目网为中心，扎实推进固网网络覆盖；乡镇以名单制村组资源延伸，扩张区域市场。加强移固渠道复用，大力推广智慧沃家，解决城、乡、村组的“电脑屏（联通极速宽带业务）、电视屏（联通沃家电视业务）、手机屏（联通4G流量应用）”的三屏应用需求。

（周湘琼）

财税·金融

财　　政

【概况】　2016年，双牌县一般公共财政收入完成47389万元，为预算的100.2%，同比增长15.3%。其中：地方收入31610万元，为预算的105.8%；上划中央收入12095万元，为预算的89.6%；上划省级收入3684万元，为预算的93.6%。全县一般公共财政支出完成145906万元，较上年决算数增加8041万元，增长5.8%。其中：县本级支出73896万元，较上年决算数增长15.3%；上级追加支出72010万元，民生支出占比为72.6%。另政府债务还本支出41900万元，较2015年决算数增加20000万元。2016年地方收入31610万元，上级补助收入106807万元，债券转贷收入46639万元（其中新增债券7000万元，置换债券39639万元），2015年结余3958万元，调入政府性基金782万元，收入总计189796万元。地方公共财政支出145906万元，债务还本支出41900万元（其中置换债券还本39639万元，其他债务还本支出2261万元），上解支出592万元，安排预算稳定调节基金1398万元，支出合计189796万元。收支相抵，年终滚存结余为0。县本级政府性基金收入完成16896万元，为预算的66.3%，较2015年决算数下降31.7%。上级补助基金收入4639万元，2015年结余8479万元，债券转贷收入7351万元，收入总计为37365万元。全县政府性基金支出28464万元，为预算的73.5%，较2015年决算数下降3.6%（主要原因是土地出让基金收入没有达到预期目标，较调整预算短收7520万元）。上解支出7万元，调出资金782万元，专项债务还本支出7351万元，支出总计36604万元。收支相抵，年终滚存净结余761万元。全县社会保险基金收入完成14890万元，占年度预算的108.9%。其中：保险费收入5302万元，利息收入101万元，财政补贴收入8389万元，上级补助收入200万元，其他收入895万元，转移收入3万元。全县社会保险基金支出12384万元，占年度预算的104.9%。其中：社会保险待遇支出12041万元，上解上级支出17万元，其他支出326万元。收支相抵，当年净结余2506万元，加2015年结余9881万元，年终滚存结余12387万元。全县国有资本经营收入完成200万元，为预算205万元的97.6%，2015年结余207万元，全年收入合计407万元。全年支出完成407万元。收支相抵，年终滚存结余为0。编制部门预算158个，各部门总收入完成131595万元，为预算的115.2%（主要增加为上级追加资金）。各部门总支出完成117926万元，为预算的104.1%。收支两抵，净结余13669万元。政府性债务总额12.72亿元。其中：置换债券6.89亿元，一般债券1.18亿元，政府存量债务3.34亿元，政府负有担保责任的或有债务0.68亿元，政府可能承担一定救助责任的债务0.63亿元。

【财源建设】　2016年，双牌县以项目促生财源，促进财政增收。统筹安排预算内外资金，积极融资、筹集和调度各类资金，支持全县重点项目建设，G207国道双牌至零陵段一级公路改造、打理公路、永山风光带、县城提质、S350线、通乡通村等一大批事关经济社会长远发展的关键性项目得以顺利实施和完工，投资总额达10.67亿元，实现税收1957万元。通过整合和融资方式筹措资金3.2亿元，强力推进第三批特色县域经济文化旅游产业重点县项目建设，阳明山旅游开发进入新的发展时期。政府成功收回桐子坳景区开发主权，景区旅游持续火爆。引进投资总额3.1亿元的茶林镇高峰村国际性养生度假乐园，以及特色小镇、秀美村庄、古村落保护项目的实施，使全县旅游产业品质进一步提升，品牌效益日趋彰显。红茶、绿茶、虎爪姜等一批无公害农产品得到国家、省级质量认证，开展“工业企业服务年”活动，为企业发展排忧解难，县内两大省属国有企业保持快速发展，南岭集团和双牌电站年产值实现较大增幅。举办全县银企合作洽谈会，促成各商业银行与企业签订9.52亿元的意向性贷款协定，为县内15家企业发放贷款1.95亿元，组织开展双牌县涉企收费清理，确保全县涉企收费低限征收、不该收的坚决不收，为企业发展创造良好环境。全年新增入统规模企业7家，入驻小微企业14家。

【征管规范】 2016年，双牌县财政局借“营改增”税制改革之机，加强营业税的清收和追缴，共清缴以往年度营业税欠税2100万元；下半年“营改增”后，共征收增值税4493万元，为完成全年税收任务打下坚实基础。积极推进行政事业单位内控制度改革，明确职权，有效防范资金和责任风险发生。建立健全财税收入岗位责任制和目标考核机制，严格考核，强化共管，杜绝税收“跑冒滴漏”，促进了财政收入的及时均衡入库。全县共完成地方收入3.16亿元，税收占比为80.2%，收入质量列全市前茅。

【财政管理】 2016年，双牌县财政局贯彻落实《中华人民共和国预算法》，全口径预算管理不断完善和细化，财政预算刚性加大，支出结构不断优化，全县“三公经费”支出实现零增长，规范预算编制获全省单项奖。推进预决算公开工作，如期完成全县各预算单位的整体支出和项目支出绩效評价，实施预算透明及预算绩效评价工作分获全省先进。围绕“两不愁，三保障”、“五个一批”扶贫攻坚目标、任务，统筹整合财政涉农资金5720万元，支持贫困村基础设施建设和贫困户产业发展。加快财政投资评审进度，全年完成评审项目451个，其中：预算评审项目303个，送审金额4.24亿元，审定金额3.56亿元，审减资金1.02亿元，综合审减率24.1%；决算审计项目148个，送审金额7908万元，审减资金699万元，综合审减率8.8%。加强政府性债务监督管理，完成2016年政府债务置换4.70亿元，减少政府性债务利息支出2000余万元。开展专项资金存量清理，全年盘活存量资金2714万元，统筹用于稳增长、调结构、惠民生等关键领域。持续强化日常财务检查，查处违纪违规资金142万元，追缴入库财政资金25万元，整改违规资金117万元。牵头组织2015年度机关运行经费专项检查、机关（乡镇场）乱发津补贴问题和党员干部超标准使用办公用房问题专项整治活动，清理调剂办公用房51间13567平方米，收缴违规发放津补贴118万元。聚焦涉农资金群众反映强烈的突出问题，开展“雁过拔毛”式腐败问题专项整治，立案查处损害群众利益的违纪违规问题2起。

【领导调研】 11月16日，湖南省财政厅党组成员、副厅长欧阳煌一行到双牌县调研贫困县涉农资金整合及“两线融合”推进情况，并召开座谈会。县领导肖质彬、秦小国、杨玫芳出席会议。会议听取双牌县财政涉农资金统筹整合使用及“两线融合”工作推进情况汇报。报告中指出，截至10月31日，全县累计整合中央和省里财政涉农资金共38项，整合资金总额5144万元，启动建设项目128个。随后，相关部门负责人作情况补充说明。调研组对双牌县涉农资金整合及“两线融合”工作推进表示充分肯定。指出，开展贫困县涉农资金整合，是打赢脱贫攻坚战的战略举措，也是专项资金管理改革的重大突破。中央通过改革的形式尽量将看病、抓药的权力下放，希望双牌要真正把钱用好，把该办的事情办好，要积极地往前推进涉农资金整合工作，通过科学合理使用，让有限的资金发挥更大的效益，最终实现农民富裕的目标。

【竞聘上岗】 2016年，双牌县财政局组织竞聘上岗及遴选考试，大量的人才脱颖而出，有6名年轻的财政干部走上股长岗位，2名优秀的财政所长进入财政局机关工作。竞聘上岗及遴选考试，从8月底开始，10月中旬结束，考试人员包括财政局股室及财政所人员中担任副股级（副所长）3年以上人员，用人程序通过个人报名、资格审查、理论考试、述职演讲（遴选未采用）、民主测评、项目加分、公示考察等环节，按成绩高低录用人员。

【国有资产监督】 2016年，双牌县加强国有资产监督，取得明显成效。严格开展资产清查。在全县范围开展了行政事业单位资产管理情况清理，全面实施行政事业单位资产管理信息系统，摸清全县国有资产家底，研究出台加强国有资产管理的意见，进一步提高国有资产管理水平。严格建立管理制度。出台“双牌县行政事业单位国有资产管理办法”，制订《双牌县行政事业单位国有资产处置申报表》，促进国有资产管理制度化、规范化。严格规范处置程序。按照国有资产管理规定程序和权限，组织资产处置审核、审批工作，审核单位资产处置的申报材料，对不符合处置手续的予以退回，对报废出售资产坚持实地查实，对尚有使用价值的资产不予报废，对闲置资产进行调剂使用，确保国有资产处置规范。严格加强资产监管。完善资产信息，做好国有资产信息动态管理

国家税务

【概况】 2016年，双牌县国家税务局有在职干部职工74人，党员62人，内设14个科室局，负责12个乡镇（管理局）2776户纳税人的税收征管工作，其中一般纳税人163户（正常156户，非正常7户），年入库100万元以上重点税源企业25户。获全国税务系统先进集体、湖南省文明窗口单位、湖南省国税系统绩效管理标杆单位、纳税人满意度排名连续2年保持全省第一；在市局2016年度绩效管理考评中排名第二位，连续3年被评为绩效管理先进单位；通过湖南省文明标兵单位验收，大厅获得湖南省青年文明号、湖南省巾帼文明岗、湖南省芙蓉标兵岗等荣誉。

【税收收入】 2016年，双牌县国税系统累计共入库各项税收收入16504.58万元（不含车辆购置税税款871.61万元），与2015年同比增收5444.06万元，增长49.22%。国内增值税累计入库14170.89万元，同比增收5068.21万元，增长55.68%；国内消费税入库2.62万元，同比增收0.28万元，增长11.97%。企业所得税入库2267.48万元，同比增收354.99万元，增长18.56%；个人所得税（蓄储利息所得）入库40.57万元，同比增收8.27万元，增长25.60%；车辆购置税入库871.61万元，同比减少70.88万元，下降7.52%。

【依法治税】 2016年，双牌

县国税局成立“一把手”负总责的依法行政工作领导小组，制订了依法行政工作规划。公开税务行政处罚权力事项清单，同时公开相应的权力运行流程图。严格按照国家税务总局国税发〔2014〕178号文件要求，利用多种途径，及时了解和发现税收政策制订、执行中存在的问题，并按照规定的内容和要求进行反馈。规范执法程序及执法案卷，做好税务行政许可文书、税务行政处罚案卷、税务重大案审等“三卷”评查。积极贯彻落实各项税收优惠政策，及时落实小微企业、企业所得税、“营改增”相关税收优惠政策。局小微企业优惠政策减免企业所得税13.8万元，与2015年同期减少4.7万元，下降25.40%。

【落实各项税收优惠政策】 2016年，县国税局持续加大宣传力度，利用网站、短信平台、税企QQ群、纳税人学校等各种渠道，广泛宣传小微企业税收优惠政策，开展专题培训，提高纳税人对税收政策的知晓度。并不断更新各项优惠政策，确保纳税人及时准确的把握政策资讯。优惠政策落实情况。国税局严格落实小微企业增值税优惠政策，成效明显，全县在起征点以下的个体工商户和小微企业共1000余户受益，征前减免增值税税金合计241.08万元；办理资源综合利用企业湖南凯丰活性炭环保科技有限公司2015年度退税135.67万元；暂无福利企业促进残疾人就业增值税优惠政策。

【税收征管】 2016年，县国税局与地税局深入推进国地税融合，整合资源做好户籍交接工作；精准发力宣传“营改增”税收政策；主动作为，服务效能1+1 > 2，缩短了纳税人办税时间，减轻办税负担，较好的实现“营改增”工作无缝对接。1—12月，12名税管员下户巡查412户次，督促62户纳税人主动补充申报入库税款425.89万元。加强对房地产企业、商业零售企业等中小企业的分析评估，把税收征管查各环节紧密联系起来，形成税收征管合力。两篇评估案例得到市局通报表扬。开展“纳税人大走访，需求大收集”活动。组成4个服务小分队，由分管局领导带队，选择158户企业作为上门了解征管规范运行以来的现实情况。走访纳税人156户，为纳税人解决涉税难题52个，帮助企业促销产品3000多万元。

【便民服务】 2016年，县国税局以规范稽查执法为重点，狠抓税收专项检查和发票的专项整治工作、绩效考核、档案管理，推进稽查信息化管理，促进执法质量提高。检查23户，执行完毕22户，查补入库税款198.50万元、罚款13.04万元、滞纳金23.24万元，入库234.78万元，占年初市稽查局分配任务210万元的111.80%。

【税务稽查】 2016年12月7日，双牌县办税服务厅正式启用，开启联合办税服务新模式，真正实现“进一家门，办两家事”，同时，实现“一人一窗一机双系统”，提升办税服务厅的整体服务功能和办税效率。开展“互联网+便民办税”活动。利用国税纳税服务微信、手机报、税企QQ群、短信平台，为纳税人提供办税指南、涉税提醒、最新税讯、政策宣传、问题解答等便民服务，实现办税服务“零距离”。2016年度在全省纳税人满意度调查中获全省第一位。安排精干人员，对享受税收优惠政策的企业，逐项服务到位。清单内容包括权力清单、服务清单、政策清单和优惠清单，主动接受监督，全面贯彻落实税收优惠政策。双牌县1195户起征点以下的个体工商户，167家小型微利企业全部享受到国家税收优惠政策带来的“红利”，受惠面100%，免征税款210余万元。

地方税务

【概况】 2016年，双牌县地

税局有干部职工71人，其中在职人员60人，离退休人员11人，在职人员大专以上学历59人，党员50人，平均年龄41岁。县局内设7个职能科室，直属机构3个，派出机构4个（基层征收服务单位）。该局先后获“全国模范职工之家”、“全国巾帼文明岗”、省“文明单位”、省“青年文明号”、省“依法办事示范性窗口单位”、全省地税系统“五星级办税厅”等。

【税收收入】 2016年，双牌县地税局全年共入库各项收入2.25亿元，剔除营改增因素同比增收5500万元，增幅为32.35%，增幅居全市首位。

【依法治税】 2016年，双牌县地税局坚持依法行政、依法办事、依法治税，按月组织干部职工开展税收法规学习，集中对《中华人民共和国税收征收管理法》《税务自由裁量权实施办法》等法规进行深入研读；定期对税收政策执行准确率及窗口开票差错率进行审计考核，全面提升学法、用法质量；继续落实法律顾问工作，持续做好规范性文件备案、审查和清理。严守“一案双查双报告”制度，自觉规范稽查执法流程，努力提升稽查选案的精度，完善法律文书制作的全面性、准确性。地税稽查局共进行计划检查8户，已结案7户，入库税费431万元；税收专项清理组对房地产行业、建筑业税收进行专项整治，查补税款1300多万元；第二税务分局运用措施得当，入库土地使用税欠税1012万元。

【征管转型】 2016年，双牌县地税局完成“营改增”税制改革，严格按时间节点向国税部门移交“营改增”纳税人总户数525户，其中正常户326户（查账征收144户、双定征收171户、查验征收11户）、非正常户199户。面对“营改增”后控管手段弱化，税源萎缩等一系列难题，按照“按需设岗、岗能匹配、倾斜一线”的原则，及时对机构、岗位进行优化调整，成立县局风险管理团队、纳税评估分局和风险管理办公室，加强对税收风险点的识别和定位，对税收风险点进行详细分析，使风险应对工作有的放矢，为征管转型工作打下坚实基础。全年完成省地税局推送的附加税费申报不足风险纳税人15户，查补税款22万元，加收滞纳金0.2万元。

【国地合作】 2016年，双牌县地税局贯彻《国地税合作3.0版》等相关文件精神，结合工作实际，成立国地税合作领导小组，明确相关职责，密切强化在税收执法、联合办税、税费代征及信息共享等领域的协作，全年召开联席会议2次，传递涉税信息200余条。通过联合举办辅导培训班、联合开展纳税信用等级评定、联合开展纳税评估、联合开展税务稽查、联合开展税收宣传、搭建联合办公平台，基本实现服务的深度融合、执法的适度整合和信息的高度聚合，如国地税联合对县农商行开展纳税评估，地税征收税款127万元。推行国地税共建办税服务厅，办税实现“进一个厅、取一个号，到一个窗、办两家事”的纳税服务。通过整合办税服务资源，打通办税“隔断”，前台受理不再区分地税、国税，实行“联合办税、窗口互用、双重管理、协调处理”的办税服务模式，实现国地税业务“一窗通办”。

人民银行双牌支行

【概况】 2016年，双牌县金融运行总体平稳，存贷总量稳步增长，资产质量不断改善，经营效益持续提升。全县金融机构存款余额51.21亿元，贷款余额29.24亿元，分别比年初增加9.63亿元，2.39亿元，存贷较年初增长率分别为18.8%、8.17%，年终存贷比为57.1%；金融机构不良贷款5904万元，比年初增加1609万元，不良贷款率为2.02%，同比提高0.42个百分点；金融机构盈利9275万元。

【落实货币政策】 2016年，双牌支行通过主动向政府主要领导和分管领导汇报人民银行宏观金融政策、支行落实货币政策的工作措施和方法，同时积极向政府部门交换金融工作意见，准确向地方党政部门传达继续实施稳健货币政策的精神实质；利用金融机构负责人联席会、金融形势分析会、约见谈话等形式加强对金融机构负责人落实货币政策的指导和督促；通过走访企业、银企洽谈会等形式，沟通银行和企业的关系；结合双牌实际实施窗口指导，督促银行机构有效落实信贷政策。积极组织商业银行加强与企业和项目对接，主动寻找企业和项目并及时向政府主要领导汇报；6月，在双牌成功举办2016年银、企、政融资洽谈会，规格高、规模大、效果好，参会的部门、企业代表、银行等40多个，近70人，加强政、银、企信息交流，实现项目对接，会上签订意向协议16份，金额9.5亿元。

【金融创新】 2016年，双牌支行组织制订《双牌县2015—2020年金融精准扶贫五年工作规划》、《双牌县精准扶贫小额信贷支持计划实施方案》及《双牌县金融产业扶贫信贷操作办法》等实施细则，以金融服务全面对接“五个一批”为主线，提供全方位金融服务，加大扶贫信贷支持。如县农商行主要以小额扶贫信贷为手段加大对建档立卡贫困户的信贷支持，全县7243户贫困户中已有7101户完成评级授信工作，完成率98%，授信额度3.05亿元；农商行获得扶贫小额贴息贷款风险基金1500万元，并投放该项贷款3363笔金额1.59亿元；其他涉农银行突出支持专业大户、家庭农场、农民合作社、农业产业化龙头企业等参与扶贫的新型农业经营主体，打造金融支持产业扶贫模式，加大对林木加工、药材种植、特种养殖和茶叶产业的扶持力度，2016年新发放此类贷款近3000万元；其余各银行继续加强对农村基础设施建设、易地搬迁、棚户区改造等信贷支持。开展贫困村金融扶贫服务站试点。出台《双牌县金融扶贫实施方案》和《双牌县扶贫小额信贷实施方案》。选出双牌农商行为金融扶贫主联系行，为全县贫困农户搭建产业发展和企业分贷统还融资平台；人行、扶贫办、农商行三方联合出台金融产业扶贫试点方案、金融产业扶贫风险补偿金管理办法、金融产业扶贫贷款贴息管理办法等；联合下发《双牌县贫困村金融扶贫服务站建设实施方案》《双牌县金融扶贫服务站管理办法》等专项文件。首批以双牌县麻江镇廖家村、茶林镇桐子坳村等6个贫困村作为重点，于6月30日揭牌运行，次批18个站于10月末揭牌运行，全县建成金融扶贫服务站24个，占全县应建贫困村金融扶贫服务站67个的35.8%。开展扶贫再贷款示范点工作。确定5个扶贫再贷款示范点，并对其中四家进行授牌。引导双牌农商行向扶贫再贷款示范点进行帮扶。督促双牌农商行制订示范点金融帮扶方案，运用扶贫再贷款资金对企业和贫困户发放贷款245万元，利率为一年期基准利率；运用其自有资金对企业和贫困户发放贷款1760万元，利率低于双牌农商行贷款平均利率1.6个百分点。示范点采取公司+基地+农户的生产加工带动脱贫致富型、养殖带动型、种植带动型、旅游服务带动型、务工、分红等模式，带动592户贫困户走上脱贫道路。撬动地方部门对示范点配套支持。县扶贫办给予扶持资金、县经管局补助农村新型经济主体发展资金、县农业委给予水果种植扶持资金、县农业开发办给予农业开发资金、农林部门提供全方位技术服务，以上部门共计投入资金2860万元。

【优化金融生态】 2016年，双牌支行每季对部分企业民间融资情况进行样本调查监测。对企业资金、账户和利率进行有效管理。督促金融机构安装企业大额资金流转情况、企业资金归集个人账户情况的监测系统，对洗钱活动和公款私存进行严格的监控，辖内没有出现涉嫌非法集资的资金流动情况，也没有出现涉嫌非法集资的企业账户。同时，加大金融宣传力度，4月组织辖内金融机构进行打击非法集资宣传月活动。开展校园征信文化建设。为培养学生从小树立“无信不立”“守信光荣、失信可耻”的诚信理念，带动家庭诚信，辐射社会诚信，支行积极与县教育局对接，确定在五里牌中心小学建立“征信文化共建基地”，通过开展系列征信学习宣传和丰富多彩的互动活动，引导学生牢固树立诚实守信的核心道德观念，让征信文化在娃娃心中生根发芽。经过精心准备，6月27日，双牌县征信文化共建基地（五里牌中心小学）正式挂牌成立，市人行领导和县领导参加揭牌仪式。

【金融服务】 2016年，双牌支行加大业务基础工作力度，要求各职能股室要思想认识到位、学习制度到位、督促检查到位、考核处罚到位，业务基础工作质量有明显提升。辖内所有农村地区金融网点已全部接入内部清算网络，实现支付清算系统网络全覆盖；全县安装ATM机38台，POS机786台，特约商户538户，银行卡发卡总量达43.69万张。大力推广农村支付综合服务平台，开设湖南省农村支付综合服务平台用户，为推广农村支付综合服务平台建设做好前期准备。积极探索农村支付环境建设与农村电子商务建设、精准扶贫相结合的发展模式，为24个金融扶贫服务点安装移动POS，全县助农取款布点109个。提升国库服务质量。支行办理收入缴库3.68万笔，金额4.75亿元，同比增长15.01%；预算支出0.33万笔，金额21.70亿元，同比增长41.83%，保证政府预算的顺利执行；另一方面加强信息反馈，支行每月初向政府报送国库统计分析简表、国库资金运行简要分析报告，反馈国库资金运行情况及对财政收支的影响，为县委、县政府决策提供参考依据。为更好地服务地方经济，2016年11月组织参加全省事后监督系统业务培训，实现国库事后监督电子化，提升国库业务的有效监管和会计核算质量。同时强化国债发行管理，落实国债发行政策，加大辖内国债宣传力度，采取有效措施对辖内国债承销机构的国债宣传、发行及凭证式国债到期资金约定转存业务开办宣传进行现场督查，将巡查结果纳入对承销机构的考核，努力提高国债发行力度，满足城乡居民的理财需求，组织辖内承销机构发行9次共15期国债，发行金额212.20万元，同比增长55.62%。

【安全稳定管理】 2016年，行办公楼维修项目克服雨水天气多等多重困难，做到统筹兼顾、未雨绸缪，按照市人行提出的“实用美观、经济不浪费、安全有序”工作要求，为防范安全事故的发生，支行通过各类会议安排布置安全工作，明确工作要求。定期或不定期的对重点部位、安全设施进行检查。组织签订《案件防范工作责任书》等3项责任书，落实工作责任。组织纪检、内审、会计开展案件防范、“两房一车”等监督清查工作。严格工作纪律，狠抓工作作风，对职工“八小时”之外活动实行监督管理，确保干部职工遵纪守法。加强中层干部管理。支行中层干部占职工总人数的60%，为增强中层干部责任担当意识，促进他们认真履职，6月中旬，支行组织召开股级干部任前述职测评会，对聘任期满的股级干部进行述职测评。通过开展中层干部任前测评，中层干部态度表明工作态度，明确自己的努力方向，激发中层干部的工作热情。通过和干部职工面对面交流，锻炼自己的能力。

农业银行

【概况】 2016年，县农业银行有在职员工26人（其中：

男性员工21人，占比81%；女性员工5人，占比19%），在职员工中党员人数18人（其中：男性员工党员17人，占比94%；女性员工党员1人，占比6%）。年末人民币各项存款余额52117万元，较年初净增8276万元（其中：对公存款净增5038万元，个人存款净增3238万元）；年末各项贷款余额55997万元，较年初增加4467万元，实现中间业务收入813万元，拨备后利润813万元，不良贷款余额控制在上级行下达计划内。

【深化网点转型】 2016年，县农业银行围绕“三大中心、六大优化”，全面深化网点转型，不断提升网点营销服务能力，把效能提升作为网点深化转型的最终落脚点。以网点功能分区、岗位重构、人力激活、有效考核、文化建设等为转型核心，以“员工满意、客户满意、效能提升”为转型目标，网点深化转型工作整体推进。

【扩户提质】 个人贵宾客户、私人银行客户签约、对公客户新增、产品交叉销售率均有大幅度提高，客户规模和客户质量均有明显提升，在服务县域三农的基础上，有潇水河治理、阳明山旅游等政府购买服务项目相继落户本行，城乡居民医保账户专项营销取得良好成效。

【“平安银行”建设】 2016年，县农业银行清收不良贷款和不良信用卡307.8万元，实现委托资产处置圆满清零。开展“两加强、两遏制”回头看工作，对发现的问题进行严肃处理。“平安银行”建设稳步推进，全年没有发生经济案件和责任性刑事案件。

农村商业银行

【概况】 2016年，双牌农村商业银行设有8个部室，下辖16个支行，1个营业部，2个分理处，干部职工176人，各项存款22.43亿元，比年初增加4.41亿元，增长24.47%；各项贷款14.49亿元，比年初净投放1.61亿元，增长12.46%；存款和贷款的存量以及增量均居全县金融机构首位。实现财务收入1.54亿元，实现经营利润为7066.5万元，上缴税收2278.17万元。2016年，被评为全市农村商业银行企业文化建设先进单位、全县综合绩效考核先进单位、诚信纳税优秀企业、县委县政府重大事项督察及优化经济环境和机关效能建设工作考核先进单位、全县重点项目建设考核三等奖等荣誉称号。

【信贷支农】 2016年，双牌农村商业银行围绕农村、农民、农业的信贷需求，实施“六个一百”和“六个一”金融服务工程，为县域经济发展提供良好的金融服务。通过小额扶贫贷款的精准投放，大力支持全县脱贫攻坚，以金融“输血”激活贫困户“造血”功能，年度内累计为全县贫困农户发放扶贫贷款1.59亿元，完成上级分配任务3300万元的482%，完成率居全市首位。于此同时，先后推出福祥便民卡集团授信、惠林通林权抵押、福祥便宜贷等多个贷款品种，满足县域市场需要，特别是在县重点项目领域支持涉农企业做大做强，带动农民在家乡实现就业，通过产业带动，促进农民增收和农村经济发展。全年累计发放涉农贷款12.49亿元，涉农贷款占比高达96.46%。

【经营管理】 2016年，双牌农村商业银行以客户经理等级制、绩效考核系统、资金市场业务、优质文明服务“三加一”工程为促进经营管理规范化抓手，通过着力推进客户经理等级制，规范信贷管理和操作流程，实行客户经理等级管理和小额信贷自主发放管理；建设绩效考核系统，将员工绩效进行系统化考核，按劳计酬实现绩效评价的公平合理。成立专门资金营运部门，开展全国银行间市场资金业务，使富余资金得到有效运用。加强优质文明服务建设，在辖内网点全面优质文明服务，使客户感受到舒心便捷的金融服务，市场竞争实力得以进一步提升。

【电子银行】 2016年，双牌农村商业银行开通网上银行、手机银行、电话银行，开办城乡居民社会保障卡业务。累计发行福祥借记卡22.68万张；福祥便民卡1665张；累计开办手机银行12496户，新增6022户；累计安装自助柜员机16台，新增2台；累计安装商户POS机190台，新增24台；安装“ETC”358台；安装助农取款设备3台。

建设银行股份有限公司双牌支行

【概况】 2016年，建设银行股份有限公司双牌支行实现账面利润1507.85万元，人均利润116万元，人均利润在当地金融系统中稳居第一位。个人存款余额3.1亿元，比年初新增2399万元，根据市行《关于切实做好年底个人存款调度工作的紧急通知》要求，管控个人存款1300万元，实际新增四行占比47.27%，排名第一位；企业存款余额1.9亿元，比年初新负增长-587万元，其中管控对公存款1.8亿元，实际新增1.75亿元，四行余额占比60.34%，排名第一位。综上，双牌支行全口径存款实际余额为6.93亿元，较年初新增21112万元，实际新增四行占比为54.6%，排名第一位。各类贷款余额为5.64亿元，较年初新增-931万元，因湖南省鸿鑫投资开发有限公司本年归还贷款2000万元，其中个贷较年初新增1709万元。新增额四行占比28.42%，因农行调整个贷数据，导致建行排名第二位。移动金融交易量达到173116笔，其中悦生活交易达31197笔，完成率达88.63%，全市排名第五位。另外，个人手机银行本年新增3210户，活跃新增5734户，个人网银活跃新增2681户，个人短信新增2853户，渠道分流效果较好，支行荣获2016旺季营销“移动先锋”三等奖。商户POS全年任务为50户，完成64户，完成率达128%；信用卡完成1320张，完成率66.8%。旺季营销中，电话pos新增48户，完成率为160%，完成指标位列市行第一位。在新推出的黄金T+D业务中，支行全体员工不断摸索前进，自身加强对业务的学习以及实际操作，累计增开有效户市行排名第一位。

【业务工作】 2016年，支行业务稳步发展、稳中求进。把财政存款作为公司业务的一项主要工作来抓，通过与政府主管部门及财政部门沟通与合作，稳定财政存款；扩大非贷款客户结算户开户工作，通过与工商局及发改委沟通，努力营销新增中小企业；积极压缩和化解不良贷款工作，公司类贷款和个人类贷款全部为正常，无不良。个人业务重点、全面发展。精心组织、积极开展“旺季营销”，利用元旦、春节旺季加大对个人存款业务营销，使个人业务有一个好的开端；在上级行开展的商户营销中取得优异成绩，支行个人业务基础进一步巩固；加大对VIP客户的维护。根据市分行个人客户分层分群维护推进方案，制订支行方案。将本行VIP客户分配到每一位客户经理以及员工名下，按期对其进行维护，同时对其营销，绑定本行产品，增加稳定度。

【制度建设】 2016年，支行抓好制度建设，健全考评制度。坚持晨会制度，每日晨会通报上日电子银行等各项产品及存款数据，形成后进赶先进，先进更先进的营销氛围，调动员工工作积极性，推动各项业务健康发展；大力夯实会计基础工作，积极完善规章制度，制订《内部管理制度》《学习及培训制度》《凭证稽核考核办法》《绩效考核办法》《员工轮岗及强制休假制度》《对账考核办法》等规章制度，做到有章可循，为安全营运打下基础；加大信贷基础工作管理，根据上级行有关贷款管理相关制度，规范信贷业务流程，做到熟悉流程，按章办事，支行定期召开会议研究信贷管理工作，将信贷管理作为支行资产质量核心来抓，及时纠正管理中问题，化解风险隐患；切实做好贷后管理工作，加强对抵押物、合同管理，按要求对贷款客户进行贷后检查，对发现的问题及时纠正，对重点项目的支出进行逐笔审核，确保信贷资金用于贷款项目建设，从而确保信贷资产质量。建立健全员工激励机制，切实做好员工绩效考核分配工作。坚持公平、公正、公开的原则，根据全行的发展战略和工作核心制订分配方案，提高员工在收入及绩效分配上满意度。抓优质服务工作，切实防范操作风险。本行狠抓服务质量，注重服务细节，每日利用晨会进行点评，按期对服务质量进行评比，评比优劣与绩效考核挂钩，从而树立起本行良好的口碑及社会形象，促进全行业务发展。

邮政储蓄银行

【概况】 2016年，邮政储蓄银行坚持服务“三农”、服务中小企业、服务社区的定位，自觉承担起“普之城乡，惠之于民”的社会责任。年末，各项存款余额8.27亿元，全年净增1.92亿元，新增存款率排全市第一位，市场占有率16.14%；各项贷款余额3.15亿元，全年净增4321万元，其中，小微企业结余13597万元、三农小贷结余4465万元、个人消费贷款结余13394元，全年净增4321万元。信贷结余在各商业银行中列第四位、信贷增量在各商业银行中列第三位。

【突出信贷发展】 2016年，是支行信贷业务发展转型的关键之年。信贷业务初见成效，经验从无到有，经历八年的发展，得益于支行加强信贷客户经理团队建设，按照信贷产品类型进行重新分配。成立小贷专营团队、小企业金融服务中心、消费贷款团队，促进信贷团队从集中化转向专业化。同时，通过加强“阳光信贷”、信贷客户经理“八不准”、限时办理业务、执行力建设等措施来抓好队伍的管理，促进社会价值与企业经济效益的双赢。全年累计投放贷款3.01亿元。

【做好客户服务】 2016年，邮政储蓄银行依托覆盖城乡的网络优势，坚持服务“三农”、服务中小企业、服务社区的定位，以“敢为人先、追求卓越”企业精神，利用先进的科技手段，突出自助银行、电话银行、手机银行和网上银行构成的电子银行立体服务体系，让客户真正体验到“足不出户”，银行在自家的感觉。电子银行替代率84.74%、各类存款总余额为8.27亿余元。

【创新经营模式】 2016年，邮政储蓄银行将支持小微企业、“三农”服务健康发展作为重要任务，在信贷技术、资金管理上创新，严格防范风险。采取额度循环使用贷款模式和灵活还款方式，配合“阳光信贷”的服务理念，帮助小微企业、“三农”客户节省开支、降低成本。在担保方式上不断调整，采取提高单户授信额度、灵活调整担保方式、延长贷款期限等差异化的信贷政策，满足不同类型的中小企业与“三农”客户的需求。全年累计发放小企业贷款15笔，结余13597万元，累计发放小额贷款1230笔，5243万元，主要投向农业、加工业、零售业、批发业等行业。

【加快网点转型】 2016年，邮政储蓄银行加强渠道建设、网点改造工程，加大手机银行、网上银行、微信银行等电子银行及自助ATM机的发展，实现网点从原来简易的营业所向营销服务型和客户关系型场所转变。全年新增存取款一体机5台、网银终端1台，全面提升网点服务形象和水平。将规范化服务纳入日常管理范畴，推动网点服务全面提升。

中国人寿

【概况】 2016年，中国人寿以业务发展作为全年的工作主题，明确经营思路，把握经营重点，积极有效地开展工作，奋力拼搏，锐意进取，加快发展，较好地完成各项业务指标。全年总保费收入3887.52万元，上期3529.08万元，同比增长10.16%，其中普通寿险保费1857.43万元，意外险保费143.35万元，健康险保费482.89万元，分红险保费1374.43万元；公司赔款支出1419.50万元，上期799.6万元，同比增长-77.53%，公司机关设有经理室、综合管理部、个险销售部、团险销售部、银保销售部、客户服务部6个部门，公司个险有城区营销部1个，收展部1个，农村营销服务部1个，拥有260名营销员，团险销售部业务员17人，银保销售部营销员26人。

【企业文化建设】 2016年，邮政储蓄银行秉承“成己为人、成人达己”的核心经营理念，牢固树立“用专业和真诚赢得感动”的服务宗旨，将“始于客户需要，终于客户满意”作为全体员工的行为准则，将满足客户的需求放在第一位，不断建立与完善续期保险保费收取制度、住院慰问制度、理赔承诺制度、VIP个性化服务制度、“95519”二十四小时多功能服务、银行收付费服务等全新的服务方式，先进的管理理念、健全的服务网络、人性化的服务平台，为加强经营管理，提高服务品质提供坚实可靠的硬件保障，争取到广大客户与市民的好口碑，树立中国人寿品牌服务形象。

（陈利云）

中国人民财产保险股份有限公司双牌支公司

【概况】 2016年，中国人民财产保险股份有限公司双牌支公司下设经理室、综合部、车险业务部、非车险业务部、农险业务部、茶林营销服务部、社保业务部、出单中心、理赔中心9个部门，共有工作人员14个，其中经理室成员2人。

【保费收入稳步增长】 2016年，支公司完成净保费收入1985.58万元，其中车险净保费1152.45万元，同比增长24.80%；农险净保费收入411.61万元，同比增长24.67%；非车险净保费收入421.52万元，同比增长6.08%。险种经营主要涵盖机动车辆保险、责任保险、企业财产保险、短期意外险以及健康险等、农险主要经营政策性种植保险。是双牌县最大、历史最悠久的财产保险公司，也是政策性农业保险的主要经营主体之一。

【服务工作】 2016年，公司秉承“人民保险，服务人民”的宗旨。实行客户服务工作规范化、流程化，创新服务手段，提升服务品质。积极开展各项服务制度建设，确保各项服务提质、提速。同时，以合规经营为底线，广泛宣传，通过各种形式的媒介将公司政策、条款、理赔指南宣传到位。做到承保、理赔公开、公正、公平，受到众多客户的一致好评。

【销售渠道】 2016年，公司通过政府进一步加强合作，车险、非车险业务蒸蒸日上，取得重大进展，进一步拓宽经营范围，受到政府领导的一致好评。同时，公司也积极推动与各大车行、运输公司的深度合作，通过各种形式的宣传，将承保范围进一步拓展，达到车险促其他险种联动发展。

【内控管理】 2016年，公司制订覆盖全业务流程、全管理线条、全管理层级的各项规章制度，员工行为都必须按照制度规定严格执行。定期开展内部检查活动，检查结果与员工绩效工资挂钩，坚持以制度管理为根本，着力打造合规经营文化。

（吕余秀）

教　　育

教　　育

【概况】　2016年，县教育局机关内设办公室、教研室、招生考试中心、教育督导室、职成社管办、法制股、基教股、计财股、纪检监察室、人事股、审计股、实事办、校车办、仪电站、教育工会、资助中心和党建办17个股室，下辖各级各类学校（含幼儿园）79所，其中民办学校45所；小学（含教学点）13所，初中5所，九年一贯制学校（含湘一·阳明学校）8所，普通高中1所，中职学校1所，在校学生（含幼儿）17033人，教职工1685人。

【党政重教】　2016年，县委、县政府始终把教育作为最大的民生工程和品牌工程来抓，教育强县步伐更加坚实，召开县委议教会2次、县政府常务会3次、教育表彰会1次、现场办公会1次，及时研究解决市级农村职成教示范县创建、县二中办学经费及教师绩效工资等热点难点问题；力推联系学校制度落实，县级领导和县直部门全年为联系学校办大小实事9件，大抓大办教育的氛围空前浓厚。全县预算内教育支出占财政一般预算支出的15.89%，支出总量较2015年增长19.46%，财政教育投入所有政策性口子均得到依法落实。教育强县建设取得重大阶段性成效，《中国教育报》《湖南日报》《湖南教育》《永州日报》等主流媒体以专版形式进行宣传报道。全年共发放农村基层教育人才津贴125.14万元，乡镇工作补贴305.886万元，偏远山区教师补贴8.28万元，校长绩效津贴30.95万元，中小学班主任补助41.5万元。9月10日，以庆祝第32个教师节为契机，全县评选表彰优秀教师33名，优秀班主任28名，师德标兵10名，优秀教育工作者6名，优秀校长5名。市级最可爱乡村教师2名，优秀教师、优秀班主任、师德标兵、优秀教育工作者各1名。广大干部教师的职业成就感、幸福感明显提升。

【协调发展】　2016年，县教育局启动推进五里牌镇幼儿园、麻江镇幼儿园、泷泊镇平福头幼儿园3所公办幼儿园建设。创建普惠性民办园35所。全县在园幼儿（含民办）5639人，学前一年毛入园率100%，学前三年毛入园率100%。泷泊镇第一幼儿园、小新星幼儿园、剑桥幼儿园进入全市骨干示范性幼儿园行列。办学条件进一步改善。全县共投入资金3942万元，完成江村镇花坪、理家坪乡马蹄等5个合格村教学点合格学校建设，改造薄弱学校22所，对县一中、江村镇中心小学实施标准化学校建设，泷泊镇平福头幼儿园和麻江镇幼儿园建设全部完成，并通过市教育为民办实事项目验收。县职业技术学校33亩项目用地征收进入扫尾阶段，教师公租房即将动工，实训大楼正在规划设计当中。师资配备更趋合理。全年有21名定向委培毕业生、41名特岗教师分配到农村边远薄弱学校，同时引导教师交流到缺编学校，促进学校师资均衡配置。同时，着力加强基层学校常规管理、特色创建的督查指导，有效提升整体办学水平。全县中考平均合格率、平均优秀率、科平均分、单科合格率均居全市前列。2016年高考，全县一、二批本科上线158人，万人上线率保持在全市前列。其中县二中一本上线25人，二本上线133人，上线人数和上线率均居全市重点中学前列，理科状元胡子敬被军械工程学院录取，文科状元唐小龙被湘潭大学录取。县职业技术学校数控实验室、教师公租房等项目建设顺利完成或有序推进。2016年在校学生共807人，本部对口职高本科上线6人；高复部一本上线6人，二本上线29人。学生毕业生就业率达90%以上。县委政府着力在政策、师资、经费等方面大力支持民办学校健康有序发展。投资1.78亿元的湘一·阳明学校一期工程已完成投资1.2亿元，主体工程全部完工，附属设施也基本完成。2016年秋季开学首期招生就达730人，成为全市唯一一所被授予“湖南省规范化民办学校”的民办校。鼓励引导轻度适龄残疾儿童随班就读，全县三残适龄儿童入学率达84.56%。

【德能并重】 2016年，县教育局搭建平台，全面加强教师队伍建设，教师整体素质全面提升。全县教育系统广泛开展以“弘扬高尚师德，争做‘四有’好教师”为主题的师德教育实践活动，通过树样板、抓示范、强引领，掀起了比学赶帮超的热潮，广大教师的敬业奉献精神明显增强。继续实施公费定向委培招生计划，全年选送公费定向委培生34名，其中高中起点四年制本科层次中职教师1名，高中起点四年制本科层次小学教师8名；初中起点六年制本科层次初中教师10名，初中起点六年制本科层次小学教师8名，初中起点五年制专科层次小学男教师7名。成功申报湖南省“国培计划”项目县。全年已争取项目资金100万元，组建52人的县级培训师团队，完成对全县小学语文数学、初中语文数学和学前教育400多名教师的培训。县一中“国培”基地校考评获全省第一位。县三小成功入选2016年度“湖南省教育信息化创新应用十百千万工程”中小学网络联校。依托国培、省培和市县培训，全年培训干部教师865余人次。名优教师的辐射带动和示范引领作用充分发挥。开展“两学一做”学习教育和落实“三会一课”制度，基层党组织的凝聚力进一步增强。严格按照“两个责任”的要求，认真落实“一岗双责”。扎实开展“两条例一准则”学习教育活动和党风廉政建设教育月活动，着力抓好对财务、基建、招生、人事、采购等重点领域和薄弱环节的监管，系统内不敢腐的氛围基本形成。召开师德师风建设年动员会，结合“雁过拔毛”式腐败专项整治和“纠‘四风’、治陋习”专项整治活动，全面推进全县师德师风大整治活动，强力整治损害师生群众利益行为。教师赌博、酒驾、家教家养等不良现象持续减少。全年仅处分违纪干部教师1人，全县教师爱岗敬业，遵纪守法，作风优良，在全县组织的群众满意度测评中，县教育局位居“满意单位”前列。

【推进改革】 2016年，县教育局积极稳妥推进各项改革，教育发展活力不断迸发。实行干部述职述廉和满意度测评制度，对个别满意度低于60%的干部进行诫勉谈话。扩大学校自主管理权，推行县二中中层干部由校委会公开遴选产生制度，让3名德才兼备、师生认可的优秀教师走上中层岗位；推进县二中教师分流改革，完成县二中对县一中的托管，将部分富余人员分流到其他学校工作，有效激发队伍的干事创业热情。积极推进名师、名校长、名学校“三名”工程建设，完成县第二届学科带头人、骨干教师评选，共评选出19名学科带头人和69名骨干教师。继续深化课堂教学改革。全年组织开展“一师一优课、一课一名师”教研活动，全县省优课达5节，部优课3节。积极推进以小组建设为核心的初中学校课堂教学改革。培育何家洞中学等县级课改示范校和一批课改标兵，课改对教学质量的贡献率大幅提升。全县教师参加省、市各种比赛，获奖60余人次，其中在“湖南省化学新课程实验教学改革研讨会暨湖南省中学化学教学研究专业委员会年会”中，县二中教师张秀华获省优质研讨课一等奖；在“湖南省中学生物学科微课教学竞赛展评”中，县二中教师何焱获省二等奖；在“省教科院小学科学录像课竞赛”中，泷泊镇三小教师邹祥国获省三等奖；在省中小学思品课赛中，县一中教师刘凌飞获省中学组一等奖，理家坪乡教师刘羽玲获省小学组二等奖。4月，县教研室主任蒋笃家专著《跋涉耕耘，筑梦教育》由光明日报出版社出版，12月，《新材料议论文写作技法及范例》由中国文联出版社出版。是月，蒋笃家、黄继民两位教师被遴选为“湖南省首届教师培训师培训对象”。完善初中学校教学质量分类评比奖惩制度，突出“平均合格率”这一关键指标，形成旗帜鲜明抓质量，齐抓共管提质量的生动局面。县一中等学校的教学质量名列全县同类学校前茅。明确教育局监督责任和中小学校主体责任，由县教育局组织人员不定期开展食堂管理专项整治和“回头看”活动，学生伙食质量和安全得到有效保障。全县各学校及时清退学生结余伙食费，无克扣、截留等违规现象，全年无食品安全事故发生。学生食堂管理工作受到省市专项督查组及广大群众的充分肯定。

【内涵提升】　2016年，县教育局立足实际，着眼内涵，素质教育工作不断深入。各学校以“三爱三节”“学雷锋”等系列活动为载体，让学生在参与中成长，在实践中收获，营造事事渗透德育、处处凸显德育的浓厚氛围。县二中、县一中、泷泊镇一小、明德小学、泷泊镇三小、何家洞镇蔡里口小学等学校的德育工作主题突出、特色鲜明。各小学因校制宜、创新举措开展“雏鹰争章”活动，在培养学生良好行为习惯和积极向上的阳光心态方面得到群众普遍认可。何家洞镇蔡里口小学等一批学校堪称优秀代表。大力推进“国学经典进课堂”活动，学生人文素养和语文能力得到有效提升。泷泊镇三小成功举办双牌县第二十二届中小学田径运动会暨首届中小学乒乓球比赛，来自全县各学校共26支队伍368名运动员参加，县一中、何家洞镇中学、麻江镇学校、茶林镇学校、理家坪乡中学分列中学组前五名，泷泊镇平福头学校、湘一·阳明学校并列第六名；泷泊镇三小、泷泊镇一小、明德小学、五里牌镇中心校、茶林镇学校、泷泊镇尚仁里小学分获小学组前六名。在永州市举办的各种文体活动中，县二中获市建制班合唱比赛第一名，学生运动会团体总分第四名；茶林镇学校在市2016年青少年校园足球特色学校考核评价中，被评为优秀等次，是7个优秀等次学校中唯一的一所农村学校。全市教育系统离退休教育工作者第18届门球邀请赛双牌队获三等奖。城乡一大批学校文化走廊、文化雕塑、文化标语随处可见，一草一木、一角一景独具匠心，充满浓郁的文化气息，文化育人功能得到充分发挥。县二中、茶林镇学校、何家洞镇蔡里口小学等学校跻身全市校园文化建设样榜校行列。各学校特别是城区学校将创省卫工作摆在突出位置，力促文明礼仪教育和健康教育进课堂、进家庭、进社区，营造浓厚的创省卫氛围。县二中、县一中、泷泊镇一小、明德小学、泷泊镇三小等学校基本达到创省卫示范校标准。广大师生爱绿、植绿、护绿意识明显增强。美化绿化校园5万余平方米，县二中、县一中等4所学校获得全市“绿色美丽校园”称号。湘一·阳明学校与长沙一中、湘一·青竹湖外国语学校成功联合办学，湖南师大附中对口帮扶县二中正式挂牌并启动对接帮扶工作，全省四大名校中已有2所进驻双牌。

【公平惠民】 2016年，县教育局支持湖南道一集团创办湘一·阳明学校，新增学位近3000个，城区学校“大班额”问题得到一定缓解。县学生资助管理中心共发放学前教育资助金91.2万元、义务教育贫困寄宿生生活补助354.2万元、普通高中助学金140万元、中职助学金79.2万元、生源地信用助学贷款799.52万元，共资助困难学生7233人；县教育基金会共发放中央彩票公益金、省市教育基金会资助金等各类资助金31.54万元，其中资助困难学生180人次，救助特困教师11人。印发安全和法制教育宣传单4万份，排查整治学校安全隐患53处，开展学生用车专项整治4次，组织校园周边环境综合治理专项行动8次；及时排查化解信访矛盾，妥善处置原民办教师等信访事件12起，全县教育大局总体和谐稳定。教学常规管理常抓不懈、常抓常新，上梧江瑶族乡民族学校是其中的代表。成功构建管督分离、具有双牌特色的督学责任区模式，第一、第二督学责任区的工作更加到位、成效突出。坚持依法治教，全年共办结人大代表建议、政协委员提案9件，解决一批群众关心的热点、难点问题。全县贫困学生全部建档立卡，从幼儿园到大学资助政策全覆盖，各项惠民惠教政策得到落实，全年没有一名学生因贫困失学。精准扶贫考核的三项指标中，全县贫困生适龄幼儿入园率达82.6%，义务教育巩固率达99.93%，建档立卡贫困家庭高中生全部实现免费入学。

双牌二中

【概况】 双牌二中创办于1972年，2004年10月挂牌为湖南省示范性普通高级中学。学校占地面积近8公顷，其中建筑面积4万多平方米，校园绿化面积4.6万平方米；2016年有教学班级40个，在校学生2200余人，在职教职员工176人，其中特级教师3人，全国优秀教师5人，高级教师64人，一级教师74人，市县级骨干教师27人，市县级学科带头人5人。

【办学理念】 2016年，双牌二中坚持“立德树人，以人为本”的办学理念。把“立德树人”作为教育的根本任务，把“以人为本”作为学生终身发展的基础，让每一个学生的人格得到塑造，让每一个学生的才能和个性得到张扬。

【办学实效】 2016年4月，二中成功与湖南师范大学、湖南师大附中完成对接，挂牌为湖南师大附中帮扶学校。8月，学校顶住各方压力，在全市首开先河，实行教职员工的全员竞聘上岗，一批业务不精、工作不力的教职工被分流到其他岗位或县内其他学校。这一举措有效地遏制教风不正的邪气，有效地推进人事制度改革，激发教职工的活力，为双牌二中的后续发展奠定坚实的基础。学校一直将师德师风建设贯穿于学校教育管理的全过程，把端正教学态度，加强师德建设纳入学校校风和学风建设的整体工作中。坚持每个月有学校领导上一次党课，通过党员干部的带动，促进全体教师道德品质和业务水平的双重提高。现在上班期间打牌下棋的没有了，钻研教材的多了；上网聊天的少了，专心教研的多了；谈天说地的少了，爱岗敬业的多了。教育教学处处呈现出良好的态势，乐于教学、乐于奉献成为老师们的常态。学校围绕“二年打基础、三年出成绩、五年见成效、十年树品牌”的办学思路，结合新课程改革，建设“质量课堂”“有效课堂”，狠下功夫，狠抓落实，2016年高考一、二本上线158人，万人上线率继续保持在全市前列；2016年学考全科合格率达99.1%，名列全市第一位。学校从发展学生个性出发，发掘学生的禀赋和潜质，努力抓好体艺教学，形成体艺工作特色。学校学生代表县里参加全市中小学生运动会，取得团体总分第四名的好成绩；学校派遣1403班参加永州市首届成建制班级合唱比赛取得市一等奖成绩；举办第四十届体育节和第十六届校园文化艺术节，学生的活动丰富多彩，学生的才智得以体现，学生的活力得到展现。学校狠抓校纪校风建设，创建良好学风班风，促进学生健康成长，着重养成教育和前途理想教育，培养学生良好的行为习惯，塑造高尚的道德情操。校园环境得到净化。学校没有发生一起重大违纪事故，违纪重复率为零，学生的辍学率控制在1%以内。学校以“省级文明县城创建”为契机，大力建设安全文明、干净整洁、和谐美丽校园，学校的校容校貌发生较大变化，基本做到美化、净化、绿化、文化。学校在东大门塑立名人塑像，在中心花坛设立中国传统文化墙。学校根据《关于加快永州市普通高中教育发展的若干意见》和“省示范性高级中学必须托管一所初级中学”的要求，建立托管团队，完成对县一中的全面托管，实现管理机制和教学资源的对接。

双牌县职业技术学校

【概况】　双牌县职业技术学校，位于双牌县泷泊镇长青路1号，始创于1983年，原名双牌县林业职业中专，2003年与双牌一中合并。2008年9月根据中共双牌县委第十七次常委会议精神，在原双牌四中校址上成立双牌县职业技术学校。学校主要办学职能是职高教育、社会培训、师资培训。学校占地面积7.5万平方米，校舍总面积近1.9万平方米，2016年有在职教职员工115人，在校学生926人，18个教学班。2010年通过永州市合格学校评估，成为永州市合格中等职业学校，2011年通过市级专业评估，2016年有专业全部通过评估，成为市级合格专业。2014年、2015年、2016年评为全县办学水平评估一等奖，2015年被评为“永州市依法治校示范学校”，2016年被评为“永州市安全文明校园”。

【办学条件】　2016年，学校主要开设计算机应用、现代农艺技术、园林技术、服装设计与工艺、汽车运用与维修、工业机器人、3D打印技术、影视制作、高铁海航服务等专业。根据学生需求，学校还开设医卫类、师范类、种植类、养殖类和计算机类等对口高考专业。学校拥有大型汽车驾驶实训基地1个，校外学生实习基地2个，计算机应用实训室3个，服装设计与工艺实训室2个，电子运用与维修实训室1个，焊接实训室1个，模具设计与制造实训室2个，600平方米汽车整车实训室1个，汽车电机实训室4个，3D打印实训室1个，工业机器人实训室1个，多媒体教室24个。

【办学特色】　2016年，学校以服务为宗旨，以就业为导向，按照“办学规模化、管理规范化、教学现代化、招生就业社会化”的办学思路，将“培养较高素质的技能型专业技术人才”作为培养目标。学校与湖南中全教育集团、东莞凌凯汽车教学设备有限公司开展深度合作，形成“三方共建”“五方共赢”的局面。

【社会培训】　2016年，学校在进行职业教育的同时，充分发挥双牌县职教中心的功能，大力开展社会劳动力技能培训。学校目前为湖南省移民开发局库区移民技能定点培训机构、湖南省商务厅家政服务培训基地、永州市农村劳动力转移培训定点机构、双牌县总工会下岗工人就业技能培训基地，双牌县国家职业技能鉴定所，双牌县阳光工程培训基地。学校面向社会学员开设了计算机应用、服装设计与工艺、电子应用技术、电子商务、现代园艺技术、汽车维修与保养、电焊氧焊、维修电工、数控模具、车工、钳工、育婴师、养老护理工、家政服务等专业。培训结束，学员参加职业技能资格证或特种行业操作证考试，考证合格，学校推荐就业，一次性就业率达98.5%，对口技术岗位就业率达80%以上，深受用人单位的欢迎和好评。

【教师培训】 2016年，双牌县教师发展中心在双牌县职业技术学校挂牌成立，主导全县教师培训工作。2016年双牌县教师发展中心依托国培计划“第二批项目县”项目，开展初中语文、初中数学、小学语文、小学数学、幼儿园教师“送教下乡”培训，培训教师400人次，在全省考核中名列第二名，升为A类项目县。

湘一·阳明学校

【概况】 湘一·阳明学校是双牌2014年9月引进的由湖南道一教育投资有限公司全额投资兴建的一所全日制、寄宿制民办学校。学校坐落在双牌县城北新区。规划总投资约1.78亿元，占地面积146亩，建筑面积82600平方米，规划主体建筑15幢，分为教学、生活、运动、办公四大功能区域。设初中、小学、幼儿园三个学部，共88个教学班，全部建成后可容纳5000名学生就读。学校完成投资9000多万元。建成教学楼2幢、学生宿舍楼2幢、科教楼1幢、办公楼1幢、食堂1幢，基本建成400米标准跑道和标准足球场，并进行绿化美化。

【教学管理】 2016年，学校与长沙市一中合作办学，由长沙青竹湖湘一外国语学校（长沙市一中初中部）全权委托管理。由长沙青竹湖湘一外国语学校校长武建谋担任名誉校长，长沙市一中原副校长张维德担任校长。长沙市一中和长沙青竹湖湘一外国语学校派出优秀管理团队进行管理。学校有教师65人，全部具有大学本科以上学历，其中60%的教师由青竹湖湘一外国语学校选派，40%由双牌县骨干教师、学科带头人组成。学校办学条件全市乃至全省一流，教学设施齐全。校车、空调、直饮水、热水系统、独立卫生间等设施一应俱全。教室全部配备最新信息化教学设备；学生宿舍全部高标准配置，配备生活教师对学生进行精细化的生活指导，实行24小时全程人性化封闭管理。

【教育特色】 2016年，学校以“把每一个学生放在心上”为教育理念，把“全面发展+个性特长”作为育人目标，与长沙市一中、长沙青竹湖湘一外国语学校相互依托，资源共享，统一管理理念与标准、统一教学计划与进度、统一实施考核与评估。在开好国家基础性课程的基础上，办好拓展性课程，拟从小学一年级开设新标准英语特色课和形体健美、篮球、足球、书法、机器人、信息学奥赛、DI创新、车模航模、手工制作、科普等丰富多彩的选修课程。打通永州到长沙名校就学的“绿色通道”（初三成绩优异者可直升长沙市一中就读高中），力争办成省内一流名校。

【首批招生】 2016年秋季，湘一·阳明学校正式开学，共招收730人，其中小学420人，中学310人，并带动市区就读的双牌籍学生回流，吸引宁远、道县等周边县区学生近50名到校就读。湘一·阳明学校在双牌建成并招生，填补双牌没有上规模、上档次民办学校的空白，为双牌工业园区建设提供优良的教育配套服务，带动园区人流物流，减轻县城中小学校的学位压力，构建全县公、民办教育共同发展，相互竞争的良性格局，促进双牌教育优先战略的实施和双牌教育事业的发展。

文化·体育·卫生

文化、体育、广播、新闻出版

【概况】 2016年，县文体广新局文化馆顺利通过第四次全国文化馆评估定级，被评为国家一级文化馆（全市只有双牌和宁远）；县江村镇访尧村被列入第四批中国传统村落名录；县图书馆被认定为第五批湖南省社会科学普及基地，并获“书香永州——2015年全市少年儿童‘中国梦·汉语美’”系列读书活动阅读活动奖，朗诵展演活动中获优胜奖；申报的阳明社区获湖南省“扫黄打非”社区示范点；五里牌塘基上村和理家坪乡六江洞村获“湖南省示范农家书屋”称号；在2016年“迎元旦”永州市羽毛球比赛上获三等奖；获湖南省“一品一县”特色体育项目区、全市体育工作目标管理考核先进单位、全县党风廉政建设和反腐败工作先进单位、全县全面建成小康社会推进工作先进单位、全县综合绩效考核先进单位等称号。

【公共文体服务】 2016年，县文体广新局举办“我是雷锋家乡人”“湖湘文化送春风”群文志愿服务系列活动；双休日组织中小学生到图书馆开展全民读书系列活动。落实“二馆一站”免费开放。图书馆年读者服务人次34800人次，图书流通量26500余册，开展系列读书活动28次，参加人员13400人次，评选“阅读之星”奖35人，指导老师奖22人，开展科普宣传活动11次，参加人次8450人。开展知识讲座、演讲、征文活动6次，参加人员1450人次。送书下乡2405册，发放资料6500份，科普光盘950个。完善图书自动化管理系统，实行读者借阅一卡通管理。争取省财政经费5万元，争取国家图书馆捐赠图书1万册，期刊1万册。县文化馆舞蹈室、音乐室、美术室、摄影室、书法室、戏曲曲艺室、中老年活动室等活动场所全部免费对外开放。参加免费艺术培训的学员近1000余人。配合新华书店给各村农家书屋配送补充更新图书438册，全县总配送图书85410册，价值819万元；发放17套室外健身器材到各乡镇社区；为五里牌镇塘基上、昙花等6个村配置音响设备。

【文体活动】 2016年2月3日晚，在县花鼓剧院举办“活力迸发·自信双牌”双牌县2016年新春文艺晚会；4月26日，组织全局干部职工参加2016年“长沙银行杯”全市工间操比赛；4月27日晚，在阳明山举办第十届湖南·阳明山“和”文化节暨海峡两岸交流基地发展论坛活动篝火晚会；6月12日，在县文化广场举行“第十个文化遗产日”宣传活动；6月22日，组队参加永州市“庆七一·红旗颂”大型群众合唱比赛活动获三等奖。7月，在永州市第七届少儿音乐舞蹈大赛中获得1银4铜；8月6日，主办永州市“滨江明珠杯”第二届围棋“棋王”赛；8月7日，选送少儿舞蹈《童年雨趣》、小品《跛子的小康路》、歌伴舞《乖乖巧巧跟着你》参加永州市“欢乐潇湘·和美永州”群众文艺汇演活动，均获三等奖；

8月12日晚，在摇钱树清吧举办双牌县首届舞林会友暨“建行杯”炫舞青春活动；8月23日，组织开展“童心向党，放飞希望”第三届红色之旅夏令营活动；8月，县文化馆选送的独唱《天亮了》获第七届湖南省少儿才艺大赛总决赛声乐幼儿组金奖；11月3日，在第六届全民广场舞大赛永州市选拔赛暨永州市“幸福跳起来”广场舞大赛中，选送的舞蹈《公正阳光照人民》获铜奖。

【惠民服务】 2016年，县文体广新局大力推进文化志愿服务工作，搞好五里牌镇田洞里村的农村文化志愿服务试点工作。6月2日，田洞里村红杜鹃文化志愿服务队20余人，为当地老百姓献上自编自演的文艺节目，节目形式多样，深受老百姓欢迎。

【送戏下乡】 2016年11月3日，文广新局承办的“送戏下乡”活动首站走进塘底乡。演出紧扣农村群众生活实际，主题鲜明，节目内容丰富，表演形式多样，快板、舞蹈、小品等节目精彩纷呈，博得在场观众的阵阵掌声。演出吸引周边村民前来观看，丰富多彩的文娱节目让塘底乡的父老乡亲在家门口享受久违的“文化大餐”，倍感温馨。全年完成送戏下乡演艺惠民37场，公益电影放映2390场次。

【文物保护】 2016年，县文体广新局完成文物保护工程岁圆楼消防项目总投资503万元。圆满完成境内的红六军团长征地标遗址树碑工作。完成“十三五”文物保护项目上报工作，申报四个项目：“岁圆楼古建筑群”保护利用设施建设规划项目、集中成片传统村落坦田村整体保护利用工程、访尧村古建筑群保护利用设施建设规划项目、吴家大院保护利用设施建设规划项目。参与首届湖南文物价值解读与传播大赛，报送参赛作品，解说词《岁圆楼古建筑群》获得“入围作品奖”。搜集《江村剁椒河鱼》的有关文字、视频资料，申报市级非遗项目。建立文物保护机制，与各乡镇、各文保单位签订责任状，充分发挥县、乡镇、村的监督管理作用，与国保岁圆楼古建筑群及传统村落坦田村看护巡查管理人员续签聘用合同。坚持群防群治、联防联治，加强地面文物和馆藏文物的安全保护管理，确保全县文物安全。

【文化市场监管】 2016年，文体广新局组织全县文化市场各经营单位做好审核、换证工作。加强网吧整治，开展专项整治行动。对全县所有网吧许可进行一次梳理，梳理不符合要求的网吧8家，其中3家要求其按期整改重新换证，另4家网吧的许可证件给予注销处理。扫黄打非工作同文化执法大队出动车辆2台，执法人员8人，对理家坪、江村、打鼓坪3个乡镇进行专项整治行动；对出版物市场严防严控，春节前后各开展一次专项整治，出动车辆5台，执法人员40余人次，收缴非法出版物近200张。

【重点项目】 2016年，国保“岁圆楼古建筑群”消防工程和坦田村“美丽乡村”建设立面改造、大礼堂改造和路灯亮化三项工程进展顺利。

广播电视

【概况】 2016年，县广播电视台设5个内设机构：办公室、节目统筹室（总编室）、新闻采编技术播控室（安全播出中心）、专题活动室、事业股。人员编制为全额事业编制35名，其中：台长1名，副台长2名，纪检组长1名，股室主任5名。全台有干部职工80名，包括管理岗4人，专业技术岗12人，改非干部3人，机关工勤5人，全额事业7人，差额事业5人，自收自支事业16人，聘用6人，退休人员23人。

【新闻宣传】 2016年，在新闻宣传工作中，牢固树立“宣传立台，栏目兴台”的理念，聚焦“新型工业、宜居城市、生态旅游、现代农业、精准扶贫”五大重点，放眼“策划规划、招商机制、要互保障、环境优化”四大突破，坚持团结、稳定、鼓劲，正面宣传为主的指导方针，坚持“三贴近”原则，为打造活力迸发的自信双牌营造良好的舆论氛围。新闻宣传实现从形式单一到内容丰富、从单纯追求数量到全力提高质量的转变，把宣传工作的着力点放到落实会议精神的实际举措上，进而减少会议报道，避免空洞的说教，充实宣传内容，做到常规宣传工作及时准确，战役宣传效应明显。全年制作播出《双牌新闻》250多期，播发新闻稿件1100余篇，开辟《改革进行时》《全面建成小康社会》《“两学一做”》《创森一点通》《创森进行时》《创文进行时》《健康锦囊》《百姓话题》《平安双牌》《环保进行时》等专题专栏节目100多期，制作播出各类公益广告、标语、飞播8000条次。全年在省市电视台发稿近120条，其中在《湖南新闻联播》发稿8条，在《湖南经视新闻》等省级电视、广播平台发稿20余条，在《永州新闻联播》发稿近110余条，发稿时长5700余秒，为对外宣传推介双牌做出应有的贡献。

【广告创收】 2016年，县广播电视台认真组织贯彻学习并执行全国《广播电视管理条例》精神，严格执行“三审”制度，未制作或播出严明禁止的任何节目，未播出一条药品广告，未出现一起虚假报道事件，未发生一起安全播出事故发生。

【农村有线和无线】 2016年，双牌县农村有线电视秉承“以人为本，用户为先”的发展理念，积极转变思想，以高度的责任心和强烈的使命感、危机感，发扬创新、务实、奉献的精神，扎扎实实地努力工作，自觉接受群众监督，不断提高服务质量，“想用户所想、急用户所急”，及时上门服务，用户投诉率较往年同期不断下降，群众满意度不断提升。圆满完成年初制订的完成新增农村有线电视用户300户的目标任务。

【“村村响”“户户通”“无线覆盖”工程】 2016年，广播电视“村村响”“户户通”“无线覆盖”三项工程是一项涉及农村千家万户的惠民工程，是全省部署的一项重点工作，县委、县政府对“户户通”工作高度重视，把该项工作列入党委、政府的重要议事日程，并经政府常务会专题研究，集体决策实施。成立以县委常委、常务副县长为组长，县委常委、宣传部部长及分管副县长为副组长，县发改委、县电视台、县统计局、县财政局等单位和各责任乡镇管理局主要负责人为成员的领导小组，并与各责任乡镇管理局签订责任状，制订下发《双牌县“村村响”、“户户通”、“无线覆盖”三项惠民工程建设实施方案》，安排部署全县三项惠民工程建设，确保工作顺利实施。

【卫星直播“户户通”工程】 2016年，根据省市全面推进广播电视直播卫星户户通工程建设的安排部署，县委、县政府高度重视，精心组织，有效推进。县广播电视台积极牵头，加强协作调度，坚持全方位保障、创造性工作、有温度服务。2016年5月23日起接收设备，县直播卫星“户户通”工程建设涉及12个乡镇管理局、7600户，设备抄录、发放、安装等相关工作已经全部完成，录入率100%，安装开通7600户，开通率100%，并已经通过省局、市政府和市文广体新局验收合格。设立“户户通”监督、投诉和服务电话，及时受理、处理群众投诉、报修等。

【农村广播“村村响”工程】 2016年，双牌县农村广播“村村响”工程项目建设总投资预算为421万元，经公开招投标，由广州市蓝电电子科技有限公司以最低价386.6万元中标。该项工程的全部前期工作已经完成，《建设方案》和《技术方案》经通过省局审批，全县12个乡、镇管理局和114个行政村的“村村响”布点覆盖规划完成，已经与中标公司签订工程建设合同，预计2017年8月底全部建成验收。

【“中央广播电视节目无线覆盖”工程】 县广播电视台自2016年6月成立“中央广播电视节目无线覆盖”工程建设领导班子，并多次组织工程技术人员到陈家岭电视差转台实地调研，着手准备陈家岭电视差转台复播工作。特别是省无线覆盖工作动员会之后，台班子对陈家岭电视差转台的道路、供水、机房、铁塔、电力、避雷等存在的问题作具体研究。双牌陈家岭电视差转台恢复重播项目已纳入全省“十三五”规划当中，陈家岭电视差转台机房的修缮工作已经全面完成，正等待中央、省配发的无线覆盖设备到位安装，预计2017年8月完成设备安装和调试工作，9月恢复播出。

新华书店

【概况】 双牌县新华书店成立于1970年，2008年改制成立湖南省新华书店有限责任公司双牌县分公司，公司在职人员14人，退休人员5人，党员8人，2016年有固定资产300万元，流动资产100万元，设置经理室、办公室、财务室、业务部四个部门。经营范围主要经营图书、教材、电子出版物、音像制品、文化用品等。公司主要承担双牌县中、小学校教材教辅的发行任务。2016年销售2151.86万元。

【党风建设】 2016年，县新华书店深入开展“两学一做”专题教育活动，加强党的作风建设，争做干实事、敢作为、勇担当的书店人。从5月开始，双牌分公司按照“两学一做”学习要求，开展学党章党规、学系列讲话，做合格党员学习教育活动。党员干部围绕“两学一做”具体要求，学习《中国共产党章程》《习近平总书记系列重要讲话读本》《中国共产党廉洁自律准则》《中国共产党纪律处分条例》，围绕“讲政治、有信念”“讲规矩、有纪律”不忘初心、牢记党员宗旨，坚守共产党人信仰信念，做合格党员的带头先锋，通过学习，把责任和担当落实到实际工作中去，在公司营造一个聚精会神抓经济，一心一意谋发展，团结干事创业的良好氛围。支持和响应双牌县开展“创建省级文明县城”活动，制做“创建文明县城”的公示牌并明确组织领导和工作责任；2016年配合政法部门搞好社会管理综合治理、民调、调查问卷工作。

【产业多元化】 开展多元化经营产业，2016年6月，双牌A佳评测中心正式竣工投入使用，在教育部门的支持和中南迅智的指导下，春季期末考试的七、八年级考试试卷的扫描和评测工作顺利完成，获得教育局领导和学校师生的一致好评。

【教育支助】 2016“双百行动”在教育部门的大力支持下，公司从教育资助平台选择6位贫困学生作为资助对象，对帮扶人员逐个进行走访，共捐赠4800余元，通过开展帮扶资助活动，搭建起爱心的桥梁。

体 育

【群众体育工作】 2016年，双牌县成功举办全市山地自行车争霸赛、全县夏季篮球赛、草根篮球赛、全县环城长跑赛、老年人门球赛、太极拳比赛；承办全县“五一”职工篮球赛、政法系统篮球赛；组织参与全市三人制门球赛、全市乒乓球比赛、全市羽毛球比赛。县全民健身活动被省体育局评为“江湖山道”品牌项目和“一县一品”特色体育项目区。组织参加上级部门举办的一级社会体育指导员培训、一级裁判员培训、二级裁判员培训共20余人次。

【体育基础设施】 2016年9月，启动县体育馆改扩建工程，将建成二十余年的老旧体育馆，改扩建成设施设备较先进、齐全的县级全民健身活动中心。积极向省市体育主管部门争取健身器材，向上级共争取室外健身路径28套，分配到全县各社区、乡镇和行政村，进一步推进全县全民健身场地设施建设。

【竞技体育工作】 2016年，组织双牌县籍跆拳道、田径、举重等项目运动员参加省、市级比赛，获省级第三名1个，市级第一名8个。

卫生计生委

【概况】 2016年，县卫生和计划生育委员会下设县直医疗卫计机构6个（县人民医院、县中医医院、县疾病预防控制中心、县妇幼保健计划生育服务中心、县卫生计生综合监督执法局、县计划生育药具站），乡镇卫生院17家（其中建制卫生院11家，非建制卫生院4家，卫生院分院2家），民营医院2家。全县开设病床751张，其中：县直医疗机构病床440张，民营医院床位数110张，乡镇卫生院病床201张。全县人口自然增长率为5.98‰，符合政策生育率为93.36%，高于考核责任目标0.86个百分点。出生性别比114.01，比上年度下降0.02个百分点。流动人口管理到位率100%；征收社会抚养费110多万元；完成市分配的“两非”典型案例3例任务；免费孕前优生健康检查项目标人群覆盖率和月进度都达到省市要求。

【医药卫生体制改革】 2016年，双牌县新农合参合率连保持在95%以上，筹资标准由230元/人提高到470元/人，住院实际补偿率由60%提到65%，最高支付限额由6万元提高至15万元。全县开展大病保险工作，根据湘卫合管发〔2015〕2号文件精神要求，将儿童先心病、儿童白血病、乳腺癌、宫颈癌、终末期肾病等24个病种（组）列入新农合重大疾病救治保障范围，累计补偿1839人次，补偿金额894.99万元，个人补偿最高达15.59万元。开展县级新农合即时结报工作，简化参合群众办事程序，减少参合群众垫资负担。医疗服务体系建设不断加强。“十三五”期间，县中医医院医疗综合大楼争取中央预算内建设项目专项资金3120万元。应急处置中心2016年年底主体完工。全县医疗卫生机构现有病床751张，每千人口床位数3.4张。拥有执业（助理）医师297人，每千人口执业（助理）医师1.64人，注册护士290人，每千人口注册护士1.45人。县级公立医院改革成效显著。县人民医院和中医医院为双牌县县级公立医院综合改革实施单位，二所县级公立医院坚持把取消药品加成、调整医疗服务价格、创新补偿机制作为公立医院综合改革的突破口和主要抓手，创新医院管理模式、加强医院内部管理、优化服务流程、提高服务质量、加强临床路径管理，规范临床用药，降低医疗服务成本，减轻患者医疗负担。

【公共卫生服务】 2016年，全县传染病疫情保持平稳态势。全年有效处置大小疫情21起，继续保持全县无甲类传染病报告。全县共救治救助贫困重性精神病患者32人，超额完成省定重点民生实事项目。狠抓扩大国家免疫规划工作，推广普及巡回接种与定点接种相结合的模式，免疫规划疫苗接种率达到98%以上，乡以上预防接种门诊扫码接种覆盖率达到100%。妇幼保健水平显著提高。全县产妇住院分娩率达100%，新发接生率达100%，5岁以下儿童死亡率降至5.49‰；继续推行农村孕产妇住院分娩基本医疗全免费工作。开展农村妇女“两癌”普查，完成两癌普查1063人。落实出生缺陷综合防控工作措施，开展新生儿疾病筛查7850人，筛查率91.03%，较2015年提高20个百分点。免费补服叶酸9100人，增补率达92.3%。基本公共卫生服务逐步均等化。建立居民健康档案3万人份；规范管理高血压患者5200人，糖尿病患者600人，重性精神疾病患者150人。

【医疗卫生服务】 2016年，双牌县各医疗机构以开展“医疗质量管理年活动”“创建群众满意乡镇卫生院”等活动为载体，促进医务人员“三基”知识牢固掌握、病历文书内涵提升、诊疗方案科学合理、诊疗技术规范精湛，不断提高医疗服务质量。县人民医院精细化管理办公室每月定期或不定期对临床业务科室进行督查抽查，查阅在架病历1500余份，查出医疗缺陷30项，并根据缺陷性质找相应的主任医生进行约谈，通过约谈沟通，临床住院医生医疗缺陷较以前明显减少；县中医院多次开展基本技能操作、病历书写、护理技能大比武，全年组织业务学习6场次，理论考试3场次，提高医务人员技能操作水平；五里牌镇中心卫生院大力开展“三好一满意”活动，加强医护人员医德教育，努力提高医疗服务质量，被国家卫计委评为“群众满意的乡镇卫生院”。加强人才队伍建设。面向医学院校及社会公开选聘各类卫生人才22人，其中县直2人、乡镇20人；农村订单定向免费培养医学生签订协议1人，提高基层医疗卫生机构服务能力。建立卫生系统行风工作考核评价体系，量化细化考评指标，强化考评结果运用，实行“一票否决”。推行医务人员医德考评制度，促使医务人员牢固树立以病人为中心的服务理念。

【贯彻计划生育基本国策】 2016年，县委常委会听取卫生计生工作汇报一次、政府常务会研究卫生计生工作2次。加强后勤保障，按上级要求整合乡镇卫计队伍，设立卫生计生办和卫生计生综合执法监督所，乡镇卫生院加挂妇幼保健和计生服务站牌子；增加打击“两非”专项经费，每例5万元列入财政预算。县人口计生领导小组组织协调党政责任部门和综治成员单位，不断完善统筹解决计生工作综合协调机制，经过多次调研，形成多部门参与打击“两非”专项行动常态化制度。县分管领导多次带领卫计部门工作人员深入各县直单位、乡村调研督导；县级领导、县直单位主要负责人认真履行联乡包村职责，督导村级目标管理责任制落实。县委将人口理论、国策教育纳入全县精神文明建设、文明县城创建和美丽乡村建设规划，广泛宣传婚育新风、“全面两孩”新政及出生缺陷防控等人口计生政策法规，引导群众自觉树立科学、文明、进步的婚育新观念。进一步完善制度，落实责任。以《责任书》为抓手，按照“两学一做”的要求落实督察制度、联席会制度，实现资源共享、信息互通，各单位忠实履职，放眼全局，认真组织实施全面“二孩”政策。加大问责力度。对人口计生综治单位年终考核排名全市最后一名的取消年终综合评优评先资格，并对该单位主要领导、分管领导和专干启动执行力追责。全县14个党政综治单位定期由政府召集召开联席会，分析形势，分解任务，落实责任；主要负责人每半年向县委、县政府报告计生工作情况，牢记各自职责，做到守土有责、敢于担当。在2016年县委经济工作会上通报计生工作奖惩。对2015年度35个人口计生工作先进单位和20名先进个人进行表彰和奖励；对2015年度人口计生工作被列为黄牌警示的2个行政村予以摘牌，对2015年工作落后的1个镇6个村给以黄牌警示；对1个市管单位、1个村实行“一票否决”，并督促落实对相关领导的责任追究。

【依法行政】 2016年，双牌县针对全面二孩放开，重点抓政策外多孩的控制，加大计生法庭对多孩处罚力度，做到凡诉必先开庭先审理先执行的高压态势，有力地震慑政策外多孩生育。在加大“两非”打击力度方面，针对流动性大、作案隐蔽性强的特点，采取随机到非公立医院、个体诊所等地执法检查的方式，排查出两起“两非”线索，在公安部门的配合下，经与广东、浙江等跨省协作，成功破案，并进行处罚。

【计生服务】 基本公共卫生服务项目扩展到12大项45小项，人均经费提高到45元；按要求全县在6月底前做到基本公共服务经费50%下拨到基层，提高乡、村医务工作人员做基本公共卫生服务的积极性。认真落实《湖南省出生缺陷防治办法》，出台出生缺陷防治实施意见，加强出生缺陷三级防控工作，提高孕前优生健康检查覆盖面及婚前医学检查率。免费开展产前、新生儿筛查；补服叶酸等；启动适龄妇女“两癌”筛查项目，完成1000人的筛查任务；实行孕产妇、0~6岁儿童规范化管理，从宣传教育，疫情监测，监督采样送检入手，加强禽流感、结核、艾滋病、手足口病等常见传染病的防治工作，加强依法预防接种工作，实行接种疫苗规范化管理，做到适龄儿童安全有效、依法接种；继续深化医药卫生体制改革，实行药品网上招标、采购，乡镇卫生院实行集中配送，村卫生室纳入“基药”服务范围，让群众有更多的获得感。

【创新发展】 2016年，双牌县在春节、“5·29”、“7·11”等传统节日或纪念日，利用电视新闻、政府网站、宣传车、腰鼓宣传队，采取张贴宣传标语、发放宣传资料、面对面咨询等多种形式开展流动人口计划生育宣传服务活动。组织开展两次全县范围的流动人口清理清查活动，做好流入人口的宣传品入户、避孕节育措施、基本公共服务政策的落实。建立完善村级（社区）每月流动人口清理清查常态化工作机制。加强流出人口的信息采集，及时变更相关信息。规范管理“一盘棋”网络，流管专干每天登录客户端信息平台进行流动人口信息的接收和处理，有关妊娠、生养等重要业务信息必须及时通报驻村镇干部和村专干，核实准确无误后才能反馈，并将乡级信息反馈情况纳入县级年终考核。加强区域协作，深化“一盘棋”管理。与长沙市岳麓区、广东阳江市阳东区、佛山市禅城区、广西柳州市鱼峰区就流动人口双向服务管理创新工作进行区域协作，效果很好。加强公共服务，落实均等化工作。按照与户籍人口同等投入标准，特别是卫生计生整合以来，将流动人口卫生计生工作所需经费纳入本地财政预算予以保障。按照省市工作要求，将流动人口纳入基本公共卫生服务经费拨款基数，让流入人口享受本地居民同等的基本公共卫生服务。依托计生协会，促进服务管理。在流动人口集聚地建立计生协会，安排资金对流动人口困难户进行走访慰问。县卫计委和计生协会联合下发《关于计划生育协会积极参与卫生计生公共服务工作的通知》，在泷泊镇阳明社区创建流动人口计生协会。按照新的生育政策修订完善村规民约，调整协会活动室的政策宣传内容；每个村民小组发展2~3名骨干会员，并由骨干会员与重点服务对象结对子，督促签订诚信计生协议，引导其落实一项适合自己的节育避孕措施、参与出生缺陷干预宣传服务。

【流动人口计划生育管理】 2016年，卫生计生委围绕流动人口计划生育服务与管理，全县采集流出人口40585人，其中跨省流出人口35819人，省内流出4766人，比上年增加325人；采集流入人口1894人，其中跨省流入392人、省内流入1502人。办理区域协作违法生育个案32件，征收社会抚养费26.4万元，出具计划生育证明（函件）29份，办理流动人口婚育证明65份，撤销纠错违规个案1件。建立流入人口健康档案1642份，制作传染病防治、健康教育等专栏（板）12期，免费为流入人口育龄妇女健康检查102余人次。印发流动人口办证须知、均等化服务宣传资料各5000份。

【药具工作】 2016年，卫计委科学合理编制全县药具需求计划，加强药具计划执行、质量管理和随访服务，建立药具不良反应监测反馈制度。药具账表册资料齐全、上下一致、完整归档。全年举办12期业务培训班，通过培训考试，全县药具员合格率达100%。县药具站每月一次督查各乡镇，进一步夯实药具基层基础工作。狠抓流动人口药具宣传发放服务，让流动人口充分享受到“市民化”的药具优质服务。把避孕药具的发放宣传，同婚育新风进万家、“三下乡”以及“预防性病、艾滋病”宣传日、“禁毒日”、“人口日”“关爱女孩”等活动结合起来。参加宣传活动12次，全县应发放药具1439人，其中口服药2人，外用药14人，避孕套1423人。自购人数452人，达到药具综合比7%以上、有效率100%、发放城乡全覆盖。

【爱卫与献血】 2016年，卫计委推进爱卫办工作。定期召开调度会，大力开展爱国卫生月宣传活动，组织县直医疗卫生单位开展大型义诊咨询活动，接受居民咨询、义诊达1500多人次。印制发放《健康教育知识手册》《中国公民健康素养66条》共计1.5万册。制作各类健康教育宣传光碟200余张。开展“灭鼠”活动，全县投放灭鼠药8000余斤。举办健康教育与传染病防控培训班7期，培训基层专业人员累计达700人次。检查公共场所单位107家，供水单位6家，下达限期整改意见书29份。认真贯彻《中华人民共和国献血法》，加大宣传力度，落实工作责任。全县共完成无偿献血600人次，采血量达20万毫升，超额完成全年目标任务。加强对全县医疗机构临床用血监督管理，特别是基层医疗机构供血服务和用血管理，开展临床合理用血病例评价工作，确保血液供应安全有效。

疾病预防控制

【传染病防控】 2016年，双牌县疾控中心坚持以人禽流感、手足口病、狂犬病、艾滋病等重大传染病防治为重点，其他传染病常抓不懈的防治策略，全面落实各项防治措施。强化疫情报告和管理，全县报告法定传染病13种1416例，年发病率为786.67/10万。报告传染病死亡2人（艾滋病），死亡率为11.1/10万，病死率为0.14%。与2015年报告发病814例，死亡1例比较，发病增加585例，死亡数量增加1例，发病率上升41.82%，死亡率上升100%。与2015年报告发病病种比较：本年度报告13种，全年未发生狂犬病、乙脑、钩体病3种传染病。新增发病1种布病2例，本年度与2015年比较有上升的病种有淋病、痢疾、伤寒、梅毒、流行性感冒、手足口病；发病率下降的有：艾滋病、肝炎、肺结核、流行性腮腺炎和其他感染性腹泻；发病持平的有急性出血性结膜炎。无甲、乙类传染病暴发疫情，无突发公共卫生事件。疫情和死因网报系统健全，网报质量居全市前列，国家和省定死因监测任务如期完成，传染病漏报率控制在2.5%以内，突发公共卫生事件应急能力建设得到加强。及时上报2例布病个案调查。手足口病全年无重症和死亡病例，全年共完成手足口病散发普通病例采样55份，人禽流感防控，共采集县城内活禽交易市场和批发市场环境样品40份，职业暴露人群血清样品20份，未检出H7N9阳性的标本。5月起，开展霍乱疫源检索，对自然水体、疫区、医院污水、海（水）产品等进行采样检测，督促各乡镇及时开放腹泻病门诊，并做到“逢泻必检，逢疑必报”。

【救灾防病】 2016年，县内潇水河沿岸部分乡镇发生一次重大洪涝灾害，中心出动救灾防病机动队60余人次，车辆

15余台次，调拨“84”、漂白粉等消毒药品200余件，现场指导消毒40余处，实现大灾之后无大疫。

【卫生应急】 2016年，中心坚持节假期不休息，24小时应急值班，每2小时巡查传染病疫情网络一次，传染病预警信息响应及时率为100%，可疑传染病疫情判断基本正确率达到100%。

【业务培训】 2016年，中心全年对县直医疗卫生单位的传染病管理员和网络直报员、各乡镇卫生院院长、防疫专干、县CDC专业人员开展人感染H7N9禽流感、霍乱、手足口病、埃博拉出血热、登革热、中东呼吸综合征等传染病防控知识培训，并就传染病与死亡病例网络直报和应急处置实践技能展开现场培训。各类业务培训累计达300余人次，全面提高全县基层专业人员的技术水平和应急处置能力。

【免疫规划】 2016年，县疾控中心继续在全县范围内开展免疫规划扩大免疫，保证疫苗的冷链运转。同时，全年对全县所有乡镇至少进行2次以上的免疫规划专项督导。按照省、市要求，进一步对一类疫苗出入库进行规范化管理，做到账苗相符，市、县、乡一致。7—10月，开展新入学入托儿童预防接种证查验工作，对全县20所小学和49所托幼机构开展接种证查验：全县应查验儿童6657人，实查验儿童6657人，查验率100%；持接种证人数6381人，应补证人数277人，实补证人数277人，补证率100%；应补种人数1715人，实补种人数1698人，补种率99%。加强对全县儿童信息录入工作开展专项督导，通过强化督导，上报信息质量较去年同期大幅提高，录入率达90%以上，其中，县疾控中心接种门诊录入率达到100%，成为全县样板。另外，对全县三所哨点医院（县人、中两院和县保健院）每月分上、中、下旬进行AFP及麻疹病例的专项督导，全县继续保持无脊灰状态，全年未发现麻疹病例。

【食品安全与卫生监测】 2016年，共完成全县2个镇、2个超市、2个大市场、2个生产企业、20家早餐店食品安全风险监测点监测任务。完成40份蔬菜样的总砷和镉检测，20份食用油的酸价、过氧化值、总砷和铅检测，40份早餐米粉样的食源性致病菌、砷和铅检测，各项数据及相关性分析工作圆满完成。与食药局、工商、技监、教育等部门加强协作，全年共开展健康体检1160人次；对18所学校的餐具和饮用水分别检测采样80份和24份；对17家医疗机构的消毒效果监测采样318份；对宾馆、美发店、KTV等公共场所监测采集样50份。全年对县紫金供水有限公司的出厂水和管网末稍水检测采样320份。

【农村饮用水监测】 根据国家、省和市要求，全年分枯水期和丰水期对全县农村生活饮用水进行监测采样76份，乡镇水质检测覆盖率达80%以上。

【艾滋病防控】 重点开展防艾宣传和反歧视活动，继续落实综合干预手段和四免一关怀政策，整体推进一站式服务工作，检测、治疗、安全套推广等主要工作指标完成或基本完成上级规定指标。积极采取措施，巩固提高吸毒人员入组和持续服药人数。通过VCT咨询及检测、推广安全套、病人流调、发放宣传资料等方式，全力推进艾滋病综合防治，取得显著成绩。2016年新发14人，双牌检出4人，外省转入3人，湖南省及外市检出7人。年龄最大78岁，最小1岁。经性途径传播为主76/78、同性恋1/78、母婴1/78。

【结核病防治】 正确领会结核病诊疗转向政策，做到机构不撤、队伍不散、人员不减；积极采取措施全面完成市疾控下达的活动性肺结核病人发现

134例；认真落实国家、省市卫生、教育部门联合下发的文件精神，在坚持知情自愿自费前提下，对城区义务教育阶段学生首次开展结核病筛查工作。结核病网络专报质量提高，网报率和病人追踪率均达到100%。

【地方病、寄生虫病、慢性病防治】 2016年，中心顺利完成全县重点地方病防治“十二五”规划终期评估工作，按照评估方案要求采集居民食用盐300份，经检测碘盐覆盖率为100%，碘盐合格率大于90%。经评价，各项管理、技术均达到标准的要求，并通过市级业务部门考核，实现消除碘缺乏病的目标。在全县范围内开展“三热”病人疟原虫血检110人次，未发现疟原虫阳性病人。配合县卫生行政部门开展了重性精神病及其他慢性病人建档和管理工作，按照重点民生实事项目两项指标，完成重性精神病救治救助30人。

【健康教育】 2016年，中心制作健康教育宣传栏20多块，发放《居民健康素养66条》1万余册。利用“3·24”结核病防治、“4·25”计免、“5·15”碘缺乏病防治、“12·1”艾滋病防治等宣传日广泛开展健康教育活动，累计6场次，开展以提高全民健康素养为重点的健康知识讲座20场次，1000人参加知识讲座。

【质量管理】 2016年，中心积极做好实验室计量认证和食品检验机构资质认证评审准备工作，修订完善《质量管理手册》《程序文件》《作业指导书》，强化内审工作，规范样品送检、检测报告出具等工作行为。以内部绩效考核为抓手，强化中心内培和外培管理，提升部门工作质量。加强实验室能力建设，添置、安装离子色谱仪，原子荧光仪等急需精密仪器，提升检验检测能力，在全省室间对比和能力验证考核中获得两个“优秀”五个“合格”好成绩。

卫生计生综合监督

【概况】 2016年，县卫生计生综合监督执法局较好地完成各项工作任务，被县卫生和计划生育委员会评为先进单位，全市案件评比中分别获得一等奖、二等奖、三等奖各一名。

【医疗监督】 2016年，县卫生计生综合监督执法局组织开展打击非法行医、规范整顿医疗秩序监督检查，共出动执法车辆124台次、执法人员372人次，检查各级医疗机构124户次，监督复盖率100%。巡查农贸市场8个，立案查处未取得“医疗机构执业许可证”擅自开展诊疗活动案件3起，查处聘用非卫生技术人员案件6起，其中给予警告2家、责令整改6家，行政罚款9家，同时对2家医疗机构临床用血安全进行监督检查，规范医疗市场服务秩序，净化人民群众就医环境。

【传染病防治】 2016年，县卫生计生综合监督执法局按要求开展传染病防治消毒隔离措施落实情况和医疗废物处置重点监督检查，病原微生物实验室、消毒产品、预检分诊制度落实情况、医院感染、预防接种、春夏季传染病防控和餐饮具集中消毒企业规范化管理监督检查，共检查各级各类医疗机构124家，发现各类违法行为83家，其中责令改正60家，警告18家，立案处罚5家。

【公共场所监督】 2016年，县卫生计生综合监督执法局按照公共卫生国家抽检计划，检查重点公共场所经营单位13家，对存在公共卫生安全隐患的单位当场下达责令改进通知书，并进行现场指导。开展无公共场所卫生许可证经营专项整治行动，配合市场和质量监督管理局、公安等执法部门开展联合执法行动，加大监督执法力度，依法依规打击无证经营的违法行为。出动执法车辆100台（次），监督人员320人（次），发放宣传资料900份，监督检查公共场所经营单位77

余家，下达卫生监督意见书40余份，引导6户符合条件的经营户依法办理相关手续，从而规范全县公共场所市场经营秩序。全县77家公共场所全部实行量化分级管理，其中A级9家，B级36家，C级32家，量化分级管理实施率100%。

【生活饮用水监督】 2016年，县卫生计生综合监督执法局根据永州市生活饮用水卫生重点监督检查工作计划要求，开展两次生活饮用水卫生的专项整治工作。主要针对供水单位卫生许可情况、从业人员健康检查和卫生知识培训情况、卫生管理人员配备情况、生活饮用水安全防护和净化消毒管理制度落实情况、水源保护设立情况及水质检测检验情况等进行监督检查。对存在供水安全隐患的单位当场下达责令改正通知书。组织卫生监督员深入社区、农村、学校及人口密集的繁华商业区发放生活饮用水卫生知识宣传资料100份，并对涉水、管水人员进行1次饮用水卫生安全知识培训。查处未取得卫生许可证从事供水经营和饮用水混浊度未达标的单位1家。

【学校卫生监督】 2016年3月、5月、10月，县卫生计生综合监督执法局联合县市场和质量监督管理局、教育局以及县疾控中心开展3次学校（含托幼机构）周边食品安全、急性传染病防控、饮用水卫生安全、教学环境监督检查和学校卫生综合监督评价专项检查工作。针对1所小学未取得“生活饮用水卫生许可证”擅自供水的情况，给予责令立即改正，罚款1000元的行政处罚，针对教学环境不符合国家卫生标准的20家中小学校责令改正。

【计划生育监督】 2016年，对全县12个乡镇（局）的社会抚养费征收进行检查和指导，提出整改意见17条，帮助整改落实14条。加强全县计划生育执法人员业务培训。7月14—15日，县卫生计生执法局组织开展实施全面二孩政策和社会抚养费征收业务知识培训。完成上级交办的6人次涉嫌违反计划生育的信访案件，并形成调查结论书面上报。查处违反计划生育案件3起。在县卫计委的领导下，协助查处“两非”案件3起。

【卫生监督协管】 2016年，县卫生计生综合监督执法局协助、指导、督促各乡镇卫生监督协管站开展各项工作，指导乡镇卫生计生监督管理所制订实施方案，完善协管饮用水卫生、学校卫生、非法行医巡查记录、计划生育监督和信息上报，同时对卫生监督协管员和信息员开展2次业务知识培训，培训60人次。

【卫生计生宣传、培训】 2016年，县卫生计生综合监督执法局通过电视、墙报、横幅、宣传册等形式开展了春节期间、“3·15”消费者权益保护日、职业病防治宣传周、生活饮用水卫生知识宣传周、食品安全宣传周的宣传活动，并重点对《中华人民共和国献血法》《中华人民共和国精神卫生法》《护士条例》《人体器官移植条例》《公共场所卫生管理条例》进行宣传，共发放宣传资料8000份，张贴宣传画20幅，宣传展板20块，宣传横幅15条，接受群众咨询200余次，电视宣传播放5期。

县人民医院

【概况】 2016年，县人民医院完成门急诊量51471人次，比2015年增长18.2%；出院人次11449人，同期增长6%；全年业务总收入5600万元，同比增长16%；医院被评为全县“2016年卫生工作先进单位”。

【医院管理】 2016年，县人民医院实施公立医院改革工作为重点，按照上级公立医院改革要求，以破除“以药养医”机制为关键环节，以改革补偿机制和落实医院自主经营权为切入点，以医院实际情况为出发点，扎实推进公立医院改革工作，初步建立维护公益性、调动积极性、保持可持续性的县级医院运行模式。6月，院被县里确定为全县小额扶贫贷款经济责任主体，从县农商行争取扶贫贷款3000万元，与县财政部门衔接，化解医院债务1200多万元，与县里各部门沟通，争取政策资金400余万元。11月19日，县长肖质彬到院进行调研，并在会议室主持召开办公会，专题研究县人民医院相关工作，并于12月1日下发《双牌县人民政府县长办公会议纪要》，对医院新院搬迁建设的借款或融资资金由县财政贴息5年、医院编内人员2014年10月以来的养老保险金增加补助资金100万元等医院急需解决的8个方面问题进行明确，为医院更好更快发展奠定坚实的基础。制订《双牌县人民医院员工奖惩暂行细则》，对全院职工的工作纪律和工作作风做出具体的规范，解决医院懒、散、乱的工作作风，优化医院的工作环境，提高医疗质量，保障医疗安全。引进一些先进的医疗设备，四维彩超、体外碎石机已投入使用，核磁共振正在按照程序挂网采购中。新设备的投入使用，使医院诊疗能力和诊断水平将得到极大提升，一定程度上解决医院业务发展的"瓶颈"，满足群众需求。

【人才培养】 2016年，县人民医院注重抓好学术带头人和合理人才梯队建设，加强发展重点学科，做大做强临床科室，提高医疗技术水平，增强医院竞争实力。制订《双牌县人民医院专业技术人员外出进修暂行规定》，对外出进修、参加学历教育的医务人员在工资待遇、学习费用、工作安排等方面给予有力支持和照顾，全年选派学科急需专业技术人员到省、市三甲医院进修学习13人，医院通过自主招聘招收临床医师6名、护士20人，返聘医院退休医师专家3人，进一步充实临床队伍。对妇产科、小儿科加大扶持力度，着手神经内科、神经外科、新生儿科开科前期准备工作，按照二甲医院的标准进行分科设计，进一步做大做强医院。

【医德医风】 2016年，县人民医院落实和完善院务公开制度，医院的医疗服务、医疗价格、行风建设等向社会公开；在医院设置举报箱、举报电话，公布医院行风、纠纷等投诉查处的方式及查处时限，自觉接受社会监督。落实医疗服务价格管理法规，执行上级制订的收费标准；开展医疗服务价格大检查活动，加大督查力度，全面推行患者住院费用每日清单制，不分解收费，不超标准收费，不自立项目收费；实行单病种限价制度，规范医生用药，减轻患者经济负担，有效遏制"开单提成"和"大处方"现象的发生。建立BSC考核体系，对职工的工作量进行全面考核。完善修订《行风建设责任书》《社会服务承诺书》，做到医院对社会、科室对医院、个人对科室层层负责，从制度上规范医务人员的行为，使医院风清气正。

【公益服务】 2016年，县人民医院多次组织开展大型义诊活动，全年下乡义诊13次，派出医务人员100人次，免费接诊群众1537余人次。承担全县各单位职工健康体检、县征兵和高考体检工作，优质高效的完成体检工作。积极参与扶贫攻坚，主动与4个乡镇987户贫困户签订四方合同，多次深入县里确定医院的扶贫村——何家洞镇老屋张家村，为村里献策出力，为村里和村贫困户帮扶资金3万余元。

中医医院

【概况】 2016年，县中医医院总收入2148万元，同比增长17%；门急诊5.4万人次，同比增长4.8%；出院病人3036人次，同比增长6%；完成手术667台次，同比增长17%；床位使用率75%；病人平均住院日8.8天；药占比56%；入出院诊断符合率97.6%，住院危重病人抢救成功率92.5%。全院在职职工133人，副高级职称14人、中级职称37人。医院通过湖南省中医医院等级评审，被确定为“二级乙等中医医院”，院支部获“全县先进基层党组织”，医院获全县职工篮球赛“优秀组织奖”。

【医院整体搬迁建设】 2016年，医院继续推进整体搬迁建设项目，该项目于2013年年初启动，县委、县政府研究决定，在县城南征用土地（包括原党校）52亩，对院进行整体搬迁建设。整体搬迁建设规划按照二级甲等医院标准建设，分门（急）诊楼、住院楼、后勤保障系统等3大部分，总建筑面积为1.6万平方米，预计总投资1.2亿元。整体搬迁建设项目2013年启动，2015年9月正式动工，工程建设进展顺利。截至2016年年底，住院楼已完成全部主体结构及室内外粉刷，正在进行地砖、墙砖铺设及附属配套工程建设，预计2017年11月竣工验收；门（急）诊楼（原党校综合大楼）即将进行室内外改造装修及附属配套工程建设，与新住院大楼同时竣工验收；大门、围墙、食堂、院落硬化绿化等附属工程将同步进行。整体搬迁建设工程力争2017年年底全面完成并投入运营。

【公益服务活动】 2016年，医院积极开展“科技下乡”“中医适宜技术推广”和对口支援乡镇卫生院工作，重点对理家坪乡卫生院、泷泊镇永江卫生院、麻江镇卫生院、泷泊镇尚仁里卫生院、平福头卫生院进行帮扶，每周两次委派一名业务骨干到乡镇卫生院开展帮扶。超额完成全年无偿献血任务。组织专家到乡镇开展义诊活动8次，组织健康讲座8场次，免费发放药品价值2万元。

【技术队伍建设】 2016年，选派10余人到省级医院进修学习重症医学、儿科、麻醉、护理、超声医学、放射医学等专业，选派2人参加法医鉴定资格培训班学习，选派50余人次参加省级举办的短期培训班。拓宽新业务，为医院培养留得住的人才。招聘新毕业专业技术人员10人，同时接收大专以上毕业实习生和卫生院进修生10人。完成高校毕业生就业见习培养35人。根据科室开展业务情况，狠抓“三基”（基本理论、基本知识、基本技能）训练，突出“三基”理论学习和技能考核，以“二级医院评审”和“护士节”“最美医师”活动为契机，评选出“最美医师”2名、“雷锋式好医生”1名、优秀护理单元1个、优秀护士长2名和“护理明星”10名。

【重点专科建设】 2016年，医院成为湖南省中医药研究院附属医院肿瘤专科、心血管专科联盟单位，湖南中医药大学第二附属医院中医骨伤、肛肠专科联盟单位。医院现有心血管病科、针灸康复科两个省级重点专科，医院十分重视专科发展，精心打造中医专科品牌。针灸康复科、心血管病科经过几年的发展壮大，业务范围不断拓宽，临床疗效显著，中医特色突出，深受患者信赖，在县内具有明显的优势。医院在做大做强心血管病科、针灸康复科的同时还积极申报蛇伤科、脑病科两个市级重点专科。通过加强专科建设，医院专科优势逐渐凸显。

【核心制度落实】 2016年，医院建立健全质量管理控制体系及规章制度。临床科室均制订并实施常见病及优势病种中医诊疗方案。定期对方案实施情况进行分析、总结及评估，优化诊疗方案。对中医优势病种的疗效及中医药特色进行年度分析、总结和评估，并制订改进措施。院病案质量管理小组定期对病案进行抽查，对诊疗方案的实施进行监控。中医类别医师定期进行中医基础理论、基本知识、基本技能的培训与考核。按二级甲等中医医院设备配置标准，各科室合理配置应用中医诊疗设备，积极采用中医非药物疗法，开展各项中医诊疗技术项目，积极使用中药饮片及中成药。门诊中医药使用率达到50%以上，住院中医药使用率达到90%，中医药收入占业务总收入的比例基本达到20%。门诊中医处方合格率在95%以上，住院病案甲级率达到90%。

【医院感染管理】 2016年，医院定期开展院感相关知识培训，落实医院感染管理的各项规章制度，对医院感染管理实行目标管理责任制，规范医院感染监控措施。全年医院感染率为0.4%，感染漏报率为2.6%，均在国家卫计委规定范围内；各类环境监测合格率98%以上；传染病上报率100%。

【医院信息管理】 2016年，县中医院为提高医院质量和效率，满足医务人员工作需要，更好的为患者服务，建立和完善以电子病历为核心的医院信息系统；同时在医院新址正在积极建设“互联网+”智慧医疗平台，待医院整体搬迁后将全面启动并投入使用，实行医疗服务网络化，开通远程会诊，共享医疗资源，开展远程教育、中医药适宜技术视频培训。

妇幼保健计划生育服务中心

【两个系统管理】 2016年，县妇幼保健院采取五条途径进一步加强孕产妇长系统管理。加强对孕产妇的摸底、建册管理，孕产妇建册达97.1%以上，并对筛选出的高危孕产妇进行专案管理。加强高危筛查力度。组建专门的高危筛查小组，进村入户进行高危筛查，对评分10分以上的462名高危孕妇进行专案管理。加强督导工作力度，每季度对各乡镇孕产妇的摸底、建档、高危孕产妇管理、妇幼卫生项目工作等进行督导，对存在的问题及时提出整改意见，并限期整改。强化危重孕产妇评审工作。对具有代表性的2例危重孕产妇进行评审，制订干预措施。倡导自然分娩，控制剖宫产率。全县产妇数2163人，住院分娩率为99.8%，高危孕妇559人，高危住院分娩率为100%；其中剖宫产495人，剖宫产率22.8%，比2015年下降1.5个百分点。儿童系统管理工作。加强健康建档和管理。加强0~6岁儿童保健管理及健康建档工作，定期开展儿童健康体检工作，对筛选出的体弱儿进行专案管理。儿童健康体检13292人，较2015年同期增加112人。全年举办新生儿窒息复苏知识培训班1期，共45人参加，人人考核过关。开展新生儿死亡评审。全年开展1次新生儿死亡评审，针对问题，及时总结经验教训。全年5岁以下儿童死亡15人、死亡率6.89‰；新生儿死亡11人。

【妇幼卫生项目】 2016年，全县农村产妇1815人，补助1796人，补助率98.89%，补助金额61.195万元；救助贫困孕产妇65名，救助金额3.13万元，救助急危重症孕产妇40名，救助金额达5.46万元。农村妇女病普查普治工作。完成1026名农村适龄妇女两癌免检检查，检出6名宫颈癌前病变患者。预防艾滋病、梅毒和乙肝母婴传播工作。全县孕产妇HIV初筛2163人，孕期检测率90.7%，总检测率为100%，无确诊HIV阳性孕产妇；梅毒筛查2163名，孕期检测率90.7%，无确诊梅毒感染孕产妇；乙肝筛查2163名，孕期检测率90.7%，乙肝表面抗原阳性分娩99人，乙肝表面抗原阳性孕妇所生儿童接种免疫球蛋白97人（份），接种率为97%。婚前医学检查工作。结婚登记1075人，婚前医学检查1050人，婚检率为97%；检出疾病215人，婚检中心对患病对象进行了医疗保健指导。出生缺陷综合防控。2016年，新生儿疾病筛查97.70人，筛查率为97.7%；产前筛查1868人，筛查率

86.4%，其中，发现高危对象185人，转上级医院产前诊断的138人，产前诊断干预率为74.59%；2016年应服用叶酸2186人，免费补服叶酸2135人，增补率97.6%；服用依从人数1981人，依从率92.7%。

【健康教育】 2016年，中心制作《妇幼公共卫生项目宣传栏》200块，统一订作《孕产妇健康知识100问》和《宝宝健康知识100问》共2万本，发放到全县各村卫生室及防保站；开展各项义诊活动。利用“三八”“科普宣传日”“出生缺陷预防宣传周”和“7·11”世界人口日等深入乡镇开展8次义诊活动，发放各种宣传单及健康处方等1万余份；开展健康知识讲座。组织医务人员到12个乡镇（管理局）开展健康知识讲座，全县有650人参加知识讲座；在电视播放健康知识及相关新闻8次，通过多途径的健康教育，有效地提高服务对象的自我保健意识。

【院内临床业务】 2016年，保健院加大医疗核心制度的执行和落实力度，业务查房每周一次，科室业务督导每月一次。坚持业务学习制度。每月组织一次业务学习，包括手足口病、甲型H7N9等专题业务学习14次；组织理论知识考试2次，组织新生儿复苏操作考核1次。选派临床业务人员参加短期培训共12人次。规范医疗文书的书写。不定期抽查病历，重点督查病历书写的及时性、治疗计划的合理性等情况。在处方书写方面，年初组织全院所有医生及药剂人员重新学习处方书写规范，对处方书写提出新的要求。

社会管理与服务

民　　政

【优抚工作】　2016年，县民政局发放优待金128.2万元，为55名退役士兵发放一次性经济补助30.8万元。优抚对象的各项待遇落到实处，退役士兵安置改革稳步推进，安置城镇退役士兵58人。组织55名退役士兵进行职业技术培训，为他们创业提供技术保障。重大节日走访慰问重点优抚对象，发放慰问金14.8万元。第三个全国烈士纪念日，县委、县政府在阳明山举行公祭活动，向烈士家属代表发放慰问品。

【区划地名管理】　2016年5—8月，县民政局执行国务院《行政区域界线管理条例》和永州市民政局《关于联合检查永州市行政区域界线的通知》要求，县民政局与零陵区民政局共同进行县与县（区）行政区域界线的联合检查，由零陵区民政局牵头与县民政局的相关人员组成联合勘界组，对两行政区域界线全长152.7千米进行勘定，并分别写出联合检查工作报告，订立创建平安和谐协议书，恢复损坏界碑，按要求完成此项工作。根据县委、县政府的要求，对双牌县城的路、街、巷、小区所有的地名标志进行一次彻底清查，并严格按国家标准制作和更换地名标志，进一步提升城市品味，推进城镇进程。完成撤乡并镇的区划调整。10—11月，超额、按时、保质圆满完成并乡合村工作，合并乡镇3个，减少建制村81个，乡镇行政区划调整后，双牌县辖6镇5乡，114个行政村和3个城市社区。撤销永江乡、尚仁里乡和平福头乡，永江乡、尚仁里乡和平福头乡成建制合并设立泷泊镇，还将五里牌镇的佑里、佑上、人民洞等3个建制村划入泷泊镇，新设立泷泊镇，在原平福头乡乡政府所在地设置便民服务中心。

【民间组织管理】　2016年，县民政局经核准登记的社会组织139个，其中社会团体91个（经济类22个、科研类3个、社会事业类54个、慈善类3个、综合类9个），民办非企业组织48个。依法做好年检工作。对存在的问题及时提出并督促整改，对不按照规定未接受年检和长期未开展活动的社会组织依法予以查处和取缔。下发催办年检通知书5份，经年检不合格的社会组织58个，注销社会组织32个。新登记的社会组织把好审查关，坚持实地查看。凡名称不规范、场地、机构设置不符合条件的坚决不予审批。全年直接登记社会组织4个。对县城社区组织进行调查，开展登记备案工作，有12个。对其中12个社会组织进行集中管理和培训。培育和发展社区社会组织，资助社区社会组织服务中心2万元用于社区内独居老人、空巢老人及“三无”对象家庭提供安全防火检查及消防设施更换，并重点资助两家社会组织2万元进行社会组织党支部基础设施建设。年内成立社会组织评估委员会及复核委员会，召开社会组织负责人、业务主管负责人及评估专家会议。年内已有4家社会组织申报参评。

【殡葬改革管理】 2016年，县民政局出台《双牌县党员干部带头推动殡葬改革实施意见》、《双牌县2012—2020年殡葬事业发展规划》和《双牌县殡葬管理和改革工作联席会议制度》等三个文件；成立以四大家主要领导为顾问，县委专职副书记为组长，其他相关领导为副组长，相关部门主要领导为成员的殡葬改革领导小组，加强对殡改工作的领导。县人大将殡葬改革列入县人大唯一质询议题。在4月25日召开的专题询问动员会上，分管副县长付康成和各单位负责人在会上均作表态发言。县委、县政府领导高度重视，明确公墓区殡仪馆建设地址——泷泊镇观文口村寨子岭。成立公墓区殡仪馆建设指挥部，抽调县政法委、民政局、泷泊镇、国土局、林业局等单位12人组成工作组开展工作，明确一名副处级领导专抓，工作进展快。县政府常务会议研究决定由县财政安排公墓区和殡仪馆建设资金1000万元。

【救济救灾】 2016年，县民政局落实救灾资金380万元，储备救灾帐篷80顶、棉被1000多床、棉衣300余件。“两节”期间，受灾户也受到县、镇领导的走访慰问。此外，为全县所有农户投保农房保险。此项保险是：农房因自然灾害倒塌可获赔偿5000元。6月15—17日，湘江上游和双牌普降大到暴雨，导致县内潇水两岸村庄、农田、菜地受淹。有12个乡镇18957人受灾。农作物受灾面积667公顷，成灾550公顷（绝收117公顷），还有多口鱼塘被淹，成鱼走失，全县114户334间房屋严重受损，泷泊镇和五里牌镇受淹尤其严重。灾情发生后，发放救灾款物50万元，其中棉被200床、帐篷20顶、方便面200件、纯净水1000件。灾后，县委、县政府组建多个查灾核灾工作组深入灾区，进一步核实灾情，处理受灾群众生产生活问题，组织群众灾后重建。县民政局积极向省民政厅汇报灾情，获得省拨救灾款项目专项资金180万元，按受灾情况分发到各乡镇场。

【福彩销售】 2016年，双牌县福彩销售任务为1115万元，完成福彩销售任务11170276元，其中电脑票10262476元，即开票907800元。福彩形象站点建设全县已完成9111和5031两家形象站点建设，并通过市局验收。全面完成上级下达的销售和站点建设任务。全年累计投入福彩公益金990万元。用于乡镇敬老院、老年人日间照料中心、老年协会等农村基层公共基础设施建设。

【慈善工作】 2016年，县民政局成立慈善机构，解决人员编制。县编办“三定”方案成立双牌县慈善总会办公室，核定人员编制4人，在全县选调2名慈善办工作人员，向县委、县政府汇报县慈善总会会长人选，各乡镇成立慈善工作站。通过各类慈善活动，全年筹集善款善物300余万元。其中联系各类社会公益组织为山区贫困学生捐资助学20余万元，开展爱心圆梦活动资助30余名困难学子13万元，帮助21名抗战老兵募集生活费15万元；通过轻松筹等渠道帮助大病患者募集资金100余万元；开展白内障免费手术为700余名患者减免手术费200余万元；为部分学校和敬老院、便民服务中心争取创维集团饮水净水设备20套，价值8万元。按要求建设慈善超市，在超市、宾馆等人员密集处设立慈善募捐箱。

【老龄工作】 2016年，县民政局全面落实基本养老服务补贴。开展基本养老服务补贴动态管理工作，新增符合条件的审批纳入补贴范围，对死亡或身体好转的进行清退注销，补贴资金纳入年度财政预算。全县已审核审批的应补贴人数1429人，按照每人每月20元补贴标准，全部纳入补贴范围，覆盖率为100%，全年打卡发放基本养老服务补贴34.3万元。全面铺开城乡基层老年协会建设。省市分配双牌县城乡基层老年示范协会建设任务2个，建设完成五星岭乡孙家坪村、阳明山太平村2个基层老年协会试点建设。114个村委会和3个社区全面推开城乡基层老年协会建设工作，建会率100%。如期购买老年人意外伤害保险。10月28日召开有各乡镇分管领导、民政助理、社区主任参加的老年人意外伤害保险动员会，下发《2016年双牌县老年人意外伤害保险工作推广实施方案》，安排部署老年人意外伤害保险工作，分配老年人意外伤害保险推广任务。对农村“五保”老人、城市“三无”老人、城市低保老人、农村低保老人、重点优抚对象等五类特殊困难老人进行摸底，在2015年发放的名单基础上进行增减调整和动态管理，如期为全县五类特殊困难老人全部购买意外伤害保险，共计5764份，其中优抚对象1566人，“五保”对象634人，城乡低保和城市“三无”对象3564人，共支付保险费12万元，超额完成市局分配任务，参保率153%，社会老人意外伤害保险工作也正在积极收缴中，根据各乡镇上报的进度，全县完成10万元。及时发放90~99周岁老年人高龄生活补贴。5月底完成90~99岁高龄老人调查摸底和动态管理工作，经调查摸底，12个乡镇（管理局）共有90岁~99岁高龄老人212人，按照每人每月100元的标准，全年共打卡发放高龄生活补贴25.4万元。全面建成养老信息平台建设。居家养老服务信息平台选址于县福利中心，采取“公建民营”运行模式，县民政局负责投资建设软硬件设施，由双牌县康乐年华养老服务中心承包经营。养老信息平台建设已全部完成，并与康乐年华签订运营合同，正式运营。平台面积80平方米，其中呼叫中心60平方米，独立机房10平方米，档案室10平方米，有呼叫席位6个，配备服务器、后备电源、语言卡、机柜、交换机、电脑、空调、档案柜、沙发、电话等硬件设施，安装省厅指定的软神公司开发的应用软件，投入建设资金35万元。全面完成农村“三留守”人员摸底工作。县民政局、县公安局、教育局联合制订下发《双牌县农村留守儿童、留守妇女、留守老人摸底排查工作方案》，成立“三留守”人员摸底排查专项行动小组和指导小组，由联乡领导带队，加强对乡镇、村（社区）“三留守”人员摸底排查工作的指导。全县12个乡镇（管理局）、114个行政村“三留守”人员摸底排查工作按时完成。全县有农村“三留守”人员4559人，其中留守儿童2425人，留守妇女562人，留守老人1572人。全面完成养老机构责任保险投保工作。已与中华联合保险公司签订保险合同，养老机构共入住老年人185人，按照每人每年125元保费标准缴纳保险资金23125元。

【城乡社会救助】 2016年6—8月，组织各乡镇民政助理、社区主任培训后，在全县开展城乡低保等社会救助突出问题专项整治，至9月结束。经过整治，取消未年检、不符合条件的、已故的城镇低保对象83人，取消农村低保对象69人，新增55人；清理农村“五保”对象中不符条件，已故的186名，新增281人。城镇低保对象进出率为2.1%，农村为5.2%。全县分散供养的农村五保对象供养标准由2015年的2900元提高到3200元。1—12月累计供养“五保”对象10938人次，发放供养金305.68万元。继续推行“五位一体”的医疗救助体系，落实健康扶贫“三个一批”行动计划，规范程序、压缩审批环节，提高救助比例。全年发放大病救助资金2232人次，467.94万元。对生活出现突发性、临时性困难的家庭临时救助615人次，发放救助金89.74万元。及时发放残疾人“两项补贴”。县政府出台《双牌县困难残疾人生活补贴和重度残疾人护理补贴发放操作办法（试行）》，各相关单位通过按规定程序完成申报、审核、审定工作，并通过农村商业银行打卡发放到位。全年打卡发放 187.42 万元，其中困难残疾人生活补贴 1626 人，一、二级重度残疾人护理补贴 1563 人，省财政预拨资金 87.5 万元，县财政配套 117 万元，按实结算。在 7 月 1 日省联合督查组到双牌县督查时，认为双牌县是他们督查时唯一一个将补贴资金打卡到农户手中的县。

【婚姻登记】 2016 年，县民政局办理结婚登记 1051 对，离婚登记 400 对，历年婚姻档案信息全部录入系统并整理归档，婚姻登记规范有序，婚登信息与计生部门实现及时通。

【救助管理】 2016 年，县民政局积极开展“接送流浪孩子返校园”、“帮助智障人员回家庭”亲情行动和“寒冬送温暖”、“炎夏送清凉”专项救助工作，确保城市街面无流浪乞讨人员。全县有精神病患者 532 人，智障人员 110 人，孤儿 344 人，留守儿童 2425 人。全县救助流浪乞讨人员 1399 人次，其中送其返乡 96 人次，送精神病医院治疗 68 人次，临时安置 109 人次；劝送流浪孩子返校 52 人次，护送智障人员回家 73 人次，开支救助经费 110 万元。

旅游外事侨务工作

【概况】 县旅游外事侨务局 1999 年 8 月成立，原名为双牌县旅游局，2002 年更名为双牌县旅游外事侨务局，增加外事和侨务两大职能，属正科级全额拨款事业单位，归口县人民政府，2016 年有 7 名工作人员。2016 年，全县全年接待游客 452 万人次，实现旅游综合收入 22.5 亿元，分别同比增长 21.2%、25.7%；接待入境游客 3300 人次，创外汇 7.9 万美元，分别同比增长 36%、50%。

【旅游业绩】 2016 年，双牌县获全市旅游产业发展“先进县”，湖南省全域旅游“先锋县”，阳明山获 2016 湖南最佳避暑圣地，桐子坳获“2016 年度湖南省美丽乡村建设示范村”“2016 年度湖南省宜居村庄”，坦田村获“全国最美古村落”，塔山婆婆原生态野生茶场获“全国最美茶园”称号，永之源生态茶业公司在“互联网+茶金融创新论坛暨第四届中国功夫茶大赛”上获红茶类金奖，老福岩山庄获批湖南省五星级乡村旅游服务（区）点。双牌旅游产品——剁椒河鱼成功申报市级非遗代表性项目。江村访尧村列入第四批中国传统村落名录。阳明山国家森林公园阳明山村、茶林镇桐子坳村、麻江镇白水岭村、泷泊镇吉江村（合并后为塔山村）、上梧江瑶族乡上梧江村、江村镇访尧村、理家坪乡坦田村入选全国旅游扶贫重点村，麻江镇廖家村入选湖南省旅游扶贫重点村。

【旅游发展】 在 2016 年党代会、人代会上，双牌县正式确定发展全域旅游的战略，明确“旅游+”和“+旅游”的发展思路，布局以县中心城区为核心，以县城经二广连接线、S350 线至阳明山为东轴，以县城经潇水河道、G207 国道至江村镇、理家坪乡为南轴，以县城经 S350 线至何家洞镇为西轴，以县城经“双零”一级公路至五里牌镇为北轴的“一核四轴”全域旅游发展新格局，全域旅游已成为县委、县政府的中心工作和全县上下聚力攻坚的重点领域。

【系列节庆活动】 2016 年 4 月 28 日，双牌县成功举办第十届阳明山“和”文化旅游节开幕式，本次节会由中共双牌县委、双牌县人民政府主办，由阳明山管理局承办。省市电视台、报刊主流媒体，以及微信、微博和红网等新媒体全方位报道活动盛况，有效提高双牌旅游的美誉度和知名度，提升景区人气。

【宣传促销】 2016 年，围绕

“潇湘文化之源，品质活力永州”总体旅游品牌，推广举办“秀峰文化座谈会”、“永州作家走进桐子坳采风”、“梦回大汉”文化礼乐演绎活动等宣传活动。投资80余万元，在二广高速、永连公路、G207国道、县城进出口设立大型户外旅游形象广告。积极参与省市旅游部门组织的推介活动，编制全县旅游宣传画册、折页，订作宣传光碟，参加永州—昆明、永州—广州航线开通推介活动、张家界湖南国际旅游节，四川峨眉山旅游博览会、湖南省第七届旅游博览会，宣传营销力度不断增强。在深圳、上海和杭州等地的招商推介活动中，旅游项目占到全县招商项目40%。同时，大力组织旅游、商务、旅游景区和企业联合进行宣传促销，建设旅游产品和电商一条街。举办“源味双牌十大名特”和“源味双牌十大名菜”评选活动，把舌尖上的双牌推向一个新的高度。此外，按照《永州市旅游志编纂工作实施方案》要求，组织人员编写《双牌旅游志》。通过一系列的宣传促销活动，积极推荐双牌县旅游资源。

【旅游规划】 2016年，聘请湖南博思旅游规划设计有限公司编制《双牌县“十三五”旅游发展规划》。高标准的旅游规划有助于县旅游科学、有序的开发，做到统筹兼顾，保护开发相结合，避免重复建设和破坏性开发，对县旅游发展具有重大的意义。

【智慧旅游建设】 2016年，为进一步提升旅游行业管理和旅游公共服务信息化水平，抢抓建设“数字景区”和“智慧景区”高点奠定基础，县委、政府研究决定在桐子坳景区进行智慧旅游平台建设，景区智慧旅游按照“导览、导购、导游、导视、导航”五导功能要求，框架建设基本完成：游客可以通过“湖南旅游官方手机APP”可轻松了解游客中心等主要景点实况，通过视频导视游客可直观解景区动态；游客无需再排队买票，可以在双牌旅游电商网和手机客户端购买桐子坳景区门票，在景区游客服务中心自助取票机上刷身份证或者输入购票的手机号码自助取票；通过网站和手机客户端还可预订景区宾馆、酒店、农家乐和土特产等商品和服务；建成智能人流和车流分析系统，自动统计进入景区的人流和车流状况。桐子坳景区智能监控中心和大型户外LED高清屏建设完成，配合智能人流和车流分析，可以及时更新的发布旅游信息，为游客提供“人性化”服务。

【旅游安全监管】 2016年，旅游系统组织开展常规性检查6次，专题检查4次，对旅游景区、星级酒店、旅行社营业部、旅游购特示范点和星级乡村旅游服务（区）点等旅游企业进行地毯式检查，并与之签订安全生产责任状。对于在检查过程中发现的各种安全隐患建立台账，督促整改，责任到人，时间到天。对于每一个旅游安全隐患，局里都安排专人负责跟踪督促，动态管理。全年全县旅游市场秩序和安全平稳有序，未发生一起重大涉旅投诉案件、涉旅重大安全事故、游客伤亡事故。

双牌日月湖国家湿地公园

【概况】 双牌日月湖国家湿地公园位于潇水、日月湖及周边区域。从双牌县潇水大桥开始，沿潇水往上至理家坪车龙村的水域（大坝以上称“日湖”，大坝以下称“月湖”）及周边河汊水系、部分山林地。湿地公园由南向北呈狭长型廊道走向，全长约51.5千米。湿地公园日湖以水域周边第一层山脊线或公路为界，包括周边的河汊水系；月湖西岸以双电公路为界，经县城沿河堤至潇水大桥，东岸以干渠为界，至霞灯村附近接防洪堤至潇水大桥，规划公园是湘南生态绿心。公园森林覆盖率高达98%以上，水质常年在Ⅱ类以上，是一级水源地保护区，负氧离子达到70000个/立方厘米，常年平均气温22℃，属于国际上公认的最适宜人类居住区域。公园湿地生物宝库。日月湖湿地具有生物多样性丰富、地理成分复杂多样、广布植物繁多的特点。已知的国家Ⅰ级保护野生动物中华秋沙鸭，国家Ⅱ级重点保护野生动物赤腹鹰、燕隼等7种，国家重点保护植物3种。公园是潇湘旅游新星。日月湖享有“湘南小西湖”的美称。沿湖而上，群峰簇拥，曲折迂回，高峡平湖，风光旖旎，山堪比桂林秀，水堪比漓江美。沿途浮洲岛、月亮湾、黄龙山、瑶乡民俗、江村八景如颗颗明珠镶嵌在一幅流动的画卷上。公园是科普宣教重地。日月湖属于我国南方库塘和河流型湿地生态的国家典型，是科普宣传教育的天然博物馆。即将建设的湿地宣教中心，湿地植物园、浮洲岛湿地恢复工程，秋沙鸭保护基地等，都将成为科普教育、科学研究、教学实习、观鸟和青少年自然知识教育的基地。公园是历史文化秘境。日月湖是具有浓郁的地方风情和深厚文化底蕴的国家级湿地公园。流传许多关于尧、舜、象的传说，历史悠久的族谱文化，古代灿烂的农耕文化，目前还保留有访尧古民居、国家历史文化名村坦田村、南宋状元吴必达的吴家大院等。日月湖还是少数民族聚居地，有独特的瑶家吊脚楼、热情的瑶乡男女、丰富的队歌和民族舞蹈、可口的瑶家风味小吃。

【管理机构规划】 2016年，按照政府统一领导，湿地公园管理，部门单位分工协作的管理模式，双牌日月湖国家湿地公园成立“湖南双牌日月湖国家湿地公园管理委员会”，由双牌县人民政府主管林业副县长任主任，由县林业、发改委、国土、水利、旅游、环保、农业、建设、电力等相关部门为成员。下辖由林业主管部门牵头的“双牌日月湖国家湿地公园管理局”，负责整个湿地公园的保护保育管理工作。管理局行政上隶属于双牌县人民政府，业务上直属双牌县林业局领导，属公益事业单位。根据公园性质、职能范围和管理项目等实际情况，双牌日月湖国家湿地公园的机构及职能设立为办公室、科研监测科、计划财务科、公园派出所、保护科、社区共管科、宣教与休闲管理科等，主要负责整个湿地公园日常水文、气候、水质、监测工作；负责湿地安全保卫、护林防火；负责湿地公园内生态保护保育、环境卫生、医疗服务、环境绿化美化工作；负责湿地公园宣教和科教接待工作；负责湿地公园的对外宣教和旅游开发管理工作等。

【公园管理】 2016年4月成立双牌日月湖国家湿地公园管理局，共定全额事业编21人，机关设办公室、财务室、科普宣教股、科研监测股、保护管理股5个股室，下设中华秋沙鸭监测保护站，塘底、上梧江、江村、理家坪5个保护管理站（中华秋沙鸭监测站正在建设、上梧江监测站准备启动建设），并聘请5名巡护员。加大宣教力度。开通双牌日月湖国家湿地公园网站、微信公众号。开展日月湖河道保洁、摄影大赛、logo征集、2月2日湿地保护日、野生动物保护宣传月等宣传活动，组织招聘的5名巡护员积极开展日常巡护工作。联合县畜牧水产局对电鱼、毒鱼、捕鱼等违法行为开展3次专门执法活动，收缴非法工具20余个、放生各种鱼类100余尾，批评教育捕鱼人员30余名；联合县水利部门对采砂行为给予严厉打击，捣毁挖砂船2艘；联合县林业部门开展两次乱捕滥猎专项整治活动，放生各种野生动物20余只。县委、县政府在浮洲岛沿江水域组织全县各级各有关部门放生各种鱼类10万余尾。加深科研监测。在双牌电站、双牌大坝、上梧江等监测点，为5名巡护人员制订具体的监测巡护路线、时间，要求对日月湖重要地段进行动植物资源监测，记录物种的生长变化情况，收集日常的野生动物和人为活动情况，及时留下影像资料，并将收集到的资料整理归档。

【发展规划】 2016年，打造日月湖国家湿地公园旅游综合开发项目，争取成功创建AAA景区。日月湖的日湖范围内将规划建设大坝、塘底、上梧江、江村及访尧5个旅游码头，目前已完成规划设计，月湖范围内将进行浮洲岛进行湿地保护与恢复建设开发，打造鸟类栖息和观鸟赏景的天堂。结合泷泊国际慢城项目建设，泷泊国际慢城总投资20亿元，规划面积约23平方千米，项目规划建设慢城花海、慢城游步道、慢城民宿、慢城水上乐园、慢城露营地等项目，通过日月湖旅游综合开发项目和国际慢城项目的开发建设，将极大地推动双牌县全域旅游的发展。

镇乡场概况

泷泊镇

【概况】 2016年，泷泊镇撤乡并镇后，原泷泊镇、永江乡、尚仁里乡、平福头乡和五里牌镇人民洞、佑里、佑上3村合并新的泷泊镇，全镇辖3个社区27个行政村，总面积323平方千米，总人口10.17万人。全镇地势东北高西南低，属亚热带季风湿润气候，年降水量约1526毫米，年均气温18℃，最高气温40℃，最低气温-1℃。潇水河自南向北贯穿泷泊、霞灯、江西、良村、佑里、沙背甸、枫木山和平福头8个行政村流入五里牌镇。自然灾害主要是水灾、泥石流。境内花岗岩和石灰石储量丰富，开采价值较高。是全县重要产粮区和工业基地。

【农业】 2016年，全镇耕地总面积2200公顷，林地总面积1.1万公顷。农业总产值达12.2亿元。粮食作物以水稻为主，粮食播种面积2067公顷，全年生产粮食2.8万吨。其中水稻2.2万吨，红薯（折粮）0.6万吨，玉米0.21万吨，马铃薯种植面积67公顷，产量250吨；经济作物主要以茶叶、油菜、水果、蔬菜、马铃薯、香芋和莲子为主，其中，茶叶种植面积534公顷，产量1.2吨，油菜种植面积135公顷，产籽25吨，水果种植面积67公顷，产量2.8万吨，蔬菜种植面积534公顷，香芋种植面积40公顷，产量450吨，莲子种植面积13.5公顷；畜牧业以牲猪山羊养殖和为主，全年牲猪饲养量3万头，年末存栏1.2万头。饲养山羊5000只，牛2000头。家禽饲养量达26万羽。渔业以山平塘、小（2）型水库放养为主，养殖水面200公顷，年产鲜鱼0.25万吨。全年植树造林面积200公顷，其中防护林135公顷，经济林0.18公顷，“四旁”绿化13.5公顷，林木覆盖率82%，活立木蓄积量为86万立方米。

【工业】 2016年，泷泊镇工业有南岭民爆和双牌电站两大龙头企业以及华瑞科技、九星化工、永盛化工和双牌竹产业科技加工园等重点企业，工业园区有乐福地、键特电子等10家企业，有木材加工产12家、茶叶加工产3家、红砖厂2家。

【商贸】 2016年，全镇商贸发达，餐饮、旅馆等服务业十分活跃。境内有星级宾馆3家，私人旅馆86家工业，餐饮店和特色小吃260个，集贸市场4家。社会商品销售总额达12亿元，城镇集市贸易成交额9.5万元。

【基础设施建设】 2016年，全镇基础设施建设力度不断加大，交通网络初步完善，洛湛铁路、G207国道和双红公路穿越全镇。硬化乡村公路64.8千米，实现村组通水泥公路，总里程830千米，开通客运线路8条，营运总里程159千米，营运客车40辆。2016年底，双牌大道正式通车。年末城镇道路总长度为28千米。建有城区自来水厂1座，铺设干线水管8.6千米，日生产能力860吨，垃圾场1个，日处理垃圾180吨，自来水受益村24个。全镇拥有10千伏及以上变电站5个，主变电器108台。

高压输电线路6条，总长度162千米。

【教育】 2016年，全镇有普通高中1所，初级中学4所，小学6所，幼儿园（所）38所，在校学生13499人，专任教师1245人，九年制义务教育覆盖率100%。在职中小学教师中具有中级职称216人，高级职称45人。全镇有各类科技人员283人，其中专业技术人才131人，经营管理人才165名，技能人才135人，农村实用人才312人。

【卫生】 2016年，镇内有5家大型医疗机构和4家卫生院，固定资产总值1.39亿元。全镇新型农村合作医疗参保人数为63191人，参保率为97.6%。居民平均寿命78.6岁，其中男性77.2岁，女性79.7岁。5岁以下儿童死亡率、婴儿死亡率均为0。2016年医疗机构完成诊疗5.3万人次，出院病人2541人次。法定报告传染病发病率为0.2357/万。农村安全用水率100%；城镇安全用水率97.35%。农村卫生厕所率为81.56%。

【文化体育】 2016年，全镇有体育场地36处，小游园5处，25个村安装健身体育器材，经常参加体育活动的人占常住人口的56%。有线电视入户率为97.6%，村村通工程全覆盖，网络入村率100%，入户率22.6%。

【综合治理】 2016年，在境内主要路口安装电子监控，全年破获犯罪团伙2个，治安拘留147人，刑事拘留37人，逮捕6人，起诉31人，全县综治排名第一，全市综治先进乡镇。

【党建】 2016年，全镇有58个基层党组织，2520名党员，年内发展预备党员24人，处理违纪在职干部2人，村干部2人，党员3人。全年组织开展志愿者义捐3次，捐款3.8万元。

【民生】 2016年，城镇最低生活保障121户253人，；农村最低生活保障1250户2120人；农村“五保”集体供养42人，农村“五保”分散供养52人。农村医疗救助2314人次，民政部门资助参加合作医疗120人次，农村临时性救助368人次；自然灾害受灾人数2530人，紧急转移85人；农作物受灾面积3221亩，直接经济损失2300万元。国家优抚补助各类对象625人，新增社会服务设施5个，其中社区服务中心1个，社区日间照料床位12张。人均居住面积，城镇为28.2平方米，农村为21.2平方米，彩电、空调、冰箱入户率分别为98.6%、32%、86%。

【财政金融】 2016年，全镇财政总收入1242.6万元，其中地方财政收入1242.6万元，税收689.2万元，其中国税300万元，地税389.2万元，有农商银行网点8个，邮政储蓄网点6个，各类存款52.6亿元。

五里牌镇

【概况】 五里牌镇位于县境北部岗地平原区。东邻平福头乡，南连泷泊镇，西、北界零陵区。2016年全镇总面积94.75平方千米，3959户，16542人。耕地1567公顷，山林面积8527公顷，楠竹1467公顷，木材储积量11.2万立方米，地质结构：以G207国道为界，西部多为山地，东部为平原、丘陵，土壤层较厚，土壤层平均厚度为40米，主要是二元结构的含沙黏土，土地肥沃，出产丰富，盛产：粮食、大豆、花生、柑橘、西瓜、水晶梨、水蜜桃和各种蔬菜。境内交通方便，区位优势比较明显，G207国道穿境而过，五向公路、五柏公路是五里牌镇的2条交通主干线。水资源丰富，潇水河绕镇而过，山塘水库星罗棋布，境内有小（1）型水库1座，小（2）型水库11座，农业灌溉以水库和机埠灌溉为主。集镇面积

2.57平方千米，是双牌县的北大门和农业大镇。高山林木葱郁，平地稻花飘香，是双牌县的重要粮食产区。洛湛铁路临西穿过，潇水长年通航。镇政府驻五里牌村，辖五里牌、柏木塘、青山里、红福田、潇水湾、大叶江、盘大岭、全家洲8个村，112个村民小组。全镇现有在编在岗干部39人（行政编制15人，事业编制24人，不含财政、司法、国土、林业等站所人员）；班子成员11人，其中党委委员9人、副镇长2人（交叉任职1人）、人大副主席1人，主任科员2人，副主任科员1人。另有大学生村干部1人。

【精准扶贫】 2016年，全镇认真开展贫困户建档立卡工作，做好数据比对、排查和核实，做到扶贫对象精准。结合镇区位优势和自然条件以及群众的生产习惯，重点在盘大岭、大叶江两个山区村发展林竹产业和牛羊养殖产业；在红福田、五里牌、黄泥坡3个镇区近郊村发展蔬菜种植和优质水果产业；在潇水河沿线村发展水产养殖产业，通过因地制宜、精准施策，实现脱贫项目精准。同时，按照“五个一批”脱贫攻坚行动计划，争取盘大岭村异地扶贫集中搬迁项目，已完成项目选址，正在实施电力标线搬迁和征地等各项工作，项目完成后可帮助16户65人，精准扶贫户改善住房条件，实现安居乐业。

【基础设施建设】 2016年，全镇投入600余万元的政府公租房、中心小学公租房和卫生院医技楼改扩建等工程项目竣工，将交付使用；投入1300余万元的集镇道路提质改造工程已完成启动，并完成休闲广场的规划建设；向阳河双季稻产业示范区建设已全面完成，落实种植267公顷；投入600余万元的中心幼儿园建设项目正在有序推进，已完成2层主体工程；投入40余万元修建大叶江、麻园里等村引水沟渠5条3500余米；投入10余万元整治盘大岭等村4处严重的地质灾害、山洪易发地段；投入6万元余修建向阳河道垮方护坡3处150余米；投入350余万元完成寿塘、蜂子庙、高峙塘里等病险水库的除险加固工程，为巩固农业生产地位、夯实农业发展后劲奠定坚实的基础。

【综合治理】 2016年，五里牌镇为促进和谐社会建设，切实强化安全生产、综治维稳等工作措施，并狠抓落实，通过细排查、勤调处、责到人、严值守等工作措施和“党政领导包片、驻村干部包村、两委干部包案”的“三包”责任机制，全镇没发生到市赴省进京上访事件、安全生产事故和森林火灾。积极主动、全力以赴做好G207国道改扩建等县重点项目的协调服务和矛盾化解调处工作，确保各项目顺利推进。

【党建】 2016年，五里牌镇党委换届工作圆满完成，2016年4月依照法定程序，完成五里牌镇第十届委员会的换届选举工作，高票选出新一届党委委员、纪委委员。把村级活动场所建设作为党建工作的重中之重来抓，为抓出成效，帮助想点子、出主意、筹资金、调矛盾，6月初完成大叶江、红福田、黄泥坡3个村的活动场所建设，实现村级活动场所全覆盖。把发展壮大村级集体经济作为增强农村党组织功能的重点工程来抓。结合各村实际情况，因地制宜地采取土地租赁、盘活闲置资产、创办实体等形式，实现村级集体经济“清零”计划，有9个村通过创办葡萄、芦笋基地，村级集体林场，村级集体养殖场，村级水产养殖基地等，集体经济收入超过4万元。为进一步方便群众办事，提升工作效率和群众满意度，多方筹措资金10余万元高标准建设镇便民服务中心。

【民生】 2016年，城镇最低生活保障43户，120人，每月40770元；农村最低生活保障635户，868人，每月105391

元，农村“五保”分散供养44人，每月11748元。国家优抚补助各类对象50人，支出101942元。

【财政金融】 2016年，全镇财政总收入563.52万元，其中地方财政收入472.74万元，基金及其他收入34.93万元，其中：征收社会抚养费13.8万元，其他收入21.13万元。税收129.89万元，其中国税21.47万元，地税108.42万元。镇信用社存贷款余额分别为1.82亿元和6794万元，同比增长19%和27%；农民人均纯收入达3516元，同比增长15.8%。

江村镇

【概况】 江村镇位于双牌县南部丘陵区。东界宁远县，南连理家坪乡，西邻打鼓坪乡，北接上梧江瑶族乡，镇域南北长25千米，东西宽30千米。辖区总面积161.532平方千米，其中耕地面积609.2公顷，林地面积13104.6公顷。距双牌县城60千米，乘船沿双牌水库至县城35千米。现辖19个行政村（合并后10个），172个村民小组，202个自然村，20866人。其中双牌水库水淹区村8个，移民后扶安置村4个，移民2400户，8650人；全镇贫困人口954户，3392人，其中干漯、金滩、访尧、白果、花坪、清明田6村列为重点扶贫村。是双牌县的劳务输出大镇，外出务工人员5000余人，劳务收入1.2亿元，外出务工人员主要以20岁至55岁青壮年为主。因属于额斯特地貌，地表水资源少，水资源匮乏，饮用及灌溉水多依靠地下水和山塘水库调节。近年来，江村镇被评为“湖南省安全生产示范乡镇”“湖南省生态镇”“湖南省诗词之乡”。下辖的访尧村已上报国家级历史文化名村、省级重点文物保护单位。境内兼有山地和丘陵盆地，以中低山岗为主。主干河潇水（亦称“舜德河”）流经镇域上流江、江村、访尧、五里、金滩、唐家漯、牟江7村，河面水域宽阔，境内流长37千米。支流有发源于上梧江瑶族乡北源村魁山坳南麓的谢江（原名麝水），西南向流经境内小岱、清明田村，至上梧江瑶族乡新田铺入潇水，河长37.2千米，流域面积101.8平方千米。有庫河（清代称大江桥水，濂涛湾水）发源于平山寨东麓，流经江村镇至濂涛湾入潇水，河长9千米，流域面积47.7平方千米。牟江，流经牟江源、白果、牟江口村注入潇水。上流江，为上流江村境内河流，发源于大婆漯，全长7千米，流经上流江村口注入潇水。镇域属中亚热带大陆性季风湿润气候区。气候温和，年均气温17.6℃，四季分明，春夏雨量充沛，秋冬季降雨为全年30%左右，年均降水量1512.4毫米。日照较为充足，年日照为1390小时。境内土壤类别多样。主要有板页岩红壤、黄红壤、黄壤和黄棕壤等，其土地肥沃，但土层厚薄不一，质地较黏，通透性差。农田有浅黄泥，黄泥田和青泥田。部分区域旱土黄泥土居多，个别地方有沙石土。水资源丰富，适宜林木和各种农作物生长。水能蕴藏量3万千瓦，实际可开发量1.5万千瓦。利用双牌水库库叉水面围栏养鱼可开发面积107公顷。农作物生姜、大豆、花生、红瓜子等县内外闻名。旅游资源丰富，有历史人文和自然旅游景点20余处。

【经济发展】 2016年，江村镇国民生产总值为9800万元，财政收入350万元，农民人均可支配收入9020元，农民新建住房拔地而起，人均住房面积由1992年20平方米提升为2016年的25平方米。各种高档家具、品牌消费品快速进入居民家庭，人民生活蒸蒸日上。

【农业】 2016年，全镇稻田580公顷，旱地147公顷，林地面积1.4万公顷，农业总产值达4260万元，比2015年增长1.6%。粮食作物以水稻为主，粮食播种面积540公顷，粮食产量5762吨。经济作物主要有油菜、油茶、柑橘、生姜、金橘、蔬菜等，2016年油菜种植面积41.1公顷，产籽约150吨，柑橘种植面积100公顷，产量达4500吨，生姜种植面积100公顷，产量4000余吨，金橘种植54公顷，产量400吨。2016年，通过努力，加快农村土地流转，引进和发展了等一批企业和专业合作社，流转出66.7公顷山地种植金橘，74公顷土地种植纱糖柑。畜牧业以牲猪养殖为主，全年牲猪出栏2.6万头，山羊1300只，黄牛1200头，全乡有年出栏100头以上的养殖大户76户。境内依据国家实施退耕还林政策，发动群众对承包宜林荒山、荒坡造林绿化。实施世界银行贷款造林。全镇累计造林1万公顷，森林蓄积量23.39万立方米，森林覆盖率72.7%。

【工业】 2016年，全镇有各类工业企业22家，主要工业企业有双足鞋厂等，深受消费者青睐的“名优特新”产品有天堂茶叶、剁椒河鱼等。全镇企业从业人员860人，企业总产值2563万元，其中工业总产值452万元。企业从业人数、企业总产值分别比2015年增长5%和8%。

【旅游】 2016年，江村镇有访尧古村、日月湖湿地公园、山圩水市、仙人飞渡、文塔、仙人礅、仙人岩等众多历史人文和自然景观，游客暮名前来观光游览。围绕日月湖湿地公园旅游区规划，加大对旅游产业投入，建设完善景区景点，深度挖掘新的旅游资源，经过3~5年努力，力争将江村打造成具有江南水乡特色的旅游胜地。

【商贸】 2016年，全镇有面积4.6万平方米农贸市场一个，个体工商户120余家，从业452人，服务范围涵盖物流、餐饮、家电维修等众多行业，社会商品零售总额和集市贸易成交额分别为3600万元和3200万元。县农村商业银行江村分行全年吸收居民储蓄存款1.3亿元，发放支持工农业生产和个体工商业贷款2870万元。同比增长15%。

【交通运输】 2016年，全镇村村通达水泥公路，公路总里程150千米，其中有90%的村民小组通达公路或简易公路。镇内有个体客运班车15辆，从事江村至双牌，江村至道县、牟江至双牌3条专线客运业务，每天往返24个班次，年发送旅客20万人次。除客运之外，有各种货运车78辆，年货运能力达30万吨。境内有个体客轮14艘，从事江村经上梧江至双牌水库大坝客运业务，每日往返8航次，日载客量达400人次。2016年年末，年发送旅客15万人次，年运输收入60万元。

【邮政通信】 2016年，镇内开办的主要业务有信件、包裹、邮政汇兑、报纸杂志订阅发行，机要专递等业务。双牌至江村由每日水上客轮转递，境域内设江村至理家坪乡群力、江村至马家、江村至上流江、江村至牟江4条乡邮路线，配邮递员步班投递。邮政业务面扩大到邮政储蓄，办理居民存贷款事项，2016年，境内80%以上居民使用移动通信。

【供电饮水】 2016年，镇域实现供电无盲区，全镇年用电量达60万千瓦时。全镇投入居民安全饮水资金600万元，修建储水池65个，安装饮水管4万米，除小岱、牟江源外，山区居民饮水问题得到解决。

【水利建设】 2016年，全镇投资600万元的小农水建设、1000余万元的八庙洞河道改造工程已竣工验收。投资80万元对三岔漯、竹叶洞2座小(2)型水库除险加固，投资10余万元对张家岭提灌工程继续维护，解决沿岸6000余亩稻田灌溉和提升防汛处险能力。

【村镇建设】 2016年，全镇

60%居民家庭建起现代新式住房，人均住房面积达25平方米。境内15个村建起活动中心，安装太阳能路灯500余盏，建垃圾站15个，配垃圾回收箱2000个，卫生清理员40人。集镇区域面积40公顷，建成面积18.5公顷，居民人均住房面积17平方米。2016年年末，江村集镇区面积达200公顷，建成区面积达180公顷，有纵横街道8条，总长6千米。自来水管网、有线电视网等公共服务设施覆盖集镇每个居民家庭。

【教育】 2016年，全镇有中学1所，教师39人，在校学生456人。小学3所，专任教师82名，在校学生1109人。幼儿园5所（公办1所），教师35人，入园幼儿478人。

【卫生】 2016年，全镇新型农村合作医疗参保人数为19033人，参保率为92%。有各级医疗卫生机构20个，零售药店4家，其中中心卫生院1所、村医务室19个。有病床位49张，医护人员43人。除江源、小岱、上流江外，全镇已实现基本实现自来水通户，农村安全用水率99.2%；城镇安全用水率100%，农村卫生厕所普及率为83.7%。全镇未发生一起群体性公共卫生事件。

【文化体育】 2016年，镇有文化站1个，工作人员3名，村文化中心10个，各类文化专业户5户，各类图书室15个，藏书3万册。体育以政府、学校为重点。镇政府建有篮球场和健身器材，中小学校有篮球场6个，综合运动场3个，配有各种体育设施，每周由专任体育教师分班级讲授体育课程，组织学生开展篮球、乒乓球、羽毛球等不同类型体育活动。政府机关不定期组织各单位和友邻开展篮球联谊赛、自由赛，五一、国庆等节日开展拔河等活动。不同年龄人群开展跳广场舞、打太极拳、登山、自行车赛跑等活动，促进全民健康。“村村通”工程全覆盖，网络入村率100%，入户率60%。

【综合治理】 2016年，全镇排查矛盾纠纷230起，成功调处化解216起，成功率达94%。发生治安26起，未发生刑事案件。投入30余万元完成镇网格化管理的“三个中心”和6个示范村的硬件建设。以开展“监管执法年”和“大排查大管控大整治”等行动为契机，排查整治各类安全生产隐患21处，关停非法经营企业2家，将河道非法采砂船舶被全部取缔，境内采砂被全面禁止。

【党建】 2016年，全镇有党支部23个，正式党员600余名，年内发展预备党员4名。深入开展“两学一做”学习教育，每名党员领导干部深入支部上党课4次以上。加大阵地建设力度，重点抓好马蹄村的活动室建设；积极开展评优评先活动，营造争先创优的良好氛围。

【民生】 2016年，全镇干部职工年平均工资3.6万元，农民人均可支配收入9020元，人均住房面积25平方米。城镇最低生活保障户数24户、30人，支出8.6万元，月人均250元；农村最低生活保障户数811户、971人，支出134.4万元。农村“五保”集中供养23人，农村医疗救助102人次。国家抚恤、补助各类优抚对象72人。有中心敬老院1所，床位50张，收养农村“五保”人员23人。全镇参加新型农村养老保险7862余人，参保率90%。

茶林镇

【概况】 茶林镇位于双牌县东北部，全镇东西最大距离14.5千米，南北最大距离12.2千米，总面积129.8平方千米，距县城40千米，辖9个行政村，100个村民小组，2543户，总人口1.1万人。系桴江流域，有较宽的山间盆地，以中高山为主，境内气候属亚热带季风湿润气候区，夏天酷热、冬天严寒、积温多、无霜期长、平均气温16.7℃，年平均降雨量1581毫米，宜农宜林，素有“林海之地”和“银杏之乡”的美称。流经境内主要河流有桴江、大河江，桴江发源于歇乌庵山南麓，南流经阳明山国家森林公园、茶林镇，过木斗庙、杉木滩出境，到零陵归富家桥、迻底乡注入潇水河，全长63.7千米，流域面积330.3平方千米，河床平均坡降17.3%，上游有北江、东江、南江、小黄江、菖浦源、枧木源、黄蘗源7源，中下游有小河江、全药冲、坪溪江、大兴江、林江口等6条支流。流域内除小河江支流外，均为高峰峡谷，森林繁茂，水能蕴藏量2.86万千瓦，其中可供发电的1.82万千瓦。境内森林资源丰富是双牌县木材主产业。矿藏十分丰富，具有开发价值的有铅、锌、铁、锡、钨等。

【农业】 2016年，茶林镇有农业人口10348人，占总人口的94%；耕地面积374公顷。农业总产值6400万元。粮食作物以稻谷、玉米、红薯、马铃薯为主，粮食总产量2950吨，人均268.18公斤，其中稻谷2500吨，玉米350吨，薯类22吨。经济作物有油菜、花生、三木药材等，花生产量30吨。林地总面积1.04万公顷，实施退耕还林619公顷、天然林保护工程6534公顷。年末，森林覆盖率85.7%，活立木蓄积量30.9万立方米。有林业育苗基地2个，集团造林10个，绿化率达67%。以湖南恒康药业集团万亩中药材基地为龙头，培育发展产业合作社3家，葡萄、蔬菜、粮食、药材等种植大户21户。通过土地经营权承包流转和推行“公司+协会+农户”的经营模式，建成联合村100公顷药材种植基地、新院子村6.7公顷黄栀子射干套种基地和20公顷玉米基地、桐子坳村20颂花海种植基地、廖家湾村6.7公顷黄桃种植基地和高峰村竹笋生产加工基地。全镇共有山塘18口，中型水库1座，引水渠2条，引水量为300万立方米，有效灌溉农田面积267公顷。现已发展养牛合作社1个，中小型养猪基地12个，特种养殖基地6个。

【工业】 2016年，境内有竹木加工、针织厂4个、自来水厂1个，纯净水厂2个，小水电站5座，总装机3.5万千瓦，碎石场1个。

【商贸】 2016年年末，全镇个体工商户170户，从业人420人；餐饮服务行业40户，从业人员100人。全镇完成地区生产总值0.98亿元，增长10.52%；社会固定资产投资1.9亿元，增长22.3%；规模以上工业总产值实现4000万元，增长11.2%。

【基础设施建设】 2016年，茶林镇按照“规划先行、注重特色、远近结合、协调发展”的理念，先后投资近100万元完成茶林集镇总体规划、桐子坳景区规划和老院子、廖家湾等村的美丽乡村建设规划，整合各类资金近千万元，完成污水管网和排水沟建设5000余米，种植银杏、红枫等绿化大苗1000余株，完成通组通户公路硬化和村道白改黑7千米，对二广高速沿线可视范围内的47幢“裸房”进行立面改造。投资100余万元重点解决了20多项群众在道路交通、农田水利等方面反映的突出问题，小河江的河道整治率达80%，桐子坳村的通组通户公路硬化实现了全覆盖，高峰村的茶阳公路纳入“十三五”规划并启动招标，1组的通组公路已拉通路基年底完成硬化。有邮政代办所1处，报纸、杂志累计期发行35种153份。电信企业1家，固定电话用户31户，移动电话用户2123户，互联网用户104户，全年电信业务收入18万元。有线电视用户1123户，入户率92.8%。

【教育】 2016年，全镇共有中心学校1所，在校初中生511人，教职员工44人；茶林中心幼儿园 1 所，在校幼儿 150 人，私立幼儿园 2 所。政府财政对教育的资金给予充分保障，预算内教育经费占财政总支出的 4%。

【卫生】 2016 年，镇内有各级医疗卫生机构 4 个，其中镇卫生院 1 所，村卫生室所 9 个。病床 30 张。专业卫生人员 5 名，执业医师 5 人，执业助理医师 2 人。医疗机构完成诊疗 5000 余人次。新型农村合作医疗参合人数 1.1 万人，参合率 100%。

【文化体育】 2016 年，茶林镇综合文化站设有多功能活动厅，用于辅导培训教育、图书馆阅览等，共享工程活动室，管理用房、以及演出、阅览、培训、展览、体育健身设备齐全。文化站管理规范，书目齐全，运行良好。全镇有体育场地 16 处，9 个村安装健身体育器材，经常参加体育活动的人占常住人口的 8%。有线电视入户率为 97.6%，村村通工程全覆盖，网络入村率 100%。

【综合治理】 2016 年，全镇共发生刑事案件 2 起，破获 1 起，刑拘 5 人，破案率达 50%，治安案件 7 起，拘留 6 人，结案 7 起，查处率达 100%；人民调解民间纠纷 58 起，调处率 100%，调解成功率 90.6%，全镇共有专职治安联防队队员 34 人，镇村两级共有巡逻队员 34 人，坚持每周不少于三天分组巡逻。

【党建】 2016 年，全镇有基层党组织 12 个，正式党员 491 名，培养入党积极分子 20 人，新发展党员 6 人，转正预备党员 6 人。推进桐子坳村等村级阵地规范化建设，集体经济收入去空白率 100%。实施农村“领头雁”培训工程，采取集中“走出去，请进来”的方式培训“两委”干部 3 批 96 人次，选派 16 名机关优秀党员干部到村任党建指导员。

【民生】 2016 年，城镇最低生活保障 37 户，46 人，每人每月 267 元；农村最低生活保障 462 户，487 人，每月 116000 元，农村“五保”分散供养 45 人，每人每月 223 元。农村临时性救助 200 人次，支出 4 万元；国家优抚补助各类对象 113 人，支出 14 万元。

【财政金融】 2016 年，全镇完成地区生产总值 0.98 亿元，增长 10.52%；社会固定资产投资 1.9 亿元，增长 22.3%；规模以上工业总产值实现 4000 万元，增长 11.2%；新引进投资超过 2000 万元的项目 2 个。

何家洞镇

【概况】 2016 年，何家洞镇镇辖老屋张家瑶族村、槐树脚、付家湾、蔡里口、倪家洞、贤源、大宅、二井江、粗石江、何家洞、双江、水银江、朝阳庵 13 个村民委员会，162 个村民小组总人口 13890 人，总面积 197.7 平方千米，其中耕地 688.44 公顷，林地 17582.7 公顷。镇域东西宽 18 千米，南北长 20.3 千米，人口密度为每平方千米 71 人。属于典型的山区镇，地形以山地为主，为南岭山脉都庞岭支脉紫金山系和戴花山、四方山支脉。境内河流属于潇水流域，为贤水河的发源地，共有大小河溪 48 条，俗称“四十八江”。境内气候宜人，雨量充沛，属中亚热带季风湿润气候区，受地势影响，山地小气候特征明显。冬天比较寒冷，霜冻期较长；夏天白天气温较高，夜晚气温较低，昼夜温差较大，日照比较充足，年日照为 1250 小时；全年平均气温为 16℃左右，年降雨量 1540.6 毫米。境内成土母质主要为砂岩和板页岩风化物，土壤类型多样，主要为山地黄壤土类和水稻土类，占全镇土壤的 80% 以上，适合竹木生长。主要资源有森林、水能、野生动植物资源等。森林覆盖率达 84.6%，植被以楠竹、杉木为主，占植被的80%以上。竹木资源丰富。全镇楠竹面积8254公顷，为双牌县第一大楠竹基地；用材林以杉木为主；珍稀树种有水杉、楠木、银杏等；经济林有山苍子、油桐、黄柏、杜仲、厚朴、漆树等。溪河密布，水资源丰沛。水能蕴藏量达10万千瓦，实际可开发量为5万千瓦。辖区共有村（居）民3022户，总人口13890人，其中非农户235户。总人口中，男性7306人，占52.6%；女性6584人，占47.4%。人口出生率10.7‰，死亡率5.73‰，人口自然增长率4.97‰。

【农业】 2016年，全镇水稻播种面积467公顷，玉米播种面积133公顷，粮食种植面积保持稳定；完成苦荞种植6.7公顷；完成土地流转面积87公顷，有效制止耕地抛荒。新造杉木林267公顷，抚育870公顷，楠竹低改1000公顷，房前屋后和“三边”绿化种植苗木1.2万余株；新增槐树脚茶叶和金槐套种基地20公顷，小坪里黄栀子药材种植基地6.7公顷，虎爪姜种植基地6.7公顷，新增100只以上的山羊养殖大户5户、养牛大户2户。

【工业】 2016年，全镇有各类工业企业15家，从业人员600余人，年总产值3000万元。

【商贸】 2016年，全镇共有工商个体户80户，交易商品有畜禽、水产、蔬菜、成衣、农资、竹木制品、家用电器、土特产等200余种，年商品购销额达2351万元。提质改造市场，面积达300平方米，结束依公路摆摊售货的“马路市场”历史。年集市交易额达6785万元。

【基础设施建设】 完成粗石江、蒋家洞5米宽的旅游公路建设6.6千米，完成水银江、小斗里、蒋家洞村3.5米宽通畅公路建设5千米，完成二井江、大宅、蒋家洞、何家洞、奉家、付家湾、石榴江、槐树脚等村35千米公路的拓宽改造工作；投入10余万元完成蔡里口小学门口段河道治理60米；投入100多万元完成何家洞村菠萝岌地质灾害治理；新安装太阳能路灯64盏；对集镇农贸市场进行提质改造，坚决取缔马路市场，经营秩序得到有效改观；196户农户启动了危房改造和维修工作。13户建档立卡贫困农户共31名贫困人员实施县城集中安置，28户农户实施地质灾害避让搬迁。全镇已完成林改面积1.76万公顷，纠错面积110公顷；上报漏登山林面积120公顷，补发证件100公顷；成功调处矛盾纠纷山225公顷。建制村合并，由原来的22个合并为现在的13个建制村，村党支部、村委会及村民监督委员会于5月上旬全部挂牌，资料已整理归档；原来22个村的村级财务清理全部完成。

【教育】 2016年，全镇有中学1所，小学2所，幼儿园（所）1所，在校学生1121人，专任教师57人，九年制义务教育覆盖率100%。2016年教育经费600万元，比2013年增长10%。在职中小学教师中具有中级职称32人，高级职称14人。

【卫生】 2016年，全镇新型农村合作医疗参保人数为12515人，参保率为90%。居民平均期望寿命75岁，其中男性74.3岁，女性75.7岁。5岁以下儿童死亡率、婴儿死亡率均为0。2016年医疗机构完成诊疗2万人次，出院病人1000人次。法定报告传染病发病率为0。农村安全用水率86%。农村卫生厕所率为75%。固定资产总值130万元，专业卫生人员20人，其中，中级职称2人，专业技术人员18人，执业医师2人，职业助理医师9人，注册护士6人，平均每千人拥有卫生人员1.6人。

【文化体育】 2016年，镇内新建的镇文化站正式投入使用，文化站管理规范，书目齐全，运行良好。全镇有体育场地5处，小游园2处，5个村安装健身体育器材，经常参加体育活动的人占常住人口的10%。有线电视入户率为100%，“村村通”工程全覆盖，网络入村率100%，入户率37%。

【综合治理】 2016年，镇内社会管理综合治理工作常抓不懈，矛盾纠纷排查化解、科学应对突发事件等调处应急机制健全，调解处理各类矛盾纠纷58起，没有发生一起到市赴省进京上访案例；网格化管理全面启动，镇机关三个中心已全部装修挂牌，社会大局稳定和谐。

【党建】 全镇中共党员749名，合并村前全镇26个党支部，合并后为17个党支部，最大的支部为何家洞村党支部，党员人数141名。2016年开展党员义务清扫河道一次。

【民生】 全镇共有87名无依无靠的“五保”老人和9名孤儿得到政府资助或集中供养；14户22人享受城市最低生活保障，531户730人享受农村最低生活保障（其中31户贫困农户103人享受低保兜底），97人享受五保政策，19名参战退役军人得到优抚；330余名中小学贫困寄宿生享受生活困难补助。

【财政金融】 2016年财政总收入368万元，税收47万元，其中国税16万元，地税31万元，分别比2015年增长10%。2016年年末有农商银行网点1个，各类存款9000万元，人均存款7000元，比上年递增8%。2016年全镇地方生产总值达到2.33亿元，比上年增长7.8%；全社会固定资产投资达到6000万元，比上年增长28%，农民人均纯收入达到3660元，比上年增加212元。

麻江镇

【概况】 麻江镇位于双牌县东部，全镇东西最大距离31千米，南北最大距离36千米，面积81.7平方千米，镇治距县城35千米，辖8个行政村，112个村民小组，2079户，总人口10860人。全镇地势西高东低，属亚热带季风湿润气候，年降水量少于1250毫米，年均气温21℃，最低气温-1℃，最高气温40℃。麻江河自北向南从该镇麻江村入境至新湾福村流出，全长29.8千米，流域面积为61.4平方千米。全年无霜期为312天。境内森林资源丰富，是双牌县木材主产业。矿藏十分丰富，具有开发价值的有铅、锌、铁、锡、钨等。自然灾害主要是山体滑坡。

【农业】 2016年，麻江镇耕地面积345公顷，农业总产值5300万元。粮食作物以稻谷、玉米、红薯、马铃薯为主，粮食总产量2102吨，人均193公斤，其中稻谷1700吨，玉米272吨，薯类130吨。经济作物有油菜、花生等，花生产量20吨。畜牧业以牲猪养殖为主，全年生猪饲养量2500头，年末存栏2000头。饲养山羊1500只，牛240头。家禽饲养量达4.2万羽，其中，廖家村和南漯村养鸡场占地50亩，年产肉鸡2.5万羽，上市2万羽，年纯收入30万元。全年植树造林面积80公顷，林木覆盖率87.3%，水果种植面积48公顷，产量31.5吨。油茶山地面积41.5公顷，年产纯茶油2.2万公斤。

【工业】 2016年，麻江镇有竹木加工1个、自来水厂1个，小水电站1座，碎石场1个。

【商贸】 2016年，全镇个体工商户122户，从业人312人；餐饮服务行业29户，从业人员72人。全镇国民生产总值1.068亿元，同比增长18.1%；完成固定资产投资4050万元，同比增长20.5%；镇信用社存贷款余额分别为5940万元和1740万元，同比增长17%和2.2%；农民人均纯收入达2516元，同比增长15.8%。

【基础设施建设】 2016年，新修毛里湾、漫藏源通畅公路4.5千米，打通南溧村断头路4.5千米，扩宽民智村、荷叶塘村公路8.5千米，基本实现组组通公路。实施小农水、土地整理267公顷，新修机耕路13千米，灌溉沟渠1.8万多米，农业生产条件大幅改善。民智、牛栏坪、毛里湾等偏远山区组修建饮水工程3处，农电网改造90%以上，移动通讯盲区减少，宽带网络沿永连公路覆盖。全镇14个村主干道全部通畅，公路建设向村组支线延伸，规划建设总里程56千米。年末城镇道路总长度为2.8千米，人均拥有道路长度为0.2米。建有集镇自来水厂1座，铺设干线水管3.6千米，日生产能力260立方米，年人均生活用水8立方米。

【教育】 2016年，镇内有幼儿园2所，在园幼儿98人，专人教师5人；中心学校1所，在校学生558人，专人教师45人，小学适龄儿童入学率100%，政府财政对教育的资金给予充分保障

【卫生】 2016年，镇内有各级医疗卫生机构15个，其中镇卫生院1所，村医务室14个。病床13张。2016年医疗机构完成诊疗4100余次。新型农村合作医疗参合率100%。农村安全用水率96.24%；城镇安全用水率97.35%。农村卫生厕所率为81.56%。

【文化体育】 2016年，有镇文化广播电视站1个，村级文化活动中心14个，农家书屋14个，藏书10万余册。全镇有体育场地16处，经常参加体育活动的人占常住人口的8.9%。有线电视入户率为97.6%，村村通工程全覆盖，网络入村率75%。

【综合治理】 2016年，全镇排查矛盾纠纷157起，成功调处化解155起，成功率达98.7%。民调上半年及全年成绩排全市前列，全县第一位，连续多年实现到县以上上访零纪录。

【党建】 2016年，全镇有党支部15个，党总支3个，党员445名，发展预备党员5名。深入开展“两学一做”学习教育，每名党员领导干部深入支部上党课4次以上，党员干部深入基层“听民意，了民情，解民忧”，全镇党员素质明显增强。全面落实“一三五”治理模式，“三会一课”“四议两公开”等制度得到常态化执行。全面整顿软弱涣散党组织，牛栏坪村党支部通过整顿实现进级进位。县委及县委组织部组织全县党务骨干在镇召开党员积分管理现场会，镇党员积分管理经验在全县范围得到推广。

【民生】 2016年，城镇最低生活保障16户，68人，每月28900元；农村最低生活保障347户，483人，每月54759元，农村“五保”分散供养35人，每月9345元。国家优抚补助各类对象39人，支出5万元。

【财政金融】 2016年，全镇财政总收入403.42万元，其中地方财政收入368.92万元，其他收入34.5万元。税收55万元，其中国税32万元、地税23万元。完成固定资产投资4050万元，同比增长20.5%；镇信用社存贷款余额分别为5940万元和1740万元，同比增长17%和2.2%；农民人均纯收入达2516元，同比增长15.8%

上梧江瑶族乡

【概况】 辖区总面积185.02平方千米。陆地占95%；水域5%；林地面积1.87万公顷，耕地面积765公顷，总体上呈现“九山半水半分田”的格局；人口密度为每平方千米17人。2016年，合村后辖上梧江、潘家溧（蒋家田与枫木山合并）、山峰（山峰与平溧合并）、新福禄（新华、福禄）、新田岭（大竹溧、新田岭、田家洞三村合并）、新田铺、盘

家（下岭铺与盘家合并）、新立、青春、社江源（禾山岌、高枧、罗家）、进宝（北源、进宝）、马家、林江（林家、熊家）13个村民委员会，177个村民小组。辖区总户数4317户，总人口14515人，男性7748人，占人口总数的53.38%；18岁以下3622人，占人口总数的24.95%；18~35岁4179人，占人口数的28.8%；其中少数民族人口5086人，占人口总数的35.05%，且以瑶族居多，4385人，占总人口的30.22%。境内地势以山地为主，山地地貌分布全境、东北地区呈低山丘陵地貌，境内山脉发育，整体呈沟谷型，南部稍宽，北部较窄。潇水上游自新田铺村入境，由西向东，流经上梧江、蒋家田、下岭铺、枫木山村境域，长8.2千米，现为双牌水库水域，可通行各类船只。土壤类型多样，主要有黄色石灰土，黄壤性土、石灰性紫色土等9个土类，以黄色石灰土面积分布最大，占全乡土壤面积的70%以上。一般土壤厚度在60厘米左右，土壤侵蚀敏感性强，水土流失较为严重。乡内资源丰富。森林覆盖率达86.8%，活立木蓄积54万立方米，楠竹蓄积10万根，可年出口木材1万立方米，楠竹1万根；盛产“虎爪姜”和山苍籽，年产量分别为7000吨、200吨，产品远销泰国等国家和中国港澳地区及内地广东、海南等省市。水能资源异常丰富。潇水从乡内穿境而过，可开发水能7万千瓦。旅游资源丰富。地处有“小三峡”之美称的双牌水库库区内，有潇水两岸秀丽的风光、优美的生态和独具特色的瑶文化与民俗风情。

【农业】 2016年，全乡总耕地面积765公顷，总林地面积1.78万公顷，农业总产值达6800亿元。粮食作物以水稻为主，水稻播种面积644公顷，产量2088吨，红薯种植面积150公顷，产量352吨，玉米种植442公顷，2078吨，油菜种植31公顷，产籽38吨，蔬菜种植444公顷，产量19874吨。畜牧业以生猪为主，全年生猪饲养量5783头，年末存栏2154头。饲养山羊7802只，牛6727头。家禽以“森林土鸡”饲养而闻名，家禽饲养量达69579羽。渔业以水库网箱放养为主，养殖水面32公顷，年产鲜鱼356吨。全年植树造林面积57公顷，水果种植面积18公顷，产量195吨。油桐籽年产量82吨，乌桕籽年产量36吨。

【基础设施建设】 2016年，全乡13个行政村全部完成通畅公路，175个村民小组实现公路通达，乡域公路总里程达300千米。完成禾清跨县公路建设，完成山峰、平瀖等村8千米的通畅公路建设，新修和改建70余条通组公路，维修河道2300余米，新修和维修水沟、水渠3000余米，实施新田岭、蒋家田等四个村的人畜安全饮水工程，解决1000余人的饮水问题。2016年，乡境有客运班车，日往返开行4个班次，年客运量5万人次。水运有上梧江至双牌水库大坝客运船只6艘，日往返12航次，年载客量7万人次。

【综合治理】 2016年，在境内所有机关安装电子监控，全年刑事立案4起，破获3起，刑拘4人；治安行政立案8起，查处8起，行政拘留10人。

【教育】 2016年，全乡有幼儿园1所，入园幼儿33人，幼教教师2名。小学1所，在校学生96人，专任教师17名，适龄儿童入学率100%。九年一贯制学校1所，有教师38名，在校学生150人。

【卫生】 2016年，乡中心医院有医务人员11名，其中职业医师1名，助理2名，注册护士2名，病床18张。村卫生室10个。零售药店1家，全乡新农合参保率100%。

【文化体育】 文化站管理规范，书目齐全，运行良好。全乡有体育场地3处，小游园1

处，8 个村安装健身体育器材，经常参加体育活动的人占常住人口的 12%。“村村通”工程全覆盖，网络入村率 100%，入户率 20%。

【党建】 2016 年，全乡中共党员 662 名，预备党员 4 名，基层党组织 32 个。

【民生】 2016 年，全乡有 80 名无依无靠的“五保”老人和 9 名孤儿得到政府资助或集中供养；18 户 23 人享受城市最低生活保障，64 户 179 人享受农村最低生活保障（其中 16 户贫困农户 47 人享受低保兜底），89 人享受“五保”政策。25 名参战退役军人得到优抚。

【财政金融】 2016 年财政总收入 552.17 万元，税收 30.5 万元，其中国税 4.6 万元，地税 25.9 万元。2016 年年末有农商银行网点 1 个，各类存款 7189 万元，人均存款 4700 元，比上年递增 9%。

塘底乡

【概况】 塘底乡地处五岭山脉北部和湘南阳明山区，潇水穿腹而过，乡治距县城 22 千米，辖 6 个行政村，82 个村民小组，2119 户，总人口 7582 人。全乡面积 117 平方千米，地势西高东低，属大陆性特点较浓的中亚热带季湿润气候区，地势复杂，气候变化大，春雨时间长。年降水量 1500 毫米以上，年均气温 17℃，最低气温 5℃，最高气温 41℃。境内东南有麻江河穿流而过会于潇水，形于“Y”型，潇水纵流而过。全年无霜期为 341 天。本乡境内构造复杂，地层以浅变质砂岩、板岩为主，自然灾害主要是山体滑坡。

【农业】 2016 年，全乡总耕地面积 208.5，总林地面积 9742 公顷，农业总产值达 5800 亿元。粮食作物以水稻为主，水稻播种面积 287 颂，产量 1563 吨，红薯种植面积 75.5 公顷，产量 234 吨，玉米种植 285 公顷，产量 1407 吨，油菜种植 23 公顷，产籽 31 吨，蔬菜种植 320 公顷，产量 15720 吨。畜牧业以生猪为主，全年生猪饲养量 9044 头，年末存栏 3980 头。饲养山羊 2510 只，牛 544 头。家禽以“森林土鸡”饲养而闻名，家禽饲养量达 63478 羽。渔业以水库网箱放养为主，养殖水面 11 公顷，年产鲜鱼 207 吨。全年植树造林面积 21 公顷，水果种植面积 1 公顷，产量 35 吨。油桐籽年产量 75 吨，乌桕籽年产量 31 吨。

【基础设施建设】 2016 年，全乡实现村村通水泥公路，开通客运线路 1 条，营运客车 4 辆，营运的双牌—塘底客运运转顺利。建有集中供水 15 座，自来水受益村 6 个。全乡拥有变压器 35 台，高压输电线路 1 条，总长度 36 千米。

【教育】 2016 年，全乡有中心中学 1 所，在校学生 164 人，专任教师 27 人，九年制义务教育覆盖率 100%。教育经费 20 万元。在职中小学教师中具有中级职称 14 人，高级职称 3 人。

【卫生】 2016 年，全乡新型农村合作医疗参保人数为 7431 人，参保率为 98%，居民平均期望寿命 75 岁，5 岁以下儿童死亡率、婴儿死亡率均为 0。农村安全用水率 87%。专业卫生人员 10 人，其中，执业医师 3 人，职业助理医师 2 人，注册护士 3 人。

【文化体育】 2016 年，乡内新建的乡文化站管理规范，书目齐全，运行良好。全乡有小游园 13 处，6 个村安装健身体育器材，经常参加体育活动的人占常住人口的 8.9%。有线电视入户率为 97.6%，村村通工程全覆盖，网络入村率 100%，入户率 41.2%。

【综合治理】 2016 年，在境内主要路口安装电子监控，全年破获犯罪团伙 1 个。

【党建】　2016年，全乡有基层党组织12个，党员403名，发展预备党员4名，处理违纪在职干部1人，村干部4人，党员5人。

【民生】　2016年，乡内农村最低生活保障396户，496人，支出5.3万元；农村最低生活保障9户，11人，支出2900元。农村“五保”分散供养28人，支出2.2万元。自然灾害受灾人数3000人，紧急转移1206人；农作物受灾面积436亩，倒塌房屋96间，直接经济损失500万元。国家优抚补助各类对象49人，支出76682元。人均居住面积为20.8平方米，彩电、空调、冰箱入户率分别为98.6%、85%、89%。

【财政金融】　2016年，全乡财政总收入787万元，税收13万元，其中国税5万元，地税7万元。2016年年末有农商银行网点1个，各类存款3493万元，人均存款0.4万元，比上年递增3.2%。

理家坪乡

【概况】　理家坪乡位于双牌县最南部，东与宁远县相连，西与打鼓坪乡相接，南与道县梅花镇毗邻，北与江村镇毗连，距县城约60千米。全乡总面积77.9平方千米，现辖9个行政村（合并前12个），134个村民小组，1.9万余人。其中双牌水库水淹区村2个，移民后扶安置村3个，移民人口4077人；全乡贫困人口719户，共计2889人，其中大江口、六江洞、塘于洞、群力4村列为扶贫村。理家坪乡是双牌县的劳务输出大乡，外出务工人员8650余人，外出务工人员基本以25岁至50岁青壮年为主。因属于额斯特地貌，地表水资源少，水资源匮乏，饮用及灌溉水多依靠地下水和山塘水库调节。被评为“全省平安农机乡镇”“湖南省生态乡镇”。下辖的坦田村为国家级历史文化名村，首批中国传统古村落，国家重点文物保护单位、全国改善农村人居环境整治示范村。

【农业】　2016年，全乡稻田520公顷，旱地139公顷，林地面积5600公顷，农业总产值达4260万元，比2015年增长1.6%。粮食作物以双季稻为主，粮食播种面积385公顷，全年生产粮食9907吨，人均约506公斤。经济作物主要有油菜、油茶、柑橘、烤烟、蔬菜等，油菜种植面积58公顷，产籽约201吨，柑橘种植面积74公顷，产量达3780吨，烤烟种植面积25公顷，干烟产量57吨。引进和发展畔田洞农业开发公司等一批企业和专业合作社，流转出54公顷山地种植油菜，80公顷土地种植太空茄子等良品蔬菜。畜牧业以牲猪养殖为主，全年生猪饲养量1.8万头，年末存栏1.2万头，全乡有年出栏100头以上的养殖大户39户。饲养山羊4600只，黄牛1120头，包装打造大坪地尧山万亩草场项目，正积极进行招商。

【工业】　2016年，全乡工业总产值2100余元，成立砖厂、石场、鞋厂、针织厂等微小企业20余家，就业人口178人。其中规模企业2家，分别为总管庙采石场和天达实木家具厂。新建大坪地、西介洞等4个光伏发电场。

【商贸】　2016年，全乡个体工商户162户，从业人297人，主要以日杂百货零售为主；餐饮服务行业12户，从业人员28人，主要以经营早餐等小餐饮店为主。

【基础设施建设】　2016年，全乡基础设施建设力度不断加大。坦田村美丽乡村建设投入共1500万元，修建2.5千米环村公路，对岁圆楼部分古建筑和道路修缮，建立配套的消防设施完工，并对周边环境、水体、土地进行了综合整治等。公租房等公共服务设施建设投入170万元，建成中学教师周转房，乡政府、卫生院周转房也启动建设。交通通信领域投入306.5万元，新建电信信号塔站2座，新建农村客运招呼站9个，改造标准化渡船1艘，改造渡口2个，实施村道扩改工程10.6千米。农业基础设施投入89万元，修建灌溉水沟3.8千米，维修山塘水库5个。

【教育】 2016年，全乡有中学1所，小学1所，幼儿园（所）6所，在校学生2162人，专任教师116人，全年给予贫困生、低保家庭学生等特殊群体学生教育补助87人，确保九年制义务教育覆盖率达100%。

【卫生】 2016年，全乡新型农村合作医疗参保人数为18588人，参保率为95.2%。有各级医疗卫生机构7个，其中乡卫生院1所、村医务室6个。有病床位15张，医护人员24人。全乡已实现基本实现自来水通户，农村安全用水率99.2%；城镇安全用水率100%，农村卫生厕所普及率为83.7%。2016年，全乡未发生群体性公共卫生事件。

【文化体育】 2016年，全乡有图书室15个，体育建设场所13处，经常参加体育活动的人占常住人口的16%。现有1个舞龙队、5名本地戏剧演员，2个广场舞队。有线电视入户率为98.7%，村村通工程全覆盖，网络入村率100%，入户率53.7%。

【综合治理】 2016年，全乡排查矛盾纠纷183起，成功调处化解179起，成功率达97.8%。发生治安16起，未发生刑事案件。投入30万元完成乡网格化管理的“三个中心”和5个示范村的硬件建设。以开展“监管执法年”和“大排查大管控大整治”等行动为契机，排查整治各类安全生产隐患21处，关停非法经营企业2家，将河道非法采砂船舶被全部取缔，境内采砂被全面禁止。

【党建】 2016年，全乡有党支部18个，党员587名，发展预备党员8名。深入开展“两学一做”学习教育，每名党员领导干部深入支部上党课4次以上。加大阵地建设力度，重点抓好马蹄村的活动室建设；积极开展评优评先活动，营造争先创优的良好氛围。

【民生】 2016年，乡内完善农村“五保户”供养、特困户生活救助、灾民补助等社会救助体系，农村低保惠及997人，年保障金达130多万元；城镇低保达到50人，年保障金达70万元，做到应保尽保；积极建设敬老院，投入40万元资金维修；免费为112位老人进行白内障切除手术；救助失学困难学生95名。全乡农村新型合作医疗参合率在95%以上，新农保参保率达92%。

【财政金融】 2016年，全乡完成财政收入404.1万元，较2015年年同期增加13.5万元，其中税收收入43万元。

打鼓坪乡

【概况】 打鼓坪乡位于双牌县东南部，距县城20千米。东与理家坪接界，南与道县比邻，西抵原永江乡，北靠原尚仁里乡。打鼓坪乡于2012年9月正式挂牌成立。全乡辖4个行政村，即单江村（原小南头村、单江村合并）、河源村（原西河源村、东河源村合并）、打鼓坪村（原打鼓坪村，黄土岌村和并）、双丰村。全乡43个村民小组，总人口5229人，其中非农业人口536人。总面积118平方千米，耕地面积173.33公顷，其中水田面积142公顷，林地面积占总面积的95.8%，木材储积量18.4万立方米，楠竹26.41万根，是典型的九山半水半分田的山区乡和林业乡。东魁杨梅、塔山婆婆茶，药材是境内的三大新兴支柱产业。境内有小型水库两座，即双丰水库、断漕潔水库。有小型农贸集市1个。地形地貌以山地地行为主，西北高，东南低，最高海拔1129.2米，最低海拔350

米，相对高差800米。G207国道贯穿全境，是乡内重要的交通要道和经济发展动脉。全乡现有干部编制44人。其中行政编19人，勤杂2人，事业编制23人。党政班子成员9人，其中党委7人，非党副乡长1人，人大副主席1人。主任科员2人。乡辖区内有打鼓坪国有林场、打鼓坪学校、打鼓坪卫生院、农商行打鼓坪支行、打鼓坪交警队、打鼓坪公立幼儿园、行政警务室、林业派出所、林业服务站、检查站、电站、加油站等县、乡直单位和个体民营企业。

【扶贫攻坚精准有效】 2016年，全面完成乡内贫困对象建档立卡工作。制订实施切实可行的“产业扶贫”“就业扶贫”“金融扶贫”“教育扶贫”“搬迁扶贫”等脱贫改富计划。增强扶贫攻坚的针对性、科学性、实效性。强化对贫困户的实用技术培训，达到扶志扶知扶智的有机统一，为实现整体脱贫奠定良好的基础。依托林业资源优势，发展壮大扶贫产业，在省级重点贫困村单江村采取“公司+基地+农户”的模式，扩大野生茶和药材种植。对单江、西河源、东河源三个重点扶贫村加大政策扶持力度。投资200万元完成扶贫建设项目11个，扶持种养户31户，新种植药材25公顷，野生茶15公顷，帮助贫困群众实现脱贫301人。完成贫困户小额信贷授信工作，共完成贫困户小额信贷720万元，为任务总数的180%。

【党建工作】 2016年，全乡实现村级活动中心全覆盖，并对远程教育设备进行合理使用，不断完善“三会一课”“四议两公开”制度，全面施行“一三五”治理模式，在全县乡镇场中率先开通微信公众号“活力打鼓坪”，通过微信让流动党员及时了解本乡的工作开展情况，宣传党建知识，让流动党员离乡不离家，流动不流失，助推党建工作全面升级。严把入党关口，严格落实发展党员的五项制度，发展2名党员。圆满完成工会、妇联换届选举工作，广泛开展“高举团旗跟党走”等主题教育活动，2月获评全省团组织示范镇，7月被评为全市先进基层党组织。全力抓好党员干部的党性、党风、党纪教育，强化民主监督，从严查处违法违纪行为，组织党员干部学习《严肃换届纪律宣传手册》、观看《镜鉴》等廉政教育片六场共300人次。4月底完成乡党委换届工作。换届工作风清气正。扎实开展“两项”专项整治工作，着力解决“四风”问题及基层腐败突出问题。立案查处党员违纪案件2起，给予党内警告处分的2人，办理信访件4件，党风政风进一步好转。深入开展“两学一做”学习教育。通过召开动员会，悬挂横幅宣传标语，采用QQ和微信群发布学习内容等方式，进行全方位宣教，正确引导全乡农村党员积极参与到“两学一做”学教活动中来，营造人人参与，个个争先的浓厚氛围，在全县举办的“两学一做”电视知识竞赛中，获第三名。

【重点项目】 G207国道改扩建工程自2012年9月开工建设以来，乡村两级干部全力以赴做好各种矛盾纠纷的协调处理工作，保障项目建设的顺利推进和圆满完工，获得市交通大会战优化施工环境先进单位称号。经过多年的积极争取，打理公路建设项目已成功申报，11月正式开工建设。投资160万元，完成集镇供水工程建设投入使用。投入200万元的乡政府公租房建设和140万元的乡卫生院改扩建项目，2016年年底完工，并交付使用。投资10万元建设乡便民服务中心。投资22万元建成双丰村活动中心。争取30余万元支持开发村集体经济项目，并在单江、河源重点扶贫村发展光伏发电项目，项目已申报，年底开工实施。

【教育】 2016年，打鼓坪学校原分为打鼓坪林场学区和打鼓坪林场中学。于2012年9月中小学合并。打鼓坪学区始建于1956年，原校址位于打鼓坪乡打鼓坪村螺丝岭。2007年受香港惩教社资助，在打鼓坪林场中学选址、新建一栋三层的教学大楼。2009年被评为“省级合格学校”。打鼓坪林场中学始建于1956年，原校址位于打鼓坪乡单江村司仙坳，1980年选址打鼓坪乡打鼓坪村清明坝新建，1984年新校建成并搬迁教学。2010年经上级批准又就地新建一栋教师和学生宿舍大楼，2012年被评为“省级合格学校。学校总占地面积8259平方米，校园总建筑面积5656平方米。其中，教学用房面积3154平方米，生活用房面积3502平方米，绿化面积达到60%，学校现有9个班级，学生276人，教职员工31人，其中专职教师30人，工友1人。

【卫生】 打鼓坪乡卫生院创建于1957年，承担4个行政村（原7个行政村）5000多人的卫生防疫、妇幼保健、计划免疫、基本医疗和健康教育等农村服务工作及村级医疗机构管理。2015年始经批准改建，2016年年底改建竣工并投入使用，全院总面积1369.87平方米，业务用房889平方米，卫生院现有职工6人，退休职工1人，其中技术人员1人，全日制大专3人，中专3人，中级职称1人，初级职称5人，开设科室有内、外、妇儿防保等科室。住院床位10张，主要设备有全数字B超、心电图机、多普勒胎心监护仪。日门诊量20人左右，基本能满足全乡人民防病治病的要求。

【民生事业】 2016年，全乡农村最低生活保障224户，275人，每月33517元。农村“五保”分散供养27人，每月21627元。国家优抚补助各类对象8人，支出47520元。

【社会管理】 2016年，深入开展乡领导干部开门接访，带案下访活动，妥善处理各种社会“热点”“难点”问题。全乡共排查矛盾纠纷31起，调解率100%，调成率95%，全乡社会大局稳定，无重大集访，越级上访事项发生。综治维稳工作亮点多次在省三湘综治网上推介。以利民、惠民、便民为宗旨，以网格化、社会化服务为方向，健全基层综合服务管理平台，全乡网格化组织机构健全，场地准备充分，信息采集实际完成率较高，示范村建设有序推进。加强安全生产执法检查，对安全隐患进行台账式管理，杜绝重特大安全事故的发生，确保全乡安全生产形势持续稳定。

【财政金融】 2016年，全年完成财政收入266.36万元，实现财政收支265.29万元。一般性转移支付收入156.26万元。其中政府转移性支付收入108.31万元，村级转移支付收入47.95万元。专项转移支付收入106.25万元。征收社会抚养费3.85万元。单位运转经费支出201.42万元，（含工资福利、津贴补贴、社保缴费、绩效工资等支出）。对个人和家庭补助支出15.292万元（含生活补助、自然灾害和社会救济、生产补贴、计生等支出）。村级运转经费支出47.95万元。农商支行各项存款余额5050万元。各项贷款余额1840万元。

（邹云波）

五星岭乡

【概况】 五星岭乡位于双牌县东部，全乡东西最大距离19.26千米，南北最大距离17.75千米，面积193平方千米，乡治距县城12千米，辖6个行政村，75个村民小组。全乡地势东高西低，属亚热带季风湿润气候，年降水量少于1250毫米，年均气温18.6℃，最低气温-1℃，最高气温40℃。横江河自东向西从该乡大和田村大丫漯片入境至五星岭村沙坪组梅岩流出，全长26.1千米，流域面积为61平方千米。全年无霜期为341天。境内森林面积为1.87万公顷，杉木、楠竹资源丰富。自然灾害主要是水灾。森林覆盖率92%，相对湿度79%。全乡境内层峦叠嶂，林茂物丰，雨量充沛，空气清新，光照充足。境内有木本植物400余种，属国家保护的珍稀濒危树种有南方红豆杉、柏乐树、香果树等22种，国家一、二级珍贵野生动物有果子狸、锦鸡、猫头鹰、五步蛇等20余种。

【农业】 2016年，全乡总耕地面积272公顷，总林地面积1.87万公顷。粮食作物以水稻为主，粮食播种面积421公顷，种植优质水稻296公顷、产量1780吨，玉米1879亩、产量664吨，生姜40公顷、产量150吨，油菜种植面积13公顷，产籽20吨，蔬菜种植面积70公顷，产量2032吨。畜牧业以牲猪养殖为主，全年生猪饲养量1200万头。饲养黑山羊10124只，牛1450头。家禽以森林土鸡为主，家禽饲养量达2.1万羽，全年林地流转80公顷，新造速生丰产林102公顷，抚育1334公顷，育苗3公顷。水果种植面积7公顷。西瓜、杨梅、金槐、油茶、百香果等经济作物133.4公顷，成立五星岭村黑山羊养殖合作社，大兴江村顺森合作社。

【工业】 2016年，全乡工业总产值310余万元，其中境内湖南大元水电有限公司全年完成投资500万元，发电1000千瓦时，工业总产值300余万元。引进注册资本300万元的顺森农业开发有限公司，前期厂房工程正在架设。

【商贸】 2016年，全乡个体工商户34户，从业人92人；餐饮服务行业20户，从业人员60人。

【基础设施建设】 2016年，完成村组道路硬化7.5千米，五星、陈家、阳明湾等村的通村主干路扩宽21千米，新修和维修村组公路11千米，完成早禾田、五星等村新建和改建桥梁4座。新建安全饮水工程9处，维修山塘4口，水沟水渠3000米，新增安全饮水覆盖人口1200余人。在全乡11个村开展环境整治，拨付整治资金近20万元，新增垃圾桶244个，新装路灯63盏。主变电器30台。高压输电线路总长度50千米。

【教育】 2016年，全乡有小学1所，在校学生20人，专任教师17人，在职中小学教师中具有中级职称13人，高级职称1人。九年制义务教育覆盖率100%。2016年教育经费181万元，比2015年增长3.8%。全乡有各类科技人员83人，其中专业技术人才17人，经营管理人才14人，技能人才11人，农村实用人才41人。

【卫生】 2016年，全乡新型农村合作医疗参保人数为3635人，参保率为100%。居民平均期望寿命76岁，其中男性74.8岁，女性76.5岁。5岁以下儿童死亡率、婴儿死亡率均为0。医疗机构完成诊疗4000人次，农村安全用水率96%。农村卫生厕所率为52%。专业卫生人员14人，其中，中级职称5人，专业技术人员4人，执业医师0人，职业助理医师5人，注册护士2人，平均每千人拥有卫生人员3.2人。

【文化体育】 2016年，乡内农村书屋11座，书目齐全，运行良好。全乡有体育场地14处，小游园1处。11个村安装健身体育器材，经常参加体育活动的人占常住人口的8.9%。有线电视入户率为97.6%，村村通工程全覆盖，网络入村率100%。

【综合治理】 2016年，在境内主要路口安装电子监控，全年破获犯罪团伙1个，治安拘留11人，刑事拘留5人，批捕2人，起诉4人，调解民间纠纷65起，调处率100%，调解成功率100%，民调工作在全县排名第一位，获全县综治先进单位。

【党建】 2016年，全乡有基层党组织13个，党员251名，发展预备党员1名，处理违纪村干部6人，党员5人。全年组织开展志愿者义捐2次，捐款6000元。

【民生】 2016年，乡内农村最低生活保障206户，263人，支出37万元，比2015年增长2%；月人均115元，比2015年增5%；农村“五保”分散供养22人，支出7.5万元，比2013年增长4%。农村医疗救助850人次，资助参加合作医疗788人次，支出11.5万元，比2013年增长12%，农村临时性救助180人次，支出3.8万元；国家优抚补助各类对象25人，支出7万元；人均居住面积，农村为23.2平方，彩电、冰箱入户率分别为98.6%、92.3%。

【财政金融】 2016年，全乡财政总收入276.99万元，其中地方财政收入276.99万元，税收23.23万元，其中国税4万元，地税19.23万元，分别比2015年增长10%。有农商银行网点1个，各类存款2200万元。

五星岭国有林场

【概况】 双牌县五星岭国有林场，始建于1956年10月，场部位于双牌县五星岭乡境内五星村长滩社公山，总面积1.15万公顷，活立木蓄积量86万立方米，森林覆盖率达93%。场机关设办公室、财经办、林政防火办、生产供销科、人事科等内设机构，下设永红、沙坪、麻江、茶林、力山岌、俄碟6个分场。2016年，有干部职工551人，其中干部12人，在职职工361人，离退休职工178人，中专以上文化66人，大专以上文化36人，各类专业技术人员50多人。获全县综合考核先进单位。

【基础设施建设】 2016年，林场投入400余万元，新建沙坪、力山岌、茶林3个分场管理用房，完成机关绿化及机关大院前二广高速连接线绿化，和小游园建设。场机关现有一栋四层的办公大楼，总建筑面积约2400平方米，办公室56间，各分场都建有办公管理用房，2010年开始，在县城北开发区新建棚户区改造房，其中第1期272套、第2期63套棚户区改造房屋已分房到户，第3期114套棚，基础建设日新月异，进一步改善职工生产生活、业余休闲和机关办公环境。

【林业工作】 2016年，林场完成造林抚育总面积60.5公顷的南方红豆杉良种繁育基地项目，完成国家总投资163.2万元的森林防火项目，完成迹地更新造林57公顷，杉阔混交林53.5公顷，红豆杉良种繁育基地造林4公顷。完成中、幼林抚育间伐面积700公顷，完成省林业厅下达森林抚育任务面积535公顷。林下经济亮点纷呈。加快发展林下经济，采取“六种模式”并进的发展方式。林药林茶模式：以双牌县金茶公司实施为主体，在林下种植金银花20公顷、槐米12公顷、油茶13.4公顷、优质水果6.7公顷；林场在沙坪婆漯山场种植山苍籽6.7公顷，实现经营总收入100万元，同时，总投资600万元，国家投资360万元，总规模60公倾的南方红豆杉良种繁育基地项目在场落户。林果模式：以五星岭林场朝阳冬魁杨梅种植公司实施为主体。在林场原柑橘园处种植冬魁杨梅20公顷，已挂果。林禽模式：由职工自发养殖鸡、鸭等禽类，2000余羽。林牧模式：以双牌县五星岭林场黄洋界生态养殖场实施为主体。在林场黄洋界山场养殖山羊220只、牛60头，同时林下养鸡1050羽，实现年利润40万元。带动林场职工林下养羊600余只、养牛60余头。有效地增加职工收入，推动林场发展。林卉模式：以合作期为30年的双牌县林牧开发公司实施为主体。在霞灯处建成金丝楠、香樟、桂花、红豆杉等珍稀树种、花卉基地13.4公顷；同时，林场在沙坪、永红、力山岌等分场建成红豆杉、银杏、香樟、杜英、丹桂、罗汉松、竹柏、金丝楠等珍稀绿化苗木基地 67 公顷。林业生态休闲模式：以租地合营的方式，在黄洋界下约 1 公顷林地中铺以绿地、小径，建设凉亭、水榭，辅以珍稀花卉、树木，将打造成永州不可多得的，集吃、住、赏为一体的林业生态休闲胜地。现已初具规模，开始运营。组建 65 人的护林防火大队，加强林木林地、森林防火管理，实行分片分山头包干负责制，层层负责，签订责任状，确保森林资源安全。全年场内没有出现乱砍滥伐现象，非法占用林地及乱捕滥猎现象。严抓森林防火及森林病虫害防治工作，购置灭火器、割灌机、油锯等扑火工具，添置扑火服装等扑火用具，建设扑火队伍营房，火情监控，观察系统，同时加大宣传和投入。出动宣传车、组织防火宣传全年 500 余人次，发放宣传资料 2000 余份，新增永久性防火宣传牌 130 块。

【社会保障体系】 2016 年，林场职工平均工资 31600 元，同比增加 1600 元。待岗职工城镇最低生活保障 17 户，34 人，支出 11.8 万元。职工缴纳"五险一金"人数 356 人，支出 200 余万元，参保率 100%。无违反计划生育现象发生。

【文化体育事业】 2016 年，林场工会组织干部、职工开展最少一次的文体活动或球艺赛。林场有职工图书室 1 处，藏书 2000 册。在场部建有体育锻炼设施 200 平方米。高标准篮球场地 1 处，全场定期开展和参加各类群众文化体育活动，2016 年，被评为市文明标兵单位，获全县征兵工作先进单位。

【综治维稳工作】 2016 年，未发生赴省进京上访、重大公共安全事件、重大治安和刑事案件。平安创建工作取得显著成效，为林场创建"平安和谐社会"踏入新台阶。深入开展"大接访"活动，书记、场长接待日为每月 9 日，其他班子成员接待日为每月 15 日，听取和解决职工的合理诉求，进一步密切党和政府同人民群众的血肉联系。严抓综治维稳工作。坚持"一月一排查，一月一上报"和"零报告"矛盾纠纷排查制度。着力解决职工群众基本生活和基础设施等民生问题，切实夯实综治民调基础工作。

【安全生产】 2016 年，林场与分场、科室签订《安全生产目标管理责任书》《消防安全责任书》。开展道路交通安全、危险化学品安全、"打非治违"、营林生产等安全生产专项整治活动。在全场各危险路段重新统一制作安全警示牌 15 块，各分场张贴宣传标语 200 余条，各明显地段安装森林防火宣传牌 130 块。大力开展安全生产专项整治行动，确保安全生产监管工作责任到位，无任何安全生产事故发生。

【精准扶贫】 2016 年，林场作为五星岭乡大和田村精准扶贫后盾单位，场所有党政领导及科室主任与贫困户进行一对一的结对帮扶工作。通过深入基层、深入群众、深入一线，宣传中央和省委关于扶贫开发的重要精神，传导扶贫开发的责任和压力，查找贫困群众面临的问题，摸清贫困群众"需要"，有针对性地"一户一策"帮扶脱贫工作。拨给大和田村 5 万元农产业发展和基础建设扶持资金。现大和田村村级道路畅通、危房改造、文化、产业建设等方面都取得成效。

打鼓坪国有林场

【概况】 双牌县打鼓坪国有林场，始建于 1954 年 12 月，场部位于双牌县打鼓坪乡境内枫木坳，总面积 8287 公顷，活立木蓄积面积 76 万立方米，森林覆盖率达 95%。2016 年，场机关设办公室、计财科、林政资源科、防火办、林业生产科、人事科等内设机构，下设江村、上梧江、单江、荷叶塘、圩漯 5 个工区和打鼓坪省级森林公园管理局及 1 个紫金园林绿化工程公司。有干部职工408人，其中干部10人，在职职工262人，离退休职工146人，各类专业技术人员14人。获全市国有林场和森林公园目标管理三等奖。

【基础设施建设】 2016年，对1996年建成的场部综合大楼和整个场部实施大维修和大改造，林场机关办公条件得到极大改善，其他建设也在同步进行。全场除圩漯工区外的道路已全面硬化；场部及各工区安全饮水问题基本解决；完成棚户区改造项目380户，基本解决干部职工的住房需求；实施荷叶塘工区亮化和各护林点危旧房改造工程；林场垫资30余万元在双牌县紫阳路职工宿舍修建集停车、休闲、健身为一体的花园式“小游园”，使居住坏境、生活品质得到提升；投入30余万元，对单江工区进行维修和改造，彻底改善该工区干部职工的生产生活条件和居住环境；投入近10万元，对场机关和工区进行太阳能路灯亮化改造。全场基础设施逐步完善，职工生活水平不断提高，共建“平安双牌，小康林场”的进程不断加快。

【林业工作】 2016年，林场结合“绿色永州”建设、市县创建国家森林城市的发展，场迹地更新造林面积87公顷，全部纳入项目造林笼子，迹地更新率达到100%，苗木成活率在90%以上；补植面积80公顷，植被恢复74公顷，圆满完成全年造林任务。木材生产，全年完成采伐指标5000余立方米，整个采伐工作开展有序，无一例安全生产事故，无乱砍乱伐、无违反限额采伐等现象。项目抚育：全年完成中幼林试点项目抚育534公顷，战略储备林67公顷，目前该项目已按要求保质保量实施，正在组织迎检。林场坚持以速生丰产林、杉木大径材为重点，因地制宜，多树种开发，大力培植林业基地；活立木蓄积量逐年递增，森林覆盖率达到95.8%以上。

【社会保障体系】 2016年，林场职工平均工资32600元。职工缴纳“五险一金”262人，支出260余万元，参保率100%。无违反计划生育现象发生。待岗职工生活费得到切实保障，林场待岗职工生活费每年100万元。此外，林场注重加强下岗职工就业与创业的指导，帮助下岗职工实现再就业12人，创业6人，走访慰问困难职工以及老同志120余人次，走访金额8万多元。

【文化体育事业】 林场工会每年组织干部、职工开展最少一次的文体活动或球艺赛。在场部建有体育锻炼设施200平方米。高标准篮球场地1处，全场定期开展和参加各类群众文化体育活动，2016年，被评为市文明标兵单位。

【综治维稳工作】 2016年，林场牢固树立“大平安、大稳定”的发展意识，以创建“平安林场”为契机，狠抓社会治安综合治理，实现多年来无重大刑事案件、无重大群体事件、无重大安全事故、无突出信访案件和民转刑案件的目标，为国有林场全面改革、现代林业发展以及生态文明建设打下坚实基础，连续多年被评为“先进单位”。

【安全生产】 2016年，全场造林87公顷、采伐5000多立方米、生产抚育534公顷，战略储备林67公顷，均无一例安全生产事故。

【精准扶贫】 2016年林场作为打鼓坪乡西河源村精准扶贫后盾单位，场所有党政领导及科室主任与贫困户进行一对一的结对帮扶工作。通过深入基层、深入群众、深入一线，宣传中央和省委关于扶贫开发的重要精神，传导扶贫开发的责任和压力，查找贫困群众面临的问题，摸清贫困群众“需要”，有针对性地“一户一策”帮扶脱贫工作。拨给西河源村4.5万元农产业发展和基础建设扶持资金。现西河源村村级道路畅通、危房改造、文化、产业建设等方面都取得很大的成效。

阳明山国家森林公园管理局

【概况】 阳明山位于湖南省西南部，永州市中腹，潇水中游，零陵古城之野，双牌县域的东北隅。属南岭支脉，地理坐标为北纬26°02′00″～26°06′15″，东经111°51′36″～111°57′36″，境内最高海拔1624.8米，最低海拔610米。阳明山地域辽阔，方圆百里，东与宁远县的上龙盘乡毗连，东南以布谷岭、灯盏坳山脊为界；东北跟祁阳县接壤，以境内的甑子坳、磨子山麓东边缘为界；西与县内的茶林镇为邻，以郭家坳为界；西南是县内的麻江镇，以天子山、观战坳山脊为界；北邻零陵区，以主峰望佛台北麓、禹龙岌山脊为界。南北长63千米，东西宽51千米，总面积为112.54平方千米，其中林业用地10872.4公顷，耕地113公顷，森林覆盖率为98%。阳明山现有一个行政村阳明山村，有农村人口3138人，干部职工87人。阳明山动植物种类繁多，是一个天然的动植物宝库。据专家考证，境内现有种子植物180科779属2337种，其中国家一、二、三级保护植物50多种，省级保护植物30多种；有成片上万亩的原始次生林群落，成片1067公顷的原始华东黄杉群落，成片2万多亩的原始南方红豆杉群落。有一级景点6个，二级景点21个，三级景点36个，目前开发杜鹃花海（万寿寺）、小黄江源、北江冲、万和湖等核心景区，素享“北有庐山，南有阳明”之美誉，被誉为“灵山福地”。

【农业】 2016年，农业人口3138人，占总人口的96%；耕地面积105公顷。农业总产值1482.3万元。粮食作物以稻谷、玉米、红薯、雪莲果为主，粮食总产量966.5吨，其中稻谷593.7吨，玉米247.2吨，薯类82.6吨。经济作物有蔬菜、花生、茶叶药材等，茶叶产量5吨。林地总面积10872.4公顷，天然林保护工程1120公顷，森林覆盖率98%。

【工业】 阳明溪谷综合体项目，完成1.6万平方米的主楼建设和隔墙、桥梁工程和6.6公顷土地的报批工作。阳明山二级客运站投入资金1000万元完成建筑主体基础和钢筋混凝土工程，完成汽车站道路路网的规划设计。积极建设万寿寺西侧复建工程、国有林场棚户区二期改造工程；编制完成自然保护区宣教中心、台湾风情小局、阳明山海峡两岸交流基地中心、阳明山黄柏洞片区控制性详细规划启动项目招商。2016年境内有竹木加工4个、自来水厂1个，小水电站5座，总装机3.5万千瓦。

【商贸】 2016年，全局有个体工商户54户，从业人108人；餐饮服务行业72户，从业人员360人。全局完成地区生产总值0.42亿元，增长12.51%；社会固定资产投资3.2亿元，增长23.6%。

【基础设施建设】 基础设施建设力度不断加大。实施小农水、土地整理70公顷，新修灌溉沟渠7000多米，农业生产条件大幅改善。太平6组、东菖源1～2组等偏远山区组修建饮水工程2处，农电网改造90%以上，移动通信盲区减少，宽带网络沿永连公路覆盖。全局4个村主干道全部通畅，公路建设向村组支线延伸，规划建设总里程68千米。

【教育】 2016年全局共有中心学校1所：在校学生176人，教职员工27人，中心幼儿园1所：在校幼儿65人。政府财政对教育的资金给予充分保障，预算内教育经费占财政总支出的6%。

【卫生】 2016年，有各级医疗卫生机构2个，其中局卫生院1所，村卫生室所1个。病床10张。专业卫生人员8名，其中执业医师1人，执业助理医师2人。医疗机构完成诊疗3000余人次。新型农村合作医疗参合人数2860人，参合率100%。

【文化体育】 2016年，有局文化广播电视站1个，村级文化活动中心4个。全镇有体育场地4处，经常参加体育活动的人占常住人口的10.7%。有线电视入户率为95.4%，村村通工程全覆盖，网络入村率100%。

【综合治理】 2016年，全局共有专职治安联防队队员42人，局村两级共有巡逻队员87人，坚持每周不少于三天分组巡逻。全局发生刑事案件6起，破获5起，刑拘2人，破案率达83%，治安案件11起，拘留5人，结案11起，查处率达100%；人民调解民间纠纷55起，调处率100%，调解成功率91.2%。

【党建】 2016年，全局有7个基层党组织，216名正式党员，全年培养入党积极分子5人，新发展党员5人，转正预备党员5人。推进村级阵地规范化建设，集体经济收入去空白率100%。实施农村“农村致富带头人”培训工程，采取集中“走出去，请进来”的方式培训“两委”干部2批28人次，选派了4名机关优秀党员干部到村任党建指导员。

【民生】 2016年年底，全局最低生活保障6户，8人，农村最低生活保障127户，166人，农村“五保”分散供养14人。农村临时性救助60人次，支出3万元；国家优抚补助各类对象10人。

【“和”文化节】 2016年4月28日，承办“第十届中国·阳明山‘和’文化节暨海峡两岸交流基地发展座谈会”，开幕式结束后，举行彰显时代主题、深化两岸交流合作的“海峡两岸情，和美一家亲”文艺演出。此次的“和”文化活动，国台办、省台办等省市领导、海峡两岸交流基地负责人、台湾阳明山国家公园嘉宾、台湾公园学会嘉宾、台湾投资商代表等200余人参加。

【旅游】 2016年，阳明山景区接待游客58万人次，门票收入720多万元，较上年增长28%，实现旅游综合收入2.5亿元，同比增长32%；全面小康实现程度提高9个百分点；完成重点项目建设投资5000万元，实现税收170万元，税收入库170万元。2016年2月，阳明山荣获“全省文明风景旅游区”。2016年6月，被湖南省旅游协会评为2016年湖南最佳避暑胜地。

【景区建设】 2016年，管理局拨付300多万资金对景区所有破损建筑部分进行维修工作，进行杜鹃花海的杜鹃改造、6个管护站的配套设施和改造、改造小黄江源步游道3个厕所、3个管护站的厕所，新建万寿寺、杜鹃花海3个厕所，添置260处标示标牌和180多处生态垃圾桶；建设完成万和湖游道扩宽、万和湖水质改造、亲水平台建设、游客中心生态停车场、万和湖生态停车场、万寿寺生态停车场。投资360万元完成阳明山隧道至景区的公路防护栏工程，投资40万元完善小黄江源游道安全护拦、休息亭、游道厕所工程建设；完善祖爷赏花台安全护栏、天门山步游道安全护栏建设，改造万和湖环湖步游道安全护栏、吊桥加固、浮桥添加安全防护网工程，添置各景点的安全警示标识牌。投资60万元对万寿寺杜鹃花海提质改造和补植，投资600万元在万和湖种植2700株大棵樱花，打造湖南最美樱花谷。

【林业】 2016年，管理局完成500公顷16万株的竹阔混交林补植，造枫香、银杏等大苗500株，红豆杉中苗2000株，撒播马尾松和草种100公斤，村庄绿化完成杜鹃花、红叶石楠、四季桂等小苗种植8000株，机关和局单位绿化完成杜鹃花5000株、红豆杉种植500株。在森林防火方面，进行两次培训和演练，张贴护林防火标语320张，悬挂横幅40条，LED屏滚动播放120次，发放森林资源保护宣传单1200份。

【自然保护区】 2016年，管理局完成自然保护区界碑、界桩建设，共计完成界碑2块，界桩、标识、标牌669块；完成林区公路维修21千米，防护栏建设16千米，防火步道18千米，生态游步道12千米；开通自然保护区森林防火监测系统，购置风力灭火机两台，油锯2台，新增扑火二号工具60件；对万和湖管护站进行扩建，同时对万寿寺和万和湖两个管护站实现三相电网下地工程和相关配电设施。全面改造和装修综合办公楼，维修职工住房1380平方米，修建职工饮水池2个，引水管道11千米；新增办公电脑、打印机各12台，办公桌椅、会议桌椅28套，档案柜8套；购自然保护区工作服装、鞋子88套。与中南林业科技大学和湖南师范大学等大专院校开展2次鸟类普查和野生动物调查。主要有阳明山自然保护区生物多样性监测项目，白颈长尾雉和白鹇保护生物学研究，林麝种群动态监测和保护对策研究，南方红豆杉、黄杉、黄山松及其群落分布规律和监测，阳明山自然保护区山顶灌木杜鹃花科植物研究和育苗工作等。

人　　物

县委书记、副书记、常委简介

苏小康

苏小康，男，汉族，湖北省松滋人，1977年4月出生，2007年6月加入中国共产党，1998年7月参加工作，湖南大学环境工程专业博士毕业。

1998年6月，湖南大学环境工程专业毕业后进入江汉石油学院化工系工作，任助教。2000年9月考入湖南大学环境科学与工程系攻读环境工程硕士学位，2003年获湖南大学“优秀硕士毕业生”称号，2003年6月毕业后留校任教。2004年6月晋升为讲师。2006年7月成为国家首批环境影响评价工程师。2007年3月取得湖南大学环境工程专业博士学位。2007年8月省委选派任冷水滩区人民政府副区长。2007年11月23日在冷水滩区七届人大一次会议上当选为区人民政府副区长。2010年1月任永州市凤凰园经济开发区党委副书记、管委会主任。2012年3月任祁阳县委副书记、县人民政府代县长。2012年5月至2013年7月任祁阳县委副书记、县人民政府县长。2013年7月起任双牌县委书记。

肖质彬

肖质彬，男，汉族，湖南省娄底人，1975年8月出生，1996年7月加入中国共产党，1993年9月参加工作，在职研究生。

1993年9月参加工作，任娄底市维修管理办公室干部。1994年12月任娄底市城南交通管理站副站长。1995年12月任娄底市客运管理办公室主任（其间，1997年4月至1998年6月，在省公路运输局挂职锻炼）。1998年6月在娄底市娄星区纪委、监察局审计师事务所工作。1999年10月任娄底市娄星区纪委执法监察室副主任。2000年4月任娄底市娄星区大科乡党委委员、纪委书记。2001年9月任娄底市娄星区大科乡党委副书记、纪委书记。2003年10月任娄底市娄星区双江乡党委副书记、乡长。2006年3月任娄底市娄星区双江乡党委书记、乡长。2007年11月任娄底市娄星区双江乡党委书记。2009年5月任省司法厅法制宣传处副处长（2007年9月至2010年6月，省委党校经济管理专业在职研究生学习）。2014年3月至2016年8月任省戒毒管理局党委委员、政治部主任。2016年8月提名为双牌县委副书记、县人民政府县长候选人。2016年11月任双牌县人民政府县长。

张跃斌

张跃斌，男，汉族，湖南省冷水滩区人，1975年10月出生，1995年5月加入中国共

产党，1996年7月参加工作，中共湖南省委党校法学理论专业研究生毕业。

1996年7月至1998年12月先后任江永县粗石江镇政府科员、团委书记、机关党支部书记、党政办主任。1998年12月任江永县粗石江镇政府副镇长。2000年2月任江永县粗石江镇党委副书记、常务副镇长。2001年11月任江永县夏层铺镇党委书记。2006年6月任江永县委常委、县人民政府副县长（其间，2007年3月至2008年1月在湖南省劳动和社会保障厅挂职锻炼，任就业和失业保险处副处长）。2011年6月任江永县委常委、县人民政府副县长、县委统战部部长。2012年5月任江永县委常委、纪委书记。2012年8月任冷水滩区委常委、宣传部部长。2015年4月任冷水滩区委常委、区人民政府常务副区长。2016年8月任双牌县委副书记。

李群辉

李群辉，男，汉族，湖南省宁远县人，1974年4月出生，1996年2月加入中国共产党，1996年8月参加工作，省委党校经济管理专业毕业，在职研究生文化。

1996年8月在湖南永州市棉麻茧公司工作，历任公司养殖场饲养员、业务科主办、办公室主任、公司副总经理（期间：1996年11月至1997年11月抽调参加永州市农村建整扶贫工作，任市委建整扶贫工作队驻道县工作队队员）。2002年7月湖南省永州市供销合作联社工作，历任办公室副主任、合作指导科副科长（主持工作）、科长。2006年9月在湖南省永州市农业生产资料总公司工作，任公司总经理、党总支书记。2007年11月在中国国际贸易促进委员会永州市支会工作，任党组成员、副会长。2012年6月在中共永州市委督查室工作，任市委督查室副主任。2015年9月起任中共双牌县委常委、纪委书记。

秦小国

秦小国，男，汉族，湖南省零陵区人，1969年4月出生，1994年7月加入中国共产党，1991年7月参加工作，国防科技大学公共关系学专业硕士研究生毕业，硕士研究生。

1991年7月至1998年5月曾任零陵地区、永州日报社记者、永州市人民政府办公室研究室科员。1998年5月任永州市人民政府办公室文电科副科长。2002年4月任永州市人民政府办公室综合调研室副主任。2007年12月任永州市人民政府办公室督查室主任。2010年1月任中共祁阳县委常委。2011年6月任双牌县委常委。2011年7月任双牌县委常委、县委办主任、宣传部部长。2015年4月任双牌县组织部部长、统战部部长、兼任县委党校第一校长和县社会主义学校校长，兼任县总工会主席。2016年8月任双牌县县委常委、常务副县长。

周　华

周华，男，汉族，重庆市璧山区人，1970年3月出生，1991年9月加入中国共产党，1989年3月参加工作，石家庄陆军学院毕业，大学本科。

1989年3月北京军区某军某师某团二营机炮连战士。1989年9月北京军区某军某师教导队战士。1989 年 12 月北京军区某军某师某一营机炮连班长。1990 年 12 月北京军区某军某师某团一营机炮连代理排长。1992 年 9 月石家庄陆军学院学员。1995 年 7 月北京军区某军某师某团三营机炮连一排排长。1997 年 9 月北京军区某军某师某团三营机炮连副连长。1998 年 9 月北京军区某军某师某团三营机炮连连长。2000 年 5 月永州军分区江华瑶族自治县人武部正连职参谋。2003 年 5 月永州军分区江永县人武部副营职参谋。2005 年 8 月永州军分区教导队暨民兵训练基地正营职参谋。2006 年 5 月永州军分区司令部作训办正营职参谋。2007 年 5 月永州军分区司令部动员办正营职参谋。2009 年 3 月东安县人武部副部长。2013 年 3 月双牌县人武部部长。2015 年 2 月双牌县委常委、双牌县人武部部长。

周新华

周新华，男，汉族，湖南省双牌县人，1962 年 11 月出生，1985 年 3 月加入中国共产党，1986 年 11 月参加工作，大学本科文化。

1986 年 11 月任上梧江乡党委组织委员、宣传委员、纪检委员。1988 年 9 月任平福头乡党委副书记、副乡长。1989 年 11 月任蔡里口乡党委副书记、乡长。1992 年 9 月任蔡里口乡党委书记。1995 年 9 月任何家洞乡党委书记。1998 年 1 月任五里牌镇党委书记。1998 年 5 月任阳明山国家森林公园管理局党委副书记、局长（副处级）。2007 年 11 月任双牌县政府党组成员、副县长。2016 年 8 月任双牌县委常委、县委政法委书记。

唐　旭

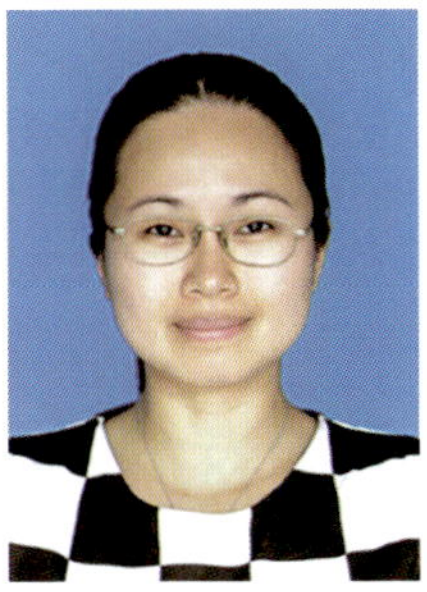

唐旭，女，汉族，湖南省零陵区人，研究生文化，硕士学位，1981 年 7 月出生，1999 年 12 月加入中国共产党，1998 年 9 月参加工作，中共湖南省委党校法学理论专业研究生毕业，中南大学软件工程硕士。

1998 年 9 月任冷水滩区法院楚江圩法庭干部、区法院经济庭干部、区委组织部干部、区法院民事二庭干部。2003 年 2 月任共青团永州市冷水滩区委副书记、党组成员。2004 年 12 月任共青团冷水滩区委书记。2005 年 4 月任市直属机关团委书记兼共青团冷水滩区委书记。2005 年 8 月任市直属机关团委书记。2009 年 8 月任共青团永州市委纪检组长、党组成员。2010 年 9 月任共青团永州市委副书记、纪检组长、党组成员。2013 年 8 月任永州市委宣传部副处级纪检员。2016 年 8 月任双牌县县委常委、县委组织部部长。

唐超学

唐超学，男，汉族，湖南省宁远县人，1980 年 8 月出生，1998 年 9 月加入中国共产党，2003 年 7 月参加工作，湖南师范大学文学院汉语文学专业毕业，获文学学士学位。

2003 年 7 月任师范大学学生工作处学生园区管理办公室干部、湖南师范大学学生工作处办公室干部（其间，2005 年 2 月至 10 月借调省委组织部人才处工作）。2008 年 6 月任湖南师范大学武装部秘书（正科级）。2010 年 12 月任共青团永州市委副书记、党组成员（其间，2012 年 2 月至 2013 年 2 月挂职任团中央少年部组织培训处副处长）。2016 年 8 月至 2017 年 8 月任双牌县县委常委、县委宣传部部长。

雷秀新

雷秀新，男，汉族，湖南省祁阳县人，1975年1月出生，1995年6月加入中国共产党，1993年8月参加工作，中共湖南省委党校法学理论专业研究生毕业。

1993年8月任祁阳县委办公室干部。2000年1月任祁阳县大村甸镇党委委员、组织委员。2001年10月任祁阳县潘市镇党委副书记。2001年12月任祁阳县潘市镇党委副书记、镇长。2004年5月任祁阳县浯溪镇党委副书记、镇长。2007年2月任祁阳县大村甸镇党委书记。2009年3月任祁阳县浯溪镇党委书记。2009年10月任祁阳县副处级干部、浯溪镇党委书记。2011年3月任祁阳县副处级干部、龙山街道党工委书记。2012年8月任祁阳县人民政府副县长候选人、龙山街道党工委书记。2012年9月任祁阳县人民政府副县长。2016年8月任双牌县县委常委、县委统战部部长。

王焕金

王焕金，男，汉族，湖南省冷水滩区人，1976年2月出生，1999年6月加入中国共产党，1997年7月参加工作，中共中央党校函授学院法律专业本科毕业，大学文化。

1997年7月任湖南省南岭化工厂干部、双牌阳明山国家森林公园管理局团委书记。2001年11月任双牌阳明山国家森林公园管理局党委委员、武装部部长。2005年1月任双牌阳明山国家森林公园管理局党委委员、副局长、政协联工委主任。2006年2月任双牌阳明山国家森林公园管理局党委委员、副局长。2008年3月任双牌县委统战部副部长。2009年10月任永州市委统战部干部科主任科员。2010年1月任永州市委统战部干部科科长。2011年2月任永州市委统战部副调研员、干部科科长。2016年8月任双牌县县委常委、县委办主任。

县人大常委会主任、副主任简介

唐冬华

唐冬华，男，汉族，湖南省东安县人，1962年7月出生，1987年6月加入中国共产党，1982年8月参加工作，湖南师范大学音乐系音乐专业毕业，大学文化。

1982年8月至1990年11月在双牌县生资公司、双牌县国土局工作（其间：湖南师大音乐系音乐专业毕业）。1990年11月任双牌县国土局副局长。1998年1月任双牌县上梧江瑶族乡党委书记。2001年12月任双牌县泷泊镇党委书记。2002年9月任双牌县委常委、泷泊镇党委书记。2006年6月任双牌县委常委、县纪委书记、泷泊镇党委书记。2006年7月任双牌县委常委、县纪委书记。2011年6月任双牌县正处级干部、县人大常委会党组第一副书记。2012年8月任双牌县人大常委会主任、党组副书记。2013年8月起任双牌县人大常委会主任、党组书记。

蒋昌智

蒋昌智，男，汉族，湖南省双牌县人，1965年1月出生，1986年8月加入中国共产党，1984年7月参加工作，永州市党校经济管理专业毕业，大专文化。

1984年7月至1993年10月先后任县商业局业务股干部、办公室主任，双牌县百货公司经理、支书，双牌县经委人事政工组组长。1993年10月任双牌县经济委员会副科级干部。1996年7月任双牌县人造板厂党总支书记。1998年8月任双牌县人大常委会办公室副主任。2002年11月任双牌县人大常委会党组成员、办公室主任。2007年11月任双牌县政协党组成员、副主席。2016年10月当选为双牌县第十二届人大常委会副主任，党组副书记。

邓美英

邓美英，女，汉族，湖南省零陵区人，1963年11月出生，非党干部，1984年7月参加工作，湖南科技学院工商企业管理专业自考本科毕业，大学文化，

1984年7月零陵商校财会专业毕业后，任永州市酱菜厂会计。1985年6月任双牌县审计局审计员。1988年9月至1990年7月在湖南财经专科学校审计专业学习。1990年7月任双牌县审计局财政金融股股长。2000年1月任双牌县泷泊镇副镇长。2001年11月任双牌县监察局副主任科员。2002年4月任双牌县监察局副局长。2002年12月任双牌县人大常委会副主任、监察局副局长。2008年3月起任双牌县人大常委会副主任。

吕保和

吕保和，男，汉族，湖南省零陵区人，1963年12月生，1989年6月加入中国共产党，1981年5月参加工作，中央党校函授学院法律专业本科毕业，大学文化。

1981年5月至1991年3月在双牌县政府办、双牌县团委工作（其间，郴州师专音乐专业毕业）。1991年3月任双牌县无线电管理办公室副主任（副科级）。1994年12月任双牌县政府办公室副主任。1998年1月任双牌县塘底乡党委书记。2001年11月任双牌县经济委员会党委书记（正科级）。2002年4月任双牌县民政局局长。2005年1月任双牌县民政局党组书记、局长。2008年4月任双牌县水利局党组书记、局长（其间，中央党校函授学院法律专业毕业）。2010年2月任双牌县发改委党组副书记、主任。2012年9月起任双牌县人大常委会副主任、党组成员。

张云娥

张云娥，女，汉族，湖南省东安县人，1965年7月出生，1995年6月加入中国共产党，1990年7月参加工作，省委党校法学理论专业在职研究生毕业，历史学硕士学位。

1990年7月湘潭大学历史专业本科毕业参加工作，任双牌县妇联干事。1996年1月任双牌县妇联副主席。1998年1月任双牌县平福头乡党委副书记、乡长。1999年8月任双牌县平福头乡党委书记。2003年1月任双牌县环保局局长。其间，2004年9月至2007年7月在湖南省委党校法学理论专业研究生班学习。2014年1月任双牌县委组织部副部长。2016年11月当选为双牌县第十二届人大常委会副主任。

刘世春

刘世春，男，汉族，湖南省双牌县人，1969年8月出生，1992年6月加入中

国共产党，1990年7月参加工作，在职研究生，软件工程硕士。

1990年7月大学毕业分配到双牌县职业中专学校，历任校办秘书、校团委书记、校长办主任。1996年4月调双牌县委宣传部，历任党教理教室主任、新闻宣传室主任、文明办兼办公室主任，其间抽县委农村建整办任综合干事。1999年2月任双牌报社副总编。2002年4月任双牌县委宣传部副主任科员。2002年12月任双牌县政府办党组成员、副主任。2005年1月任双牌县政府办党组副书记、副主任（正科级）。2007年10月任双牌县委办公室副主任、党总支部书记，其间电子科技大学在职研究毕业并获软件工程硕士学位。2010年2月任双牌县人事局党组副书记、局长。2011年3月任双牌县人力资源和社会保障局党组副书记、局长。2014年1月任县委组织部副部长，人社局党组书记、局长。2016年11月当选为双牌县第十二届人大常委会副主任。

县人民政府县长、副县长简介

肖质彬

（见县委书记、副书记、常委简介）

秦小国

（见县委书记、副书记、常委简介）

付康成

付康成，男，汉族，湖南省涟源市人，1980年9月26日出生，党外干部，1999年7月参加工作，大学文化。

1999年7月涟源市龙塘乡龙塘管理区干部。2000年3月任涟源市龙塘乡财政所税收征管员。2001年3月任涟源市龙塘乡南风管理区会计员。2002年3月任涟源市龙塘乡南风管理区副主任。2003年3月任涟源市龙塘乡龙塘管理区副主任。2004年2月任涟源市龙塘乡团委书记兼龙塘管理区副主任。2004年7月任涟源市七星街镇镇长助理（副科级）。2005年3月任涟源市七星街镇副镇长。2008年12月任永州市人口计生委副主任（领导干部公开招考）。2012年9月至2017年9月任双牌县人民政府副县长。

蒋爱先

蒋爱先，男，汉族，湖南省双牌县人，1964年6月生，1986年4月加入中国共产党，1986年7月参加工作，湖南农学院农业经济与管理专业毕业，农学学士，大学文化。

1986年7月双牌县经管科干部。1988年7月双牌县人民政府经济研究室干事。1990年6月任双牌县经管科副科长。1997年2月任双牌县经管科科长。2002年5月任双牌县畜牧水产局党组书记、局长。2008年3月任双牌县审计局党组副书记、局长。2010年2月任双牌县人民政府党组成员、政府办党组书记、主任。2012年9月起任双牌县人民政府副县长。

唐　俊

唐俊，女，汉族，湖南省宁远县人，1975年4月出生，1996年7月加入中国共产党，1996年7月参加工作，湘潭大学国民经济管理专业本科毕业，大学文化。

1996年7月任塘底乡政府秘书、政府办公室科员。2001年12月任双牌县尚仁里乡党委副书记、乡长。2005年1月任双牌县尚仁里乡党委书记。2008年3月任双牌县人事局党组成员、副书记、局长。2009年10月任双牌县副处级干部，县人事局党组副书记、局长。2010年2月任双牌县副处级干部。2016年11月任双牌县人民政府副县长。

何彩玲

何彩玲，女，瑶族，湖南省双牌县人，1975年2月出生，2003年5月加入中国共产党，1997年8月参加工作，中共湖南省委党校在职研究生经济管理专业研究生毕业，硕士学位。

1997年8月任双牌县法院干部。2005年1月任双牌县上梧江乡党委副书记、乡长。2007年9月任双牌县永江乡党委委员、书记。2009年10月任双牌县副处级干部、永江乡党委委员、书记。2012年8月任双牌县副处级干部。2016年8月提名为双牌县副县长候选人。2016年11月任双牌县人民政府副县长。

廖卫平

廖卫平，男，汉族，湖南省双牌县人，1973年3月出生，1992年10月加入中国共产党，1990年12月参加工作，中共中央党校函授学院经济管理专业本科毕业，大学文化。

1996年12月任双牌县泷泊镇武装部副部长。1999年7月任双牌县泷泊镇党委委员、武装部长。2005年2月任双牌县理家坪乡党委副书记、政协工委主任。2006年3月任双牌县理家坪乡党委委员。2007年9月任双牌县理家坪乡党委副书记、乡长。2011年3月任双牌县理家坪乡党委书记。2012年8月任双牌县五里牌镇党委书记。2016年8月提名双牌县副县长候选人、五里牌镇党委书记。2016年11月任双牌县人民政府副县长、五里牌镇党委书记。

罗　轩

罗轩，男，汉族，湖南省祁阳县人，1974年11月出生，1996年6月加入中国共产党，1997年8月参加工作，中央党校函授学院法律专业本科毕业，大学文化。

1994年9月湖南大学数学系电算会计专业学习。1997年8月祁阳县医药管理局干部。2001年9月任永州市药品监督管理局祁阳分局稽查股股长。2004年4月任祁阳县食品药品监督管理局稽查股长（其间：2002年8月至2004年12月中央党校函授学院法律专业学习）。2005年12月任祁阳县食品药品监督管理局副局长。2008年4月任祁阳县食品药品监督管理局党组成员、局长。2008年5月任祁阳县食品药品监督管理局局长、党组书记。2011年1月任祁阳县龙山街道办事处党工委副书记、主任。2012年11月任祁阳县龙山街道办事处党工委书记。2016年11月任双牌县人民政府副县长、县公安局局长。

政协双牌县委员会主席、副主席简介

唐　彦

唐彦，男，汉族，湖南省东安县人，1962年11月出生，1985年4月加入中国共产党，1981年8月参加工作，湖南省委党校经济管理专业毕业，大专学历。

1981年8月至1989年2月先后任双牌县一小教师、县委宣传部干部、双牌县委办干部。1989年2月任双牌县委政研室副主任（副科级）。1990年6月任双牌县委办副主任（正科级）。1990年12月任双牌县林业经济委员会副主任（正科）。1992年7月任双牌县政府办副主任（正科级）。1994年12月任双牌县政府县长助理（正科级）。1999年2月任双牌县政府县长助理（副处级）。2002年12月任双牌县政府副县长。2007年10月任双牌县委常委、双牌县人民政府副县长。2010年1月任双牌县委常委、县委办主任。2011年6月任双牌县正处级干部，县政协党组第一副书记，拟作下届县政协主席安排。2012年9月任双牌县政协党组第一副书记，提名为县政协主席候选人。2012年9月当选为双牌县政协八届委员会主席。2016年8月提名为政协双牌县第九届委员会主席候选人，11月当选为双牌县政协九届委员会主席。

蒋建辉

蒋建辉，男，汉族，湖南省双牌县人，1965年10月出生，1991年3月加入中国共产党，1987年7月参加工作，中央党校经济管理专业毕业，大学学历。

1987年7月任双牌县上梧江瑶族乡政府秘书。1990年8月任双牌县上梧江瑶族乡副乡级秘书。1992年9月任双牌县上梧江瑶族乡党委委员、纪委书记。1995年9月任双牌县上梧江瑶族乡党委副书记。1995年11月任双牌县上梧江瑶族乡党委副书记（正乡级）。1998年1月任双牌县尚仁里乡党委书记。2001年12月任双牌县何家洞乡党委书记。2003年1月任双牌县政府党组成员、办公室主任、党组书记。2007年11月任双牌县政协党组副书记、副主席，政府办主任、党组书记。2008年4月起任双牌县政协党组副书记、副主席。2012年9月当选为双牌县政协八届委员会副主席。2016年8月提名为政协双牌县第九届委员会副主席候选人，11月当选为双牌县政协九届委员会副主席。

田春玲

田春玲，女，汉族，湖南省株洲市人，1963年9月出生，非党人士，1984年7月参加工作，湖南财经学院财政专业毕业，大学学历。

1984年7月任双牌县永江乡妇女主任、县财政局干部。1998年1月任双牌县财政局副局长。2002年12月任财政局副局长兼县政协副主席。2012年9月当选为双牌县政协八届委员会副主席（兼职）。2016年8月提名为政协双牌县第九届委员会副主席候选人，11月当选为双牌县政协九届委员会副主席（兼职）。

陶思荣

陶思荣，男，汉族，湖南省双牌县人，1965年11月出生，非党人士，1987年7月参加工作，中央党校函授学院经济管理专业毕业，大学学历。

1987年7月任双牌县审计局干部、双牌县审计事务所所长。1998年1月任双牌县审计局副局长。2003年12月任双牌县政协副主席兼县审计局副局长。2006年12月任双牌县政协副主席兼县工商联会长。2012年9月当选为双牌县政协八届委员会副主席（兼职）。2016年8月提名为政协双牌县第九届委员会副主席候选人，11月当选为双牌县政协九届委员会副主席（兼职）。

钟建红

钟建红，男，汉族，湖南省宁远县人，1963年11月出生，非党人士，1979年12月参加工作，中南林学院林学专业毕业，大专学历。

1979年12月至2001年11月任双牌县日杂果品公司工人、双牌县木材总公司驻冷水滩经销部工人、双牌县千层绿饭店经理、双牌县贸易公司经理、双牌县森工林场场长、双牌县木材总公司总经理助理、双牌县木材总公司副总经理。2001年11月任双牌县五星岭林场副场长。2005年2月任双牌县供销联社副主任。2008年3月任双牌县供销联社主任。2010年2月任双牌县科技局局长。2012年9月任双牌县科技局局长，提名为县政协副主席候选人。2012年9月当选为双牌县政协八届委员会副主席。2016年8月提名为政协双牌县第九届委员会副主席候选人，11月当选为双牌县政协九届委员会副主席。

陈爱民

陈爱民，男，汉族，湖南省双牌县人，1978年4月出生，1997年5月加入中国共产党，1997年7月参加工作，湖南省委党校法学专业毕业，在职研究生学历。

1997年7月任双牌县政府办公室秘书。2002年4月任双牌县政府办经研室主任（副科级）。2005年1月任双牌县房产局党组成员、副局长。2008年4月任双牌县商务局党组成员、副局长、县市管主任（正科级）。2012年8月任双牌县理家坪乡党委书记。2016年3月任双牌县麻江镇党委书记。2016年8月提名为政协双牌县第九届委员会副主席候选人。2016年11月当选为双牌县政协九届委员会副主席。

主要统计资料

综合经济统计资料

指标名称	计算单位	2016 年	2015 年	16 年比 15 年（±%）
地区生产总值	万元	534442	503667	106.1
第一产业增加值	万元	143526	144031	99.6
其中：农业	万元	35987	34933	103
其中：林业	万元	82001	80933	101.3
其中：牧业	万元	20507	27611	74.3
其中：渔业	万元	5031	4494	111.9
其中：农林牧渔业服务业	万元	4503	3976	113.3
第二产业增加值	万元	227598	215569	105.6
其中：工业	万元	187618	178173	105.3
其中：规模以上工业	万元	153225	131487	116.5
建筑业	万元	40073	37510	106.8
第三产业增加值	万元	163318	140067	116.6
其中：交通运输、仓储和邮政业	万元	16328	15276	106.9
其中：批发和零售业	万元	21730	20458	106.2
其中：住宿和餐饮业	万元	5026	5026	108.5

财政、金融和保险统计资料

指标名称	计算单位	2016 年	2015 年	16 年比 15 年（±%）
财政总收入	万元	47389	41099	115.3
其中：地方财政一般预算收入	万元	31609	25948	121.8
各项税收	万元	37995	30549	124.4
财政总支出	万元	145966	189297	77.1
其中：地方财政一般预算支出	万元	16152	15765	102.5
其中：民生支出	万元	105823	100738	105
其中：医疗卫生支出	万元	14491	11240	128.9
社会保障和就业支出	万元	20737	18579	111.6

续表

指标名称	计算单位	2016 年	2015 年	16 年比 15 年（±%）
教育支出	万元	23197	19418	119.5
农林水事务支出	万元	25702	25718	99.9
节能环保支出	万元	3265	3889	84
住房保障支出	万元	12246	14665	83.5
年末金融机构各项存款余额	万元	512085	415742	123.2
其中：城乡居民储蓄存款余额	万元	341197	295750	115.4
年末金融机构各项贷款余额	万元	292374	268463	108.9
其中：中长期贷款	万元	113735	90979	125

工业和建筑业统计资料

指标名称	计算单位	2016 年	2015 年	16 年比 15 年（±%）
规模以上工业企业：				
工业企业个数	个	46	39	117.9
工业企业总产值	万元	566700	464800	121.9
从业人员平均人数	人	7100	6579	107.9
产品主营业务收入	亿元	56.84	78.12	72.8
本年应缴增值税	亿元	0.70	0.81	86.4
利润总额	亿元	9.65	8.85	109
建筑业	–	–	–	–
资质以上建筑业企业个数	个	7	6	116.7
资质以上建筑企业年末从业人数	人	5745	4886	117.6
资质以上建筑企业总产值	万元	98955	86580	114.3

交通运输、邮电通信和能源统计资料

指标名称	计算单位	2016 年	2015 年	16 年比 15 年（±%）
境内公路里程（国、省、县、镇道）	千米	1275	1235	103.2
其中：高等级千米	千米	27	27	100
境内火车站个数	个	1	1	100
邮政业务总量	万元	1169	966	121
电信业务总量	万元	1802	1600	112.6
移动电话	户	98931	90861	108.9
国际互联网用户	户	12608	12435	101.4
全年用电量	万千瓦时	34640	53580	64.7
其中：工业用电量	万千瓦时	23085	42590	54.2

商贸、外经、旅游统计资料

指标名称	计算单位	2016 年	2015 年	16 年比 15 年（±%）
限额以上批发零售贸易业商品销售总额	万元	115268	103130	111.8
进出口总额	万美元	1328	792	167.7
实际使用外资金额	万美元	3000	2624	114.3
星级饭店个数	个	1	1	100
星级饭店客房数	间	138	138	100
名胜风景区和文物保护区个数	个	2	2	100

固定资产投产统计资料

指标名称	计算单位	2016 年	2015 年	16 年比 15 年（±%）
全社会固定资产投资总额	万元	728566	666370	109.3
其中：工业投资完成额	万元	267490	286850	93.3
技术改造投资完成额	万元	151930	135550	112.1
房地产投资完成额	万元	26196	2870	912.8

教育、科技、文化和卫生统计资料

指标名称	计算单位	2016 年	2015 年	16 年比 15 年（±%）
普通中学数	所	28	27	103.7
小学数	所	41	40	102.5
普通中学专任老师数	人	3866	3799	101.8
小学专任老师数	人	3712	3824	97.1
普通中学在校学生数	人	6272	5786	108.4
小学在校学生数	人	11249	10980	102.4
学龄儿童入学率	%	100	100	100
初中升学率	%	83.25	82.29	101.2
高中入学率	%	88	86.7	101.5
高新技术产业企业个数	个	5	4	125
农业科技与服务单位个数	个	12	12	100
全年申请专利个数	件	188	135	139.3
全年专利授权数	件	127	141	90.1
体育场馆数	个	2	2	100
剧场、电影院个数	个	2	2	100
公共图书馆图书总藏量	千册	105	103	101.9
医院、卫生院个数	所	39	38	102.6
医院、卫生院卫生技术人员数	个	627	534	117.4

城乡居民可支配收入统计资料

指标名称	计算单位	2016 年	2015 年	16 年比 15 年（±%）
城镇居民可支配收入	元	21465	19568	109. 7
农村居民可支配收入	元	7324	6724	108. 9
在岗职工年平均工资	人	49090	43904	111. 8

社会保障统计资料

指标名称	计算单位	2016 年	2015 年	16 年比 15 年（±%）
城镇居民最低生活保障人数	人	3067	4526	67. 8
农村居民最低生活保障人数	人	9675	14160	68. 3
企业养老保险参保人数	人	6903	6670	103. 5
城乡事业养老保险参保人数	人	7235	7004	103. 3
失业保险参保人数	人	10639	10500	101. 3
工伤保险参保人数	人	22668	17718	127. 9
城镇医疗保险参保人数	人	65971	65061	101. 4
农村合作医疗保险参保人数	人	138090	134018	103

居住环境统计资料

指标名称	计算单位	2016 年	2015 年	16 年比 15 年（±%）
国家 AAAA 级名胜风景区个数	个	1	1	100. 0
单位 GDP 能耗	万元	0. 51	0. 55	92. 7
工业二氧化硫排放量	吨	1181	1181	92. 6
工业氮氧化物排放量	%	137	137	100. 9
工业氨氮排放量	%	328	363	90. 4

文件选编

中共双牌县委
双牌县人民政府
关于加快推进美丽乡村建设的实施意见

（2016 年 5 月 12 日）

为深入贯彻落实党的十八大、十八届三中、四中、五中全会及市委、市政府加快推进美丽乡村建设有关精神，根据县委、县政府建设活力迸发自信双牌的战略部署，大力改善农村生产生活生态环境，努力实现城乡协调发展，加快建成全面小康社会，现就推进美丽乡村建设提出如下实施意见。

一、建设目标

按照“村容整洁环境美、业兴民富生活美、乡风文明身心美、村稳民安和谐美”的“四美”要求，积极开展“十村示范、百村创建、村村整治”行动，有计划、有步骤地推进全县美丽乡村建设。“十三五”时期，全县每年启动 10 个以上美丽乡村建设，其中 2016 年重点抓好茶林镇新和村和桐子坳村、麻江镇白水岭村和廖家村、理家坪乡坦田村等 15 个村的美丽乡村建设，到 2020 年建成 20 个以上整洁有序、经济活跃、生态优美、特色鲜明、乡风文明的美丽乡村，建成桐子坳银杏文化、日月湖生态文化、塔山茶文化、何家洞龙洞文化、泷泊休闲观光文化等 5 条美丽乡村旅游精品线路（主要干道沿线），全县 100%的乡镇政府所在地，90%的行政村完成村庄环境整治。

二、建设原则

1. 规划引领。美丽乡村建设要坚持先规划后建设，形成以美丽乡村建设规划为龙头，村庄布局规划、土地利用规划、产业发展规划、农村土地综合整治规划、特色文化村落保护与发展规划和旅游发展规划为基础的“1+6”区域美丽乡村建设规划体系。要综合考虑各乡村资源禀赋、自然地理、历史文化、产业现状、风土人情等特点，制订出《双牌县 2016—2020 美丽乡村建设总体规划》，采用“互联网+乡村旅游+古村落（名胜古迹）+休闲观光农业”的建设之路。2016 年全县所有乡镇、50%以上的行政村完成规划编制；2017 年，所有行政村完成规划编制。原已制订新农村建设规划的行政村要根据美丽乡村建设标准进行完善和提升。

2. 明确主体。各乡镇是美丽乡村建设的实施主体，党政一把手是第一责任人，要紧密结合本地实际，制订美丽乡村建设方案和实施推进的时间表、路线图、任务书，统筹抓好具体组织实施工作。

3. 办点示范。按照布点科学、重点突出、串点成线、连线成片、有序推进的要求，把领导办点、重点线路建设和全面推进工作结合起来。县、乡领导要带头办美丽乡村建设示范点，以点带面；每个县级领导、各乡镇党政主要领导和分管领导要分别办好1个美丽乡村建设示范点，要在二广高速连接线、207国道沿线、永连公路沿线、潇水两岸和阳明山、桐子坳景区道路两边，规划建设5条美丽乡村精品线路；县委书记联系茶林镇新和村和麻江镇白水岭村，县长联系茶林镇桐子坳村，带动建立各类示范点20余个，形成“一村带十村，十村带全县”的良好局面。2016年每个乡镇打造1~2个示范村，每条精品线路打造一个示范片，力争建成2~3个省级美丽乡村，到2018年，力争建成1个国家级美丽乡村。到2020年，全县所有农村实现旧貌新颜。

4. 突出特色。因村制宜、突出重点，结合自然地形，依托山水资源、历史文化资源，精心设计载体，形成“一景、一业、一貌、一品”，彰显村庄特色。注重挖掘传统农耕文化、山水文化、人居文化中的丰富内涵，提炼和体现村庄个性魅力。计划用3~5年时间打造一批具有双牌特色的美丽乡村。打造体现古村落的美丽乡村3~5个，名胜古迹村2~3个，“茶叶村”“生姜村”“楠竹村”“百香果村”“马铃薯村”“雪莲果村”“猕猴桃村”等美丽乡村30个。

5. 多措并举。美丽乡村建设是一项系统工程，需要破解的难题很多，要多措并举，综合施策。创新建设机制，破解资金、用地、管理等各种难题。拓宽投入渠道，充分发挥财政资金“四两拨千斤”的引导作用，通过以奖代补、整合涉农资金集中投放、组建农建投等实体化运作融资平台，调动社会资本、工商资本、民众资金参与美丽乡村建设，构建政府引导、企业参与、社会共建的多元化投资模式，充分调动社会力量参与美丽乡村建设的积极性。

6. 产业支撑。始终把发展产业、夯实经济基础作为美丽乡村建设的重点工作，发挥区位、生态、资源优势，坚持绿色生态发展理念，提倡生态经济化，因地制宜发展特色产业，坚持美丽产业与美丽风景共进，转变农业发展方式，促进农民增收致富，打造“村美民富”乡村；坚持“全景区、大旅游”，做大做强乡村旅游，推进农业与旅游融合发展；全面推广“互联网+”模式，培育农村电商等新兴产业，让农民“触网”致富。注重农业、生态、旅游有机结合，促进一二三产业融合发展，坚持保护与开发并重，构建可持续发展的生态经济格局。

三、建设内容

1. 治理农村垃圾。建立“户分类、组定点、村收集、乡镇转运、县处理或区域化处理”的农村垃圾生态无害化处理新模式，改善农村环境卫生状况。2016年，全县农村垃圾集中收集的行政村要全覆盖，每个行政村要建设足够数量的垃圾定点收集池，每个乡镇要建有1个以上垃圾转运站，相邻乡镇可共建共享，农村垃圾集中收运率达到100%，县里要充分发挥垃圾处理中心（站）作用，推进农村垃圾减量化、无害化、全资源化处理。修订完善村规民约，与村民签订门前三包责任书，明确村民的保洁义务。同时，按照每1000名村民配备3名管护人的比例组建村庄保洁管护队伍，建立农村环境卫生管理长效机制。各乡镇要全面排查、摸清陈年垃圾存量、分布和污染情况，集中力量、限定时间、不留死角，完成陈年垃圾清理任务。重点清理村庄路边、河边桥头、坑塘沟渠堆弃的垃圾，禁止城镇向农村转移堆弃的垃圾，防止形成新的垃圾污染。在有条件的地方，提倡借鉴城市物业管理的理念，建立市场化保洁运作机制。

2. 治理农村污水。加大农村卫生厕所改造力度，2016年，每个村至少建成1座以上公厕，

5条精品线路要消灭旱厕，高速公路、国道、省道沿线基本消灭旱厕。到2020年底，全县农村卫生厕所普及率达到100%。因地制宜开展生活污水处理，对毗邻城镇的村庄，纳入城市污水收集管网统一处理；在人口集聚村庄建设污水集中处理设施，进行集中处理；对人口相对分散的村落，采用“三池净化”式分散处理；对农家乐污水，建立隔油池纳管治理。加强畜禽水产养殖污染治理，积极淘汰落后养殖产能，开展畜禽养殖废弃物综合利用和病死动物无害化处理示范工程建设，人居范围内家禽家畜实行圈养。到2020年，污水排放达到国家标准，水源地无排污口；卫生户、卫生厕比率达95%以上，规模养殖场畜禽粪便综合利用率达到70%以上，农村生活污水处理率达到90%以上。各乡镇要积极探索建立社会资本参与农村污水治理的市场化机制。

3. 治理农村水环境。强化退耕还林、封山育林等措施，搞好水土流失治理。清淤池塘沟渠，疏浚和修复村庄排水系统，实现农村河道池塘水沟无垃圾、水畅其流。加强水库、山塘、河坝、蓄洪区（坝）等水利工程的整治，提高运用效益，“十三五”期间力争建成5座骨干山塘，大规模推进农田水利建设。深化流域治理，突出生态修复，大力开展生态清洁型小流域建设，整乡整村推进农村河道综合治理，力争全县完成10条以上河道小流域治理。深入推进江河湖库综合治理。治理投肥养鱼，推广河道池塘水沟生态整治技术，提高水体自我净化能力。抓好农村饮用水源地保护，全面划定饮用水源保护区，加强饮用水源地水质监测。开展农村饮水提质增效，建立健全自检、巡检、抽检三级水质检测制度，确保农村饮水工程供水安全，实现由基本满足农村饮水需要向全面提供清洁安全饮水转变。到2020年农村自来水普及率达到80%，水质达标率比2015年提高10个百分点以上。

4. 大力完善基础设施。完善农村路网结构，重点解决断头路、重要经济线路和产业线路连通不足的问题，到2020年，实现100%的通村、通组公路路面硬化，道路两旁绿化。逐步完善配套服务设施，提高农村公路桥梁抗灾能力和安全畅通水平。加快农村新一轮电网改造，对未改造的农村电网和已进行改造，但因电力需求快速增长出现供电能力不足、供电可靠性较低的农村电网，按照新的建设标准和整体改造时序改造到位，到2020年，力争实现100%的村完成电网改造升级任务，一户一表率达到100%。推进农村信息化，实施网络进村工程，创新“互联网+三农”模式，推进“智慧永州”建设向乡村、向农业延伸，加大农村综合信息与民生服务站点建设，2016年，全县电视、电话、广播通村率达100%。

5. 大力发展现代农业。在稳定和提高粮食生产的基础上，大力发展果蔬、畜禽水产、茶叶、竹木、药材等特色产业，发展融合二三产业于一体的现代高效生态农业，推进农业产业链整合和价值链提升。有序促进土地向专业种养大户、家庭农场、专业合作社、农业企业等新型农业经营主体流转，发展适度规模经营，提高规模化经营水平。大力发展规模农业，大力推行“公司+基地+农户”种养模式，培育规模以上农产品加工企业5家，“千字号、万字号”现代农业基地10个，专业大户100户，农民专业合作社20户。大力推进标准化生产，切实加强园艺作物标准园、畜禽养殖标准化示范场、水产标准化健康养殖示范场建设，着力打造一批农业生产标准化示范基地和知名产品，力争到2020年，主要农产品规模基地标准化覆盖率达到80%以上、“三品一标”农产品覆盖率60%以上。大力发展农业清洁生产，推广应用测土配方施肥、秸秆还田，发展冬季绿肥生产，到2020年实现化肥、农药使用量零增长。完善农民教育培训机制，培养新型职业农民。探索农村集体经济发展有效路径，开发利用集体资源，发展壮大村级集体经济，2016年所有的试点村集体经济收入达10万元以上，到2020年，所有行政村集体经济收入达10万元以上。

6. 大力发展农村电子商务。抢抓国家实施“互联网+”的战略机遇，2016年要想方设法建好5个重点美丽乡村的“农村淘宝店”，大力推进电子商务进农村工程，将电商融入到美丽乡村中，促进乡村旅游、农业产业转型升级，提质增效。要实现美丽乡村示范点有“农村淘宝”“乡村驿站”。2016年，20%的行政村完成村级电子商务服务点建设，力争到2020年，全县100%的行政村完成村级商务服务点建设。积极支持社会资本和工商资本参与农村电子商务平台建设，完善县级电商服务中心和村级服务点功能及配套设施，为农村网店开设和运营提供技术支持和专业服务，帮助农产品加工龙头企业村民和农业专业合作社借助阿里巴巴农村淘宝、京东商城、湘村购、1号店、邮乐购、惠农网等平台销售农产品，加快双牌特色农副产品、旅游产品的网上推广销售，拓宽销售渠道、增加农民收入，为美丽乡村建设发挥积极推动作用。

7. 大力发展乡村旅游。推进旅游与农业、生态、文化融合发展，利用农村民居景观、田园风光、山水资源、人文特色，重点打造特色旅游小镇，支持培育乡村旅游示范，引导创建星级乡村旅游点。结合河东片区国际慢城定位，重点打造景区、园区、美丽乡村相结合的5条精品线路乡村旅游项目，打造乡村旅游品牌。2016年，重点培育2~3个乡村旅游示范村，带动发展一批业态好、功能齐、设施全的旅游特色村和乡村旅游示范点，形成发展规模。到2020年成功创建全省旅游名镇1个、旅游名村10个以上、三星级以上乡村旅游区6个、休闲农庄60家，新建千亩林科园、万亩农科园两个集种养、观赏、休闲、度假为一体的生态体验园。

8. 大力美化村庄环境。全面规范村民建房，先批后建，清理整治农村违规建房；加大危旧房改造力度，全县争取用三年左右时间，全面完成农村D级以上危房改造任务，80%的行政村废弃空心房处置率达到100%。村内管网、线路等铺设架设整齐有序；门牌号码、户外标识、广告等设置规范整齐。大力改变农村房屋“裸墙”现象，对影响村庄美观的外墙和屋顶等进行美化，2016年，重点加强对15个示范村的农房、院落等传统风貌的整治，对房屋进行立面美化，保护和修复井泉沟渠，实现村庄整体风貌与资源环境相协调。到2020年，建成美丽乡村的20个村实现立面美化全覆盖。加强村庄绿化，以创建生态村为抓手，大力开展村边、宅边、水边、路边“四边”绿化，打造四季有绿有花、季相分明、层次丰富的绿化景观，形成道路河道乔木林、房前屋后果木林、公园绿地休憩林、村庄周围风景林的村庄绿化格局。积极开展“点亮农村”行动，在村庄主干道和公共活动区域安装新型节能路灯，解决农民夜间出行不便问题，2016年主要干线的行政村要全部安装好路灯并亮起来，到2020年，全县85%以上的行政村完成路灯安装任务并建立长效管护使用机制。优先整治沿线沿边乡村风貌。

9. 大力加强乡风文明建设。深入开展文明村镇、文化村、平安村、卫生村、“星级文明户”、“五好文明家庭”、“最美家庭”评选活动。广泛宣传优秀基层干部、道德模范、身边好人等先进事迹，推动形成家庭和睦、民风淳朴、文明有礼、崇德向善、守望相助的乡风民风民俗。制订并实施村规民约、倡导崇善向上、勤劳致富、邻里合睦、尊老爱幼、诚信友善的文明之风。2016年，在全县广泛开展十星级文明户、文明家庭、好媳妇、好妯娌、好公婆评选表彰活动和好家风家规家训征集活动。到2020年，全县创建国家、省市级文明村镇10个以上。大力推进乡村文体活动阵地建设，加强医疗、养老、便民服务中心等公共服务设施建设。在农村社区的不同群体中开展形式多样的各种文明创建活动，丰富农村居民文化生活。真正实现“人的新农村”与“物的新农村”齐头并进。

10. 大力加强基层组织建设。强化党建引领和带动，结合并村区划调整，多条腿走路，选优配强村“两委”班子，把农村基层党组织建设成为美丽乡村建设的坚强战斗堡垒。全面推行“一三五”村级治理模式，探索农村网格化管理新模式，发挥村民委员会、村民议事会、村务监督委员会的作用，落实岗位承诺制、村干部值班和周例会制、为民服务全程代理制、党员管理积分制、“四议两公开”制度，不断提高农村党员队伍管理水平。加强农村党风廉政建设，着力解决基层干部不作为、乱作为问题，加大惩治农村腐败力度，切实增强基层党组织的战斗力。

四、保障措施

（一）强化组织领导。县、乡（镇）两级党委、政府要把美丽乡村建设作为推进农村经济社会全面发展的重要载体和主要抓手，坚持党政主要负责人亲自抓。县里成立由县委书记为组长，县长为第一副组长，县委副书记为常务副组长，县委常委、常务副县长、分管农业农村工作的政府副县长为副组长，县委办、县政府办、县委组织部、县委宣传部、县发改委、县农业委、县卫计委、县科商粮经信委、县财政局、县人社局、县国土资源局、县教育局、县住建局、县环保局、县交通运输局、县水利局、县林业局、县城管执法局、县文体广电新闻出版局、县电视台、县扶贫办、县移民局、县供销联社、县文明办、县综治办、县电力局等单位主要负责人为成员的美丽乡村建设领导小组。领导小组办公室设在县农业委，负责全县美丽乡村建设的政策研究、协调指导、调查调度、督查考核以及日常事务等工作。各乡镇要成立相应的领导班子，履行管总职责，配强工作班子力量，形成强力推进美丽乡村建设的工作机制。

（二）强化责任分工。明确县直各相关部门责任，形成推进美丽乡村建设的工作合力。县委组织部负责指导农村党组织和干部队伍建设工作；县委宣传部负责指导美丽乡村宣传工作；县发改委负责美丽乡村项目申报，牵头组织易地搬迁项目的实施；县农业委负责美丽乡村领导小组办公室日常工作与指导农村产业发展；县财政局负责美丽乡村建设专项奖金的筹集和监管；县国土资源局负责美丽乡村建设用地审批；县教育局负责美丽乡村学前教育及义务教育学校的规划和建设；县住建局负责指导村庄规划、整治村容村貌、古村落和历史文化名村的保护与开发等工作；县环保局负责指导农村污水的治理；县交通运输局负责指导农村路网和公交站点的建设；县水利局负责指导农村饮水安全、水源保护和河道治理等工作；县林业局负责指导农村绿化工作；县科商粮经信委负责指导农村电子商务工作；县旅游部门负责指导乡村旅游工作；县城管执法局负责指导农村垃圾治理工作；县卫计委负责指导农村改厕工作；县供销联社负责指导农村垃圾回收利用工作；县文明办负责指导农村精神文明建设；县移民、扶贫等部门负责相关项目的实施；其他各责任单位都要制订具体的指导方案。

（三）强化资金投入。从2016年起，县财政每年安排1000万元以上专项资金用于推进美丽乡村建设，实行以奖代补，并逐年增加美丽乡村建设财政投入。县直各单位、各乡镇要积极向上争取项目资金，按照“渠道不乱、用途不变、各司其职、各记其功”的原则，加大美丽乡村建设财政资金整合力度、社会资金的融资力度，集聚财力用于美丽乡村建设。乡镇财政每年安排的美丽乡村建设专项资金不得低于50万元。整合精准扶贫小额贷款，组建形式多样的产业合作社，参与美丽乡村建设。积极建立政策性农业发展担保公司，引导金融机构创新金融产品和服务，扩大林权、土地承包经营权等农村产权抵押贷款试点，探索农村集体经营性建设用地使用权抵押贷款等农村产权抵押融资试点，县里在县农业委成立农村基础设施建设开发投资有限公司，构建美丽乡村建设的融资平台。探索建立市场化、社会化投入机制，按照“谁投资、谁经营、谁受益”的原则，鼓励不同经济成分和各类投资主体以独资、合资、承包、租赁等多种形式参与美丽乡村建设。

（四）强化宣传推介。加强舆论宣传，提高全社会对推进美丽乡村建设重要性的认识。电视、报纸主流媒体以及微信、微博等新媒体要加大对美丽乡村的宣传，开辟美丽乡村建设专栏，每月确定一个重点宣传内容，及时宣传工作中涌现出来的好典型、好做法、好经验，并对美丽乡村建设中的不作为、乱作为现象进行曝光。在乡镇、村庄主要干道、重要地方制作宣传标语、悬挂宣传标识，县电视台开辟美丽乡村建设专栏，县农业委要编发《双牌农业农村》期刊专题报道美丽乡村建设情况。

（五）强化督查考核。按照“科学合理、操作简便、有所创新”的要求，由县美丽乡村建设领导小组提出考核验收标准。从 2016 年起，每年组织对美丽乡村建设的考核验收工作。把美丽乡村建设列入乡镇党政主要领导、县直相关部门主要负责人执行力考核和政府绩效考核，加强督促检查，严格考核奖惩，并将考核结果作为评价党政领导班子政绩、干部选拔任用和拨付下年度扶持资金、以奖代补资金的主要依据。县委督查室、县政府督查室和县美丽乡村建设办公室要对照目标任务和时间要求，定期深入基层、深入一线，及时了解工作进度，认真查找工作中存在的困难和问题，奖优罚劣，鼓励先进，鞭策后进，促进美丽乡村建设顺利推进。

中共双牌县委
关于进一步加强干部管理的实施意见

（2016 年 12 月 31 日）

为全面加强领导班子和干部队伍建设，提升干部的执行能力，规范干部管理，根据《推进领导干部能上能下若干规定（试行）》和《中共双牌县委关于印发〈领导干部工作实绩管理暂行办法〉的通知》（双发〔2014〕3 号）、《中共双牌县委关于加强干部队伍执行力建设的实施意见》（双发〔2015〕22 号）、《中共双牌县委办公室关于印发〈双牌县党政领导干部交流工作暂行办法〉的通知》（双办发〔2014〕4 号）《中共双牌县委办公室双牌县人民政府办公室印发〈关于对违反作风建设要求影响工作执行力行为问责的暂行规定〉的通知》（双办发〔2016〕18 号）等有关文件精神，经县委研究，制订如下实施意见。

一、加强领导干部考评工作

1. 加强乡科级正职领导干部工作考评。乡科级正职领导干部在年度实绩管理或执行力考评中，排同类单位最后一名的，年度考核最高等次确定为称职。县委组织部对每年考评排同类单位最后一名的乡科级正职，将启动全面考察程序，重点考察其是否能继续胜任所任职务，并作为组织处理的重要依据。

2. 加强乡科级副职领导干部工作考评。对乡科级副职领导干部的执行力考评，除考评工作职责履行情况外，还将采取民主测评、副职互评、领导点评等方式进行考评，并根据考评得分确定等次，考评结果作为干部任用、交流和组织处理的重要依据；被评定为“一般”等次的，年度考核最高等次确定为称职；在单位考评排名末位的，县委组织部启动全面考察程序，经考察认定，予以相应组织处理。

二、加强问责结果运用

1. 根据中共中央办公厅《推进领导干部能上能下若干规定（试行）》的相关规定，科级领导干部凡存在：(1) 落实从严治党责任不力，贯彻党风廉政建设责任制不到位，本地区本部门本单位或者分管领域在较短时间内连续出现违纪违法问的；(2) 法治观念淡薄，不依法办事，不按法定程序决策，或者依法应当及时作出决策但久拖不决，造成不良影响和后果的；(3) 抓作风建设不力，本地区本部门本单位或者分管领域形式主义、官僚主义、享乐主义和奢靡之风比较突出的；(4) 在干部选拔任用工作中任人唯亲、营私舞弊，本地区本部门本单位或者分管领域用人上不正之风比较突出的；(5) 对配偶、子女及其配偶和身边工作人员教育管理不严、约束不力，甚至默许其利用自身职权或者职务上的影响谋取不正当利益的等五种情形之一的，县委将依据核定情况，按规定予以问责处理。

2. 严格执行《中共双牌县委办公室双牌县人民政府办公室印发〈关于对违反作风建设要求影响工作执行力行为问责的暂行规定〉的通知》（双办发〔2016〕18号）的规定：凡年内受到书面检查、诫勉谈话、通报批评、责令公开道歉或公开检讨问责处理的领导干部，取消当年度评先评优资格，年度考核最高确定为称职等次；一年内两次被问责的，当年度考核确定为不称职。凡受到停职检查、调离岗位、引咎辞职、责令辞职、免职的，当年度考核确定为不称职。

三、加强领导干部交流调整工作

1. 根据中共中央办公厅《推进领导干部能上能下若干规定（试行）》的相关规定，科级领导干部凡存在：(1) 不严格遵守党的政治纪律和政治规矩，不坚决执行党的基本路线和各项方针政策，不能在思想上政治上行动上同党中央保持高度一致的；(2) 理想信念动摇，在重大原则问题上立场不坚定，关键时刻经不住考验的；(3) 违背党的民主集中制原则，独断专行或者软弱涣散，拒不执行或者擅自改变党组织作出的决定，在领导班子中闹无原则纠纷的；(4) 组织观念淡薄，不执行重要情况请示报告制度，或者个人有关事项不如实填报甚至隐瞒不报的；(5) 违背中央八项规定精神，不严格遵守廉洁从政有关规定的；(6) 不敢担当、不负责任，为官不为、庸懒散拖，干部群众意见较大的；(7) 不能有效履行职责、按要求完成工作任务，单位工作或者分管工作处于落后状态，或者出现较大失误的；(8) 品行不端，违背社会公德、职业道德、家庭伦理道德，造成不良影响的；(9) 配偶已移居国（境）外，或者没有配偶但子女均已移居国（境）外，不适宜担任其所任职务的；(10) 其他不适宜担任现职的情形等十种情形之一的，可认定为不适宜担任现职。被组织认定为不适宜担任现职的，采取调离岗位、改任非领导职务、免职、降职等方式予以调整。因不适宜担任现职调离岗位、改任非领导职务、免职的，一年内不得提拔；降职的，两年内不得提拔。

2. 根据《双牌县党政领导干部交流工作暂行办法》规定，加大干部交流力度，对符合任职期满或期中交流、回避性交流、结构性交流等条件的，严格按照规定进行交流。对不服从交流决定的，一律就地免职，并视情况交纪检监察机关或作风办给予纪律处分或作风问责处理，同时年度考核不得确定为称职以上等次。

属于可不交流或暂缓交流范围的县管科级领导干部，按相关规定执行。

3. 根据领导干部年度执行力考评结果，对年度考评排名末位的，经组织考察不适宜担任现职的，予以交流或其他组织处理。

四、加强超职数配备干部问题整治

根据《中共湖南省委组织部关于进一步做好超职数配备干部问题整治工作的通知》（湘组电〔2014〕23号）以及全省“三超两乱”问题整改工作推进视频会议精神等要求，县委将采取以下措施，加大超职数配备干部的整改消化力度。

1. 严格控制职数。今后县委研究干部任免，严格按照各单位的“三定”方案中核定的领导职数配备干部。

2. 统筹职位使用。严格按照省里的要求，统筹职位使用，在干部职数没有消化到位之前，因缺位、组织处理、干部退休、调整等原因腾出的职位，优先用于从超配的单位中调整交流安排。

3. 清理规范兼职。对兼任了两个及以上单位或机构领导职务的人员，凡“三定”方案或上级文件没有核定或明确兼职的，要取消兼职。对兼任了非领导职务的领导干部，原则上免去非领导职务，保留待遇。

4. 公推竞选任职。对在省、市组织部门规定的消超时间没有完成消超任务的单位，县委根据工作需要，将委派组织部门采取单位民主测评、公开推荐，组织全面考察和审查的方式，择优竞选任用副职；没有成功竞选任职的，就地改非、免职，或进行交流。

五、允许领导干部退出职位

现任科级领导干部中，男的年满50周岁，女的年满45周岁的，因身体原因等不能坚持正常工作的可适当放宽年龄条件，经本人申请和县委研究同意，自愿退出职位的，到达退休年龄办理退休手续前，按以下办法进行管理：一是人事编制关系继续保留在本单位；二是按照本单位同级在职在岗干部执行政策性工资标准和规范性津补贴标准调整，落实职务与职级并行制度晋升职级等；三是按照本单位同级在职在岗干部享受年度考核合格奖、绩效考核奖、医保铺底资金、公车改革补贴；四是完成县委、县政府安排的重大工作。

中共双牌县委办公室
关于印发《关于贯彻落实〈湖南省党委（党组）意识形态工作责任制实施细则〉的意见》的
通　　知

各乡镇场党委，县直及省市驻双各单位：

《关于贯彻落实〈湖南省党委（党组）意识形态工作责任制实施细则〉的意见》已经县委常委会议研究同意，现印发给你们，请结合各自实际认真抓好落实。

中共双牌县委办公室

2016年11月8日

关于贯彻落实《湖南省党委（党组）意识形态工作责任制实施细则》的意见

为认真贯彻落实《湖南省党委（党组）意识形态工作责任制实施细则》（湘办发〔2015〕53号）精神，全面做好新形势下的意识形态工作，牢牢掌握意识形态工作的领导权主动权，结合我县实际，提出如下意见。

一、加强组织领导。各级党委（党组）要把意识形态工作摆上全局工作的重要位置，纳入重要议事日程，纳入党建工作责任制，纳入党的纪律监督检查范围，纳入领导班子和领导干部目标管理，与经济建设、政治建设、文化建设、社会建设、生态文明建设和党的建设紧密结合，同部署、同落实、同检查、同考核。县委成立意识形态工作领导小组，县委书记任组长，县委副书记、县委常委宣传部长任副组长，其他县委常委为成员，县委常委、宣传部长兼任办公室主任，负责指导、组织、协调、督查和落实全县意识形态工作。各乡镇要建立健全党委意识形态工作领导小组，明确职责，发挥作用。县直及省市驻双各单位要明确一名领导分管意识形态，确定专门股室负责意识形态工作。

二、明确责任定位。按照属地管理、分级负责和“谁主管、谁负责”的原则，各级党委（党组）领导班子对本地区本部门本单位意识形态工作负主体责任。党委（党组）书记是第一责任人，应当旗帜鲜明地站在意识形态工作第一线，带头抓思想理论建设，带头管阵地把导向强队伍，带头批评错误观点和错误倾向，重要工作亲自部署、重要问题亲自过问、重大事件亲自处置。党委（党组）分管领导是直接责任人，协助党委（党组）书记抓好统筹协调指导工作，推动意识形态工作落实。党委（党组）其他成员根据工作分工，按照“一岗双责”要求，抓好分管部门和单位的意识形态工作，对职责范围内的意识形态工作负领导责任。

三、落实责任内容。各级党委（党组）主要承担的意识形态工作责任是：

（一）落实党管意识形态原则。认真贯彻落实党中央和省、市、县委关于意识形态工作的决策部署和指示精神，严守政治纪律、组织纪律和宣传纪律，坚决维护党中央权威。大力宣传党的理论和路线方针政策，宣传中央和省、市、县委重大决策部署，在思想上政治上行动上同以习近平同志为总书记的党中央保持高度一致。县委每半年听取一次意识形态工作专题汇报；县委常委会应当把意识形态工作作为向全委会报告工作的重要内容；乡镇党委把意识形态工作作为年度工作报告的重要内容；各级党委（党组）对本地区本部门本单位意识形态领域出现的重要动向和问题，应当主动在党员干部中进行内部通报。

（二）加强思想理论建设。认真学习贯彻习近平总书记系列重要讲话精神，持续推进中国特色社会主义和中国梦的宣传教育，加强“四个全面”战略布局和“五大发展理念”的宣传教育，组织好社会主义核心价值观的学习和践行，不断巩固马克思主义在意识形态领域的指导地位，巩固全党全国人民团结奋斗的共同思想基础。扎实抓好以党委（党组）中心组为龙头的干部理论学习，建立健全党委（党组）中心组学习制度，严格落实“自学、听课、发言、研讨、总结、通报”六个环节，保证学习次数和学习时间，切实提高中心组学习质量。

（三）加强对各类意识形态阵地的管理。坚持党管媒体原则，落实新闻工作通气会制度、新闻稿件“三审”制度、新闻从业人员管理制度、新闻采编与经营“两分开”制度；引导各级各类文艺和印刷出版机构始终把社会效益摆在首位，落实选题把关、节目审查和图书期刊、音像制品审读等制度，加强网吧管理，深入开展“扫黄打非”，严厉打击各种非法出版物，坚决封堵境外政治性有害出版物向境内渗透；加强对社科研究机构和社科类社会组织管理，做好社科类社会组织党建工作，推动全县社科类社会组织100%建立党组织、100%开展党的活动；按照“谁组织谁负责、谁审批谁监督”和属地管理的原则，加强社科理论类论坛的管理，举办社科理论类论坛，必须事先经过本单位组织批准，并报县委宣传部门备案；加强对宗教与宗教思想传播的管理，促进各类宗教与社会主义相适应；加强对各类演艺场所、图书馆、美术馆、博物馆、文化馆的管理，确保演出展出内容积极健康向上。

（四）切实维护网络意识形态安全。党委（党组）书记应当亲自抓，领导和组织互联网管理部门及有关部门加强对互联网的管理，建立健全各级网信工作机构，建立健全管用防并举、方方面面齐动手的制度体制。做大做强网上正面思想舆论，提高网上议题设置能力和舆论引导水平。切实加强网络信息管控，重点管好具有新闻舆论和社会动员功能的新媒体，规范网上信息传播秩序，旗帜鲜明地开展舆论斗争。切实加强网上热点事件和有害信息的监测处理，深入开展网络意识形态安全专项清理行动，严密防范网上意识形态渗透。宣传、网信、通信、公安、文化新闻出版、工商等职能部门，应当结合各自职责，发挥各自优势，形成工作合力。

（五）强化学校意识形态工作。坚持党对各类大中小学意识形态工作的领导，推动中国特色社会主义理论体系进教材、进课堂、进头脑，加强和改进学校思想政治工作、思想政治理论课教学和思想舆论阵地管理，加大社科类学术团体和学术活动管理力度，加强思想政治课教师、学生辅导员、学生干部队伍建设。分管教育工作的县委领导代表县委联系并抓好全县中小学、职业学校、民办学校的意识形态工作。

（六）领导和组织对意识形态领域重大问题的处置。对违背政治纪律，否定中国共产党的领导、攻击中国特色社会主义制度错误思潮和言论，必须敢抓敢管、敢于亮剑，采取多种方式及时表明立场，亮明态度，理直气壮地加以批驳，有理有力有节地开展思想舆论斗争。意识形态领域发生重大问题和突发事件时，党委（党组）书记应当第一时间部署，分管领导应当及时处理。对坚持错误思想的异见领袖、网络“大V”、敏感人物、“异见分子”等重点人物，应当加强教育引导，做好转化工作。对在境内外各类媒体、互联网、出版物及讲坛论坛等公开场合发表同中央精神相违背的言论，非议党的理论和路线方针政策及重大决策部署，散布传播政治谣言的党员干部应当依纪依法严肃处理。

（七）领导和组织有关部门做好知识分子的团结引导服务工作。领导班子成员特别是主要负责同志应当加强同社会理论界、新闻出版界、广播影视界、文学艺术界、教育科技界知识分子交朋友，做好各领域学术带头人、领军人物和新媒体中代表人士的工作，通过开展经常性走访、建立联系点、参加学术活动、邀请座谈等形式，不断拓展同知识分子沟通联系的渠道。加强对党外知识分子的政治引领和政治吸纳，加强同经济组织、新社会组织和新的文艺组织、文艺群体中知识分子的联系，耐心细致地做好思想政治工作，引导他们与党同心同德、同向同行。

（八）加强对精品创作和文化生产的引导。正确处理好文化产业发展与意识形态安全的关系，坚持文化企业正确经营方向，始终坚持把社会效益放在首位，实现社会效益和经济效益相统一。加强对文化产品内容的生产管理和导向管理，推进导向管理日常化、制度化。坚持文化体制改革的正确方向，建立健全党委和政府监管有机结合、宣传部门有效主导的管理模式，推动实现管人管事管资产管导向相统一，确保导向正确、资产保值增值、阵地不断壮大。积极开展“五个一工程”精品创作生产传播活动，坚持以内容为主，注重文化资源的挖掘、注重文化内涵的提升、注重文化品牌的培育，推出更多优秀文化产品。

（九）深入推进精神文明建设。以创建省级文明县城为总抓手，积极开展“道德之乡讲道德”活动，开展学雷锋志愿服务活动，大力推进群众性精神文明创建，不断提升国民素质和社会文明程度。把社会主义核心价值观融入到国民教育、精神文明建设和党的建设全过程，贯穿经济和社会发展各领域，成为全县人民的共同价值追求。

四、建立分析研判机制。县委成立由县委常委、宣传部长任组长的意识形态领域情况分析研判小组，各乡镇党委、县直及省市驻双各单位要相应成立意识形态领域情况分析研判小组，每年至少2次专题研究意识形态工作，深入分析社会思潮发展演变的趋势和规律，及时发现意识形态领域存在的倾向性和苗头性问题，认真抓好热点问题引导，及时将意识形态领域的重大情况向县委报告，并提出对策建议。

五、建立意识形态工作述职评议制度。建立党委（党组）书记意识形态工作述职评议制度，每年年底，县委常委会专题听取乡镇党委书记意识形态工作述职，并组织开展评议，述职评议结果纳入领导班子和党委书记年度考核、执行力考核。述职内容主要包括：履行第一责任人职责情况、理论学习情况、意识形态阵地管理情况、网络意识形态建设管理情况、意识形态领域重大问题处置和追责情况、队伍建设情况、意识形态重点工作任务落实情况等。

六、建立督查考核制度。将意识形态工作纳入绩效评估和干部执行力考核的重要内容，加大意识形态工作在考核中的权重。县委宣传部作为县委主管意识形态工作的综合职能部门，在县委统一领导下，履行指导、协调、督查和抓好落实的职责，切实负起牵头抓总、指导协调的责任。每年负责对本县意识形态工作进行一次专题督查考核，督查考核结果向县委报告，并报上级宣传部门。主要督查意识形态重点工作任务落实情况，考核党委（党组）领导班子的主体责任、党委（党组）书记第一责任、党委（党组）分管领导直接责任，党委（党组）其他成员“一岗双责”责任的落实情况。

七、强化队伍建设。选优配强宣传思想文化部门领导班子和干部队伍，确保意识形态工作的领导权牢牢掌握在忠于党、忠于人民、忠于马克思主义的人手里。高度重视基层宣传文化干部队伍建设，配备乡镇宣传干事，切实解决机构编制、人员配备、基本待遇、工作条件等实际问题。定期举办宣传文化干部任职培训，抓好全县理论骨干、党委中心组学习秘书、新闻发言人、舆情信息员、政务微博管理员、文化产业骨干等业务培训，加大拔尖人才、领军人物和优秀中青年专家的培养力度。乡镇宣传委员和宣传系统领导班子的调整，应当征求县委宣传部的意见。

八、构建大宣传格局。加强对意识形态工作的统一领导，形成县委统一领导、党政齐抓共管、宣传部门组织协调、有关部门分工负责的工作格局。县纪委要把落实意识形态工作决策部署情况纳入执行党的纪律的监督检查范围。县委组织部要把意识形态工作情况纳入干部考核、列入干部任前考察和年度考核的重要内容，作为评价使用和奖惩的重要依据。县绩效办要认真做好绩效评估相关工作。各级各部门要树立大宣传理念，统筹协调本地区本部门本单位在行政管理、行业管理、社会管理中体现意识形态工作要求，维护意识形态安全。组织人事、财税、发改等部门，要不断完善对宣传思想工作的支持政策和工作措施，加大对意识形态工作的预算支出力度，不断提高文化支出占财政支出的比例。

九、厘清追责范围。党委（党组）领导班子、领导干部有下列情形之一的，应当追究责任，视情节轻重，给予约谈提醒、批评教育、责令作出书面检查、进行通报批评，给予组织处理和纪律处分。

（一）对党中央或者上级党组织安排部署的重大宣传教育任务、重大思想舆论斗争组织开展不力的；

（二）在处置意识形态领域重大问题上，党委（党组）书记没有站在第一线、没有带头与错误观点和错误倾向作斗争的；

（三）管辖范围内发生由意识形态领域问题引发群体性事件的；

（四）对重大敏感问题和突发事件处置和引导不力，引起思想混乱、造成严重影响的；

（五）对所管理的党员干部公开发表违背党章、党的决定决议和政策的言论放任不管、处置不力的；

（六）所属新闻媒体出现严重错误导向的；

（七）管辖范围内公开发行的出版物和编写的教材等在意识形态方面有严重错误导向的；

（八）丧失对管辖范围内报刊、广播电视台、新闻网站等宣传思想文化阵地的领导权和实际控制权的；

（九）管辖范围内网络意识形态安全出现严重问题的；

（十）管辖范围内举办的报告会、研讨会、讲座、论坛和中小学校、党校课堂教学有发表否定党的领导、攻击中国特色社会主义制度言论，造成严重影响的；

（十一）对管辖范围内意识形态工作出现严重问题隐瞒不报的；

（十二）党员领导干部通过信息网络、广播电视、报刊书籍、论坛讲座等公开发表违背中央精神言论，妄议中央大政方针的；

（十三）党员领导干部组织、利用宗教活动反对党的路线、方针、政策和决议，破坏民族团结的；

（十四）党员领导干部在涉外活动中，因言行不当在政治上造成恶劣影响，损害党的国家形象的；

（十五）其他未能切实履行工作职责，造成严重后果的。

十、明确追责办法。实施责任追究应当实事求是，分清集体责任和个人责任，主要领导责任和重要领导责任。追究集体责任时，领导班子主要负责同志和直接分管的领导班子成员承担主要的领导责任，参与决策的班子成员承担重要领导责任。对错误决策提出明确反对意见而没有被采纳的，不承担领导责任。错误决策由领导干部个人决定或者批准的，追究该领导干部个人的责任。对领导班子、领导干部进行问责，应当按照干部管理权限，由县委依照有关规定实施。县委宣传部可以向实施问责的县委、县纪委提出问责建议。对领导班子、领导干部问责情况，应当报县委组织部备案。

中共双牌县委办公室
双牌县人民政府办公室
关于印发《2016年六件惠民实事和重点民生实事考核方案》的
通　　知

各乡镇场党委、乡镇人民政府，县直及省市驻双有关单位：

《2016年六件惠民实事和重点民生实事考核方案》已经县委、县政府同意，现印发给你们，请结合实际认真贯彻执行。

中共双牌县委办公室
双牌县人民政府办公室
2016年12月15日

2016年六件惠民实事和重点民生实事考核方案

为确保市下达我县的六件惠民实事“三年行动”和重点民生实事目标任务落到实处，根据《中共湖南省委办公厅湖南省人民政府办公厅关于印发〈2016年重点民生实事项目实施意见〉的通知》（湘办发〔2016〕11号）和《中共永州市委办公室永州市人民政府办公室关于印发〈2016年六件惠民实事和重点民生实事考核方案〉的通知》（永办〔2016〕28号）的要求，特制订本方案。

一、考核对象及工作责任

1. 县直单位：县委政法委（县综治办）、县公安局、县检察院、县法院、县司法局、县发改委、县科商粮经信委、县财政局、县教育局、县民政局、县人社局、县住建局、县交通运输局、县农业委、县水利局、县卫计委、县城管执法局、县市场和质量监督管理局（县食安办）、县安监局（县安委办）、县国土资源局、县环保局、县林业局、县移民局、县妇联、县残联、县供销联社、县房产局、县扶贫办、县畜牧水产局、县广播电视台、县消防大队、国网双牌供电分公司、县农业开发办、县委督查室、县政府督查室、县绩效办、县紫金北路棚户区改造指挥部等37个单位为实施责任单位。

2. 相关责任乡镇场：项目所在的乡镇（场）。

3. 工作责任：建立领导责任制，责任单位主要负责人亲自抓，分管负责人具体抓，并组建工作班子，确定专人负责。建立工作责任制，制订工作方案，明确工作职责，报告工作情况，各单位组建班子情况及重点民生实事项目工作方案务必于2016年9月30号前上报县民生实事项目办公室（县绩效办）。建立协调机制，及时协调处理工作中的矛盾和问题。建立督查责任制，定期调度工作情况，督促工作目标任务的完成。建立健全重点民生实事项目后续管理长效机制，做到建管并重。做好与上级主管部门指标衔接工作，及时分解指标任务，明确责任。

二、考核内容

2016年六件惠民实事考核内容包括：棚户区改造、城市小区管理工作、农村环境污染治理工作、放心食用油和米粉工作、“五小水利”工程建设工作、社会安全工作。

2016年重点民生实事考核内容包括：精准扶贫、农村公路建设、农村自来水建设、新增城镇就业、中小学校和幼儿园建设、农村危房和棚户区改造、两供两治设施建设、残疾儿童和重性精神疾病患者救治救助工程、农村适龄妇女（35~64岁）“两癌”免费检查、新增社会治安视频监控摄像头、社区矫正中心建设、新增养老服务床位、农村信息化工程、美丽乡村示范村建设。

三、考核的组织实施

1. 六件惠民实事。由县委常委、常务副县长秦小国负责抓总，县委督查室、县政府督查室具体抓落实。六件惠民实事2016年度的目标任务和年终的验收标准参照市下达的考核细则及评分标准执行。县委督查室、县政府督查室对照县直牵头责任单位的目标任务，在县委、县政府统一组织下开展考核（以扣分考核为主），并结合每季度的工作督查，计算出年终100分的考核分值。六件惠民实事的年终最终分值=（各牵头责任单位的考核分值+县委督查室、县政府督查室的考核分值）÷2。

2. 重点民生实事。由县委常委、常务副县长秦小国负责抓总，县绩效办具体抓落实和数据上报。县绩效办结合工作实际，将2016年14项20个重点民生实事考核指标任务分解落实到县直各单位，实行100分制考核，具体的考核验收标准参照执行市下达的验收标准，完成指标任务的数据，分别由县直各责任单位报县统计局评估认定，县绩效办、县统计局在县委、县政府统一组织的年终考核中进行核验。重点民生实事的年终最终分值=（综合考核组评分+县绩效办评分+县统计局评分）÷3。

3. 结果汇总。由县委督查室、县政府督查室、县绩效办汇总考核结果。仅有六件惠民实事或重点民生实事指标任务的责任单位，其六件惠民实事的年终最终分值或重点民生实事的年终最终分值即为其六件惠民实事和重点民生实事考核的年终综合得分。既有六件惠民实事又有重点民生实事指标任务的责任单位，其六件惠民实事的年终最终分值与其重点民生实事的年终最终分值之和的50%，即为其六件惠民实事和重点民生实事考核的年终综合得分。

四、考核结果及运用

（一）考核等次

考核结果按各单位综合得分分为优秀、合格、不合格3个等次。

1. 优秀等次名额占被考核单位总数的25%，根据各单位综合得分从高到低分类确定。从乡镇场中评出3个六件惠民实事和重点民生实事优秀单位，从37个县直责任单位中评出10个重点民生实事优秀单位，从组织实施六件惠民实事和重点民生实事项目责任人中评出10个六件惠民实事和重点民生实事项目先进个人。

2. 除去优秀等次单位后，综合得分在80分以上的为合格等次单位。

3. 有下列情形之一的为不合格单位：考核指标中有一项任务未完成的；综合得分在80分以下的。

（二）考核结果运用

考核结果以县委办公室、县政府办公室名义对六件惠民实事和重点民生实事考核结果进行通报。考核为优秀的单位，县委、县政府颁发奖金和奖牌（奖励方案另行制订），其主要负责人和分管负责人在公务员年度考核中可评定为优秀；考核为不合格的单位，对其主要负责人和分管负责人进行诫免谈话，同时对该单位给予通报批评。

在年终考核时六件惠民实事和14大项重点生实事项目指标，各单项指标排名全市倒数第一位的，由县委、县政府按相关规定对指标责任单位进行严肃追责。

各乡镇场和县直责任单位六件惠民实事和重点民生实事项目指标纳入年终综合绩效考核内容。六件惠民实事和重点民生实事项目任务未完成的单位，年度综合绩效考核该项工作计0分。

五、考核要求

1. 各牵头县直责任单位要各司其职，各负其责，按照全年工作目标，制订实施方案，并按照考核方案加强对县直相关责任单位的日常督查，以日常考核为主，年终验收考核工作要在县委、县政府的统一组织下进行。

2. 县委督查室、县政府督查室、县绩效办要充分发挥统筹协调的职能职责，加强六件惠民实事和重点民生实事考核日常调度和督促检查，认真组织实施对县直各责任单位和乡镇场的年终考核验收，并提出考核结果，报县政府常务会、县委常委会研究。

3. 考核工作要坚持公开、公平、公正和实事求是的原则，严肃考核纪律，严禁弄虚作假，对不遵守考核纪律的，按照有关规定给予处罚。

双牌县人民政府
关于加强禽流感防控工作的通告

双政函〔2016〕6号

为切实保障人民群众身体健康，维护社会和谐稳定，让全县人民过上一个欢乐、祥和的新春佳节，经县人民政府研究同意，现就如何做好春节期间禽流感防控工作有关事项通告如下：

一、实行休市停业。县城综合大市场活禽交易场所及屠宰点休市10天，时间为2016年2月4日到2月13日，休市期间暂停活禽交易。

二、全面消毒灭菌。按照市场管理有关要求，对县城综合大市场活禽交易市场及屠宰点进行全面、彻底消毒灭源。对全县其它活禽交易市场按照“一日一清洗，一周一消毒，一月一休市”的要求，开展消毒灭源。

三、强化市场监管。严格家禽上市交易查证验物，严禁无检疫证明和检疫不合格家禽上市，对境外调入无检疫合格证明的家禽一律采取扑杀处理。

四、开展疫情监测。对全县活禽交易市场、家禽养殖场（户）等重点环节开展疫情监测，一旦发现不明原因家禽死亡，要及时报告当地乡（镇）政府或县防治重大动物疫病指挥部办公室（电话：0746—7721078）。

五、严格饲养管理。各养殖场要落实封闭饲养、定期消毒、全进全出等综合防控措施，做好禽流感免疫注射，建立有效的免疫保护屏障，防止疫病的发生。

六、做好日常防护。要加强煅练，增强个人体质。减少与禽鸟的接触，避免有伤口接触禽鸟。接触过禽鸟或禽鸟粪便后，要用消毒液和清水彻底清洁双手。尽量在正规的销售场所购买经过检疫的禽类产品，食用家禽及其产品时要煮熟煮透。

七、本通告自发布之日起实施。

双牌县人民政府

2016年2月4日

双牌县人民政府
关于加强审计工作的具体意见

双政发〔2016〕3号

各乡镇人民政府，各林场，阳明山管理局，县直各单位：

为认真贯彻落实《国务院关于加强审计工作的意见》（国发〔2014〕48号，以下简称《意见》）和《湖南省人民政府关于加强审计工作的实施意见》（湘政发〔2015〕23号）精神，结合我县实际，现就加强审计工作提出以下具体意见。

一、增强对审计工作重要性的认识

党的十八届四中全会将审计监督作为党和国家监督体系的组成部分，明确了国家审计在维护经济安全、推进法治建设、规范权力运行、促进社会和谐等方面肩负的使命和作用。《意见》在强化审计的保障和监督作用、完善审计工作机制、实现审计监督全覆盖等方面提出了明确要求。全县有关部门和单位要进一步深化对审计工作的认识，大力支持审计机关依法履行审计职责，充分发挥审计在促进全县经济社会健康发展中的重要作用。

二、明确审计监督的重点

全县审计监督工作要坚持“全面审计、突出重点”的原则，紧紧围绕全县经济社会发展目标，紧扣县委、县政府工作主题主线，加强对重点领域、重点部门、重点资金的审计监督，推动各项重要决策部署和政策措施有效落实。

（一）推动政策措施贯彻落实。把国家重大政策措施和县委、县政府重要决策部署的落实情况作为审计工作重点，尤其要加大对项目落地、资金使用等措施执行情况的审计力度，及时发现和纠正有令不行、有禁不止的行为，确保政令畅通。

（二）深化财政绩效审计。以预算执行为主线、全部政府性资金为主要内容、财政资金绩效为重点，开展预算执行和其他财政收支审计。加强对预算编制、批复、调整、执行全过程的审计监督，密切关注政府性债务结构及变化、财政资金的存量及增量，促进财政资金合理配置、高效使用，防范财政风险。围绕中央“八项规定”、省委“九项规定”和市县委“十项规定”等要求，加强“三公”经费、会议费使用、公车改革的审计，促进厉行节约和规范管理，推动财政绩效管理水平不断提高。

（三）推动领导干部履职尽责。按照党政同责、同责同审，应审尽审、凡审必严、严肃问责的要求，以检查领导干部守法守纪守规尽责情况为着力点，加大党政领导干部经济责任审计力度。把财政收支、民生改善、资源环境、工程建设、国有资产处置、作风建设和廉洁从政相关规定遵守情况作为审计重点内容，促进各级领导干部主动作为、有效作为，切实履职尽责。加强领导干部任职情况的动态管理，建立健全领导干部任职任职情况审计台账，有计划地对领导干部任期内进行一次审计，实现审计的全覆盖。

（四）强化政府投资管理绩效。以“提高效益、促进发展”为目标，加强政府投资项目竣工决算和工程结算审计的针对性、及时性和效益性。坚持量力而行、突出重点、规范有序的原则，加强政府重点建设项目的跟踪审计和竣工决算审计。修改完善《双牌县关于进一步做好政府投资建设项目审计监督工作意见》（双政办发〔2014〕26号）、《双牌县政府投资项目建设单位内控管理暂行办法》（双政办发〔2014〕21号）等规范性文件，厘清各相关部门的工作职责和责任，强化财政评审和建设单位日常监管责任。进一步创新政府投资审计方式方法，加大工程结算审计向社会购买服务的规范管理和推进力度，出台政府购买社会中介服务的相关管理办法和操作规程，促进审计质量和效率的提高，防范审计风险。重点关注征地拆迁、工程招投标、工程质量、环境保护、管理粗放、投资超预（概）算、损失浪费以及重大违法违纪等问题，实现政府投资审计从工程结算的真实性审计为主向合法性、效益性审计为主的转变，提高政府投资管理绩效，推进政府投资审计向深层次、高水平方向发展。

（五）促进民生改善和生态文明建设。坚持以保障和改善民生为导向，进一步加强对扶贫、移民、“三农”、社会保障、教育、就业、医疗等民生资金的专项审计和审计调查。按照年度计划有针对性重点选择几类专项资金进行审计，重点监督检查政策执行、资金使用、项目实施等情况，揭露和查处严重损害群众利益的行为，揭示和反映政策落实不到位、管理不严格、制度不健全、资金使用绩效差等问题，促进各项惠民政策落到实处，切实维护人民群众的根本利益，让人民群众有更多的获得感。

三、完善审计工作机制

（一）依法接受审计监督。凡是涉及管理、分配、使用公共资金、国有资产、国有资源的部门、单位和个人，都要自觉接受审计、配合审计，不得设置障碍。有关部门和单位要依法、及时、全面、真实提供审计所需的财务会计、业务和管理等电子数据信息和必要的文档资料。对拒不接受审计监督，阻挠、干扰审计工作，或威胁、恐吓、报复审计工作人员的，要依法依纪查处。

（二）积极协助审计工作。审计机关履行职责需要协助时，有关部门、单位要积极予以协助和支持，并对有关审计情况严格保密。建立健全审计与纪检监察、公安、检察以及其他有关主管单位的工作协调机制，特别是在调查取证、查办案件、结果运用、推动整改等方面强化协调配合。对审计出来的违法违纪问题线索，要按规定移送相关部门。相关部门要依法依规认真查处，严肃追究相关单位和人员的责任，并及时向审计机关反馈查处结果。审计机关要跟踪审计移送事项的查处结果。

四、强化审计整改和结果运用

被审计单位要切实抓好审计发现问题的整改工作，完善整改机制，明确整改责任，其主要负责人作为整改第一责任人，对重大问题要亲自管、亲自抓并要深入分析原因，从源头上和制度上采取措施，及时整改；对提出的审计建议，要认真研究，积极采纳，将审计整改结果在书面告知审计机关的同时，要向县政府报告。县政府每年专题研究审计整改工作，将审计整改工作纳入政府督查、年度领导干部述职和单位的绩效考核内容，作为单位和领导人员考核、奖惩的重要依据，对整改不到位的要约谈被审计单位主要负责人，对整改不力、屡审屡犯，造成重大影响和损失的要严格问责。加强对审计整改情况的跟踪落实，审计机关每年将问题整改情况进行汇总后报送县政府，县政府依法向县人大常委会提交审计查出问题整改情况的专题报告。加强审计结果运用。建立建全审计结果运用和审计公告制度，审计机关要依法依规逐步向社会公告审计结果和整改结果。

五、加强对审计工作的领导

（一）高度重视审计工作。将审计工作纳入重要议事日程，定期听取审计工作汇报，及时研究解决审计工作中遇到的突出问题。政府研究决策重大经济事项，应要求审计机关参与，把审计机关反映的问题和建议，作为相关决策的重要依据。

（二）强化审计队伍建设。加强审计部门领导班子和队伍建设，严把审计机关人员“入口”关，从业务需要合理配置审计力量，审计机关的人员遴选、招录要加试审计工作必需的专业知识和技能。推进审计机关职业化建设，对专业性较强的职位可以实行聘任制。审计机关要严格落实廉政建设各项规定，认真执行审计纪律，健全审计廉政工作体系和内部问责机制，自觉接受社会和群众监督，努力建设一支政治素质高、业务能力强、工作作风过硬的审计队伍。

（三）坚持工作创新。创新审计计划管理，在扩大审计覆盖面的基础上，进一步突出审计重点，年度具体项目计划提交政府常务会研究后方可实施；创新审计质量管理，鼓励审计部门对审计项目进行考核奖惩，提高审计质量和审计效率；创新审计方法，探索完善绩效审计、跟踪审计、向社会购买服务审计等审计方式方法。

（四）保障依法履职。保障审计机关依法审计、依法查处问题、依法向社会公告审计结果，依法独立行使审计监督权。在年度财政预算中切实保障审计机关履行职责所需的工作经费，积极为审计机关提供相应的工作条件，营造良好的审计外部环境。

双牌县人民政府

2016年3月28日

双牌县人民政府办公室
关于进一步加强环境监管执法的实施意见

双政办发〔2016〕6号

为深入贯彻《国务院办公厅关于加强环境监管执法的通知》（国办发〔2014〕56号）和《湖南省人民政府办公厅关于进一步加强环境监管执法的通知》（湘政办发〔2015〕27号）精神，加快解决影响科学发展和损害群众健康的突出环境问题，着力推进环境质量改善，经县政府同意，结合我县实际，现就进一步加强环境监管执法提出以下实施意见：

一、完善环境监管责任体系和工作机制

（一）落实属地监管责任。各级人民政府对本行政辖区环境监管负领导责任，加强对环境监管执法的组织领导，建立严格的环境监管目标责任制，把环境质量考核控制纳入经济发展考核评价体系。审计机关在开展党政主要领导干部经济责任审计时，要对各级人民政府主要领导干部执行环境保护法律法规和政策、落实环境保护目标责任制等情况进行审计。县人民政府将按照分级负责、属地管理的原则，将本行政区域以乡镇为单位，划分为若干个环境监管网格，建立计划执法制度，把工业企业、建筑施工、畜禽养殖、秸秆焚烧、餐饮油烟、垃圾焚烧、文化娱乐噪声和黄标车等各类排污对象和排污行为纳入其中、逐一明确监管部门、监管单位和责任人，全面落实监管措施，切实加强日常监管。网格划分和计划执法方案将另行行文，于2015年底前上报市人民政府备案，并向社会公开。各乡镇要明确分管环境保护工作的领导班子成员，并明确工作机构和工作人员承担辖区内排污单位的日常巡查和群众环境投诉举报受理工作，及时发现环境违法问题并向相关主管部门报告，配合主管部门督促整改、使违法问题得到及时纠正和查处。

（二）建立健全部门共管机制。县人民政府将按照省人民政府《关于印发〈湖南省环境保护工作责任规定〔试行）〉的通知》（湘政发〔2015〕6号）的要求和相关法律法规规定，明确有关部门和单位在环境监管执法中的责任，建立健全环保部门对环境保护实施统一监督管理的工作机制，形成齐抓共管的环境执法监管机制。

（三）完善公众参与机制。各级各相关部门要牢固树立紧紧依靠人民群众加强环境保护的指导思想。依法公开环境监测、环境影响评价、环境行政许可、行政处罚以及突发环境事件等信息，确保人民群众环境知情权。要充分发挥“12369”环保举报热线和网络平台作用，限期办理并定期公布群众举报投诉重点环境问题处理情况、违法违规单位的处理和整改情况；督促重点排污单位如实向社会公开主要污染物排放情况，以及防治污染设施的建设和运行情况，授受社会监督。积极推进“阳光执法”，主动邀请人大代表、政协委员、环境公益组织、行业协会和环保志愿者参与监督环境执法，形成人人参与环境保护的良好局面。要充分发挥新闻媒体舆论监督作用，利用电视、网络等传播渠道，曝光环境违法案件和环境问题。积极推进环境民事、行政公益举报、诉讼，鼓励社会组织、公民依法对污染环境、破坏生态等损害公众环境权益的行为提起公益诉讼和民事诉讼。支持和配合人民检察机关依法办理涉及生态环境和资源保护领域的民事、行政公益诉讼案件。

二、加大环境监管执法力度

（一）深入开展环境保护大检查。目前，县人民政府正在组织开展一次环境保护全面排查，重点检查所有排污单位污染排放状况，各类资源开发利用活动对生态环境影响情况，以及建设项目环境影响评价制度、“三同时”（防治污染设施与主体工程同时设计、同时施工、同时投产使用）制度执行情况等，依法严肃查处、整改存在的问题，检查清理整改结果要向市人民政府报告并向社会公开。全县各级各部门要积极开展并配合环境保护大检查工作。

（二）进一步强化对重要领域、重点行业的环境监管。继续加大以潇水流域为重点的重金属专项执法检查力度，强化对重点区域、重点企业的日常监督管理，确保饮用水安全。深入推进大气污染防治，环保、发改、经信、公安、交通运输、住房城乡建设、农业、质监等部门要按照职责分工，进一步加强协调配合，切实加

强对工业企业废气、淘汰落后产能、机动车（船舶）尾气排放、建筑工地及道路扬尘、餐饮业油烟、秸秆及垃圾焚烧等方面的监督管理，形成大气污染防治合力。

加大对重点区域和重点排污单位的监管力度。要加强对工业园区、饮用水水源保护区等重点地区和冶金、水泥、化工、制药、城镇污水处理厂和危险废物处置等重点行业的监管。相关职能部门要积极共享对重点排污单位监管信息，采取暗访、抽查、交叉检查等方式，严惩环境违法行为，严格追究监管责任。

严格实施建设项目全过程监管。县人民政府将组织开展违法违规建设项目的清理整改工作，严厉查处建设项目环境违法行为。对违反建设项目环境影响评价制度和“三同时”制度，越权审批但尚未开工建设的项目，一律不得开工；未批先建、边批边建，资源开发以采代探的项目，一律停止建设或依法依规予以取缔；环保设施和措施落实不到位擅自投产或运行的项目，一律责令限期整改。重点研究解决因卫生防护距离搬迁不到位、落后产能淘汰不到位等原因导致不能正常验收等问题，提出切实可行的解决方案，维护企业和群众的合法权益。2016年底前要完成违法违规建设项目的清理整改工作。

（三）严厉打击环境违法行为。坚持铁腕治污，对各类违法行为“零容忍”，采取综合手段，始终保持严厉打击环境违法行为的高压态势。对违法排污行为，发现一起，坚决查处一起，对偷排、非法排放有毒有害污染物、非法处置危险废物、不正常使用污染防治设施、伪造篡改环境监测数据等违法行为，依法采取限制生产、责令停产整治、查封扣押、按日计罚上不封顶等处罚措施；对未完成停产整治任务擅自恢复生产的，依法责令停产关闭，拆除主体设备，使其不能恢复生产；对拒不改正违法行为的，依法采取停水断电、行政拘留等强制措施；对涉嫌犯罪的，一律及时移送司法机关，对负有连带责任的环境服务第三方机构，一并严格追责，并及时将环境违法企业列入“黑名单”向社会公开。对生效的行政处罚、行政强制和其他环保行政行为，环保及相关职能部门要及时依法申请人民法院强制执行，并积极配合人民法院落实强制措施。

（四）加强行政执法和司法联动。环保部门和公安机关要建立联动执法联席会议、常设联络员和重大案件会商督办等制度，环保部门、公安机关、监察机关与审判机关之间要完善案件移送机制、联合调查、信息共享和奖惩机制，实现行政执法与司法监督、行政处罚和刑事处罚无缝衔接。发生重大环境污染事件等紧急情况时，要迅速启动联合调查机制，防止证据灭失。各级公安机关要明确机构和人员负责查处环境犯罪，对涉嫌犯罪为的要及时立案侦查，对犯罪事实清楚、证据确凿的案件，及时移送检察机关。环保部门对于移送的刑事案件应随案移送相关鉴定意见或检测报告。行政执法、线索移送和立案查办工作要接收检察机关的监督。人民法院在审理环境资源案件、人民检察院在办理涉及环境资源公益诉讼案件时，需要环境保护部门技术支持协助的，环保部门应给予积极支持。

三、规范环境监管执法行为

（一）规范环境监管执法检查。负有环境监管职能的部门要制订统一的环境监管执法程序、执法文书；要公开执法检查依据、内容、标准和程序，强化对监管执法行为的约束。进一步完善“有计划、全覆盖、规范化”的计划执法检查制度，明确重点监管对象，科学划分监管层次，对不同类型的监管对象采取差别化的监管措施和检查频次；将日常监管责任落实到单位、岗位和具体责任人，完善环境监管档案，建立“一企一档”。

（二）加强环境监管执法稽查与监督。环境监管部门要进一步增强接受监督意识，自觉授受人民法院、人民检察院、上级职能部门以及社会各界的监督。

四、提高环境监管能力，严格责任追究

（一）切实加强环境监管队伍建设。一是充实队伍。建立重心下移、力量下沉的执法工作机制。加强我县环境监管执法队伍建设，结合转变政府职能和机构改革，县机构编制部门要会同环境保护部门共同研究，按照《全国环境监察标准化建设标准》（环发〔2011〕97号）文件要求，招收一批相关环保专业人员，充实环境监管力量，满足日常工作开展。新进人员坚持“凡进必考、择优录取”的原则，以适应日益繁重的环境监管任务需要。二是明确职责。要按照乡镇机构改革和省人民政府办公厅《关于进一步加强乡镇环境保护机构建设的通知》（湘政办发〔2012〕75号）的有关要求，健全乡镇、街道环境保护工作机制、理顺职责分工，明确工作人员，推动环境监管工作向农村延伸，强化农村生态环境执法检查，适应当前农村环境保护工作为需要。

（二）大力开展环境监管执法业务培训。要分级负责，采取多种形式，于2017年年底前，对现有监察执法人员全部进行业务培训和职业操守教育，经考试合格后持证岗。同时要紧密结合实际，采取组织案卷评查，技术比武等方式开展业务交流，不断提升环境监管人员业务素质和能力。

（三）强化环境监管执法能力保障。推进环境监察机构标准化建设，建立健全与执法任务相配备的能力保障。要切实保障环境监管执法用车以及现场检查取证设备等装备，鼓励县环保局推进移动执法系统建设；2017年底前要配置移动执法终端，提升环境执法现代化、信息化、规范化水平。进一步完善环境监测网络建设，着力提升我县环境监测能力，为环境监管执法提供有力技术支撑。健全环境监管执法经费保障机制，将环境监管执法经费全额纳入财政保障范围，完善环境监管执法经费的管理使用制度，自觉接受审计部门的监督。

（四）严格监管责任追究。对网格监管不履职的，发现环境违法行为或者接到环境违法行为举报后查处不及时的，不依法对环境违法行为实施处理、处罚的，对涉嫌犯罪案件不移送、不受理或推诿执法等监管不作为行为，监察机关要依法依纪追究有关单位和人员的责任。国家工作人员充当保护伞包庇、纵容环境违法行为或者查处不力、干扰环境监管执法，涉嫌职务犯罪的，要及时移送人民检察机关处理。实施生态环境损害责任终身追究，建立倒查机制，对发生重大突发环境事件，任期内环境质量明显恶化，不顾生态环境盲目决策、造成严重后果，利用职权干预、阻碍环境监管执法的，要依法依纪追究有关领导和责任人的责任。

双牌县人民政府
关于收回阳明山海峡两岸交流基地交流中心建设项目范围内国有土地使用权的决定

双政发〔2016〕8号

各有关单位和个人：

为合理利用土地，加快实施阳明山海峡两岸交流基地交流中心建设项目，根据《中华人民共和国土地管理法》和《双牌县土地利用总体规划》有关规定，经县人民政府研究，决定收回项目实施范围 0.1500 公顷国有土地使用权，现就有关事项通知如下：

一、项目实施范围

详见阳明山海峡两岸交流基地交流中心建设项目红线图。

具体实施范围以拆迁范围图为准。

二、以上项目的拆迁储备工作由双牌县征地拆迁办负责实施。征地拆迁主管部门按相关规定办理拆迁审批手续，组织对项目实施范围内的房屋和土地使用权人予以拆迁补偿。

三、本决定下达后，有关土地、房产部门不得再受理项目实施范围内国有土地使用权和房屋所有权查封登记。在实施单位全额支付拆迁补偿费用以前确需查封的，由实施单位在尚未支付的补偿费用额度内协助执行。

2016年7月20日

双牌县人民政府
关于实施不动产统一登记的通告

双政办函〔2016〕51号

根据国务院《不动产登记暂行条例》（国务院令第656号）、《中共湖南省委办公厅湖南省政府办公厅关于印发〈湖南省不动产统一登记工作实施方案〉的通知》（湘办发〔2015〕43号）精神，经研究，决定自2016年9月12日起，在双牌县范围内实施不动产统一登记。现将有关事项通告如下：

一、双牌县国土资源局为我县不动产登记机构，负责全县范围内的不动产登记工作。所属双牌县不动产登记中心负责承担不动产登记的具体事务性工作。

二、下列不动产权利的首次登记、变更登记、转移登记、注销登记、更正登记、异议登记、预告登记、查封登记等由国土资源局统一办理：

（一）集体土地所有权；

（二）房屋等建筑物、构筑物所有权；

（三）森林、林木所有权；

（四）耕地、林地、草地等土地承包经营权；

（五）建设用地使用权；

（六）宅基地使用权；

（七）地役权；

（八）抵押权；

（九）法律规定需要登记的其他不动产权利。

农村土地承包经营权按照国家规定给予过渡期，过渡期内由原发证机关办理登记，过渡期后纳入不动产统一登记范围登记。

三、实施不动产统一登记后，双牌县国土资源局依法颁发“不动产权证书”和“不动产登记证明”，原各类不动产权属证书停止发放。按照“不变不换”的原则，在不动产统一登记前依法颁发的各类不动产权属证书继续有效，在依法办理变更登记、转移登记等登记时，逐步更换为新的不动产权证书。

四、2016年8月25日至9月11日，在全县范围内停止办理各类不动产登记业务，进行不动产登记系统对接调试、登记流程测试及人员上岗培训等工作。

五、不动产登记办理地点设双牌县国土资源局一楼（地址：双牌县泷泊镇兴隆街；咨询电话：0746—7723268）。

特此公告。

双牌县人民政府

2016年8月24日

双牌县人民政府
关于公布2016年县政府工作部门行政权力的通知

双政发〔2016〕9号

县直各单位：

经县人民政府审定，现将2016年县政府工作部门权力清单予以公布，并就有关事项通知如下：

一、严格清单制度

县政府工作部门及具有行政权力的单位共35个，保留行政权力2264项，其中行政许可190项、行政处罚1403项、行政强制158项、行政征收50项、行政给付8项、行政确认39项、行政奖励20项、行政检查133项、行政裁决6项、其他行政权力164项、审核转报93项。各相关部门要严格按照“权力清单”规范行政职权运行，尽可能减少和杜绝自由裁量权。

二、强化监督管理

县直相关部门要健全监督制约机制，9月底前出台本部门行政权力事中事后监管办法，加强事中事后监管，强化对行政权力运行的评估。县纪委、县监察局、县编办、县优化办、县法制办、县发改委、县政务服务中心等相关职能部门要适时开展专项督查和随机抽查，纠正和查处不作为、乱作为和慢作为的人和事。各相关部门要按照规范、高效、公开、便民的要求，进一步健全政府服务平台和网上办事平台，方便群众办事，接受社会监督。

三、依法贯彻落实

对县政府工作部门权力清单实行动态管理，根据法律法规规章的颁布、修改、废止和简政放权的要求，及时进行调整完善。县政府工作部门权力清单的调整，依法按照程序进行，由行使行政权力的部门提出，经县编办、县政府法制办审核后报县人民政府审定。

附件：

1. 双牌县承接市级下放事项（共15项）

2. 双牌县政府工作部门行政权力清单（2016年版本）（共2264项）

双牌县人民政府

2016年8月30日

双牌县人民政府
关于解除与双牌县紫金供水有限责任公司产权
及经营权合同听证会的通告

双政函〔2016〕76号

根据《湖南省行政程序规定》第三十八条及第一百三十五条规定，双牌县人民政府决定召开双牌县人民政府解除与紫金供水有限责任公司产权及经营权合同听证会，广泛听取社会各界的意见和建议。现将有关事项通告如下：

一、听证会时间：2017年1月6日上午8时30分。

二、听证会地点：双牌县城市管理行政执法局四楼会议室。

三、申请参加听证会代表条件

户口为双牌县城区年满十八岁、享有政治权利并具备完全民事行为能力的公民，或在双牌县设立机构的法人或者其他组织。

四、申请方式

申请听证人员的人大代表、政协委员、党代表、干部职工、居民代表、公民持本人身份证于2016年12月28日前到双牌县城市管理行政执法局报名。联系电话0746-7721234。

五、听证会代表确定方式

双牌县人民政府解除与双牌县紫金供水有限责任公司产权及经营权合同工作领导小组办公室根据报名情况组织有关单位推荐，按照广泛性和代表性的原则确定听证代表。代表名额25人左右。

特此通告。

双牌县人民政府

2016年12月21日